1988～89年民主化運動ビデオ記録（ビデオ記録、勝田［1989］より）

1：ピィー街道を郊外へ向かう兵士をのせた軍のトラック。

2：ピィー街道に民衆が置いた軍の行動を阻止するためのドラム缶。

3：南オカラッパで民衆が軍の行動を阻止するために設置したバリケード。

4：南オカラッパで出会ったモーティーズン、平和的な闘争を強調。

5：セインルイン辞任後のヤンゴン市内。

6：セインルイン辞任後のヤンゴン総合病院付近。

7：セインルイン辞任後のヤンゴン総合病院敷地内、壁に貼られたビラや風刺画に見入る人々。

8：ヤンゴン総合病院に貼られた風刺画（1）。

9：ヤンゴン総合病院に貼られた風刺画（2）。

10：8月10日のヤンゴン総合病院発砲現場に見入る市民。

11：セインルイン辞任後要所要所を警備する軍（保健省前）。

12：セインルイン辞任後再開したガソリンスタンド。

13：セインルイン辞任後、民衆によって撤去されたバリケード、交通量も増えている（3と同じ場所）。

14：セインルイン辞任後南オカラッパで再会したモーティーズン、闘争継続、BSPP政権打倒を訴える（4と同じ場所）。

15：セインルイン辞任後北オカラッパへ通じる橋を封鎖している軍。

16：8月13日ヤンゴン総合病院遺体安置所前、車両は霊柩車。

17：8月13日ヤンゴン総合病院遺体安置所、犠牲者の棺。

18：8月17日、ヤンゴン総合病院敷地内での集会。

19：ヤンゴン総合病院に貼られたメッセージ。

20：ヤンゴン総合病院に張り出されたビラを読む市民。

21：ヤンゴン総合病院に貼られたビラに見入る市民。

22：8月17日、ヤンゴン総合病院発砲事件現場跡（病院敷地内）。

23：8月18日、ヤンゴン総合病院敷地内での集会。

24：8月19日、ヤンゴン総合病院に集まった人々。

25：8月22日、道路を封鎖する軍の車両。

26：8月22日、要所要所を警備する軍。

27：8月22日、道路を封鎖している軍。

28：8月22日、民衆に対して威嚇行動をとる軍。

29：8月23日、ボージョウ・アウンサン・マーケット前を通過するデモ隊。

30：8月23日、ボージョウ・アウンサン・マーケット前を通過するデモ隊、国旗を上下逆さにして掲げている。

31：8月23日、ボージョウ・アウンサン・マーケット前を通過するデモ隊、闘う孔雀旗を掲げている。

32：8月23日、ボージョウ・アウンサン・マーケット前を通過するデモ隊、手をつないで誘導する学生。

33：8月23日、ボージョウ・アウンサン・マーケット前を通過するデモ隊、アウンサン将軍の写真を掲げている。

34：8月24日、戒厳令解除後のヤンゴン市内、トラックに乗って勝利をアピールする市民。

35：8月24日、戒厳令解除後のヤンゴン市内、トラックに乗って喜びを表現する市民。

36：8月24日、戒厳令解除後のヤンゴン市内、このような車両が郊外へ向かって走り回っていた。

37：8月24日、戒厳令解除後のヤンゴン市内、弁護士協会前の集会。

38：8月24日、戒厳令解除後のヤンゴン市内、米大使館前で演説する僧侶。

39：8月24日、戒厳令解除後のヤンゴン市内、我々に勝利をアピールする市民。

40：8月24日、戒厳令解除後のヤンゴン市内、僧侶のデモ隊なのだが、観衆に埋もれて見分けが付かない。

41：8月24日、戒厳令解除後のヤンゴン市内、人々で道路が埋め尽くされた。

42：8月24日、アウンサンスーチー集会、ヤンゴン総合病院。

43：8月24日、アウンサンスーチー集会、彼女の登場を待つ人々。

44：8月25日、僧侶のデモ車両。

45：8月25日、警察官の乗ったデモ車両。

46：8月25日、ボージョウ・アウンサン・マーケット前での集会。

47：8月25日、アウンヂー集会へ向かう僧侶達。

48：8月25日、アウンヂー集会。

49：8月25日、アウンヂー集会に集まった人々（1）。

50：8月25日、アウンヂー集会に集まった人々（2）。

51：8月26日、シュエダゴン・パゴダ境内でのアウンサンスーチー集会。

52：8月26日、アウンサンスーチー集会に集まった人々。

53：8月26日、アウンサンスーチーをガードする学生たち。

54：8月26日、アウンサンスーチー集会に集まった人々。

55：8月28日、学生連盟結成大会前に、我々に彼らの主張を語るモーティーズン。

56：8月28日、学生連盟結成大会に集まった学生たち。

57：8月28日、学生連盟結成大会で演説するミンコーナイン。

58：8月28日、学生連盟結成大会で演説を聞くテットゥン（帽子をかぶっている人物）。

59：8月28日、学生連盟結成大会で演説するモーティーズン。

60：8月28日、学生連盟結成大会、スコールの中演説に耳を傾ける学生たち。

61：8月29日、学生たちのデモ隊。

62：9月1日、国営工場労働者のデモ隊。

63：9月1日、小学生のデモ隊。

64：9月1日、国営放送を通じて国民投票の必要性を訴えるマウンマウン。

65：9月はじめごろより急速に出回りだした民間紙。

66：破壊分子の進入から地域を守るため作られた竹柵。

67:9月8日の大規模デモ。

68:9月8日の大規模デモに参加した国営船会社ファイブスターの船員デモ隊。

69:9月9日、デモ隊に合流した兵士。

70:9月9日、空軍整備部隊のデモ隊。

71:9月10日、デモに合流した国軍兵士の市中パレード（1）。

72:9月10日、デモに合流した国軍兵士の市中パレード（2）。

73:9月10日、デモに合流した国軍兵士の市中パレード（3）。

74:9月11日、ヤンゴン総合病院敷地内で行なわれたハンガー・ストライキ。

75:9月13日、第1医科大学における、学生と大物指導者たちの会合。

76:9月16日、国防省事件現場、武装して集まってくる青年たち。

77:9月16日、国防省事件現場、急遽国防省内に入る兵士をのせたトラック。

78:9月16日、国防省事件、騒然とする現場。

79：9月18日、前日に兵士が武器ごと投降し、民衆に占拠された貿易省。

80：9月18日、クーデタ直後のピィー街道。

81：9月19日、クーデタ翌日、結成されたデモ隊。

82：9月19日、クーデタ後に軍の動きを封じるために築かれたバリケード。

83：9月19日、バリケードをぬって進むデモ隊。

84：9月19日、スーレー・パゴダ付近で結成されたデモ隊。

85：9月19日、ヤンゴン総合病院に担ぎ込まれた負傷者。

86：9月19日、騒然とするヤンゴン総合病院内、レントゲンを見る医師。

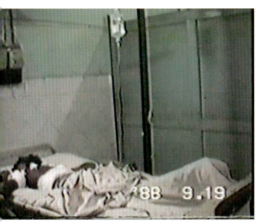
87：9月19日、ヤンゴン総合病院、点滴を受ける負傷者。

88：10月12日、国民民主連盟本部。

89：10月12日、国民民主連盟本部で入党手続きをする人々。

90：10月24日、ガソリンスタンドで給油を待つ長蛇の車列。

91：12月20日、新社民主党主催、ボー・アウンヂョー追悼式典に出席したアウンサンスーチー、挨拶をしているのがモーヘイン、右隣がモーティーズン。

92：89年3月16日、ヤンゴン大学敷地内で行なわれた3月事件追悼式典。

93：89年3月16日、追悼式典で手を振り上げながら演説するモーティーズン。

94：89年3月16日、追悼式典中、周辺を厳重警戒する軍。

95：89年3月16日、追悼式典中、周辺を厳重警戒する軍。

96：89年3月16日、花輪を捧げるために学外へ出ることができず、門にしがみついて泣き崩れる学生。

まえがき

　2016年ミャンマーでは、アウンサンスーチー＊(Aung San Suu Kyi) 率いる国民民主連盟＊(National League for Democracy：NLD) 政権が誕生し、1988年に始まる民主化運動が一応の帰結を見た。しかしながら、その後のミャンマーの民主化の状況はけっして明るいものとは言えない。そこには、変わったものと変わらなかったものが存在している。例えばNLD政権成立直後にアウンサンスーチーが国家指南役（国家顧問＊）に就任し、大統領に対して直接的に強い影響力を持つ存在となったことなどは、現行憲法（2008年憲法）の規定解釈の問題ではなく、政治的雰囲気の中で大多数の暗黙の同意の上に行なわれた。トップが代わり、そのトップの考え方によって政治も大きく変わったかに見えるが、トップの意向に沿った上位下達の意思決定メカニズムにはほとんど変化はない状況が続いている。

　本書は、こうしたミャンマーの現状を念頭に置きながら、1988年に始まる民主化運動をいま一度見直してみることを目的としている。

　本書は、2部構成となっている。

　第1部では、1988年3月末より91年2月末までの約3年間、外務省の専門調査員として、在ミャンマー日本国大使館に勤務した際の現地体験と現地で収集した資料を中心に、関連資料も参照しながら、88年に始まる民主化運動の実像を描くことを目的としている。

　第1章においては、まず1948年のイギリス植民地支配からの独立達成から、1988年の民主化運動にいたる、現代史の流れを概観する。次に、88年の「3月事件」に始まり8月8日「8888学生決起」に至る過程を詳述していく。

　第2章では、学生決起に始まる運動が、大衆化していく過程を明らかにしながら、大衆化によって、いかなる政治・社会状況が出現したかを示す。その上で、どのような経緯をたどって軍のクーデタによる政治介入を招いたかを明らかにしていく。第2章では、学生主体の民主化運動がクライマックスを迎えた時期の運動の流れを描いている。

第3章は、クーデタによる軍の政治介入によって、民主化運動が弾圧されていく過程を明らかにしていく一方で、軍主導の民主化、政党の結成許可によって、民主化勢力側の主導権が、学生たちからアウンサンスーチー率いるNLDへ移行する過程を描いている。その上で、アウンサンスーチーが自宅軟禁になっていく過程を詳述している。

　続く第4章は、アウンサンスーチーの自宅軟禁、NLDの活動の低迷化に自信を持った軍が、1990年総選挙を実施する過程を描くとともに、軍の予想に反してNLDの大勝利に終わった総選挙結果が、その後の政治過程、政権移譲問題にいかなる影響を及ぼしたかを明らかにしている。NLDの圧勝が、軍の態度を豹変させ、新憲法制定作業を優先することで、総選挙結果の反故につながっていった過程を明らかにしている。同時に、アウンサンスーチー不在によって、軍に抑え込まれていくNLDの姿を描いている。その上で、アウンサンスーチーの第1次自宅軟禁からの解放が、政治状況を一変させ、再び軍とNLDの対立が激化していく中でNLDの並行政権樹立に至り、結局、彼女の第2次自宅軟禁につながっていった過程を記述している。いわば、軍主導による民主化の確立した時期を取り上げている。

　第1部の最終章である第5章では、軍の政治的主導権が確立したと思われる中で、新憲法制定作業はNLD代表も含めた形で進められ、軍の政治的関与の保障、アウンサンスーチーの大統領職からの排除を目的とする基本理念が固まっていく流れを描いている。その上で、アウンサンスーチーの第1次自宅軟禁からの解放が、政治状況を一変させ、再び軍とNLDの対立が激化していく中でNLDの並行政権（国会議員代表委員会*Committee Representing [People's] Parliament：CRPP）樹立に至り、結局、彼女の第3次自宅軟禁につながっていった過程を記述している。第5章の中心的記述は、この1998年にNLDがCRPPを設置するまでの時期に置かれている。2008年に新憲法が成立し、その憲法に基づいて2010年総選挙が実施され、翌11年に民政に移管するが、そこに至る基本的な政治的対立構造・状況が、この時期に出来上がったと考えるからである。そして最後に、軍主導の民主化のもとに、2008年新憲法が成立し、軍の意にかなった民政移管が2011年に行なわれ、それがいかにして2016の「アウンサンスーチー政権」の成立に至ったのか、その過程を概観している。いわば四半世紀にわたる民主化

運動の帰結を記述している。

　このように、第1部は、時系列的に構成された民主化運動の歴史叙述となっている。ただし、単なる歴史叙述ではなく、1つの工夫を加えている。それは、第1章第1・2節および第5章を除いて、各節末に「ラングーン日記抄」を挿入していることである。「ラングーン日記抄」は、筆者が現地において記した日記で運動に関係のあると思われる箇所を抜粋したもので、既に別途公表済みのものであるが[1]、本書では、その中からさらに当該節と関係深い記述を抜き出した。その意味で「ラングーン日記抄」の部分は、フィールド・ノート的性格の強いものとなっている。それに対して、本文の記述は、実はこうした現地体験から得た知見をもとに、関連資料を見直すことによって、事実関係に再検討を加えたもので、歴史学で言うところの同時代史的叙述に近いものである。運動全体の流れを本文で掴みながら、その叙述にいわば筆者の血肉を盛り込んだのが「ラングーン日記抄」の部分にあたる[2]。

　第2部は、筆者の問題意識、問題関心から一連の運動に対して加えた分析からなりたっている。第1部での記述をベースにしながら、民主化運動に身を投じていった、学生たち、アウンサンスーチー、そして民衆の論理を明らかにする

---

[1] 既に公開した「ラングーン日記抄」は、伊野［2003a］、［2003b］、［2004a］、［2004b］、［2004c］、［2015］。

　なお、当時、現場に居あわせた第三者によって記されたまとまった記録としてはほかに、藤田［1989］、Hidalgo［1996］、Keeler［1997］がある。藤田［1989］は、1986年4月から1989年4月までの3年間を、当時の通商産業省から出向し、在ビルマ日本国大使館の経済担当の書記官としてヤンゴンに暮らした人物による著作である。著者の藤田昌宏氏とは、当時、筆者も市内視察を同行させていただいたこともあり、運動に対する見方等、藤田氏の考え方に影響を受けた点も少なからずある。Hidalgo［1996］は、1984年10月から1989年3月まで、著者の夫の仕事（UNICEFの職員）の関係からヤンゴンに居住した人物による手記である。後半部に1988年3月13日から1988年11月10日までの日記が掲載されている。但し9月11日から10月12日までは、バンコクに緊急避難しており、国外で記されたものである。Keeler［1997］の著者は、人類学者であり、フィールド調査の最中に、一連の民主化運動に遭遇している。1987年9月よりヤンゴン入りし、1988年10月初めまでミャンマーに滞在しているが、1988年8月1日から8月21日までの期間は、アメリカに一時帰国している。本ワーキング・ペーパーは、著者が妻に宛てた1988年8月28日付書簡（実際には投函されていないが）で始められており、その後1988年10月5日までの彼の手記が続く。本ペーパーの1つの特徴は、1988年9月の軍によるクーデタ発生前後に、ヤンゴンではなくマンダレーに著者が滞在していた点にある。

[2] 既に公開した「ラングーン日記抄」は、伊野［2003a］、［2003b］、［2004a］、［2004b］、［2004c］、［2015］。

ことを目的としている。

　第1章では、「学生たちの苦悩」と題し、特に「民のこころ」と「アウンサンスーチーの理想」のあいだで翻弄されながらも、軍政に反抗を試みる学生たち特に学生指導者モーティーズンの論理、苦悩を描き出している。

　第2章では、そのモーティーズンから批判されたアウンサンスーチーの考え方、思想を彼女が地方遊説で国民に直接語った演説内容の分析に基づきながら明らかにし、彼女がミャンマー国民とともに目指しているもの、「アウンサンスーチーの理想」を描き出している。

　そして第3章では「民のこころ」と題して、民主化運動に見られる民衆の論理の把握を試みている。筆者のこれまでの研究（1930年代イギリスの植民地化で発生した農民反乱研究[3]）の延長線上に位置するものでもある。一連の民主化運動を通じて、変わった部分と変わらなかった部分があるとすれば、第3章は、最も変わりづらい部分に迫ったものである。「民のこころ」は、「アウンサンスーチーの理想」をも、ある意味で飲み込んでしまう強靱さを備えたものであり、「民のこころ」の理解は、軍事政権側の詭弁を論破する可能性を秘めたものであることを描き出そうとしている。

　第2部は、全体として、民主化運動が、それぞれの論理の絡み合いによって展開し、その帰結として今があるということを意識して書かれたものである。また、第1部とは逆に、各章の冒頭（「はじめに」の冒頭）で、その章の問題関心の出発点となり、かつ本書全体の問題意識の根底に関わる現地体験を「ラングーン日記抄」から抜粋し掲げている。

　以上が本書の主な構成と内容であるが、通常、民主化運動を記述する場合、権力側の論理との対比において論じる場合が多い[4]。また、ミャンマーにおいて民主化問題を論じる場合には、少数民族問題、人種問題、宗教問題といった観点からの分析も必要不可欠であると言える[5]。本書では、補章1として、軍が政治介入する場合の論理について若干の考察を行ない、軍の論理のさらなる分析の必要性を指摘している。また、補章2では、NLDと少数民族諸政党との関係性、

3　伊野[1998]等。
4　これまで、この点に関し筆者が触れたものとして、伊野[2000]がある。
5　これまで、この点に関し筆者が触れたものとして、伊野[1995]がある。

考え方の違いについて分析し、少数民族問題の複雑さを指摘している。ただし、補章2の冒頭で「ラングーン日記抄」からの抜粋が掲げられていないことに端的に示されているように、現場に居あわせた当時の筆者にとって、これらの問題は、主要関心から外れていたことも事実である。しかしながら補章2において「偶然」指摘したロヒンジャー（ロヒンギャ）問題などは、執筆後20年以上を経て大問題化してきている。補章で取り上げたテーマに関しては今後さらなる分析を加え別の機会に改めて論じたい。

　本書は、その試みがどの程度成功しているかは定かでないが、民主化勢力に焦点を絞り、変わらない「民のこころ」に吸収されていく「アウンサンスーチーの理想」、その両者の論理の間でもがく「学生たちの苦悩」を描くことを目指した。

　なお、特に第2部は筆者が既に公表してきた研究論文等に加筆訂正を加えたものである。初出は以下の通りである。

　第2部第1章：「ミャンマー反政府・民主化運動における学生の論理―「全ビルマ学生連盟連合」を中心として―」『地域研究』（東京外国語大学大学院地域研究研究会）第9号、1992年、14～63ページ。

　第2部第2章：「解説に代えて：真理を唯一の武器として」アウンサンスーチー（伊野憲治編訳）『アウンサンスーチー演説集』みすず書房、1996年、269～290ページ、および『アウンサンスーチーの思想と行動』(財)アジア女性交流・研究フォーラム、2001年。

　第2部第3章：「ミャンマー「民主化」運動における民衆行動の諸特徴」『北九州大学法政論集』第21巻、第1号、1993年、111～147ページ、および「理想的支配者を求めて―ミャンマー「民主化」運動下の民衆像―」田中忠治先生退官記念論文集刊行委員会編『地域学を求めて―田中忠治先生退官記念論文集―』田中忠治先生退官記念論文集刊行委員会、東京、1994年、209～251ページ。

　第2部補章1：「ミャンマー国軍の政治介入の論理―「国民政治」概念を中心として―」『東南アジア―歴史と文化―』（山川出版）No.29、2000年、3～26ページ。

　第2部補章2：「ミャンマー民主化運動と少数民族問題」『思想』（岩波書店）No.850、1995年、114～138ページ。

本書での国名表記

　ここで、本書での「ミャンマー」あるいは「ビルマ」という用語の使用方法について触れておきたい。

　1988年9月、民主化運動が盛り上がりを見せる中、国軍は、クーデターにより国家の全権を掌握し、国家法秩序回復評議会＊（State Law and Order Restoration Council：SLORC）を設立した。クーデターによって登場した軍事政権は、特に欧米諸国からの批判に曝された。そうした批判への反発もあって、SLORCはイギリス植民地時代に付けられた地名等をビルマ語名に変更していった。その中で、その後特に問題となったのが、1989年6月18日付の法律での国名の英語表記の変更であった[6]。この法律自体は国号の変更といった性格のものではなく、英語表記をUnion of BurmaからUnion of Myanmarに代えただけで、対外的に用いられる英語呼称の変更であった[7]。しかし、SLORCが変更の説明および同日発布された国歌に関する「指令第2/89号」[8]などで、ビルマ語の「バマー＊（Bamar）」はビルマ人（族）のみを指す言葉で、国家の名称としては土着民族すべてを指す「ミャンマー＊（Myanmar）」を使用すべきであるという解釈を示したことで、問題がきわめて政治化していった。

　ビルマ語における「ミャンマー」と「バマー」の関係についての一般的な理解では、前者が主として文語表現であり、後者が口語表現であるという違いで、これまでこの2つの語を意味・内容で区別してこなかった。いずれも、狭義のビルマ人（族）を指した。それ故、SLORC側の主張に明確な論拠が存在しているとは言い難い。つまりこの時点で、SLORCは、「ミャンマー」というビルマ語に新たな

6　"The State Law and Order Restoration Council The Adaptation of Expressions Law（The StateLaw and Order Restoration Council Law No 15/89, 18th June, 1989）," *Working People's Daily*, 19 June, 1989.

7　藪［1992］600。

8　"State Law and Order Restoration Council Order 2/89, 18th June, 1989," *Working People's Daily*, 19 June, 1989.

意味を付与しようとしたと言える[9]。

　この新たな意味の付与に対し、民主化勢力、特に国境地帯や国外で活動する勢力は、国民の合意のない国名変更は認められず、引き続き英語ではBurmaを、日本語では「ビルマ」を使用すべきであると主張した。その後、日本の「ビルマ史研究者」からも、SLORCの対外向け呼称の変更に伴って、日本の外務省やマス・コミの多くが機械的に「ビルマ」から「ミャンマー」に呼称を変更したことに対する疑問が提示された[10]。そして「『ビルマ』（バマー、BURMA）という国名を使い続けるほうが、ビルマの近・現代史の流れから見て妥当性がある[11]」との見解が出された。

　しかしながら、この見解が近・現代史の研究から導きだされたものであるとすれば、やはり一面的な解釈にすぎない。この見解では、「1930年代のビルマの独立闘争において重要な役割を果たしてきたタキン党が、『バマー』をどういう意味を込めて使ってきたかを考えて」みる必要があるとし、「タキン党の正史」とされる文献から「敢えて『バマー』を用いることにより、英国植民地下のビルマに住む被支配民族すべてを指そうとした」というタキン党の論理を取り上げている[12]。そしてこの時「『バマー』はタキン党によって新しい意味を付与されたと考えてよい」とした上で、これを「ビルマ」を使用すべき論拠としている[13]。しかし、こうした論理を突き詰めていけば、例えば、1974年憲法制定に際して、この憲法の注釈書等で、当時のネーウィン*政権が「ミャンマー（myanma）」というビルマ語に少数民族を含む国民という意味合いを込めようとした事実は、どのよう[14]

9　奥平[1989]13、藪[1992]601。
10　根本[1991b]22-25、[1992b]231-232、[1996]9-16。
11　根本[1991b]24。
12　確かに、我らのビルマ人協会史編纂委員会[1976]第1巻133、215ページで、「ドー・バマー」を使用したのは、全民族を代表する意味合いが込められていたとされている。しかしながら、「ミャンマーという言葉には、ミャンもマーもそれぞれ意味を持っているが、鼻音が含まれているため、発音しづらく、語気も弱い。シャン族、カイン族、チン族、カチン族、モン族、ヤカイン族、パラウン族、タウンドゥー族、サロウン族、ナーガ族、ミャンマー族など全てを含めた意味で『バマー』という言葉を、語気がはっきりするので使用することにした」とあり、どちらを使用するかといった語の選定は、戦術的意味合いがうかがえる。同様に、バ音を「バ」ゴウンではなく、「バ」ラチャイを使うのも発音の誤りを防ぐためであったとしている（133ページ）。
13　根本[1991b]23。
14　例えば、1974年憲法の注釈書では、国名には、少数民族も含める意味合いで「ミャンマー（myanma）」というビルマ語を使ったとされている（ビルマ社会主義計画党[1973]18）。また、74

に解釈されるべきなのか疑問が残る。タキン党が「ビルマ政治史に無視できない影響を与え」[15]たならば、ネーウィン政権もミャンマー現代史において無視できない存在である。同様のことは、今回のSLORC政権の「ミャンマー」という言葉への新たな意味の付与についても当てはまる。「ビルマ」を使用すべきであるとする見解をとるならば、なぜ、タキン党による意味付けは「正しく」、ネーウィン政権やSLORCによる意味付けは「誤りである」ということになるのか、別の論拠が示されなければならない。

しかし、ここで確認しておきたい事実は、「バマー」あるいは「ミャンマー」という言葉に、こうした論拠のない意味付けを行なってきたのは、タキン党であろうが、ネーウィン政権であろうが、SLORCであろうが、ビルマ人の側であった点である。[16]

民主化勢力等が「ビルマ」を使用すべきであるとする主張には、それなりの政治的意味があり、そうした政治的主張を行なう立場を否定するものではない。しかしながら、そのことと日本語表記をどのようにすべきかといった問題を直接的に結びつけるべきではない。

そこで、本書では、国名・地名・人名等の表記に関しては、できる限り現地語（原音）に近い表記を採用していこうとする現地主義の立場に立って、政治的意味合いを込めず機械的に、公用語としてのビルマ語音にできる限り忠実に日本語表記することにした。但し、民族としてのビルマ人（族）、ビルマ語、「ビルマ式社会主義」などの歴史的用語として定着したものには、「ビルマ」を用いた。また、資料中においては、ビルマ語で「ミャンマー（myanma）」、英語で Myanmar とあるものは「ミャンマー」を、ビルマ語で「バマー（bama）」、英語で Burma とある場合には、一応「ビルマ」を用いた。[17]

　　年憲法制定に際して、こうした議論があったことを指摘した研究として、Taylor[1979]238、[1987]2を挙げることができる。
15　根本[1991b]23。
16　この点に関して、特に松元[1995]115が参考になる。そこでは、ラカイン人のある女性の「ビルマ」「ミャンマー」議論に関して「でもミャンマーもバーマもビルマもみな"ビルマ民族の言葉"バーミーズ（ビルマ族）のことです」、「私が小学校に通っていたとき、国の中ではミャンマーと習っていましたから」と率直な感想が述べられている。
17　日本語で従来使用されてきた「ビルマ」という表記に関して、藪は「おそらく江戸時代末期にオランダ語から入り、明治以降、定着するに至ったものと考えられる（藪[1992]600）」と指摘している。

従来、現地主義の立場に立っても、一般的に定着してきた用法（例えば「ビルマ」という国名）に関しては、何らかの理由で問題とならないかぎり、慣用表記として引き続き用いられてきたが、その意味では、SLORCの国名の英語表記変更、それに対応した日本の公的機関、マス・コミなどでの「ミャンマー」の使用が、従来の慣用表記を見なおすきっかけとなったと考え、解説・注記等においては、国名として「ミャンマー」を使用する[18]。

しかしながら、現存の国境線に従った国家あるいはその国家が使用する公用語を基準に据えた現地主義という立場を採用する際の最大の問題点は、対象国が多民族国家で、独立・民族自決を主張する民族集団が存在し、かりにそうした集団が現存の国境、公用語を認めないといった立場に立つ場合、一方（国家）の主張を受け入れたと受け取られる危険性があることである。多民族国家であり、かつ国境地帯を中心に少数民族反政府武装勢力が存在しているミャンマーにおいては、国名ひとつの表記においても慎重にならざるを得ない。よって、

つまり「ビルマ」という呼称は、第三国の言語を介してのもので、ビルマ語の「バマー」や「ミャンマー」から直接日本語に置き換えられたものではなかった。しかし、それが現在まで慣用的に使用され続けてきた。それ故、ビルマ語の「バマー」を日本語で引き続き「ビルマ」と表記するのは、この慣用表記を依然踏襲していることになる。現地主義の立場に立つならば、「バマー」という日本語表記を用いるべきであるが、この表記は依然日本人にはあまりにも馴染みの薄いものと考え、ここでは従来の「ビルマ」に置き換えた。

18　例えば、従来ビルマ人が憲法等で使用してきた国名のビルマ語表記を見ると、1947年憲法では、「ピィーダウンズ・ミャンマー・ナインガン*」（直訳すれば「ミャンマー連邦」）であり、1974年憲法では、「ピィーダウンズ・ソーシャリッ・タンマダ・ミャンマー・ナインガンドー*」（直訳すれば「ミャンマー連邦社会主義共和国」）となっていたが、これを日本では「ビルマ連邦」、「ビルマ社会主義連邦共和国」と置き換えてきた。SLORCの国名の英語表記の変更まで、こうした用法が日本で使用され続けたことに対して、これが慣用表記だからとして、積極的に疑問を提示してこなかったことについては、1人のミャンマー研究者として怠慢の謗りを免れ得ないが、「ビルマ」はあくまで第三国語経由の呼称であり、もし、この問題が政治化する以前に、学会、公的機関、マス・コミ等が現地主義の立場に立って、根本的な見直しをしていたら、おそらく「ミャンマー」が採用されていたことは、容易に想像できるし、それに対する強烈な反対は起らなかったに違いない。

なお、この議論との関連で、本書に取り上げた資料からも分かるように、アウンサンスーチー自身も、ビルマ語の「バマー」と「ミャンマー」を、意味内容を問題にしながら使い分けているとは思われない。また、この問題が起こった後もビルマ語演説では多くの場合「ミャンマー」を使用している。さらに断片的情報に基づくものではあるが、1995年7月の自宅軟禁解放後も、英語のインタビュー等ではBurmaを使用しているものの、ビルマ人民衆に対するビルマ語の演説では依然「ミャンマー」を使用している。また、SLORCの法律が発布される以前の他の資料においては、多くの場合、国名としては「ミャンマー」というビルマ語が使われている。

本書において「ミャンマー」という言葉を使用するとしても、それは「ミャンマー」という国名表記が絶対的な正当性を持つとか、「ミャンマー」という言葉にこそが少数民族を含む国民を指しているということを主張しているわけではない。ここでは、あくまで機械的に、上で述べてきた現地主義を採用したということを意味するのみである。

凡例

①ビルマ語人名のローマ字表記に関しては、原則として使用した資料で用いられているものを用いた。

②ビルマ語名に付される敬称(「ウー」「ドー」「コー」「マ」「ボーヂョウ」「ボー」)などに関しては、原則として略したが、使用した資料の翻訳に際して原文に付されている場合、およびウー・ヌのように定着していると思われるものに関しては、付すことにした。

③「ラングーン日記抄」の部分では、日本人に関してはアルファベッド大文字で、ミャンマー人に関しては小文字で同定している。[ ] 部分は、後から筆者が説明を加えた部分である。

④巻末に、参考文献目録、人名索引、事項索引の他に、人名・事項・概念等に関して、ビルマ語対象表を付した。ビルマ語対照表に掲載されている本文中のビルマ語に関しては、初出の際に*を付している。

❖ 目次 ❖

口絵　1988〜89年民主化運動ビデオ記録／アウンサンスーチー遊説行

まえがき 1
　本書での国名表記 6
　凡例 10

第1部　民主化運動の原風景

第1章　運動の発端 17
　第1節　ネーウィン体制の登場とその特徴 19
　第2節　「3月事件」と『アウンヂー書簡』 25
　第3節　「6月事件」と学生連盟のアピール 28
　❖ラングーン日記抄 1（1988年6月19日〜7月21日） 35
　第4節　「ネーウィン辞任劇」 38
　❖ラングーン日記抄 2（1988年7月21日） 40

第2章　「8888学生決起」とクーデタ 41
　第1節　「8888学生決起」とセインルインの辞任 43
　❖ラングーン日記抄 3（1988年8月10日、8月13日） 47
　第2節　運動の新たな展開とマウンマウン政権の譲歩 50
　❖ラングーン日記抄 4（1988年8月22日〜8月24日） 53
　第3節　大物指導者の出現、運動の大衆化 58
　❖ラングーン日記抄 5（1988年8月25日〜8月28日） 68
　第4節　暫定政権構想の挫折 73
　❖ラングーン日記抄 6（1988年9月4日〜9月17日） 86

第3章　軍政の登場とNLD 93
　第1節　クーデタと政党結成 95
　❖ラングーン日記抄 7（1988年9月18日〜10月18日） 99
　第2節　政党の結成と学生組織 103
　❖ラングーン日記抄 8（1988年10月12日〜1989年3月16日） 106

第3節　NLDとアウンサンスーチー	110
◆ラングーン日記抄 ⑨ （1989年4月6日〜4月10日）	115
第4節　「殉難者の日事件」とアウンサンスーチーの自宅軟禁、第1次NLD追放	121
◆ラングーン日記抄 ⑩ （1989年5月11日〜7月20日）	127

第4章　1990年総選挙と制憲問題　…… 135

第1節　1990年総選挙の実施とNLDの圧勝	137
◆ラングーン日記抄 ⑪ （1990年1月10日〜5月27日）	141
第2節　SLORCによる選挙結果の反故と第2次NLD追放	147
◆ラングーン日記抄 ⑫ （1990年6月23日〜12月22日）	155

第5章　新憲法の成立と「アウンサンスーチー政権」の誕生——日記抄後のミャンマー　…… 161

第1節　「ミャンマー式民主主義への道」としての制憲問題	163
第2節　制憲国民会議ボイコットと政治的停滞	170
第3節　2008年憲法とNLD政権の誕生	180

第2部　学生たちの苦悩、アウンサンスーチーの理想、民のこころ

第1章　学生たちの苦悩　…… 187

はじめに	189
第1節　学生の組織	190
（1）「3月事件」当時の学生組織	190
（2）「6月事件」における学生組織	193
（3）8月〜9月の運動における学生組織	195
（4）クーデタ後の学生連盟とNLD	197
（5）DPNSの分裂とNLD	199
（6）学生諸組織	200
第2節　モーティーズンのアウンサンスーチー批判	201
（1）モーティーズンのアウンサンスーチー批判書簡抄訳	202

	(2)	モーティーズンの主張	205
第3節		学生たちの論理と苦悩	207
	(1)	民主化と革命	207
	(2)	権力（SLORC）に対する認識	208
	(3)	「民衆」への洞察	209
	(4)	他の政治指導者に対する認識	212
	(5)	民主化運動における学生	213
おわりに			215

第2章 アウンサンスーチーの理想　217

はじめに			219
第1節		モーティーズン批判への反論	222
第2節		アウンサンスーチーの主張	228
	(1)	政治論的主張	228
	(2)	道徳論的主張	231
	(3)	少数民族問題	232
	(4)	体制批判と直接対話要求・「不当な権力への反抗」	232
	(5)	父アウンサン	234
第3節		第1次自宅軟禁解放後の変化	235
第4節		アウンサンスーチーの思想と理想	239
	(1)	アウンサンスーチーの現状分析	240
	(2)	変革への思想	242
おわりに			265

第3章 民のこころ　267

はじめに			269
第1節		民衆行動の諸特徴	273
	(1)	民衆参加の様態	273
	(2)	「結集様式」に関する特徴	285
	(3)	「破壊・略奪・リンチ・処刑」行為の特徴	294
第2節		民衆の世界観	302
第3節		民衆の論理、「民のこころ」——運動下の民衆像	318
	(1)	民衆の不満	318
	(2)	運動参加への「跳躍台」	323
	(3)	民衆意識の展開と「デモカラシー」の意味	327
	(4)	新たな秩序の模索と「妥協」	330
第4節		民にとってのアウンサンスーチー	335

補章1　軍の論理（ミャンマー国軍政治介入の論理──
　　　　「国民政治」概念を中心として）……………………………… 341
　　はじめに …………………………………………………………………… 343
　　第1節　政治概念の二分法的枠組み ……………………………………… 346
　　第2節　「国民政治」「国民の大義」概念の生成過程 …………………… 350
　　　（1）　独立運動期（～1948年）……………………………………… 351
　　　（2）　独立～1959年 ………………………………………………… 353
　　　（3）　1960年～1988年 ……………………………………………… 356
　　　（4）　1988年以降 …………………………………………………… 359
　　おわりに …………………………………………………………………… 363

補章2　少数民族の悲願（ミャンマー民主化運動と少数民族問題）
　　……………………………………………………………………………… 367
　　はじめに …………………………………………………………………… 369
　　第1節　政党の結成と少数民族 …………………………………………… 371
　　第2節　総選挙結果の意味 ………………………………………………… 377
　　第3節　2つの憲法草案 …………………………………………………… 387
　　おわりに …………………………………………………………………… 395

あとがき ……………………………………………………………… 397

参考文献 ………………………………………………………………………… 399
ビルマ語語句・人名対照表 …………………………………………………… 431
人名索引 ………………………………………………………………………… 435
事項索引 ………………………………………………………………………… 436

第1部
民主化運動の原風景

第1章
運動の発端

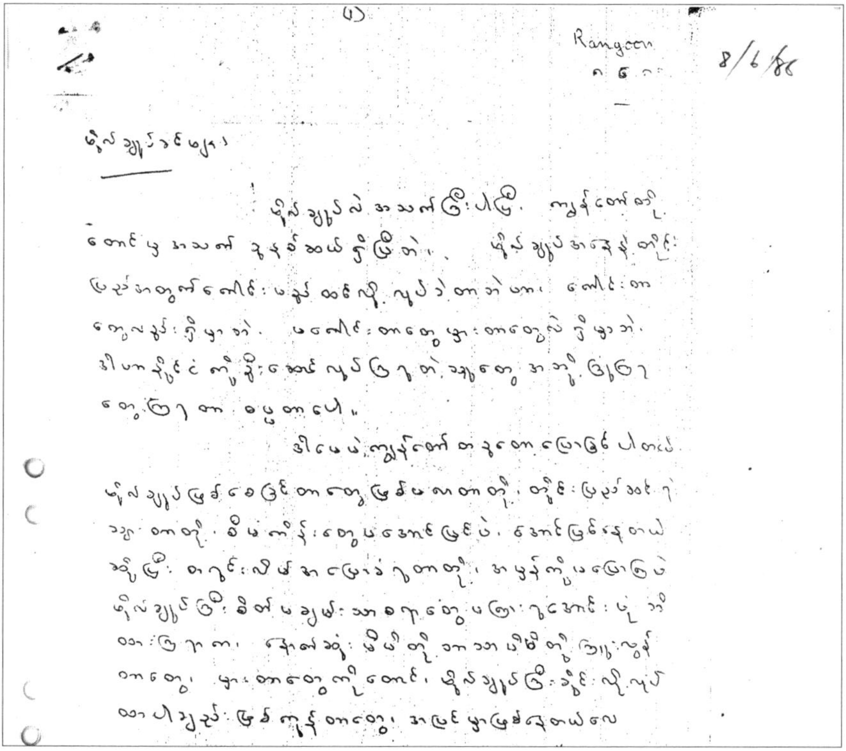

写真1　アウンヂー書簡

第1章では、1988年8月に始まる大規模な反政府・民主化運動に至る、独立以降の政治・社会状況および直接のきっかけとなった88年の「3月事件」「6月事件」の概要を示し、いわば「8888学生決起」につながる運動の流れを明らかにしていく。

　1948年1月4日、イギリスの植民地支配から念願の独立を達成したミャンマーは、ミャンマー連邦として新たな門出を迎えた。議会制民主主義制度が導入され、新たな国家建設が始まる。しかし、独立目前にして暗殺された、独立の父アウンサン（当時32歳）なきミャンマー政治は混迷を極めた。民主主義体制下では、独立の大義は失われ、ビルマ人内ではイデオロギー対立が、少数民族にあっては自治権要求が高まっていく。それは、中央政府に対する武装蜂起という様相を呈していくことになり、民主主義の根幹である総選挙すら実施がままならない状況に至る。独立後わずか10年にして、時のウー・ヌ政権は、自ら軍に権力を委譲し、ここに国軍司令官ネーウィンをトップとする選挙管理内閣、実質的な第1次軍政が始まる。2年後に総選挙は実施されたが、結果は選挙前の状況の再燃にしかならず、国内は再び混乱し、62年の軍のクーデタによる政権奪取、第2次軍政の成立につながっていった。ネーウィンを頂点とする国家革命評議会が結成され、「ビルマ式社会主義」というビルマ人ナショナリズムと仏教思想の影響を強く受けた独特の社会主義体制が登場することになる。しかし、この体制はネーウィンをトップとする伝統的人間関係に支えられた独裁体制的性格が強く、74年の民政移管（ビルマ社会主義連邦共和国の成立）以降も、その性格を変えずに、ネーウィンによる強権政治は、26年間存続することになる。

　1988年に発生する反政府・民主化運動は、名目上ではあるがこのネーウィン体制を崩壊に導いた。それは、「ネーウィン辞任劇」も含め、ネーウィン体制に対する鬱積した様々な不満が爆発したものであったが、実は、茶店における些細な喧嘩が起爆剤となり、政府の不適切な対応が火に油を注いだ、歴史における必然と偶然の不思議なシンクロであった。

第1節　ネーウィン体制の登場とその特徴

　1948年1月4日、念願の独立を達成したミャンマーは、議会制民主主義を導入し、新たな国家造りに取り組むことになった。しかし現実は、アウンサン*（Aung San）という扇の要を失った与党、反ファシスト人民自由連合（Anti-Fashist Peoples' Freedom League:AFPFL）の内部抗争、共産党の武装蜂起、植民地の負の遺産とも言える少数民族問題の悪化、中国国民党残党軍の領内侵攻などによって、政治的不安が続くことになった。

　アウンサン亡き後、政治をリードしていったのは、敬虔な仏教徒として知られるウー・ヌ*（U Nu）であったが、外交面での華々しい活躍に比して、内政においては十分な指導力を発揮することができず、国内は内乱状況を呈し、一時期は「ラングーン政府」と揶揄されるような状況が生じた。独立後、大同団結組織として圧倒的な勢力を誇り政治をリードしてきたAFPELも、ウー・ヌ、タキン・ティン（Thakin Tin）等を中心とするヌ・ティン派（清廉派AFPFL）と、ウー・バスエー（U Ba Swe）、ウー・チョーニェイン（U Kyaw Nyein）等が中心となるスエー・ニェイン派（安定派AFPFL）の2派に分裂し、国家の危機的状況に有効な対応ができなかった。ウー・ヌは、こうした状況をよそに、1958年11月に控えた総選挙のために9月はじめから2週間の地方遊説に出かけていた。一行がヤンゴンに戻ってきた直後に、政局は大きな展開を見せることになった[1]。ヤンゴンに帰ったウー・ヌは、軍部によるクーデタの噂を耳にし、早速軍高官と会談を持った。その結果、9月26日、ウー・ヌはラジオ放送を通じて、ネーウィン将軍を首班とする選挙管理内閣の組閣を要請した旨を発表する。これによって、ミャンマーでは独立以降初めてのネーウィンを頂点とする実質的軍政が登場することになった[2]。

1　Butwell［1963］199-200．この文献のほか、本節は、全体として、次のような研究を参照してまとめている。Tinker［1957］、Cady［1958］、Sein Win［1959］、Nash［1965］、Trager［1966］、矢野［1968］、Maung Maung［1969］、今川［1971］、桐生［1975］［1979］、Silverstein［1977］［1980］、Steinberg［1982］、荻原、和田、生田［1983］、佐々間［1984］［1993］、Taylor［1987］、西澤［1989］。
2　この間の状況については、特に当時現役ジャーナリストとして取材に当たっていたSein Win［1959］

1959年10月29日、議会の承認など所定の手続きを終えて正式に誕生したネーウィン選挙管理内閣は、1960年2月6日総選挙を実施した。選挙結果は、ウー・ヌの率いる清廉派AFPFLの地滑り的勝利に終わった。仏教の国教化など人気取りの公約、次第に人気を失ってきた軍政への批判とウー・ヌ個人に対する人気が選挙結果に大きく影響したと言われている。

　ところが総選挙でいわゆる人気取りの公約を各方面に掲げていたウー・ヌ政権は、その実行の段になって大きな問題に直面した。少数民族問題の再燃、中国国民党残存軍問題、仏教国教化問題等により、国内政治は再び混迷をきたし、さらに、与党は再びタキン派とボー派の2派に分裂するという事態に至った。62年のクーデタは、軍の論理からすれば、こうした政党政治の混乱を収拾し、独立国家の維持と独立当初の目的の1つである社会主義社会を建設するためにやむを得ず断行されたものであった。

　クーデタによって全権を掌握したネーウィンを議長とする革命評議会は、経済の国有化に踏み切った。それまでミャンマー経済は、インド人、中国人によって握られていたと言っても過言ではないが、国有化は、その経済をビルマ人の手に取り戻すといった経済のビルマ化を意味した。また革命評議会は、ビルマ社会主義計画党*(Burma Socialist Programme Party : BSPP)を設立し、1党制導入の基礎を築いていった。64年3月には、ビルマ社会主義計画党を除くすべての政党が非合法化され、独立以来の複数政党政治はここに終焉を迎えた。少数民族問題に対しては、当初、和平交渉で解決の糸口を模索したが、結局大きな成果が得られず、反乱軍に対しては徹底的な武力鎮圧で臨むという強硬姿勢に転じた。外交面では、極度に外国からの干渉を嫌い、「鎖国」に近い政策で臨んだ。

　軍政は、その後12年間続いたが、1974年民政に移管し、ビルマ社会主義連邦共和国 (The Socialist Republic of The Union of Burma) が成立する（地図1参照）。しかしながら、民政移管とはいっても多くの人々が指摘するように「軍人が軍服を脱いだだけ」で、ネーウィンをトップとする体制に変化はなかった。

　結局、ネーウィン独裁体制は88年まで存続することになるのだが、その特徴

が詳しい。
3　独自な社会主義理念に関しては、国家革命評議会[1962]、ビルマ社会主義計画党[1963]およびその英訳The Revolutionary Council of The Union of Burma［1962］、The Burma Socialist Programme Party[1964]、奥平[1990]を参照。

第1章　運動の発端

地図1　ミャンマー全土関連図（1974〜2008年）

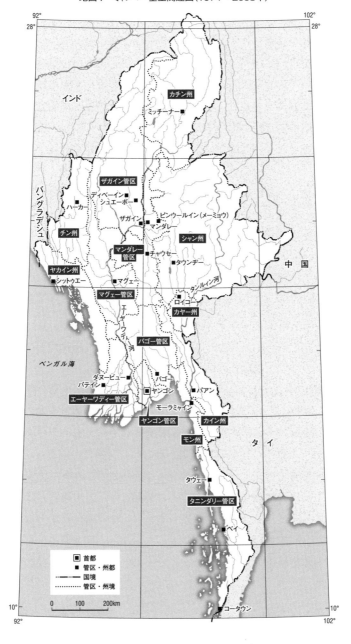

を端的に表せば、ネーウィンを頂点とするパトロン・クライアント（サヤー*・ダベー*）関係で結びついた独裁体制であった。体制の維持のためには、強力なナンバー2の存在は許されず、政権成立直後のアウンヂー（Aung Gyi）准将の解任や70年代の国防大臣ティンウー（Tin U）の失脚のように、対抗勢力となるパトロン・クライアント集団の出現を許さない相互監視国家が出現したのであった。こうした体制にあっては、パトロンのもたらす恩恵が末端まで行き届いている限りは一応の安定性を維持する。しかしながらネーウィン体制においては、恩恵は軍高官などごく一部の者にしか届かず、様々な形での政治不安が生ずることになった。

　67年には、ミャンマー全土で配給米が不足し、米の保管倉庫や商店などへの襲撃、打ち壊しが相次いだ。矛先は米を買い占めているとされる中国人商人へ向けられ、折からの文化大革命の影響もあって、6月ヤンゴンでは反華僑暴動が発生する。68年には、独立直後の1948年3月より武装蜂起に転じた白旗共産党の指導者であり、アウンサンスーチーの伯父（母の姉の夫）タントゥン（Than Tun）が同志に射殺されるという事件が発生する。また、69年には、ウー・ヌ元首相がタイへ亡命し、公然と反ネーウィン活動を開始している。さらに同年末には、ヤンゴン、マンダレー、パテイン等で、学生たちによる反政府デモが発生し、一時期すべての学校が閉鎖されるといった状況に至った。

　他方、72年にはネーウィン以下革命評議会のメンバーが軍籍を離脱し、74年1月の新憲法公布によって民政に移管され、ビルマ社会主義計画党の一党支配体制が制度的にも確立する。しかし、民政移管とはいっても、その実質は、軍人が軍服を脱いだだけで、大統領職は退いたものの党議長に留まったネーウィンをトップとする権力構造には何らの変化もなかった。こうして、民政移管に踏み切ったネーウィン体制であったが、その基盤はけっして磐石とは言えない状況は続いた。74年5月にはマンダレーやヤンゴンで、国営企業労働者のストライキが発生し、同年12月には、アウンサンスーチーが国連職員として勤務していた時期の国連事務総長であったウー・タン（ウー・タント：U Thant）の遺体に対す

4　「パトロン・クライアント」に相当するビルマ語を「サヤー・ダベー」と指摘した最初の研究は、Tamura［1983］。

る扱いを巡って、学生・僧侶と当局との衝突事件が発生した。続く75年6月にも、学生デモが発生し、76年3月には、民族詩人として知られるタキン・コードーフマイン（Thakin Kawdaw Hmaing）生誕100年祭に際して、再び学生によるネーウィン体制打倒を叫ぶ反政府活動が表面化した。こうした学生を中心とする反政府活動が表れる一方で、軍内部の結束も危ぶまれるいくつかの事件も発覚する。タキン・コードーフマイン生誕百年祭事件の発生する直前には、当時ネーウィンの片腕とされた国防相ティンウーが収賄を理由に突如解任される。ちなみにティンウーは、88年の民主化運動以降、アウンサンスーチーとともに民主化運動指導者となった人物である。また、76年7月には軍の佐官・尉官クラスを中心とするクーデタ計画が発覚するにいたる。共産党や少数民族による武装反政府活動は、政府の武力鎮圧によって徐々にその勢力を失っていくが、依然として根絶にはほど遠い状況であった。

　こうした政情不安の背景には、明らかに社会主義経済の低迷があった。農産物の強制作付け・供出制度への不満、物不足から来る闇市場の蔓延、慢性的失業問題、73年から76年にかけての急激なインフレなど、革命政権が掲げた当初の見通しと現実との間には大きな懸隔があった。政府も1975年以降、様々な経済改革を実行せざるを得なくなる。国営企業の経営改善、籾の高収量品種の普及による生産拡大、公的経済援助の積極的受け入れなどの一連の改革である。その結果、少なくとも80年代初頭までのミャンマー経済は一応の落ち着きを取り戻す。こうした経済的な背景もあって、1981年、ネーウィンは大統領職を辞任し、ナンバー2のサンユ（San Yu）にその職を「禅譲」することになる。しかしながら、ビルマ社会主義体制の最後の党議長・大統領であったマウンマウン*（Maung Maung）が、1999年に出版した書物の中で述懐しているように、実質的には、党議長に止まったネーウィンを頂点とする権力構造には何らの変化も見られなかった。

　こうして、80年代初頭に、安定したかに見えたネーウィン体制ではあったが、それは、束の間のことでしかなかった。経済は、80年代半ば頃から急激に悪化

5　Selth［1989］が詳しい。
6　桐生・西澤［1996］6-9、西澤信善［2000］33-47。
7　Maung Maung［1999］261。なお、同書に対する書評、伊野［2001b］も参照。

していく。高収量品種の導入で一時期は拡大した生産は頭打ちとなり、国有企業は不振を極め、ミャンマー最大の輸出品である米の輸出は減退した。経済援助の大半は、日本からの円借款であり、為替の変動も原因して、その返済が大きな負担としてのしかかってきたのである。87年2月政府は、国連に対し、最後発発途上国（最貧国：LLDC）認定を申請した[8]。政府も本格的な対応を迫られ、その結果、市場経済導入による経済の立て直しに踏み切ることになる。1987年9月1日、政府は、それまで国家の統制下に置かれていた、米をはじめとする主要農産物の取引、加工、輸送、貯蔵などの自由化を発表する。ところが、その4日後、突然高額紙幣の廃貨といった措置をとる。市場経済原理に反するこの処置の反響を、当時農村調査に従事していた髙橋は、次のように説明している。

「これから農産物の取引を担い、過去四半世紀の間存在しないに等しかった農産物市場を形成していこうとする商人たちが、金や宝石を現金化するとともに大量に預金を引き出し、市民も値上げ前に食料品を買いだめしておこうとはやり預金を下ろしはじめ、一部の農民は農産物を販売して多くの現金を得た[9]」

政府の取った廃貨措置の背景には、ここで指摘されているような状況、特に市場経済化に伴い、再び活性化した中国人やインド人商人の活動に対して、彼らに経済を握られたくないという思惑があったのかもしれない。しかしながら、この廃貨によって最も痛手を被ったのは一般の人々であった。廃貨措置が発表された9月5日、ヤンゴンの各大学では試験が行なわれていた。夕刻から、この措置を不満とした、ヤンゴン工科大学、ヤンゴン大学の学生たちが反政府抗議行動に出た。当局は治安部隊を投入し、これを鎮圧する一方で、大学を閉鎖する。マンダレー、タウンジー、パテインなど地方都市でも小規模ながら民衆の抗議行動が発生した[10]。いずれも2～3日で収束した抗議行動ではあったが、この一連の事件が、翌年3月からの本格的な反体制・民主化運動へつながっていったのであった。

8 　西澤[2000]49-65。
9 　髙橋[1992]3。
10 　藤田[1989]192-199。

第2節 「3月事件」と『アウンヂー書簡』

　1988年8月8日に始まる大規模な反政府・民主化運動の直接的な発端となったのは、同年3月12日の夜に発生した、ヤンゴン工科大学の学生と地区人民評議会議長の息子との些細な喧嘩であった[11]（以下、地図2を随時参照）。しかし、翌13日には、この喧嘩の処理の仕方を不満として、学生たちが抗議行動に出た。当局はこれに対し強硬手段で望み、発砲によって数名の学生が死亡した。国営放送・新聞は、学生たちが、協同組合商店等に放火するなど、同地区の平安を乱すべく騒ぎを起こしたと発表し、当局の対応を正当化した。

　当局の発砲による学生の死と事件に関する虚偽の報道は、学生の反政府感情を一気に高め、ヤンゴン大学の学生も反政府運動に合流した。ヤンゴン大学構内には、ビラが貼られ、次のような呼びかけがなされた[12]。
①ネーウィンを歴史の法則に従い火葬にしなければならない。軍政に終止符を打たなければならない。
②我々の友が殺されたというのに、我々は何をなすべきか。革命をあきらめて、学業を続けて良いのか。それは、大きな誤りである。
③我々は、現政府を国外に追放し、我々学生の手で、この国を再建する。
④学生を組織し、全国で革命を開始する。
⑤我々は、意義のあるそして豊かな新しい社会主義社会のために闘う。

　さらに16日には、当局の虚偽の報道、学生に対する発砲・逮捕への抗議、ネーウィン政権打倒をスローガンとした学生デモがヤンゴン大学やインヤー湖付近で決行された。当局は、これに対しても大量の治安警察を導入した。これによって、再び学生側に多くの死傷者と逮捕者が出ることになった。17日には、ヤンゴン大学およびヤンゴン工科大学は当局により閉鎖された。大学閉鎖

11　ちなみに、時期は多少ずれるが、ミャンマーにおける1984/85年度の文理大学（ヤンゴン大学およびマンダレー大学）学生総数は4万4592人、ヤンゴン工科大学は5324人（在ビルマ日本大使館［1987］23）。
12　このビラは、手書きで写されて学生たちの間に出回ったものである。

地図2　ヤンゴン市内・郊外関連図

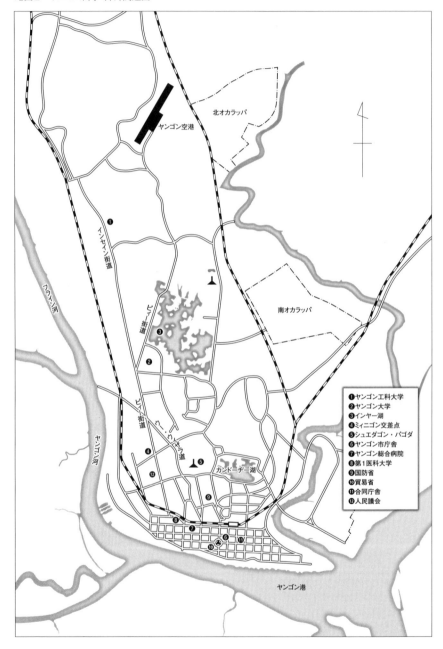

によって、18日になると、学生たちはヤンゴン中心部でデモを行なうことになり、一部の市民もこれに加わった。当局は装甲車数台を投入し、18時以降翌朝までの外出禁止令等を発して、この事態に対処した。その後、大学の学年末休校等によって、学生による表立った運動は一時期姿を消した[13]。

しかし、6月の新学期再開に向けての水面下の活動は続けられていた。例えば、故郷に帰省した学生たちはヤンゴンで3月に起こったことを地方の人々に伝えた[14]。こうして、「3月事件」の真相はかなり広範な人々に伝わっていった。

以上が「3月事件」の概要であるが、この時点における運動の参加主体は学生（特に大学生）で、18日の市街地でのデモに若干の市民参加はあったものの、一般民衆の参加はごく限られたものであった。また、地域的にもヤンゴンに限られていた。しかし、この事件は、発生当初より民衆の強い関心を引いた。事件の真相については正確な情報は伝わっておらず、各人が思い思いの憶測を巡らしているような状況であったが、その憶測の大半は、政府に対して批判的なものであった。こうした雰囲気の中、当局は、5月14日付国営紙で、3月事件調査報告を発表した。報告書では、治安警察の発砲による学生の死者は僅か2名であったとされ、学生は器物損壊を含むデモ行動によって騒乱の拡大を煽ったとされた[15]。

この政府発表に対し多くの国民は疑問を抱いたが、その疑問をダイレクトに表明したのが『アウンヂー書簡』であった。この書簡は、当局の発表に反論する形で、アウンヂー*(Aung Gyi) 元准将が、ビルマ社会主義計画党の議長ネーウィンに、6月8日付で発したものである[16]。書簡のコピーは、公然と市中に出回り、その内容を多くの人々が知るに至った。書簡では、3月事件での死亡者は未確認情報ではあるが40名を超えるものであったと指摘し、ネーウィンに再調査を要求した。さらに、3月事件の際、当局によって行なわれた蛮行を次のように詳細に伝えた。

「（インヤー湖）湖岸で殴られた学生の多くは、女子学生でした。何人かは髪の

---

13 3月事件に関しては以下の著作・研究も参照。田辺[1989]11-14、藤田[1989]200-2004、Lintner[1990a]1-12。
14 Abbott[1990]143。
15 *Working People's Daily*, 14 May, 1988.
16 アウンヂー[1988]。

毛を摑まれ殴られました。湖の中に蹴落とされ、這い上がってきたところを再び殴られました。ある女子学生は、跪拝し、嘆願しているにもかかわらず、殴られました。タメイン（女性用腰巻）が脱げながらも逃げ惑う女子学生に対してさえ、髪を摑み殴りました」[17]

「（刑務所内で）治安警察のメンバー何人かが、何で叫ぶんだと言って、女子学生を殴打し、強姦したと言われています。真っ暗であったのに、頭巾まで被せて、女子学生を強姦したそうです」[18]

「負傷者すべてが足枷をされていました。何人かは息絶え絶えでした。脳神経病院からやってきた医師は、手錠、足枷をはずすように頼みましたが、拒否されました。負傷者の多くは、頭部を殴られていたため意識のない状態にあったにもかかわらずです」[19]

『アウンヂー書簡』は、事件の責任は党副総書記のセインルイン*（Sein Lwin）にあるとし、ネーウィンに事態の収拾、責任者の処罰を求めたものであったが、この書簡を読んだ民衆にとっては、そのこと自体は問題ではなかった。民衆は、セインルインをネーウィンの「イエス・マン」、「飼い犬」と見做していた。民衆にとって、重要だったのは、この書簡によって、これまで闇に隠されていた「3月事件」の「真実」が明らかになったことであった。特に、書簡で明らかにされた当局の蛮行は、民衆に大きな衝撃を与えた。学生に対する同情と、当局に対する憎悪の感情が、広範な民衆に醸成されていった。「3月事件」は『アウンヂー書簡』等の出現につながり、「6月事件」発生の下地をつくった。

第3節 「6月事件」と学生連盟のアピール

5月30日、大学は新学期を迎え、予定通り再開された。大学再開とともに学生運動は再び表面に表れてきた。6月上旬には、ヤンゴン大学学生連盟*の反政府声明文（ビラ）[20]が市中で配られるようになってきた。声明文では、現政権をネ

17　アウンヂー［1988］4。
18　アウンヂー［1988］6。
19　アウンヂー［1988］6。
20　Rangoon University Students' Union［1988］。

ーウィン・ファシスト政権とし、大意以下のような要求が掲げられた。
① 各大学の学生連盟とその連合の結成承認。
② 3月16日、17日に銃と銃剣で殺された学生、17日夜に治安警察によって強姦された女子学生のための合法的な調査委員会の設置と責任者の処罰。
③ ヤンゴン工科大学生とその周辺住民との衝突に関する、先般の発表とは別の真相調査とその結果の公表。
④ 拘留中の学生の釈放。
⑤ 人権侵害行為の禁止。
⑥ 62年、74年、88年に学生殺戮を指揮したセインルインの処罰[21]。
⑦ ネーウィンがスイス銀行口座を持っていることの理由説明。
⑧ 以上に対する6月17日迄の回答。

そして、もしこの要求が受け入れられなかった場合には、「我々には、赤い血と勇気があることを示す」と闘争継続が宣言された。また、6月9日、市中でまかれたヤンゴン大学学生連盟およびマンダレー大学学生連盟*連署の「抑圧された国民、労働者、国軍兵士、学生」宛の声明文（ビラ）[22]では、国民に対し次のような呼びかけがなされた。
① 26年に及ぶ現政権支配のもとで、経済、社会、政治は最悪の状態となった。物価は上昇し、国民は生活苦にあえぐ一方、一部の権力者は社会主義体制の下で、甘い汁を吸っている。
② ネーウィンは、国民から収奪した金を外国の銀行に預金し、その総額は4億ドル以上にのぼり、世界的な大富豪の仲間入りをしている。他方かつては東南アジアで最も豊かな国が、今では世界で最も貧しい国の1つとなってしまった。
③ 軍の独裁支配体制のため、労働者の意識と能力は低下している一方、殺人政府の御用組合である労働者評議会は労働者のために何もしていない。
④ 経済的に行き詰まった政府は、農民を欺き、ひどい目にあわせている。ネーウィン政権の下では、農民の生活は何ら改善されておらず、植民地時代と全く変わらない。

---

21 「62年」とは、クーデタによりネーウィンが政権を掌握した年であり、クーデタに反対した学生が武力弾圧されたことをさす。なお、その際、ヤンゴン大学にあった学生連盟会館が爆破されている。また、「74年」とは元国連事務総長ウー・タンの遺体に対する政府の処遇への学生抗議運動のあった年で、これに対する当局の武力鎮圧を指している。
22 ヤンゴン大学学生連盟、マンダレー大学学生連盟［1988］。

⑤国民から生まれた国軍は、いまやネーウィンの私兵となっており、少数の特権階層の権力を永続させるために働いているにすぎない。国家財産の多くが、ネーウィンの軍隊のために浪費されている。

⑥このようなひどい状況下、労働者、農民、兵士、学生は、団結して革命を組織すべきである。国民の政府を樹立するため、我々はあらゆる方法を用いて闘わなければならない。闘いに既に身を投じている学生たちに合流せよ。1988年は我々の闘争元年だ。ファシスト政府に反旗を翻せ。国民を抑圧することは火に油を注ぐようなものだ。

　以上2つの声明文をあげたが、この時期からヤンゴン大学学生連盟等が、国民各階層に対する闘争への参加を呼びかけるようになった。しかし、学生組織の組織力、その指導層に関しては不明な点が多かった。

　学生の組織力が明らかになったのは、6月15日からヤンゴン大学構内で始まった反政府学生集会であった。集会は、16日、17日と日増しに規模を増し、20日には4000～5000名程の学生が集まった。僧侶（仏教僧）、高校生、労働者も一部ではあるが合流した。集会では、ネーウィン政権が厳しく糾弾されるとともに、当局に対し、①逮捕中の学生の釈放、②退学処分を受けた学生の復学、③殺人主義反対、④民主的権利の獲得、⑤学生連盟の結成許可などが要求として出された。また、学生に対しては過激な行動を慎むよう自制が促された。

　当局側は、こうした学生運動の盛り上がりに対し、20日から大学を休講として運動の自然消滅を狙った。しかし、翌21日には、学生たちは大学沿いのピィー（プローム）街道でのデモ行動に移った。これを規制に出た治安警察とミィニゴン交差点付近で衝突し、学生当局側双方に死傷者が出るという事件（ミィニゴン交差点事件）に発展した。

　この段階での運動参加者は、依然として学生が中心であったが、大学閉鎖後のピィー街道でのデモには、一般市民の参加も見られ、その規模は、2万～3万に達した。さらに、規制に当たっていた治安部隊に対し、背後から一般市民が投石するなど、学生に対する協力と支援の気運が高まっていった。当局は、再びこのデモを騒乱と見做し、参加者を暴徒として発表した。学生指導者の逮捕、午後6時から午前6時までの12時間にわたる外出禁止令の発令等で事態の沈静

化をはかろうとした。しかし、この12時間の外出禁止令の発令は、当時ヤンゴンで起きている異様な事態を全国民に知らしめる結果となった。全国民がヤンゴンの動向を注視した[23]。

こうした当局の対応にもかかわらず、7月に入るとビラやカセット・テープによる、学生連盟の声明が頻繁に出されるようになった。その内容は、政府の対応に対する具体的な批判、政府打倒に向けての全階層、全民族の団結を呼びかけたものであり、反政府ストライキ・デモの組織化を促したものであった。例えば、7月7日付の全ビルマ学生連盟*の指示によって出されたとされるヤンゴン大学学生連盟総書記ミンコーナイン*（直訳すれば「王を打ち倒す」「王に打ち勝つ」という意味）署名の声明文の主な内容は、以下のようなものであった（**写真2**）[24]。

①軍事政権は、勝利の一歩手前まで来ていた我々を不法な手段をもって弾圧してきた。もはや学生の問題は、学生だけの問題にとどまらず、国民が社会的・経済的自由を獲得するための政治問題となっている。このような状況下、すべての学生は、政治活動家になっていると言える。我々は政府が学生を釈放したということのみに満足してはならない。

②一部の特権階層を除き、国民の生活は困窮を極めており、回復の見通しもない。教育のために使われるべき金を、彼らが外国に健康診断に行くために使っていて[25]、国が発展するはずがない。それ故、我々は団結して闘わなければならない。兵士や警察官、治安警察といえども、我々の敵ではなく、彼らもまた犠牲者なのである。兵士はその真の敵を見極めるべきである。兵士が国民を支持する時、勝利は我々のものとなる。

③すべての国民が人権を享受できる平和な連邦を再建するには、まだ相当の時間を要するだろうが、とりあえず今、我々は団結しようではないか。国民が本当に力を合わせれば、いかなる政府といえども、それに逆らうことはできない。

この声明の①は、政府が、「3月事件」、「6月事件」で逮捕した学生を釈放すると発表したことに対して反応したものであり、その欺瞞性を指摘したものであ

---

23 「6月事件」に関しては、伊野[1992b]18-20参照。
24 ミンコーナイン[1988a]。なお、ミンコーナインの経歴等が記された学生連盟出版物として全ビルマ学生連盟連合[1999～?]がある。
25 これは、毎年ネーウィンが近親者を伴ってスイス等に健康診断に行っていることを指している。

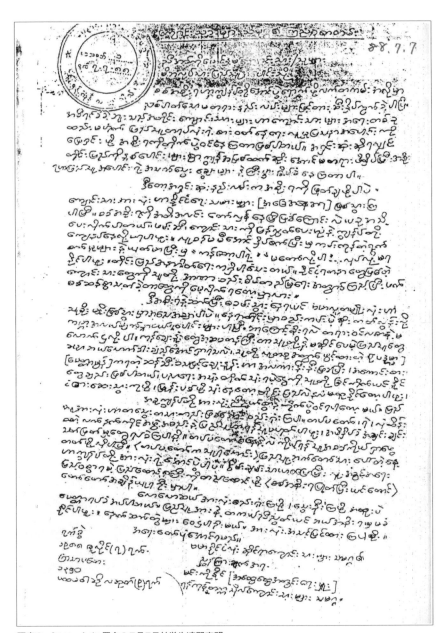

写真2　ミンコーナイン署名の7月7日付学生連盟声明

写真3　88年7月当時の農村の田植え風景（フレーグー）［筆者撮影］

る。また、7月10日付の全ビルマ学生連盟総書記ミンコーナイン署名の声明文[26]では、政府側の、経済政策および党規約改正のために臨時党大会を招集するとの発表に対して、次のようにその欺瞞性を暴き出している。

「経済政策および党規約改正のために臨時党大会を召集するという政府発表は、政府が国民の力を恐れて採った行動である。政府には何ら有効な変革を行なう意図はなく、党規約改正のごときは、父から子へ権力を移譲するための口実でしかない。全ビルマ学生連盟は、国民がそのような政府発表に欺かれることなく、団結してナチ政府を打倒すべく、ここに呼びかけるものである」

この中にある「父」とはネーウィンを指し、臨時党大会が開かれても結局ネーウィン体制自体は変わらないということが訴えられている。さらに、7月14日付のヤンゴン大学学生連盟および全ビルマ学生連盟総書記ミンコーナイン署名の声明文[27]では、11日～12日にタウンヂーで人種暴動が発生したとする政府側の発表に対し、これは政府側が問題を人種対立にすり替えようとしたものと反論

26　ミンコーナイン［1988b］。
27　ミンコーナイン［1988c］。

を加え、国民に対しては、民族間、人種間、階層間の団結を強調した上で、ストライキ・デモ等への直接参加を呼びかけた。

　これまで、情報メディアを政府に独占されていた国民にとって、こうして立て続けに出された学生連盟による声明は、政府の欺瞞性を徹底的に暴き、国民のうちにこれまで鬱積していた感情を直截に表現したものであった。学生たちは、このようにして体制打倒へ向けての国民の意思統一を図っていった。

ラングーン日記抄 **1**（1988年6月19日〜7月21日）

[日記抄における民主化運動関係の記述は6月19日から始まった。つまり、それまでこれほど大きな運動に発展するとは筆者自身考えていなかったことになる。筆者の着任が「3月事件」が一応の終息を迎えた時期であったこともあるが、ネーウィン体制はそれほど簡単には崩壊しないであろうという思い込みがあった。6月に運動が再燃し、あわてて状況把握に追われたため6月19日、日曜日まで日記をつける余裕がなかった。最初の日記抄の記述は、運動が再燃した週におきた事柄の振り返りから始まっている]

❖6月19日（日）

6月14日（火）から、3月に続きラングーン大学で、学生運動が始まった。その概略は以下の通り。

6月14日（火）、午後4時頃に、大学で学生たちが再び活動しはじめたという情報を大使館で聞く。早速大学へ行ってみたが、周辺部は平穏であった。その後の情報によれば、少人数の学生が、騒ぎを起こし、警官と多少の小競り合いがあったとのことであった。

6月15日（水）、午前中に大学周辺に行ってみるが、周辺は平穏。午後Aさんが大学へ行くと、構内で500〜600人の学生が集会を開いており、中心的な活動家は100〜200名であったとのこと。その後の情報によれば、3〜4人（内1名は女性）の学生が演説をしたほか、写真を撮っていたM・I［軍情報部］が、学生たちに発見され［スパイ容疑をかけられ］頭を割られたとのことである。また、こうしたニュースが市内に伝わると、スコット・マーケット［ボーヂョウ・アウンサン・マーケット］をはじめとする商店が店を閉めたとのことである。

6月16日（木）、大学で、午前11時頃より、午後2〜3時まで集会が開かれた。午後1時頃に行ってみたが、タウングー・サウン［校舎］にて、1000名以上の大集会が開かれていた。タウングー・サウンのバルコニーの上に20名程の学生がおり、演説をしていた。国歌を斉唱したあと、一団は正門方向へ移動し、再び国歌を歌い、1分間程の黙禱を捧げた。その後、大学構内のメイン・ストリートをデモ行進する。ウー・ヌ時代の国旗と学生連盟の旗が登場する。デモ行進中、タバコ売りが学生に取り囲まれたが、何事もなかった。

6月17日（金）、午前11時頃から30分ほど大学構内に入ってみる。既に集会が始まっており、メイン・ストリートの食堂の前に演台ができていた。緑のロンヂー［腰巻。多くのビルマ人は当時男性でも腰巻を着用していた］をはいた高校生10〜15名が、集会に合

流。スピーカーも登場する。Holyと書かれた旗も新たに加わる。門は昨日同様学生たちによって閉鎖されているが、インヤー・ロード側の門のみは、開けられていた。集会でシュプレヒコール用の学生の要求が書かれたメモがまわされる。メモには、①逮捕されている学生の釈放、②処分された学生の処分撤回、③民主化、④学生連盟の結成許可、⑤3月事件の調査、が掲げられている。参加した学生は500～600名程度だが、女子学生も多数含まれている。

　同日午後、再び、インヤー・ロード側の門から構内に入ろうとしたが、学生たちに学生証の提示を迫られて、入ることができず。しかし、学生たちから、大使館に自分たちの要求を伝えてくれえるように頼まれる。自分たちは、平和的なストライキを行なっているのだということを強調していた。大使館関係者に対しては、好意的であった［後に判明したのだが、この時対応に当たった学生は、全ビルマ学生連盟連合の副議長となったコーコーヂーであった］。

　集会に参加していたaさんに聞いたところによれば、集会の途中で、ある指導者が構外へデモ行進に出ようと呼びかけたが、学生たちが散会しそうになり、取りやめとなったそうだ。この指導者は、M・Iとのことで、その後、学生たちに取り囲まれ殺されたとのこと。また、aさんは、rebellion勢力にはバックグラウンドがあると言っていた。

　この日の午後、正門には、学生連盟のマーク［戦う孔雀をイメージしたもの］が貼りだされていた。

❖ **6月20日（月）**
　ラングーン大学の状況。朝早くから、多くの学生が集まる。大学周辺にも人がずっと増えている。午後3時大学構内に入って見る。平和的に闘っていくとの演説を耳にする。高校生の数がずっと増えている。正門には、3～4枚のタテカンが立ち、学生側の要求の記されたビラ等が貼られている。正門付近には人だかりができている。
　マンダレー［ミャンマー第2の都市］から僧侶がやってきたとの噂がある。
　チャイカサン競技場には軍のトラックが15台程止められていた。
　当局が、大学を休校［大学を閉鎖すること］にする。第2の闘いは終わったと見る。

❖ **6月21日（火）**
　学生は教育大学に集まり、11時半頃ピィー・ロードに出て、デモ行進を始める。1時頃、学生と警官隊［「ロンデイン」と言われる武装警察隊］が、ミィニゴン交差点で衝突。警官隊が学生に追われて退く。学生側の投石に対し、警官隊は銃を持っていなかったため、押し返された［当時は、欧米諸国から3月事件対応への非難があがっていたため、ライフルによる武装をひかえていた］。この時、交差点の反対側にいたAさんの目撃談によれば、ト

ラックに飛び乗ろうとした警官3名が乗りそこない落下して、後ろから逃げてきた警官隊のトラックにひかれたとのこと。学生側が優位に立つと、まわりにいた人々も警官隊に対して投石する。
　その後、軍隊の出動によって、学生側は教育大学前まで押し戻される。軍は、各方面で道路を封鎖しはじめる。カマユッ交差点は、軍で封鎖され、装甲車2台も配備される。
　他方、午後4時頃には、市中の医科大学から学生がデモに出る。ボーヂョウ・アウンサン通りで何かを燃やしているのを目撃。付近に警官隊、軍隊の姿はまだ見られず。市内の商店はほとんどが店を閉めていた。
　今日は、一般市民、高校生の参加者も多かったように思える。
　夜の国営テレビニュースによれば、この騒ぎで警官5名、学生1名が死亡したとのこと。また、午後6時から午前6時までの外出禁止令［カーフュー］が発令される。
　ニュースを聞いたとき、ネーウィンの策略にはまったと感じる。だが、学生側にとってもこれといった対抗策があるわけでもない。今日のところ発砲はなかったようだが、明日はどうなるか［実際には軍の発砲によって死傷者が出ていた］。学生側も、ここまで踏み切らされてしまったのだから、最後まで闘うしかあるまい。
　それにしても、テレビでいくら嘘を並べたところで、ネーウィン政権の実態は、誰もが知り尽くしているといった印象を抱く。
　早晩ネーウィン政権は倒れるだろうが、問題はネーウィンが倒れてからにある。bさんやcさんが言っていたように「タンマダが良ければ、良くなる。悪ければ、悪いままだ」［「タンマダ」とは、大統領を指すビルマ語で、ここでは最高指導者、トップという意味］というのが、おそらくビルマ人の本音だろう。この言葉の意味をどのように捉えたらよいのか？

第4節 「ネーウィン辞任劇」

　「3月事件」が意外な形で尾を引いていると見た当局は、7月20日、「3月事件」での死者は41名であったとする異例の発表を行なった。しかも、死因は逮捕後の護送車に詰め込みすぎによる窒息死であったことも認めた。[28] 内務・宗務大臣がこの責任をとって辞任した。当局側はこの辞任によって事態の収拾をはかったのであったが、この発表は、かえって巷に流布していた『アウンヂー書簡』や学生連盟声明で明らかにされていた政府の暴挙を、民衆が確認するといった結果をもたらした。

　こうした状況下、政府（ネーウィン）に対する不信感を一層高めたのが、7月23日〜25日に開催されたビルマ社会主義計画党臨時党大会における「ネーウィンの議長辞任劇」と、27日のセインルインの党議長・大統領就任であった。

　この党大会においてネーウィンは、国民の批判に応える形で、一党制を続けるか多党制に移行するかを問う国民投票実施の提案を行なうとともに、自らは議長職を辞任すると発表した。また、経済改革案も、党総書記エーコー（Aye Ko）から提案された。[29] このネーウィンの提案が、彼の側近たちの了解のもとになされていたかは疑問の残るところである。マウンマウンは、側近集団にすら相談されていなかったのではないかと推測している。[30] いずれにしても、それまで反政府勢力からは、ネーウィンの辞任、国民投票実施要求等は直接的に出されていなかっただけに、その反響は大きかった。国民の多くはネーウィンの辞任と国民投票の実施という一時の夢に酔った。しかし、この夢は瞬く間に打ち砕かれる。

　党大会は、ネーウィンの党議長職、サンユの大統領職からの辞任は認めるものの、国民投票は不要であり、引き続き現政権が経済改革を行なってくという結論を出したのである。国民投票実施提案の否決は、民衆の党主脳部に対する

28　*Working People's Daily*, 20 July, 1988.
29　ネーウィン演説およびエーコーの経済改革案の全文は、*Working People's Daily*, 24 July, 1988.
30　Maung Maung［1999］48-49および伊野［2001b］参照。

不信感を一気に高めたとともに、一連の出来事が実はネーウィンによって巧妙に仕組まれた茶番劇であるのではないか、という深い疑念を抱かせることになった。

　その民衆の疑念をより確かなものとしたのが、27日の新党議長・大統領の選出である。ネーウィンに代わって選出されたのは、「3月事件」鎮圧に際して直接指揮をとっていたとされるセインルインであった。ネーウィンが辞任演説で言った「私は、辞任する。辞任はするが、今後も国家がガタガタにならないように見守ってはいく。そこで、国民にひとつわかっていてもらいたいことがある。軍というのは撃つときは狙いを定めて撃つのであって、威嚇射撃など軍人のすることではないということだ。だから、今後騒動が起こり軍を投入しなければならないような状況に至ったとき、騒動をおこした者たちは、その旨覚悟しておいてもらいたい」[31]という一節の意味が、強硬派セインルインの登場で明らかとなった。

　結局、この一連の茶番劇は、あらぬ期待感を国民に抱かせるという場面が挿入されていただけに、国民の怒りを煽っただけに終わった。

31　*Working People's Daily*, 24 July, 1988.

ラングーン日記抄 ❷（1988年7月21日）

[「殉難者の日」の日をめぐっての日記。「殉難者の日」とは、独立直前の1947年7月19日、アウンサン等が政敵に暗殺された日であり、毎年、遺族や在外公館などが招待されアウンサン廟にて政府による追悼式典が行なわれる。翌89年には、その参列者を巡って、アウンサンスーチーと軍政当局との間で対立が生じ、アウンサンスーチーの自宅軟禁につながっていったが、この年の式典には、遺族代表として彼女は式典に出席していた。また、この式典のテレビ放映を見て、多くの国民が、アウンサンスーチーの存在を確認し、漠然とした期待を寄せていった]

❖ **7月21日（木）**

　7月19日（火）には、「殉難者の日」の式典が行なわれた。「殉難者の日」といっても、実際は「アウンサンの日」と言える。新聞は連日、アウンサンの演説からの引用を掲載し、7月19日の夜のテレビ放送では、アウンサンの演説に曲をつけて、第一線級の歌手に歌わせていた。確かにビルマの独立にとってアウンサンの果たした功績は大きい。しかし、あまりにもアウンサンをカリスマ化しすぎているといった印象も強く受ける。社会的影響力が、地位とか役職によって決まるのではなく、ある人物に付随するという考え方の1つの事例を提供するようにも思える。

　現在のような社会的混乱状況下にあっては、民衆側にアウンサンに対する一層の神格化のようなものが存在しているように見える。英雄到来願望である。

　さらに、このアウンサンに対する英雄視、神格視は、ある程度教育を受けた階層の人々の中にもある点が重要であろう。その背景には、政府の宣伝もあろうが、それ以上に独立以後、人々が望むような指導者がほとんど登場していないといった要因が大きいのかも知れない。特にネーウィンとの関連で言えば、アウンサンを神格化する宣伝をすればするほど、大衆レベルでは、かえってアウンサンとネーウィンが比較され、後者の人気は落ちていくといった具合だ。

第2章
「8888学生決起」とクーデタ

写真4　国民兵士が合流したデモ行進［筆者撮影］

1988年8月8日から始まる学生たちのデモは、ミャンマー史上最大の大衆運動に発展し、ビルマ社会主義体制を崩壊に導いたが、同時に軍によるクーデタ介入を許してしまった。本章はその展開過程を追っていく。

　8月8日始まった学生デモに対して、ネーウィンを引き継いだセインルイン政権は、発砲という強硬手段で応じた。多くの犠牲者が出たが、民衆は市中にバリケードを築き学生支援にまわった。強硬派セインルインはわずか2週間で辞任に追い込まれ、代わって登場した穏健派マウンマウン政権は、民主化勢力への譲歩に次ぐ譲歩を重ねる。しかし、時既に遅く、「デモクラシーの獲得」というスローガンとともに叫ばれる民主化勢力側の具体的要求は、「暫定政権下での総選挙の実施」へとエスカレートしていく。学生主体であった運動も、8月末の戒厳令、集会禁止令、夜間外出禁止令の解除により、小学生までもがデモ隊を結成する大衆運動へと発展していく。また、アウンサンスーチー、アウンヂー、ティンウー等の大物指導者も衆前に姿を表し、独自の行動を展開していく。民主化勢力の状況は、かりにマウンマウン政権が対話しようとしても、いったい誰とすればよいのか分からないほど、百花繚乱状況を呈するようになる。完全に統治能力を失ったマウンマウン政権は、刑務所から一般の刑事犯を大量釈放する。長期化したストの影響で物価も高騰し、治安は急速に悪化していく。政府の工場や倉庫をターゲットにした民衆の略奪行為も横行する。放火や井戸への投毒などによって政情不安を煽る、軍情報部が送り込んだ破壊分子の活動が噂され、各地で民衆が、そうした破壊分子を捕らえ、即決人民裁判にかけ処刑する。民衆の間には、民衆側に立った軍のクーデタへの期待感さえ生まれてくるが、軍は全く動こうとしない。これまで運動を指導してきた学生連盟は、危機感を募らせ、アウンサンスーチー等の大物指導者たちを第1医科大学に集め、暫定並行行政権樹立を迫る。しかしながら、大物指導者たちは原則論にこだわり、足並みもそろわず、この構想は、何らの代替案もなく頓挫する。

　その結果、学生たちが予想したとおり、民衆の我慢は限界に達し、軍と民衆が直接対峙した「国防省事件」「貿易省事件」の発生につながっていく。後者の事件においては、軍人が武器ごと民衆側に投降する事態に至る。ネーウィンのアドバイスに従った軍は、翌9月18日、クーデタによって全権を掌握し、民主化運動の流れは、再び多大な犠牲を伴って、一気に押し戻されることになる。

第1節 「8888学生決起」とセインルインの辞任

　ネーウィンの「飼い犬」と揶揄されていたセインルイン政権の登場に対して、学生は、7月末になると断続的に反政府集会・デモを行なった。8月3日には、ヤンゴン市中心部でも、学生、青年を中心とした1万人規模のデモが発生した。同日ヤンゴンには戒厳令がしかれた。

　同3日夜、イギリス放送協会（BBC）のビルマ語短波放送は、ヤンゴンで発生したこのデモの模様を報ずるとともに、8月8日からゼネストを決行するというビラがヤンゴン市内で出回っていると伝えた。[1] さらに8月6日の同放送は、BBC特派員と学生との会見内容を詳細に報道した。[2] インタビューに応じた学生たちは、「3月事件」、「6月事件」の模様、逮捕された学生たちが受けた虐待を次のごとく生々しく語った。

　「逮捕された女子学生が、どんな酷い目にあったかということについて、私が知っている限りお話ししましょう。私自身もそのような酷い目にあったのです。…逮捕されて、部屋の中で暫く取り調べられた後、彼らは、まるで政府の奴隷のようでした。政府の奴隷に成り下がって、人として耐えられないようなことをしました。彼らは、女性を不当に扱いました。ある者は、息絶え絶えの女子学生に、薬物を注射しました。…釈放されたとしても、女子学生の人生は無に帰したも同然です。取り返しがつきません。何人かの女子学生は、妊娠してしまいました。妊娠した者は、自分はミャンマーの女性であり、ミャンマーの女子学生であるという誇りから、大変恥じ入りました。彼女たちは刑務所で受けた扱いや、拷問によって、自分たちの人生が恥ずべきものになったと考え、刑務所でも、釈放された後でも、重荷を背負っていかなければなりません。そんな重荷は、私たちが欲しているものではありません。だから、恥辱を命によってあがなうため、自ら命を断とうと考えました。私自身もそのように考えた女子

1　情報省［1989］。この資料は、クーデタ後軍事政権が出版したもので、BBC、VOA（Voice of America）のビルマ語放送の内容をモニターし、それに対する軍事政権側の批判、反論が掲載されている。
2　情報省［1989］35-41。

学生の1人です。しかし、私は自殺しようとは思いません。そのかわり、引き続き闘っていこうと決意しました」

学生が語ったこの事実は、『アウンヂー書簡』以上の迫力と、臨場感を伴っていた。その上で、学生たちは次のような要求を当局に突きつけた。
①逮捕中の学生の釈放。
②退学処分を受けた学生に対する処分撤回。
③学生連盟の合法化、学生連盟会館の再建。
④国民投票の実施。
⑤犠牲者に対する追悼式典の実施、犠牲者に対する賠償金の支払い。

そして、学生たちは現体制打倒のために引き続き闘っていくと訴えた。

翌7日のBBC放送は、学生たちが8日より平和的デモを決行する予定であると伝えた。当時、民衆の多くは、ミャンマー国営放送より、BBCの報道に信を置いていた。民衆の間に88年8月8日（8888）学生決起への期待感が一挙に高まっていった。

8月8日、学生を中心とするデモは予告通り始まった。行進とともに、デモには一般市民も加わり、夕刻には市庁舎前で10万人ほどの大反政府集会が開かれた。いくつもの仮縁台が置かれ、その上に立って、学生、僧侶、一般市民が、代わる代わる反政府演説を行なった。こうした演説は、市庁舎を警備する軍の銃口の前で、マイクもなく行なわれた。集まった人々は市庁舎の軍の動きに一喜一憂しながら演説に耳を傾けた。軍が威嚇行動をとると蜘蛛の子を散らすごとくその場から退避し、また恐る恐る集まるといった状況が繰り返された。参加者はまだ限られたものであり、青年層が中心であったが、この日の出来事は、一般民衆に対して大きなインパクトを与えた。

翌9日も、朝から、より大規模なデモが行なわれた。デモ隊の規律は守られ、略奪・破壊行為は一切見られなかった。デモ隊は、「セインルインをくびにしろ*」と叫び、警備の軍人に対しては「国軍は、我らが軍*」と訴えた。沿道でデモ行進を見る民衆の数も増え、デモ隊を拍手をもって迎える盛り上がりを見せた。

3 　情報省[1989]37-38。
4 　情報省[1989]45。

しかし、当局はこの盛り上がりに対して、無差別発砲という強硬手段で対応した。より広範な人々の前で、「3月事件」、「6月事件」が再現された。今回の目撃者は民衆自身であった。民衆は、無差別発砲による流れ弾から身を守るために、あるいは軍の動きを牽制するために、自ら街路樹を切り倒すなどしていたるところにバリケードを構築しはじめた。

当局の発砲による規制にもかかわらず、翌10日にも学生のデモは決行された。当局は、再び発砲で応えた。午後になって、軍がヤンゴン総合病院へ向けて発砲し、看護師等が負傷するといった事件が発生した（ヤンゴン総合病院事件）。当初この事件では、看護師の負傷ではなく、医師と看護師が死亡したと伝えられ、そのことが、軍の無差別発砲による規制により閉塞状況にあった事態を一気に変えることにつながった。これまで傍観していた人々も反政府運動支援に傾き、民衆が構築したバリケードは一層強化された。いたるところの塀や壁には、「セインルインをくびにしろ」のスローガンが書き込まれた。各地区の民衆を指導していたのは、ほとんど無名の学生たちであったが、民衆は彼らの指示に従った。軍もこれ以上深追いできない状況となった。南北オカラッパ等のヤンゴン郊外においても、状況は同じか、より緊迫したものであった。

他方、治安状況も悪化し、民衆による「破壊・略奪」行為も発生した。しかしながら、後に詳しく見るように、その対象は、警察署や警察官の住居および人民評議会関係といったある地域社会における権力の末端へのものであり、しかもこれらは、国営紙での記載から読み取れるように、どちらかといえば略奪が目的ではなく破壊・放火を目的としたものであった。「リンチ・処刑」等で犠牲になった者も警察官が圧倒的に多く、対象は限定されていた。

こうした事態に直面して、当局はサンガ（僧団）を利用し始めた。8月10日付で、サンガ大長老委員会による声明が出された[5]。声明は、政府には十王法（為政者が守るべき10の戒め）に則った対応、民衆には法律の枠内における平和的な要求と忍耐を説いていた。しかし、翌11日になっても、軍と民衆のにらみ合いは続いた。同日夜の国営テレビ放送でも、サンガの長老が同様な内容を呼びかけたが、ほとんど効果はなく、翌12日にも、民衆による政府の工場・倉庫を対象にした「破壊・略奪」行為は続いた。そして遂に、12日夜、国営放送は、セインルインの党議長、

5　*Working People's Daily*, 11 August, 1988.

大統領職からの辞任を発表した。この放送が流れると、ヤンゴン中心部では人々の大歓声があがった。民衆にとって初めての勝利であった。

翌日バリケードは市民によって撤去された。閉鎖されていたガソリンスタンドも再開した。運動は終息するかに見えたが、全ビルマ学生連盟総書記モーティーズン*は「我々は、ある個人と闘っているのではない。我々は、体制と闘っているのであり、BSPP政権打倒まで闘う」と闘争継続の方針を打ち出していた。

6　モーティーズン［1988a］。1988年8月13日、南オカラッパでのインタビューより。なお、このインタビューの経緯に関しては、藤田［1989］231-233、236-237を参照。

ラングーン日記抄❸（1988年8月10日、8月13日）

[この年8月3日〜4日の2日間にわたって、パガンの遺跡に関する国際シンポジウムが開かれていた。筆者も参加し、パガンにてヤンゴンの情勢が急変していることを知った。シンポジウム終了後、調査予定を変更し、急遽ヤンゴンへ戻ることにした。帰路のミャンマー農村は、一見平穏に見えた。しかしヤンゴンの状況は全く異なり、8月8日を迎える。8日、9日には、情報収集に忙殺され、疲労困憊し、日記をつける余裕もなかった。日記抄は10日に記した一連の事件の振り返りから始まっている]

❖ 8月10日（水）

　8月7日（日）、パガンからラングーンへ戻る。

　8月8日（月）、噂通り、ラングーン市内で、大規模なデモ行進が始まる。デモ隊は、ラングーン市の中心街だけでなく、郊外においても形成されている。ラングーン市街だけでも2万〜3万人がデモに参加していると思われる。学生のほかに、数こそ少ないが、労働者、僧侶、子どもまで含まれており、その意味では、すべての階層に関連している。軍は発砲による鎮圧は控えているようであった。デモ隊は、行進しながら「国軍は、我々の軍である」とシュプレヒコールをあげていた。夕方近くには、市庁舎の前で大集会が開かれ、学生、僧侶等が代わる代わる演説をしていた。

　8月9日（火）、再びデモ隊が形成され、昨日より規模は大きくなる。午後より、デモ隊に向けて軍が発砲するようになる。大使館の近くのシュエダゴン・パゴダの周辺（バハン地区）でも発砲騒ぎがあり、現場付近へ行ってみると、学校の先生を含む多くの住民が、軍の発砲に対する非難の声を伝えようと寄ってきた。同様のことは、北オカラッパの発砲現場へ行っても見られ、血痕と散乱したパナ［草履］を見せられた。住民は、外国は助けてくれないのかとしきりに訴えていた。我々大使館関係者が市内の状況を視察に行くと、人々は拍手で迎えてくれ、道路に彼らがおいた遮蔽物を取り除いてくれるといった状況である。この日の午後のデモ隊の数を統計すれば、少なくとも5万〜6万はいただろう。夜8時より外出禁止令、集会禁止令が発せられる。

　8月10日（水）、今日も再びデモが発生。軍も昨日に増して発砲を繰り返す。市街・郊外とも騒然とした雰囲気となる。午後2時頃、ラングーン総合病院［当時学生連盟が拠点を置いていた］で医者や看護婦が軍から発砲されて死者が出たとの知らせを聞いて、現場へ向かう。途中人々は、道路に置かれた遮蔽物を取り除いてくれたり、拍手で迎えてくれたりで、我々に対してはかなり好意的であった。ところが、病院の西側の道路を通っていたとき、病院から出てきた一団に囲まれる。彼らは、写真を撮ってこの

発砲事件を伝えてくれと言う。ドライバーが引きずりだされそうになる。カメラは持っていないと事情を話し、ニュースは伝えると言って、道をあけてもらう。しかし20～30メートル離れたところで、後ろから投石され、後部窓ガラスがメチャクチャに砕ける。おそらくは、事情を良く理解していなかった者が投石したのであろう。

4時ごろ、Bさんとともに、再び総合病院と市街の視察に向かう。市庁舎の前に軍が配備されていることを除いては、市内全体が民衆のいわば解放区のようになっており、市民自らが作ったバリケードで交通が遮断されている。ところが、大使館の車は拍手で迎えられ、市街の中心部まで行くことができる。さきほど投石を受けた場所まで行ってみると、民衆の1人が、「これがそうだ」と言って、ライフルの薬莢を差し出し、病院内に入って発砲現場を見ていってくれと言う。こうしたことを考えると、投石は全く暴発的なものでしかなかったと確信する。

このような事態を招いたすべての責任は、政府、セインルインにある。政府にはもはや正当性の根拠が全く失われている。晩のテレビ発表では、32人が死亡したと言っていたが、今朝の新聞に載っていたザガインでの死者31名を加えれば、最低でも63名を銃殺したことになるのだ。まさしく虐殺である。それ以外のなにものでもない。群集は、暴徒化すると恐ろしいが、今回の事件に関して言えば、民衆側に100％の理がある。セインルイン政権に対して、腹の底から怒りを感じる。だが、誰がこんな政権を打ち立てたのか、その問題は残る。

市内が麻痺して3日になるが、いつまで続くのであろうか。

❖ **8月13日（土）**

8月11日、12日とも市内の状況は、軍と民衆のにらみ合いが続いている。とはいうものの、一部の地区を除いてあまり緊迫感はない。市内の商店、役所等は閉じていて、首都ラングーンとしての機能を果たしていない。人、車の通りも8月12日になると全くない。軍がパトロールに来ると、民衆はさっと姿を隠す。

8月11日には、その前日私の車に投石した人物が、その後仲間に取り囲まれ殺されたという情報をAさんから聞く。噂によれば、その人物はもともと過激派として仲間から目をつけられていたのだが、あの時も皆の制止を無視して、無関係な大使館の車に投石したことが理由だとのことである。ショックを受ける。事の真偽は分からないが、何とも複雑な気持ちだ。

また、同8月11日の夜の国営放送で、重大な発表があると予告されていたが、ただ、サンガ［僧団］の長老たちの呼びかけとソーマウン国防大臣演説があったのみ。

8月12日、Bさんと南オカラッパ地区に行き、いわゆる「解放区」のような地区を見る。我々が行くと、バリケードを外して中へ入れてくれる。中心部あたりまで行った

ところで、全ビルマ学生連盟の総書記と称する人物に会う［この人物は、その後判明するのだが、実際に総書記モーティーズンであった］。彼は「我々はデモクラシー獲得のために闘っている。武器を持たず、ただデモ行進を平和的に行っただけだ。我々は、学生のためだけでなく、全国民のために闘っているのだ」というような主旨のことを言っていた。Bさんがビデオ・カメラを持っていたので「このカメラに向かってしゃべれるか」と聞くと、「自分は何も恐れていない」と、たどたどしい英語で答えた。住民たちが我々のところに集まってきたが、これを学生たちが円陣を作る形で引き離してくれた。非常に統率がとれているといった印象を受けた。しかし帰路、政府の倉庫が人々によって略奪されている現場に出くわす。各地で同様の事件も発生しているようだ。
　それにしても、軍による無差別的とも言える発砲はひどい。少なくともラングーン市では、市民はすべて学生側と見てよい状況になってきている。各地で、日本や外国は我々を助けてくれないのか、といった要求を聞く。
　この晩（8月12日）、8時のニュースで、セインルインの辞任が発表される。その瞬間、町中では、鍋等を叩いて歓声をあげていたそうである。他方、いまだ発砲は続いているようで、7時頃大使館前でも発砲事件があったと聞く。
　今日、8月13日になると、市内・郊外の状況が一転し、人通りも多く、車の通行量もほぼ平常通りとなる。軍の姿も、市内中心部にある主要マーケット付近を除いては、ずっと減ってきている。もっと驚いたのは、バリケードを市民自ら早速撤去したことだ。バリケードが一夜にして消えてしまうということは、町ぐるみで闘っているという何よりの証拠であろう。
　今日も、南オカラッパへ行ってみる。昨日（8月12日）会った自称学生連盟総書記とまた出くわす。彼は、「我々の闘いは、まだ終わっていない。我々はセインルインという個人と闘っているのではない、体制全体と闘っているのである。我々はデモクラシーを要求し続けていく」といったことを訴えていた。また、そのために月曜日から引き続きデモを行なうとも言っていた。
　こうした要求がどこまで大衆の賛同を得るかという点は別にしても、少なくとも大衆の側でも民主化要求の声は無視できない状況になってきていると言える。多大な犠牲を払って、とりあえずセインルインを辞任に追い込んだわけであるが、それがレファレンダム［国民投票］や多党制の導入に直接的につながっていくか否か、大きな疑問である。その過程で、さらなる犠牲者が出るのではないか？　それを考えると憂鬱になる。今日は、ラングーン総合病院の遺体安置所にも行ってみたが、その雰囲気は、言葉にもならない。これだけの犠牲者を、無駄死にさせたくないという気持ちは市民の間に広くゆきわたっていると思う。これほどの犠牲者がセインルイン1人の辞任と引き換えでは、民衆は納得しまい。ただ、農民大衆はどうなのであろうか？

第2節　運動の新たな展開とマウンマウン政権の譲歩

　セインルイン退陣から8月19日にマウンマウン政権が発足するまで、大規模なデモは行なわれなかったが、政府所有の工場等ではストライキが続いていた。ヤンゴン総合病院の敷地内では、連日反政府集会が開かれた。この時期既に全ビルマ学生連盟はヤンゴン総合病院に拠点を構えていた。病院の壁にはポスター、風刺画、声明文が貼りめぐらされ、多くの市民がやってきて読み入り、ある者は手書きで写して帰った。「デモクラシーの獲得*」「複数政党制の導入*」というスローガンが、前面に掲げられ始めた。また、アウンサンスーチーたちが国家評議会へ宛てた書簡（15日付）[7]や「中央裁判所法律家評議会および法律家（法律家協会）[8]」等様々な団体から要求書が出されるようになってきた。

　8月19日、マウンマウン政権が登場する。マウンマウンは、軍出身ではなく、ネーウィン側近の中では唯一文民であり、法学者であった[9]。いわば体制内の穏健派と見られていたわけであるが、彼の起用にあたってはネーウィンの意向があったと言われている。そのマウンマウンは、大統領に就任すると、それまでの政府の対応とは一転し、民主化勢力への譲歩を選んだ。この方針転換は、マウンマウンの回想録では、7月の党大会におけるネーウィンの方針に沿ったものであったとしており、その後の対応にもネーウィンからのアドバイスを受けていたことを認めている[10]。いわばネーウィンお墨付きの譲歩であったが、以下に

7　トゥエーミン、アウンサンスーチー、ソーアウン［1988］。本書簡は、アウンサンスーチー他2名の連署となっているが、アンサンスーチーが政治の表舞台に登場したのはこの書簡からである。この書簡では、政府に対して、国民各階層の識者からなる国民評議会を設置し現状の打開策を協議させるようにとの提案がなされている。

8　中央裁判所法律家評議会および法律家［1988］。この書簡は、法律家等117名の連署形式をとっているもので、政府に対して人権侵害行為の禁止等を要求したものである。

9　マウンマウンは、独立闘争時代にはビルマ国軍に加わっていたが、その後ヤンゴン大学にて法律学を学び、ユトレヒト大学より博士号を取得した。いわゆるネーウィンの側近としては、異例の経歴の持ち主で、穏健派と見られていた。Maung Maung［1969］を執筆したことが契機になって、ネーウィンに気に入られたと言われ、その後側近として重責を担った。

10　Maung Maung［1999］65、252-254および伊野［2001b］参照。なお、マウンマウンはその中で、自身は党内においては支持基盤を持たず、派閥とも一線を画していたとし、その自分が大統領と

見るごとく、事態を収拾するには至らなかった。

マウンマウンは、党議長・大統領就任直後に、国民の意見を聴くための世論調査委員会の設置を発表した。だがこの時点では、国民の要求は、「複数政党制の導入」にまで達しており、翌20日からは、「複数政党制導入」をメイン・スローガンとする大デモ行進、ストが連日続けられた。戒厳令は維持されていたが、軍は、政府機関の要所を警備するのみで、デモの規制は行なわれなかった。デモ参加者は日を追って増加し、23日には、デモを規制しようとした軍が結局仏教僧の説得を聴き入れ封鎖線を解いたことで、戒厳令は全く効力を有していないという事態が明らかとなった。

翌24日、マウンマウンは第2の譲歩を行なった。戒厳令、夜間外出禁止令、集会禁止令の解除であり、複数政党制の導入を問う国民投票の実施であった。[11]しかし、戒厳令、集会禁止令の解除によって、運動は一挙に盛りあがり、ヤンゴン市内の道々は市民であふれ、市内各所で集会が開かれた。

アウンサンスーチーもヤンゴン総合病院の敷地内で演壇に立ち、次のような短い演説を行なった。

「国民の皆さま、

重要なことは、平和的に規律をもって、自らの意思を示すことです。私たちすべてが欲しているものは、堅固な連邦です。そのような堅固な連邦を創り出すには、国民に規律が必要です。まず団結しなければなりません。団結した上で、規律も必要です。団結もなく、規律もないというのでは、どのような制度であっても、国家にとって利益をもたらすことはできません。

（大拍手）

そこで、…私が言いたいことは、国民の力というものはたいへん大きいのだということです。しかし、この力を真理*に即して使わなければ、それは自分にとっても危険なものとなり得ます。ですから、国民の力を真理をもってコントロールしてください。真理を伴わない力というものは、すべての人々にとって、危険なものとなりえます。現在、私たちは、金曜日に大国民集会を開こう

いう大役を引き受けるにあたって、ネーウィンの協力するという確約が大きな要因になったと振り返っている。

11 *Working People's Daily*, 28 August, 1988. なお、国営各紙は8月25日から8月27日まで発行されなかった。よって、24日のマウンマウン演説は28日になって掲載された。

と準備しています。平和的に規律をもって行動してこそ、それも実現できるのです。国民に規律がなければ、国家は…いつになっても繁栄することはできません。規律を持ってください。

団結してください。すべての人が平和的に行動してください。

私たちは、真に規律正しく、真理にかなった国民なのだということを、世界中の人々に知らしめてください。真理にそぐわない力を使わないでください。

今回は、これで失礼いたします。

金曜日には、もっと詳しくお話しようと考えています[12]」

アウンサンスーチーが、民衆に直接語り始めたのであった。

---

[12] アウンサンスーチー［1996］42-43。なお、引用文中の「アフマン・タヤー＊」を「真理」と訳したが、「アフマン」には「真実」「正しいこと」、「タヤー」には仏教の「法」という意味がある。仏教で言う「真理」も「アフマン・タヤー」という言葉が用いられる。

ラングーン日記抄❹（1988年8月22日〜8月24日）

　［8月12日のセインルインの辞任から、8月19日の穏健派マウンマウン政権が登場する期間は、学生たちが拠点を置いていたヤンゴン総合病院の敷地内で、反政府集会が連日開かれてはいたが、大規模なデモ等は発せず、比較的「平穏」な状況が続いた。しかし、マウンマウン政権成立後、再び大規模なデモが多発する。結局、マウンマウンは譲歩せざるを得ない状況に追い込まれ、8月24日に戒厳令、集会禁止令、夜間外出禁止令等を解除する。その結果、運動は急速に大衆化していく。日記抄はその模様を記している］

❖ **8月22日（月）**

　先週の金曜日（19日）に、Dr. マウンマウンが党議長、大統領に就任した。月曜には大きなデモが再び起こるであろうという噂通り、今日は朝から大きなデモが発生した。デモというか集会というか、総合病院を中心に、米大使館前の集会も合わせれば、2万2000〜3000人は参加しているだろう。

　新政府は、今のところ一発の威嚇射撃も行なっていない。デモは時間とともに膨れ上がり、デモへの参加者なのか、観衆なのか区別がつきづらくなってきた。デモ隊は夕方になって解散したが、明日も発生するにちがいない。

　しかし、私自身が疲れているせいもあるのだろうが、今日は、政府側の勝利ではなかったろうか。まず1発も発砲しなかったということが、外交団や一般市民に良いイメージを与えたことは確かだ。今日のデモにしても、ラングーン市街のみで発生し、南・北オカラッパやインセイン地区では発生していないし、今後お祭り騒ぎ的にデモに参加した人は、消えてゆくであろうことを考え合わせるならば、大規模なデモを何日も続けることはできまい。それに、政府は夜のニュースで、1党制か多党制かという点も含めて、例の世論調査委員会に意見を提出するように勧め、ある程度具体的な方法も提示している。学生側に運動継続の具体的プログラムもないように見えるし、このままラングーン市の機能が麻痺し続ければ、市民生活にも甚大な影響が出る。このような状況に至った責任は、ネーウィンとその取り巻き連中（マウンマウンも含め）にあるのだが、現状打開の方法、特に経済の再建の問題に関して、学生側に具体的構想のようなものは全くないように思える。学生に賛同する人々の間には、デモクラシー＝多党制→経済の好転という甘い夢がある。その夢と怨恨感情との2つで、彼らは今デモに参加しているように見える。彼らの持つエネルギーには驚嘆せざるを得ないが、しかし、デモばかりしていてどうなるのかといった気持ちも沸いてくる。

こうした点を考えると、大きな流れは、いまや政府側に移ったようにも思えてくる。学生らもここはひとまず世論調査委員会の報告をまって、その結果次第でもう一度行動に出るほうが得策ではないだろうか。もちろん、政府側が再び発砲という手段を用いれば状況は全く異なるのだが。

　ある親子の会話を聞いていたのだが、デモに参加した息子が父に「パパ、2党制というのはデモクラシーなの？」と質問していた。多くの人々がこうした意識のレベルであることもまた事実であろう。民衆の意識のレベルがこのような状況にあるとき、何かを破壊するのに動員するのは容易かもしれないが、何かを創造するときにはやはり優れた指導者の存在が必要となってこよう。そのリーダーが現時点で存在しているのか？

　ただ、こうした問題を考える際、気を付けなければならないのは、民衆が何故こうした意識のレベルに置かれているのかといった点である。26年間、民衆をこうした意識のレベルにとどまらせてきたのは誰かという問題だ。ビルマの現状を見て、民衆は破壊できても創造できないといった認識を持つ人々は沢山いるであろう。これだけでは、単なる愚民思想でしかない。問われるべきは、何故という問題である。マウンマウンは、就任演説の中で「誰がこのような状況を引き起こしたのかといった責任は問わない」と言っていたが、この点こそ第1に問われるべき問題であろう。さらに、一歩踏み込んで、民衆自身がなぜこうした意識のレベルに甘んじてきたのかという点も考えなければなるまい。支配者、被支配者の双方に光を当てて考えていくべき問題である。

　それにしても、現実問題としてデモだけでは何も生まれない。

❖ 8月23日（火）

　今日もデモが発生する。昨日とは異なり、デモ隊はラングーン市街を行進する。午前9時頃に始まったようで、11時頃には3万〜4万人のデモ隊に膨れ上がっていた。午後2時すぎ、スコット・マーケットの前で、デモ隊の先頭に僧侶100名ほどが立ち、軍の封鎖線と対峙する形になり、一時は軍が威嚇射撃の構えを見せるほど緊張が高まった。しかし、その後、軍が封鎖線を解くことによって大事には至らなかった［これによって、戒厳令が実質的に効力を失った］。この一件を除くと、デモ隊は、軍と衝突しないように自己規制しているようだ。バイクや自転車からなる先導隊を派遣し、デモを誘導している。交差点にさしかかると、学生らしき一団が手をつなぎ、デモ隊の進行方向を決定している。なかなか足並みの揃ったデモであり、軍との衝突の危険性も少ないように思える。デモの先導隊が道を封鎖している軍に近寄って、通行の可否を求めるような状況である。

　昨日の市内には横断幕や旗が多かったが、今日はその数がずっと増えていた。学生連盟の旗、僧団旗、赤十字旗などのほかに、ビルマ国旗を上下逆さにつけているものが、

デモ隊の中には見られた。横断幕には、「平和的にデモを行なっている人を銃で撃つな*」と書かれたものが目立った。いくつかの路地では、国旗を逆さにしたものが、各家から、いつもの干し物の代わりに掲げられていた。観衆も含めれば10万人ほどの人出があったのではなかろうか。

　とにかく2日目も平和的に終わったが、学生側としても引くに引けないし、かといって別にこれといった打つ手もない状況である。軍も疲れてきているだろうし、発砲するわけにもいかない。Cさんの話では、Dr.マウンマウンは、略奪等が起こらない限り、発砲を控えよと軍に命令しているようである。だが、いつまでこの状態が続くのか？とにかく発砲だけはないことを願うばかりである。

　夜8時のテレビ・ニュースで、初めてデモのことについて触れていた。一部の報道はかなり正確であったが、スコット・マーケットの一件についてはやはり触れられていなかった。また地方の状況についても報道された。このニュースを流したことは、ある意味では、政府側にとっては逆効果であったかもしれない。報じたニュースの誤りが現段階では、一層明確になっているし、そのことによって、国営放送に対する不信感は益々深まり、ひいては世論調査委員会への不信感をつのらせる結果となっているからである。

　それにしても、今日も終日、雲もない非常に暑い日であったが、デモ隊のエネルギーには驚く。今まで溜まっていたものが一気に吐き出された感がある。沿道の市民からはデモ隊に氷水などの差し入れが多く、デモに直接参加せずとも、支援体制ができあがりつつある。デモ隊には子どもを肩車した人さえも含まれていた。明日はどうなるのであろうか？

❖ 8月24日（水）

　本日、午後8時の国営テレビ・ニュースで、Dr.マウンマウンが、ついに国民投票をやると発表した。

　今日は、朝9時頃より市内各所でデモ隊が結成され、昼頃には、デモ隊のみで約10万人、観衆を含めると20万人ほどの人々が市中に繰り出していただろう。大使館では20万〜50万と見ている。既に市内は人で埋め尽くされている状況なので、はっきりとした人数は分からない。鉢巻やプラカード、垂れ幕などに、出身地区や所属団体名の記されたものも登場してきた。

　そして、正午をもって、戒厳令と夜間外出禁止令が解除された。その知らせは、12時45分頃には市内に伝わった。その時、私たちの乗った車はちょうどピィー・ロードとアウンサン・ロードの交差点におり、市中に向かっていたが、人々が大声を上げて喜び、車がクラクションを鳴らして走り回っているのを目撃した。Cさんは、ちょうど

米大使館の前にいたそうだが、まわりの人々から「デモクラシーを勝ち取った」と伝えられたそうだ。

　昨日から市内に出回っていたアウンサンスーチーが集会を開催すると呼びかけたメモは、本物であることもわかった。この情報の影響がどの程度あったかは定かでないが、結果的には、アウンサンスーチー集会で運動が最高潮に達する前に政府側がうまく降りたといった感じだ。

　問題はこれからである。夜8時のニュースを聞いて、市中の反応を見に行ったが、ほとんど夜間外出禁止令が敷かれているのと同じ状況で、セインルインが辞任したとき、町中で上がっていた歓声さえ聞くことができなかった。人々には、ニュースの内容が即座には理解できなかったのであろう。デモクラシーとは何かを理解できていないのかもしれない。昼間の状況と考え合わせると、戒厳令の解除、夜間外出禁止令の解除＝デモクラシー勢力の勝利と受け取ったような気がしてならない。これから、どのように国民投票へ向けて意識形成、意思統一を行なっていくのであろうか。26年間、デモクラシーなど存在しなかった国において、人々は、どのようにしてデモクラシーの意味を考え、何をデモクラシーと捉えていくのであろうか。

　それにしても、やはり、問われるべきは、誰が人々の意識のレベルをそのような状態にとどまらせていたかという問題であろう。ｄさんのような、デモをしている大多数の貧民は無知だから参加しているのだという発想にはついていけない。

　よくよく考えてみると、これがデモクラシーなのかも知れない。我々が考えているデモクラシーこそ、実は理詰めであとから理論付けられたものであり、元来は、こうした運動をデモクラシーと言うのかも知れない。とにかく民衆が何故デモクラシーという言葉を掲げ、彼らの意味するデモクラシーとは何かを問うことが重要であろう。民衆の掲げる「デモクラシー」要求によって、政局自体は混迷を極めるかもしれないが、その混迷の中から、民衆一人一人が「デモクラシー」という言葉の意味そのものを何度も問い直していくことになるのではないだろうか。我々が「民衆はデモクラシーの意味を分かっていない」というとき、果たしてその問題設定の仕方は誤っていないのかと根本的に問う姿勢が必要なのではないか。国営放送では、100人の子どもに好きな食べ物を聞けば100通りの答えが返ってくるのだから、1人1人の「わがまま」をいちいち聞いていたのでは民主主義は機能しないというようなことを言っていた。しかし、例えば子どもたちが遊べば、当初は喧嘩をすることもあるが、徐々にそれなりの秩序が形成されていくものである。だから、民衆はいま彼らなりのデモクラシーを創り出している最中なのだとも考えられる。それを最初から勝手なことばかり言って民主主義が確立できるかと批判し、民衆自身が創り出す彼らなりのデモクラシーの出現の可能性を、頭から否定してしまうのは、知識人の驕りなのかも知れない。

いずれにしても、ここ3日間のマウンマウンの役割は、大政奉還時の勝海舟の役割に似ているような気がしてならない。今後どうなるのであろうか。

写真5　アウンヂー集会(8月25日)[筆者撮影]

第3節　大物指導者の出現、運動の大衆化

　8月末になると、いわゆる大物指導者たちが、表舞台に登場することになる。25日には、7月29日に逮捕されていたアウンヂーが釈放され、同日午後10万人程の聴衆を集めた野外集会を行なった[13](写真5)。翌26日には、シュエダゴン・パゴダ境内で、アウンサンスーチーが、そして27日には、ヤンゴン総合病院敷地内で元国防相ティンウー*が演説を行なった[14]。この3者の演説で共通していたのは、団結・規律の重要性、平和的闘争、そして暫定政権下の複数政党制総選挙の実施であったが、集会への動員力は、アウンサンスーチーが抜きん出ていた。
　集会会場へ向かう道路は人々で埋まり、途中で諦めて引き返した者も多かっ

13　この集会におけるアウンヂーの演説全文は、『新たな勝利の宴ニュース』第1号、第2号を参照。なお、この資料は、88年8月末よりクーデタまで50種以上出まわり市内で販売された「新聞」(法律上は非合法出版物)の1つである。

14　ティンウー[1988]、1988年8月27日、ヤンゴン総合病院敷地内にて編者が録音したカセット・テープより。

た。そうした人々も含めれば集まった人々は、30万人をはるかに超えていた。民衆の間には、この演説会でアウンサンスーチー自身が、当時民主化勢力のメイン・スローガンとなっていた暫定政権の設立に関して何らかの構想を打ち出すのではないかという期待があった（写真6、7）。

演説は「いまこのように集会を開くことができるという状況を誰が率先して創り出してくれたのか、誰が先頭に立ってくれたのかと申しますと、それはビルマの学生たちです」といった学生のこれまでの行動への讃辞から始まり、なぜ外国人との結婚したのか、ミャンマー政治の素人ではないかという一部の人々の批判に、次のように応えた。

「私が外国に住んでいたというのは、本当のことです。外国人と結婚したというのも本当のことです。しかしながら、その程度のことで、私が国家に対して抱いている慈愛は、いささかも薄れはしません。

もう1つ申しあげたいのは、私がビルマの政治を何も理解していないと言っている人がいますが、本当は、よく理解しすぎているから、困っているということです。

ビルマの政治がいかに複雑か、それゆえに父がいかに苦労しなければならなかったか。私たち家族が最もよく知っているのです」

その上で、この運動は「第2の独立闘争」とも言えるものであり、父の果たせなかった民主主義国家の創出を目指すものであり、そのために国民の団結と規律ある行動の必要性を訴えた。

そして、ミャンマーで最も微妙な問題である軍について次のように触れた。

「1つ私が言いたいのは、現在、国軍と国民の間には亀裂があるということです。この亀裂は、将来、国家にとって、様々な危険をもたらしうるものです。ビルマの国軍というものは、私の父が創設したものです。

父が創り出した国軍というのは、言葉だけの問題ではありません、事実です。ことこまかく、その土台から始めて、国軍をどのように創り出すべきなのかということを、彼自身が手書きで書いた記録があります。父は、国軍創設の目的をどのように考えていたのでしょうか。その目的の1つを、読みあげさせていただきます。

『国軍というものは、この国、民族のために存在している。その民族が信頼し、

写真6　アウンサンスーチー集会（8月27日シュエダゴン・パゴダにて）[筆者撮影]

写真7　アウンサンスーチー集会に集まった人々[筆者撮影]

尊敬するようなものでなければならない。そうでなく、国軍が国民から毛嫌いされるとすれば、国軍を創設した目的は、無に帰してしまう』

　正直に言わせていただきます。私は、国軍に対して深い愛着を感じております。父が創設した国軍なのです。私たちは、小さいときから兵隊さんたちの腕の中で大きくなりました。国民も父に対して深い慈愛の感情を抱いているということを私は知っています。その慈愛の感情に対しても、私は心から感謝しております。ですから、父が創設した国軍と父に対して深い慈愛の念を抱いてくださっている人々の間に対立など起こしたくはありません。国軍兵士の皆さんにも、私はこの場からお願い申しあげます。国民が頼りにする国軍になってください。

　国家の尊厳を守っていくことができる国軍になってください。

　国民の皆さんも、起こってしまったことは何とか許してあげて、国軍に対する慈愛の感情を棄ててしまわないようにお願い申しあげます」

　このように述べ、再び国民に対して民主主義社会を創出し「堅固な連邦」を創り上げていくために、規律と団結ある行動、平和的手段による運動の重要性を強調した上で、次のように続けた。

「国民全体が、一致団結することが必要です。国民の力は、日一日と増してきています。このように増してくると、いっそう規律を維持することが必要とされます。規律なき力、真理にそぐわない力というものは、いついかなる時も、役には立ちません。

　多くの人々にとって危険なものともなり得ます。だからこそ、真理にかなった力のみを使っていってください。真理に反する力は使わないでください。現在は、国民の側がより力を持っていますが、その時に力の弱い一団を力づくで脅すようなことはしないでください。力づくで脅すのは、良き習性とは言えません。国民の尊厳も損なわれます。国民の側は、許す心を持っているのだということを、はっきりと示して欲しいと思います」

　最後に、演説では、現下の政治課題について触れ、国民投票はもはや不要であり、政府に対して、即刻複数政党制による総選挙実施を要求し、そのために必要とあれば暫定政権をつくることを提案して終わった。[15]

　しかし、この演説は、かなりの期待をもって参集した人々にとっては、若干

15　アウンサンスーチー[1996]44-54に掲載されている演説全文邦訳を参照。

期待はずれとなった。音響効果も悪く演説内容を正確に聞き取れた人はほんの僅かであった上、暫定政権に関して言えば、必要とあれば作るべきであると簡単にふれるだけに終わり、具体的構想は出されなかった。

　こうして集会禁止令の解除と共にいわゆる「大物」指導者が立て続けに演説会を催す一方、8月28日、「学生連盟」が、ヤンゴン大学で大会を開いた。この大会の主催は、ヤンゴン大学学生連盟であり、大会名は、「全ビルマ学生連盟連合［合法］結成中央委員会第1回大会」（以下、「学生連盟結成大会」と記す）とされた。大会では、まず暫定中央執行委員会のメンバーが紹介された。議長はミンコーナイン、副議長がコーコーヂー＊、総書記がモーティーズンであった。この時点まで「学生連盟」といっても多種多様な学生連盟があった。[16] もちろんその中で一般に最も知られていたのが、これまであげてきたビラからも分かるように、ヤンゴン大学学生連盟と全ビルマ学生連盟とであった。しかしその組織が、大々的に集会を開き指導部全員が衆前に姿を現したのは、これが初めてのことであった。

　雨季のスコールの降りしきる中、議長ミンコーナインは、この組織が暫定的なものであることを強調し、あらゆる勢力の団結の必要性を強調した上で、次のように訴えた。

　「我々は力を持っている。団結する力である。我々は全国民を頼りにしている。信頼している。尊敬している。国民の参加のない学生運動はすべて失敗してきた。（中略）我々は、全国民の問題を、各人が、各地区で責任を持って解決しようではないか。国民の命、生活、財産を守ろうではないか。（中略）この場に居合わせた革命の同志たちにとって、これしきの雨や暑さは何でもないことだ。なぜなら、銃弾の中で、銃剣の前で、我々は勇敢に闘ってきたからである。（中略）我々の手は何で濡れているのか。何によって濡らされた手なのか。我々の手は、我々の手は、…血、血、…血によって濡れているのである。祖国の解放のため、国民を苦難から救うために支払われた我々殉難者、勇士の体から吹き出た血、心臓から出た血によってである。こうして血糊のついた我々、兄弟姉妹・同志諸君の手をこの世が続くかぎり永遠に忘れないことを祈り演説を終えたい」[17]

16　学生連盟諸組織の詳細については、伊野［1992b］31-39参照。
17　ミンコーナイン［1988d］、1988年8月28日、ヤンゴン大学構内にて、筆者が録音したカセット・テープより。

アウンサンたちの独立闘争に起源を持つ学生の果たしてきたミャンマーの歴史における役割、現在の歴史的転換期に果たさなければならない役割が強調された。特に全国民の問題を各人が各地区で解決していかなければならないとする訴えは、政府の権力がほとんど機能していなかった当時の状況と、学生がそれに代わっていかに状況を掌握していたかを如実に物語るものである。そのことは、総書記モーティーズンの演説からもうかがえる。モーティーズンは、まず、学生がいかにしてこの運動を組織化してきたか自らの経験に沿って語るとともに、自分たちの闘争は政治的なもので武力闘争の意志のないことを確認し、次のように訴えた。

「はっきり言って、全ビルマ学生連盟が認めなければ、いかなる集団といえども権力を掌握することはできない。(中略) 我々は、指導者を選ぶという問題にも直面している。指導者たちを見ると、どの人物もいまのところ十分とは言えない。その中から、最も有能な指導者を、我々は選ばなければならない。(中略) 6月の時点でも言ったように、我々は政府を転覆させることはできる。打ち倒すことはできる。しかし、創り出すことは我々の仕事ではない。能力を持った人々の仕事である。しかし、革命を起こすということは、結婚することに似ている。家1軒、車1台持ってからというのでは、そいつはいつになっても嫁さんをもらうことはできない。それゆえ我々は、いま決起したのである。(中略) 最後に、全国民が団結すれば、いかなる独裁者といえども打ち倒すことができるという革命の哲学を、世界中の抑圧にあえぐ人々に分かってもらうために、諸君と我々で、闘う民族の『闘う孔雀旗』を、高々と掲げようではないか」[18]

大会では、政治要求として、1党制の廃止および現政権の総辞職が第1項目として掲げられ、次には暫定政権の設立、そして暫定政権下での公正な選挙の実施があげられた。[19] 大学内での集会は僧侶の演説で終わったが、その後市内でのパレードが挙行された。集会での暫定という説明にもかかわらず、このパレードによって、この学生組織が、実質的に最大の反政府・民主化勢力であるということが、国民に了解されていった (写真8-11)。この集会に先立って行なわれた、

18 　モーティーズン[1988b]。なお、「闘う孔雀旗」とは朱の地に羽を閉じて敵に襲いかかる孔雀を黄色で染め抜いたもので、学生連盟の旗である。
19 　この政治要求事項は、「全ビルマ学生連盟連合[合法]結成中央委員会、ヤンゴン大学学生連盟」が発行していた『連盟新聞』第1号、1988年9月2日に掲載されている。

写真8　学生連盟結成大会後の市内パレード(中央、ミンコーナイン)[筆者撮影]

　アウンヂー、アウンサンスーチー、ティンウーの集会ですら学生諸組織が中心となって準備されたものであり、いまやその最大組織としての全ビルマ学生連盟連合*(バ・カ・タ)の存在が明らかとなったのである。モーティーズンの「指導者は我々が選ぶ」という言葉は、単にその時の勢いから発せられた言葉ではなく、そこには、この言葉を支えるだけの実力が伴っていた。また、アウンヂー、ティンウー、アウンサンスーチーなど当時表舞台に登場してきた指導者たちに対する期待感とともに真に有能で信頼するに足る人物なのであろうかという不安感が率直に表明された。

　翌29日も引き続き大規模なデモが行なわれたが、デモ隊の要求は、「暫定政権の設立」に集約されていった。

　こうした運動の大衆化に伴って、付和雷同的参加者も増えていった。また、8月末から始まる当局による相当数の刑事犯の釈放が、民衆に新たな対応を迫ることになった。当局は、8月27日より、服役態度が良いという口実のもとに、刑務所から服役者を随時釈放しだした。8月31日までに全国で釈放者数は8381人に昇った。[20]民衆はこの事態にほとんど条件反射的とも言える反応を示した。地

20　*Working People's Daily*, 29 August, 30 August, 31 August, 1 September, 1988.

写真9　学生連盟結成大会後の市内パレード（「闘う孔雀旗」を掲げた学生）[筆者撮影]

区ごとに自警団を組織した上で、竹柵等をめぐらし、見張りを置いた。[21]他方、学生を中心として、刑務所から放り出された人々を故郷へ送り届ける手配がなされた。国鉄職員等も協力し、スト中であったにもかかわらず、彼らのために特別列車が運行された。市民からの寄付が寄せられ、彼らに食事等が与えられた。

　9月1日、国営テレビ放送を通じて演説する中で、マウンマウンは、現行憲法に暫定政権の規定はなく、複数政党制総選挙を実施するには国民投票が必要であるとし、国民の理解を求めた。演説全体のトーンは、必要な手続きさえ踏ませてもらえれば、複数政党制への移行、総選挙の実施は認めざるを得ないといった、3度目の大幅な譲歩であった。しかも、学生連盟の設立を認め、学生は選挙が公正に行なわれるかの監視役を努めるよう要請した。また、デモやストに参加した公務員を罰することはないと断言した。[22]

　しかし、全国の刑務所から刑事犯を釈放し、彼らの面倒も見ることのできない政府を国民が信用するはずはなかった。釈放された刑事犯を故郷まで送り届

21　こうした状況は、Working People's Daily, 29 August, 1988に、既に "People Maintain own Security" という見出しで、柵の写真が掲載されていることからも分かる。
22　Working People's Daily, 2 September, 1988.

写真10　学生連盟結成大会後の市内パレード（ヤンゴン工科大学の集団）［筆者撮影］

写真11　学生連盟結成大会後の市内パレード（中央は独立闘争時使用されていた旗）［筆者撮影］

けたのは、学生組織であり、一般市民であった。こうした状況に伴う一般的な治安の悪化に対処したのは、警察ではなく、地区ごとに組まれた自警団であった。政府の機能は完全に麻痺していたのである。

ラングーン日記抄 5 (1988年8月25日～8月28日)

[24日の戒厳令、集会禁止令、夜間外出禁止令の解除によって、運動は一気に大衆化するとともに、いわゆる大物指導者が野外集会等を開催し、政治の表舞台に登場する。他方、これまで実態のつかめなかった学生連盟も決起集会を開き、市内パレードによって、ミンコーナイン、モーティーズンといった指導者の実在が確認される。日記抄では、やや興奮気味にその事情を記している]

❖ 8月25日（木）

　今日も市民の側は満足せず、町に繰り出した。ある程度もののわかる人は、今の党の言うことは信用できないから、即時総選挙または多党制の実施を要求しているようである。しかし、多くの人々は、現下の具体的要求は何かということをしっかり把握しているようには見えない。

　午後1時すぎ、町中へ行ってみる。各所で演説、デモが行なわれていた。子どもや僧侶の姿も目立ったし、警察官すらトラックに乗ってデモに参加していた。一方、商店は意外に開いている[「6月事件」の際には、何か事件が起こると急遽閉店していた]。インド大使館は、ネーウィンのインドへの亡命説を否定する張り紙を出していた。そうこうしているうちに、町の中心部の路上で、今朝11時にアウンヂーが釈放され4時からフレーダンのサッカー場で彼の演説会が開かれるというプラカードを見せられた。なんという素早さ。さらに驚いたのは、実際に会場に行ってみると、演壇も作られ、5万人ほどの聴衆が集まっていたことである。なんという口コミの凄さ。アウンヂーの演説は10分程度のものであったが、その内容は、①国軍は国民のためにある、②デモクラシーを勝ち取るには秩序と規律が必要である、③現政府は即時退陣し暫定政府をつくること等が主なものであった。特に②は力説していた。

　集会は、平和裏に終わったが、演壇の近くに陣取っていた人物にデモクラシーとは何かと質問してみたところ、「自由にものが言え、書けることだ」と答えが返ってきた。素朴と言えば素朴かもしれないが、昨日考えたこととも関連して、運動を通じて現状での定義なのかもしれない。

　もう1つの大きな動きは、アウンサンスーチーである。今日大使館に、ビデオ・テープが届けられた。昨日午前9時30分頃、ラングーン総合病院の敷地内で彼女が演説したときの模様を映し出していた。演説の内容は、秩序・規律ある行動をとるように促すとともに、連帯を強調するものであった。町中では、昨日の演説を記したアンサンスーチーの写真入のビラも既に出回っていた。明日、シュエダゴン・パゴダ西側で

開かれる集会の模様を見なければ何とも言えないが、1つのシンボルとなることは間違いあるまい。

他方、政府側は、ただ昨日のマウンマウンの演説［世論調査委員会は解散し、複数政党制導入の是非を問う国民投票の即時実施を伝えた］をラジオやテレビで再放送するだけで、手も足も出ない状況である。但し、夜のテレビ放送では、一連の事件で逮捕された総勢1600名がすべて釈放されたと伝えられた。ここまで政府側が譲歩したのだから、とも考えたくなるが、民衆の勢いは既に抑えることのできないところまできている。この流れを変えたり、収めたりすることは、よほどの人物でないと無理であろう。家の裏にあるヤックエ［一般的な居住区。特権階層の居住区とは異なっているというニュアンスで使われる］でも7時から8時頃にかけて集会が開かれ、気勢をあげている。デモクラシー支持と明日の集会への参加が呼びかけられているようである。

明日の集会は、雑多な諸勢力がほとんど集まるであろうという意味で最も重要かもしれない。そこで、何らかの流れが見えてくるかも知れない。それが、彼らなりのデモクラシーの創造なのかもしれない。彼らを見ていると、自分自身が思い描いていたデモクラシーについての考え方は根底から揺さぶられてくるような気がする。阿部謹也氏は、上原先生から言われた言葉として「解かるということは、それによって自分が変わること」［阿部［1988］17］と記していたが、この言葉の重みをひしひしと感じてきた。

❖ 8月26日（金）

アウンサンスーチーの集会。約30万人。でも不発。スピーカーの調子が悪くほとんどの人が聞き取れない。聞こえた人は1万人もいれば良いといった感じ。50分も遅れたのも良くなかった。何か重大な発言があるのかと期待していたが、スピーチの内容もいまひとつ。自分の夫は外国人だが云々に始まり、国軍とは国民のためにある、規律をもって行動しろ、暫定政権が必要とあらば設立せよ、今までの議論から一歩も出ない。スピーチの仕方もあまり上手とは言えない。インパクトに欠ける。驚いたのは、学生たちが制服を着て演壇のまわりを取り巻いていたことだ。昨日のアウンデー集会では見られなかったことである。

この集会で最も感動的であったのは、演壇のすぐ近くにいた女性がアウンサンスーチーの演説を聞きながら涙を流していたシーンである。おそらく友人か誰かが殺された人なのではなかろうかと思う。この集会開催に至る道のりは、彼女にとってさぞ長いものであったのだろう。そして、彼女は彼女なりの思いを込めて、アウンサンスーチーの演説を聞きながら、自分なりのデモクラシーをイメージしているのだろう。与えられたデモクラシーの中で生きてきた我々が考えるデモクラシーと、彼女が考えるデモクラシーでは、どのように違うのであろうか。私のような者が見れば、やや失敗

の感がある集会だったが、参加した者たちにとっては、人それぞれ、それなりの想いがあったに違いない。その想いの重さを理解したいと思う。

　話は変わるが、この国の人々のタコー（強盗集団）に対する恐怖感というのは、特に強いように思える。また、そうした恐怖心から、今、警察や軍が再び政治に介入することを祈っている人々も少なからずいるようだ。ヤックエに住む人々でさえ、ヤックエの入り口の柵を強化したりして自警にあたっている。多くの人々がタコーに注意しろと私にも忠告してくれる。民衆自ら検問のようなことも行なっているようだ。こうした社会的混乱状況下での民衆の反応は、彼らの意識に迫る1つのカギになるかも知れない。

　いずれにしても、今日のアウンサンスーチー集会は、これだけ多くの人々が自ら進んで意思表示をしたという点でそれなりの意味はあった。

❖8月27日（土）

　今日は少しゆっくり休めるかと思っていたが［土日は休養日で何も起こらないという噂が流れていた］、朝起きてみると、ティンウーが総合病院で演説するという情報を聞く。早速行ってみることにする。

　演説は、病院西側の広場で、10時から始まる。聴衆は外の道路で聞いていた人も含めれば2万〜3万程か。演説は30分ほどのものであったが、内容的には、国軍は国民のためにあるとか、規律ある行動をとらなければならないとか、暫定政権下での即時総選挙の実施要求とか、昨日のアウンサンスーチー演説とあまり変わらない。ただ、自分はもう70歳近くになるので、平穏に暮らしていたかったのだが、現在の状況を見て、こうして行動せざるを得なかったし、いかなる政党の党首となるつもりもないということを強調していた。演説の仕方は、アウンヂーやアウンサンスーチーよりもうまいと感じる。聴衆を笑わせたり、盛り上げるところは盛り上げたり、落ち着いた語調ではっきりと物事を言うといった印象を受ける。

　この集会の他に、いくつかの集会が町中で開かれていたようだが、デモは行なわれなかった。だが、驚いたのが、例の自警団の柵が、いたるところで作られていることである。ついにウィンダミーヤー［タンルイン］道路から私の家のほうに通じる路地の入り口にも大きな柵ができた。

　政府側も、刑務所で火事が発生したので囚人を釈放しただとか、どこどこに強盗が入ったとか、線路が壊されただとか、人々の恐怖心を駆り立てるようなニュースばかりをテレビで流している。今日の国内ニュースなど、半分がそんなニュースであった。昨日のニュースといい、今日のニュースといい、どうも「俺たちが治めなければ、こうなるんだぞ」と脅しをかけているとしか思えない。そうした状況を創り出した行政の無能ぶり、その行政の無能ぶりを創り出した人の責任問題は全く問われない。強盗がは

びこるのはいったい誰の責任なのか？　政府が自らの無能ぶりを宣伝しているにすぎない。

　今日はある日本人医療機関関係者と昼食をとった。この国の結核対策についての話を聞いた。日本政府に働きかけて、結核の薬を大量に援助させようかと持ちかけたとき、あるビルマ政府高官が薬はあるんだと断ってきたし、実際に薬はあったそうである。にもかかわらず、その医療関係者が言うには、結核で死亡する人が多い。理由は、政府の政策で、伝染性のある結核患者にしかその薬を投与することを許可していないからだとのことであった。さらにその高官は、結核対策は既に十分に行なわれていると上に報告してあるので、いまここで薬を援助されると自分の顔がつぶれると言ったそうである。その医療関係者が、今回の運動について「26年間、囚人のような生活をしてきた人々が怒ったのだ」と言っていたのが印象的であった。

❖ 8月28日（日）

　今日は10時から、ラングーン大学構内の学生連盟会館跡地で、学生連盟設立のための大会が開かれた。議長、副議長、総書記等が初めて公に名乗りをあげた。驚いたことに、例の南オカラッパであった自称学生連盟指導者が実際総書記であった。集会では、法律家協会、作家協会、学生連盟のOB、映画俳優等々から祝辞が述べられ、アウンサンスーチーからのメッセージが読み上げられた。集会は2時間半ほど続いた。学生たちの主張で注目すべきは、自分たちはBSPPの存続を許さないということ、学生には革命は起こせても統治することはできないので、真に良き指導者をバックアップしていくという主張であろう。その後、デモに移り、市中に繰り出した。デモ隊の先頭は、学生連盟旗を持った10名ほどの学生であり、見応えがあった。街頭のいたるところで、「学生連盟」が設立されたという報告がなされていたようである。もっとも、学生連盟設立委員会なのかは、はっきりしなかった。だが、いずれにしても、これが学生連盟となっていくであろう。ものすごい雨［雨季のスコール］の中、昼食もとらずに市中でデモ行進を行なう、そのバイタリティーは凄いものがある。学生の集会、デモは実に規律のとれたものであった。

　もう1つのトピックは、3日ぶりに新聞が出たことである。特にビルマ語紙では、アウンヂー、アウンサンスーチー、ティンウーの集会が写真入で報じられていた。新聞もやっと新聞らしくなってきた。しかし、テレビは相変わらずである。

　夜、隣のヤックエで喧嘩騒ぎがあり、ある人物が腹を刃物で刺され病院に運び込まれた。このヤックエの人民評議会の役員は既に僧院に逃げ込んでいて今はいないので、刺された者の家族に、この事件を知らせる者もいない。まわりの者はかかわりあいになるなと言っている。

他方、市民の自警団もいよいよ本格化し、今日は隣の家の三男が先日できた柵の所で警備にあたっている。その詰所へちょっと顔を出したところ、ちょうどインセイン刑務所［ミャンマー最大の刑務所］から出所してきたという人物を皆が取り囲んでいるところだった。彼は多少酔っ払っていたようで、数人の若者がついていって、追っ払った。昨日の夜、JICA［国際協力機構］の専門家宅が何者かに危うく襲われそうになったという情報なども考えあわせると、やはり治安は相当乱れてきたようである。それにしても、警察は何の役にも立たず、地区の人民評議会委員は、家を抜け出して僧院などに身を潜めているような状況を見ると、現政権はもはや政府としての役割、義務を全く遂行できていないと言っていい。先週の木曜日からガソリンスタンドも閉まったままである。どうなるのか？　人々の生活も苦しくなってきている。生活と怨恨。人々は、どちらを優先するのであろうか。
　いずれにしても、学生たちの運動を間近に見てきた者にとっては、感慨深い1日であった。

第4節　暫定政権構想の挫折

9月2日、前夜のマウンマウン演説に応える形で、学生連盟(「バ・カ・タ」)は以下のような声明を発した[23]。

①我々学生は、国民と一体である。国民の要求は、我々の要求でもある。
②国民の要求事項である、1党制の廃止、暫定政権の早期設立、民主主義の獲得が実現されていないのに、我々は学生連盟設立の許可を受け入れることはできない。
③さらに、我々は、BSPP1党独裁政権が存続するかぎり、学生連盟も自由に活動できるとは考えていない。
④我々は、国民の要求事項がすべて満たされるまで、民主主義獲得のための闘いを続けていくことを伝える。

学生が、マウンマウンに対して提示した問題の本質は、BSPPの解体と暫定政権の設立であった。連日、「暫定政権の樹立*」を要求するデモ・ストが続けられ、9月5日になると、ゼネ・スト委員会が、学生連盟主導下に結成された[24]。9日には、学生連盟は、後方部隊の下級兵士ではあるが、国軍の一部をデモに参加させることに成功した(写真12-15)。

しかし、市内でのデモは整然と行なわれていたにもかかわらず、政府の工場・倉庫を対象とした民衆による略奪は増え、ヤンゴン市内でもデモ隊の飲み水に毒を入れたり、放火しようとしたとして、民衆による「政府の雇われ破壊分子」に対する「リンチ・処刑」が横行しだした[25](写真16)。ところが、暫定政権樹立の

23　この声明全文は、『連盟新聞』第2号、1988年9月5日に掲載されている。
24　Working People's Daily, 6 September, 1988. 当時、同紙は、国営紙でありながら自主取材記事として、各地で結成された団体等の記事も掲載していた。
　　また、SLORC側のビルマ共産党と民主化運動を関連付けようとした資料であり、事実関係に関してはきわめて信憑性に欠けるが、Ministry of Information of the Government of the Union of Myanmar[1989a] 10-13にもゼネ・スト委員会についてはふれられている。後者の資料は1989年8月5日のキンニュン第1書記の記者会見を関連資料と共にまとめたものである。
25　詳細については、伊野[1993] 134-142を参照。また、こうした行動に出る民衆の論理に関しては、伊野[1994]209-251参照。

写真12　国軍兵士合流後の市内パレード［筆者撮影］

写真13　国軍兵士合流後の市内パレード（ミンガラードン空軍整備部隊の一団）［筆者撮影］

第2章 「8888学生決起」とクーデタ

写真14　国軍兵士合流後の市内パレード（人々の歓迎に応える兵士）［筆者撮影］

写真15　国軍兵士のデモ隊［筆者撮影］

写真16　襲撃・略奪された警察派出所(ミィニゴン)[筆者撮影]

めどはいっこうにつかなかった。マウンマウン政権が仮に対話しようとしても、民主化陣営の方が一本化しているとは言えなかった。学生諸連盟に関して言えば「バ・カ・タ」の影響力が圧倒的であったが、そうかといってこの組織に完全に統一されていたわけでもなかった。各職種、職場で結成された種々の団体も存在していたし、地区名を冠した地域団体もあった(写真17-20)。[26]

さらに重要なのは、8月末より政治の表舞台に登場してきたウー・ヌ[27]、ボー・ヤンナイン(Boh Yan Naing)[28]、アウンヂー、ティンウー、アウンサンスーチーらの「大物」政治指導者たちの行動の不統一であった。こうした政治的閉塞状況をなんとか脱しようと試みたのは、学生諸団体であった。9月10日、「バ・カ・タ」など主要な学生組織が「全ミャンマー学生連盟連合[暫定]*(マ・カ・タ・カ)」という統一組織を結成した。これによって、学生諸組織は統一行動をとる体制がで

26　伊野[1993]127-130参照。
27　ウー・ヌは、民主化運動中に、ネーウィンのクーデタは違法で、自分はいまだ首相であるという発言をして話題になった。しかし、他の指導者に比べると、年齢(80歳を超えていた)のせいもあり、かつての人気・影響力はもはやなかったと言える。
28　アウンサンとともに、第2次大戦中日本軍の軍事訓練を受けた「30人の志士」の1人。ウー・ヌと同様、実際には、人気・影響力ともあったとは言い難い。「ボー」とは士官を表すビルマ語。

写真17　僧侶のデモ隊[筆者撮影]

写真18　少数民族カイン人のデモ隊[筆者撮影]

写真19　貿易銀行第2支店行員のデモ隊［筆者撮影］

写真20　消防署員のデモ隊［筆者撮影］

きあがった。彼らは、学生がイニシアティブをとって、これらの「大物」指導者を1つにまとめ、暫定政権を樹立してマウンマウン政権と対峙しようと考えていた。

他方、政府は同日10日予定を2日繰り上げて、BSPP臨時党大会を開いた。マウンマウンが演説を行ない、これまでの国民投票実施提案を取り下げた上で、一挙に3ヵ月以内に総選挙を行なうと提案し、大会はこの提案を可決した。マウンマウン政権の4度目の譲歩であった。[29] 暫定政権の設立要求のみを残して、政府側が民主化陣営に全面的に譲歩したかたちとなった。

この政府側の決定に対し、「マ・カ・タ・カ」の実質的主導権を握っていた「バ・カ・タ」は、11日付で声明を発した。[30] この声明では、「暫定政権」ではなく「並行・臨時政権」の樹立が急務の課題であるとされた。一般的な治安の悪化状況の中、もはや現政権の譲歩を待てなくなっていた。

翌12日には、アウンヂー、ティンウー、アウンサンスーチーの3名が、マウンマウン宛ての書簡を発し、[31] 暫定政権を即時に樹立するよう要求した。同時に、アウンサンスーチーは、民衆に、政府が送り込んだ破壊分子への対応に慎重を期すよう、次のように訴えている。

「本日午前中に、アウンヂー退役准将およびティンウー退役大将とともにマウンマウン博士に対して、暫定政権を即刻設立するように要求いたしました。民主化運動に参加する勢力の団結は、日一日としっかりとしたものになっているということは明らかです。

現在のように、団結する勢いが急激に増し、勝利の目的地がすぐ手の届くところに来ているときには、国民の側も引き続き規律を保つように特にお願い申しあげます。

ある人々は、武器に頼って闘ってこそ、勝利することができるのだと信じているように見受けられます。そのような破壊活動は、ミャンマー国の平和を求める民主化運動の尊厳を失墜させ、運動を敗北に導き、運動の勝利を無にすることになりかねません。

---

29 マウンマウン演説の全文は、*Working People's Daily*, 11 September, 1988 -12 September, 1988を参照。
30 この声明は、『連盟新聞』第5号、1988年9月12日に掲載されている。
31 アウンヂー、アウンサンスーチー、ティンウー［1988a］。

ですから、破壊活動を行なうということは、相手が仕掛けた罠にはまる危険性があります。世界中が驚きをもって称賛しているミャンマー国民の非暴力革命を、汚すような行為は特に避けることが必要です。

現在行なっている民主化闘争は、外国から何らの支援もなく、ミャンマー国民のみによって行なわれている国民的大運動です。ですから、引き続き、自らの運命は自ら決することができる国民なのだということを示してください。

また、国民が破壊分子を捕まえた際には、理性と真理にかなった対応をとるように心からお願い申しあげます」[32]

いずれにしても、学生たちと彼女たちの状況認識はかなり異なっていた。学生たちは、政府の譲歩を待とうとする指導者たちに決断を迫った。9月13日、「マ・カ・タ・カ」は、ウー・ヌ、ボー・ヤンナイン、アウンヂー、ティンウー、アウンサンスーチーの5名を、第1医科大学に招き暫定（臨時・並行）政権樹立を要求した（写真21-24）。この会合は、翌日も続いたが、この日現れたのは、ウー・ヌとボー・ヤンナインの2名だけで、しかも、ボー・ヤンナインは、状況を見て途中で退席したのであった。[33] 他方、アウンヂー、ティンウー、アウンサンスーチーの3名は、学生たちに14日付の以下の書簡を発し、暫定政権の設立は時期尚早であるとして、学生たちの要求を断った。

「全ミャンマー学生連盟執行委員へ　　　　　　　　　　ヤンゴン

① 1988年9月14日[34]、政府が任命した選挙管理委員会が、本日国内の民主化運動に参加している諸勢力を指導しているウー・ヌ、ウー・アウンヂー、トゥーヤ・ウー・ティンウー、ドー・アウンサンスーチー、学生諸連盟、青年仏教僧連盟を招いて話し合いを行なった。

② この話し合い終了後、ルーヂー*たちは、学生諸連盟から第1医科大学の教室に招かれ、彼らと協議した。その協議会では、午前中に選挙管理委員会と話し

32　アウンサンスーチー[1996]55。
33　この会合の模様については、藤田[1989]302-307も参考になる。
34　この回答書簡の英文訳は、*Working People's Daily*, 15 September, 1988にも掲載されている。国営紙の報道によれば、選挙管理委員会との協議会は1988年9月13日の午前中に行なわれている（*Working People's Daily*, 14 September, 1988）。また、筆者自身の当時の記録でも、学生組織とここにあげられた指導者たちとの会見は13日の午後に行なわれている。よって、この文書を作成した時に13日と14日を間違えたものと考えられる。

写真21　9月13日第1医科大学に集められた大物指導者たち（左からアウンヂー、ボー・ヤンナイン、ウー・ヌ、アウンサンスーチー、ティンウー、ウィンマウン）[筆者撮影]

写真22　9月13日会合終了時の指導者たちの表情[筆者撮影]

写真23　9月14日第1医科大学内の学生指導者達（中央、モーティーズン）［筆者撮影］

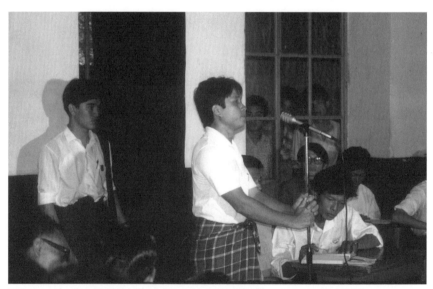

写真24　9月14日、第1医科大学でのウー・ヌとの協議で意見を述べるミンゼーヤ［筆者撮影］

合った人々が、選挙管理委員会に対して、暫定政権を設立することが基本であると自らの立場を明らかにしてきたということを、学生たちに説明した。
③学生たちがルーヂーたちの立場を支持し、歓迎した。しかしながら、学生たちは現政権の時間稼ぎを待ちきれず決起盛んとなり、協議の場でもルーヂーたちに暫定政権を設立するように要求した。ルーヂーたちは、この問題につき、それぞれの組織に説明する必要を感じ、即答できず、後日再び協議することとなった。学生たちは、政権樹立に関しては長時間待てないとし、48時間以内に前向きな回答を示してくれるようにと要望した。
④現在の状況では、暫定政権の設立は、すべての組織、全国民が真に必要とし、望むところである。しかしながら、現政権が退陣する前に、もう1つの政権を、自分たちの願望に従って樹立することは、暫定政権ではなく、並行政権を樹立することになる。そうすることは、革命の時期が熟していないにもかかわらず事を起こすということで、好ましからざる妨害や他の危険を引き起こす可能性がある。現政権が退陣して、国民が望む暫定政権が設立されてこそ、国民が委譲した権力によって、今日起こっている諸問題のすべてを解決することができ、全国民が望む真に民主的な政府を設立するための公正な選挙を実施するのに必要な段取りのすべてを整えることができるのである。
⑤したがって、学生たちの希望は、私たちも、理解、共感し、目指す目標も同じであるが、この問題に関しては、以上のように慎重に検討したすえ、現在は、同意しかねるということを御理解願いたい。
　ウー・アウンヂー　ドー・アウンサンスーチー　トゥーヤ・ウー・ティンウー
1988年9月14日」[35]

翌日行なわれたある集会の席上でも、アウンサンスーチーは血気にはやる学生たちを次のような厳しい口調で戒めた。
「現在、民主化運動は、最終的段階に来ています。これまでの活動を検討し、今後の活動のための基本理念、活動計画を策定することが必要です。闘いのこ

35　アウンサンスーチー[1996] 57-58。なお、「ルーヂー」とは、直訳すれば「大きい人」という意味のビルマ語であるが、通常「年長者」「大人」という意味で使われるほか、「社会的影響力を持った人」「社会的地位のある人」という意味でも使われる。

の段階においても、規律と団結をもって、目標点に向かって勇敢に前進していくことが必要です。

　私の父は次のように言いました。『行動できるということが勇気なのではない。耐えられることこそ勇気だ』。現在は、それぞれ好き勝手に作った組織がたくさん現れてきています。まる26年間、民主主義がなかったために、自由になったとたん結成したのです。1つの目的地に向かってのみ突き進んでいます。青年というものは、血気盛んになりがちです。早く決めてくれと言っています。しかし、マ・サ・ラ独裁体制のようなことはしないでくださいと言わなければなりません。現在は、国民が怒りにまかせて破壊活動を行なわないようにすることが必要です。民主主義というのは、多数の願望に従うものですが、少数者の希望を尊重することも必要とされます。

　いますぐに並行政権を樹立せよ。『認めるならばそれで良し、認めぬなら倒すまで*』とは、父の言った言葉ですが、それを叫んでいます。父が言ったのは、駄目だと分かったがために、倒すと言ったのです。当時は外国人と闘いましたが、いまは同国人どうしが闘っているので、より慎重にならなければなりません。軍の問題に関しても、軍と決裂しないことが重要です。軍と国民は心を一にする必要があります。

　少数民族についても忘れないことが大切です。諸民族すべてが参加することが必要です。まる26年以上も堪え忍んできたのですから、あと2〜3ヵ月ぐらい待つことができないのでしょうか。座して待てと言っているのではありません。懸命に活動しながらも、真理を手放さないことが必要です。民主主義が獲得できればすぐに涅槃に達するわけではありません、その後もまた懸命に活動していかなければなりません。

　並行政権を樹立しても、政府は円滑に機能しません。外国が承認すればよいというものでもありません。看板は掲げても、何もできないということになります。現政権の背後には、まだ軍がついています。すべての人が納得する暫定政権となるように、引き続き結束し、規律をもって、粘り強く努力していかなければなりません」[36]

36　アウンサンスーチー［1996］59-60。「マ・サ・ラ」体制とはBSPP体制のこと。「マ・サ・ラ」はBSPPのビルマ語略語。

写真25 「国防省事件」現場。右が国防省敷地［筆者撮影］

　当時アウンサンスーチーが具体的にどのような形で暫定政権を設立していこうと考えていたかにつては不明である。しかし、この問題への対応も、学生たちにとってはもどかしいほど慎重であった。

　学生の要求した「並行政権の樹立」は、アウンサンスーチーら3名の態度決定によって、実現の可能性を断たれた。

　しかし、学生たちが懸念していたように民衆の我慢は限界に達しており、軍と直接対決する姿勢を強めていった。9月16日には、国防省前で民衆が集まり、軍の姿勢を非難したため、軍と民衆との緊張が一気に高まった（国防省事件）（写真25）。翌17日には、貿易省を警備していた軍人とデモ隊とが口論となり、兵士がデモ隊へ発砲した。民衆は、貿易省を包囲し、同省内にいた20名以上の兵士が武器ごと民衆側に投降するといった事態に発展した（貿易省事件）。これが、軍のクーデタ介入の引き金となったのである。

ラングーン日記抄❻（1988年9月4日～9月17日）

　[政府は機能停止状態となり治安状況は悪化、軍のクーデタ介入が噂される中、民衆の現状を熟知していた学生たちは、民主化勢力の一本化、暫定並行政権の樹立を目指した。しかしながらアウンサンスーチーをはじめとする大物指導者は、原則論に終始し、学生たちを諫めた。結局、暫定並行政権樹立構想は頓挫し、マウンマウン政権と対話のないまま、軍のクーデタ介入を招いた。日記抄では、学生たちの立場に立ちながら、その無念さを記している]

❖9月4日（日）
　今日もまた、学生連盟（高校生を含む）を中心とするデモが町中で発生。デモは3時間ほど続き、総勢3万人ほどで、整然としたデモであった。大学や高校の教師の一団も参加していた。
　大使館近くのバハン地区にある人民評議会支部事務所 [BSPPの支部] は、またもや僧侶によって占拠されたようで、僧団の旗が国旗に代わって掲げられていた。
　gさんは「学生側がBSPPの存在を否定するのは、彼らの主張するデモクラシーに反している」と言っていた。確かに「デモクラシー」の意味を、我々の基準で一義的に考えれば、そうかもしれない。先日まで私自身もgさんと同じように考えていた。しかし、人々の叫ぶ「デモクラシー」の意味は、実際、変わっている。はじめは①主としてデモクラシー＝セインルインの退陣を意味した、次に、②デモクラシー＝多党制、そして③デモクラシー＝現政権（党）の完全な転覆を前提とする多党制といったように。②から③へ進むにつれて、より具体的なイメージ化が進んできたように思える。つまり、民衆が「デモクラシー」の意味を具体的な運動を通じて変えていっているのだ。この点は重要である。

❖9月5日（月）
　昼過ぎ、南オカラッパ地区へ行く。1人の僧侶から聞いたところによると、次のような事件が起こったそうである。
　午前9時頃に、ある一団がこの地区にやってきて、僧侶と学生5名の首を切って殺害した。その一団の32名は、住民によって捕らえられ、尋問を受けている。一団の何人かは口を閉ざしたままであるが、ある者の語ったところによれば、政府から僧侶や学生指導者を殺害すれば、5000チャットと米2バッグ [1バッグ＝約41リットル] を与えると言われたとのことであった。現在この地区は、僧侶と学生によって治められている。

❖**9月6日（火）**

　今日は、町中では、大規模なデモ等はなかった。8日に備えているのであろうか［「8888学生決起」を記念して最大級のデモが予定されているという噂が流れていた］。しかし、プローム・ロードのカマユッ交差点近くで、政府の協同組合の倉庫が、12時30分ぐらいから3時30分ぐらいにかけて、略奪された。略奪者は、盗賊集団ではなく、一般市民（子ども、女性等も含む）のようで、軍・警察とも何らの対応もとっていなかった。また3時半頃には、インセイン・ロードとガバーイェー・ロードを結ぶタインワイン・ロードでも政府のジュート袋工場・倉庫が略奪にあっているのを見た。こちらも一般市民によるもののように見えた。カマユッ付近の略奪現場では、興味深いことにサイカー［自転車版サイド・カー］やピックアップ・カー［後部が荷台となっているピックアップ・トラックだが、当時荷台を改造し、幌と座席をつけてバス代わりの交通手段として利用されていた］にセメント袋を積んで持ち去っていく人々もいた。どちらの略奪現場でも、付近の住民はただ傍観しているだけであった。さらに面白いのは、すぐ近くでは平常通り市場が開かれているということだ。

　略奪の対象は今のところ政府関係の工場や倉庫等に限定されている。略奪者には略奪者なりの論理が確かに働いている。その彼らの論理とは何か、考えるべき重要な問題である。

❖**9月7日（水）**

　今日も朝から略奪騒ぎ。インセイン・ロードは、タコー・ラン［略奪ロード］と化した。目標は、政府の直営店、工場、倉庫など。屋根まで剥がして持っていかれるありさま。高等教育局の建物まで略奪されるが、何故かここだけは、軍と学生が、略奪者に対して略奪品を元に戻させていた。他の場所では、軍は一応現場に来るものの、すぐに他の略奪現場へ向かってしまうので、その場所では再び略奪が始まるといった状況。10時過ぎに略奪者に対しては発砲するといった布告が出たにもかかわらず、私自身は、発砲現場は一度も見なかった。空砲を撃っていたという人もいたが…。アメリカ大使館は、在留アメリカ人に退去命令を出したとのことである。夜のニュースでは、明日デモ行進を行なってはならない場所が発表された。どうなることか…。

　今日は、略奪の一日であったが、まだ略奪者たちには明るさがある。いわば「平和的な略奪」といった感じ。

❖**9月8日（木）**

　いま8日になったばかりである。夜中であるにもかかわらず、夜明けを待ちきれず、「デモクラシードの獲得」「マ・サ・ラ・パーティー［BSPP］打倒」「革命万歳」といったシュ

プレヒコールが裏のヤックエや、いたるところから聞こえてくる。民衆のエネルギーの凄まじさ。26年間の怨みである。地響きのような声、雄叫びである。

今日は、予想通り大規模なデモが行なわれた。政府関係機関、学生（高校生も含む）、僧侶、各宗教団体（キリスト教徒、イスラーム教徒、ヒンドゥー教徒）、すべてあわせれば30万人はデモに参加しているのではないだろうか。しかしながら、「それまで」といった感じで、次の手がない。明日も続けるのであろうか。

シュエダゴン・パゴダ・ロードとウー・ウィザラ・ロードの合流する地点にあった建物で、5人の者が住民に尋問を受けていた。その場で聞いた話では、その者たちはデモ隊の飲む水瓶に毒を入れたとのことであった。その後、5人中3人は首を切られ、その首が、また、さらされたようだ［当時、政府（主に軍情報部）側から送り込まれた破壊分子が、一般住民の居住区に放火したり、デモ隊の通過地点に付近の住民がおいた水瓶の中に毒を盛っているといった情報が飛び交っていた。そうした状況下、住民たちが、不審者を捕らえ、即決裁判を行ない処刑するといった事件が相次いでいた］。

本日正午、日本大使館もついに、邦人に対して退避勧告を出した。

❖ 9月9日（金）

朝からチャイニーズ・マーケットが開いている。今日は何事もないかと思っていたら、午前11時頃、大学からデモ隊が現れた。なんと、それが空軍兵士の一隊約200名と学生（モーティーズンも含む）であった。このデモ隊はチーミンダイン方向へ進み、病院を通って再びアウンサン通りをデモ行進する。一日中行進していたようだ。

我々は、2時頃再びデモ行進を見に行ったが、その時は、第1マーケットあたりを進んでいた。空軍兵士は数を増し、300〜400名ほどになった。さらに、海軍兵士20〜30名ほど、そして、先日の空挺部隊（陸）の10数名も加わっていた［最初に軍を離脱し、民主化勢力側に加わったのは、いわば軍の精鋭とも言える空挺部隊の兵士の一団であった。政権側も動揺し、躍起になって、国営放送を通じて、この者たちは日頃から品行が悪かったといった情報を流した］。沿道の観衆は大歓声で迎える。

その他の動きとしては、2つの暫定政権らしきものが名乗りを上げた。1つはウー・ヌたちで、62年のクーデタの不当性を訴え、閣僚名簿まで公表した［ウー・ヌたちは、民主平和連盟という組織を結成していた］。もう1つは All Burma Student's Democratic Party, Central Committee が公表したもので、こちらにはウー・ヌ、アウンジー、ティンウー、アウンサンスーチー等々が、その主要メンバーとしてあげられている。ウー・ヌおよびティンウーはいずれのチラシにも名前が挙がっているのが不思議である。どういうことなのか。

❖**9月10日（土）**
　今日は、朝から再びデモが始まる。5万人ほど。昨日の続きで、国軍兵士が中心のデモ隊である。
　午後1時のニュースで、国民投票は行なわず、直接総選挙を実施すると発表。その時市内を視察していたのだが、驚いたことに、市内では変化がなく、このニュースに対する市民の反応は全く見られなかった。

❖**9月11日（日）**
　やはり、大きなデモが発生した。20万人ぐらいは参加していただろうか。ターケータ［ヤンゴン郊外］からのデモ隊の中には、主婦連とでも言おうか、しゃもじを持った女性たちがデモ隊を形成していた。消防士等々の姿も見られた。
　5時過ぎ、モーティーズンが突然家に訪ねてくる。どうしてこの家が分かったのだろうか。彼の話を聞いていると、彼ら自身も今の状況は良くないと考えているようだった。特に貧しい人々が食べられなくなってきていることを問題にしていた。アウンサンスーチー、ウー・ヌ、アウンヂー、ティンウーらの調停もうまく進んでいない模様である。1時間近く話をする。これといった用件があるわけではなく、ただ近くに来たから寄っただけだと言っていた。不可解ではあるが、そんなものなのかもしれない。しかし、彼自身が今後どうすれば良いのかというシナリオを見出せないでいる様子でもあった。このままでは我々は負けるだけだとも言っていた。
　とにかく、火をつけたのは良いが、消す人間がいない。消防士までデモに参加している。象徴的である［モーティーズン来訪の意図に関しては、その後の彼らの行動からすると、暫定並行政権設立構想の是非を、運動をつぶさに見てきた人物の1人として筆者にたずねたかったのではないかと思われる。彼の私に対する質問は「現場を見てきた人として、現状をどう見るか」というものであり、それに対して筆者は「マウンマウン政権が対話しようにも誰と対話してよいか分からない状態であり、民主化勢力がまず一本化しなければならないのではないか。そしてそれができるのは、まさしくあなた方ではないのか。急がないと、いつクーデタが起こってもおかしくない状況ではないか」と答えた。彼は自分の考えが裏付けられたと言いたげにうなずきながら聞いていた］。

❖**9月13日（火）**
　今日は、デモ自体は5万人ほどで、それほど大きくはなかった。
　午後1時頃から、総合病院近くの第1医科大学で、ウー・ヌ、アウンサンスーチー、ティンウー、アウンヂー、ボー・ヤンナインらと学生連盟とが会合を開いた。学生連盟側は、中心メンバーの50～60名が出席し、明後日まで［48時間以内］に、彼らに暫

定政権をつくるように要求した。つくらなかった場合は、学生連盟がそれをつくるという声明も出した。モーティーズンも出席していた。はたしてどうなるか。

❖9月14日（水）

　午前中、またデモがあった。10万〜15万人ほどか。今日はビルマ航空のパイロットや職員の姿も見られた［BSPP体制下で、ビルマ航空のパイロットや職員は、民間人としては、エリート中のエリートであった］。

　2時頃から第1医科大学で、ウー・ヌを中心とする一団と学生連盟が会合を持った。ウー・ヌが1時間にわたって昨日の要求への回答を示す。その主な内容は、ウー・ヌが首相ならば、大統領は昨日同席した他の指導者の誰がなってもかまわないし、学生が大臣になっても良いが、彼自身の平和民主連盟は解体せず存続させるし、先日公表した閣僚名簿は取り消すものの、既に出してある暫定政権樹立の声明自体は取り消さないというものであった。

　話を聞いていて、特に感じたのは、やはり歳であるということだ。アウンサンスーチーの名前をアウンサンススーチーと言ったり、ボー・ヤンナインの名前を忘れたり…。1時間もくだらない話を聞いていると、彼は欲の皮の突っ張った人間のようにも思えてくるし、貧しい人々の生活状況など彼らは何も考えていないのではないか、とも思えてくる。

　また、民主平和連盟の代表者（ウィンマウン）の話ときたら、まず、自分の自慢話。学位を初めてビルマで取ったとか、Ph.Dを持っているところから始まり、ウー・ヌの絶賛、ヌ・アトリー協定の話まで持ち出すありさまであった。それこそ時代錯誤もはなはだしい。彼らにとって重要なのは、これからどうするかではなく、過去の栄光再びなのか。こういうのを「時代錯誤的」とか「先祖返り」と呼ぶべきではないかとつくづく思う。こうした冗長な話を聞いていると、ウー・ヌ政権時代の混乱が目に浮かぶようである。欲の張った者たちのパイの争いだったのではないだろうか。

　それをじっと我慢して聞いている学生指導者たちには、改めて頭が下がる。

　第1医科大学での集会の帰り際に、大学内において米をたくさん積んだトラックを見る。誰のための米かと運転手に尋ねてみると、第1医科大学で働く労働者のために運んできたという返事であった。この答えを聞いて、反体制側が確実に優位に立っていると確信した。Bさんが出くわした、副大臣の車が町中でガス欠で立ち往生する姿とは対照的である。

❖9月15日（木）

　午後第1医科大学で開かれた会合も、学生たちだけが出席していた。この会合では、

各々の学生集団の代表が先を争う形で前に立って演説するといった感じで、なかなか意見調整をするのは難しいようであった。それでも、学生たちは良くやっていると思う。アウンサンスーチー、アウンジー、ティンウー、ウー・ヌ、ボー・ヤンナインらの行動とは対照的である。学生たちはかなり焦燥感を持っているようで、アウンサンスーチー、アウンジー、ティンウー、ボー・ヤンナインらが暫定政権樹立を拒否すれば、ウー・ヌと組んで暫定政権をつくる可能性も考えているようだ。それだけは避けた方が良いと思うのだが。他方で、学生たちもそのことを分かっているのか、今日もアウンサンスーチー、ティンウー、アウンジーの3者に申し入れをしたそうだ。

　Dさんから聞いた話であるが、学生連盟内には、ストライキ委員会というのがあって、そこでの種々の指令（例えば、今日はどこの集団がデモに参加するか）を出しているそうだ。これは、私の実感からしても、かなり確実性の高い話のように思う。実際今日も、空港のストを止めてくれないかと総合病院内にいた学生に言うと、あとでその委員会の委員長がAさんのところへ話を聞きに訪ねてきたそうだ。

❖ **9月16日（金）**

　今日は午前中に5万人ほどのデモがあって終わりかと思っていたら、午後3時頃から、国防省付近で、集会を開いていた人々と軍人との間で問題が発生した。現場にいた人に聞いたところ、まず集会で軍を誹謗するような発言があり、それに対して国防省内より、中佐クラスの軍人が出てきて、そのようなことを言うと発砲するぞと脅したそうだ。この言葉に人々は怒り、そのことを他の人々に伝えてまわった結果、ジンガリー［日本のパチンコに似た飛び道具、武器。石の代わりに矢尻のような金属を飛ばす］、弓、刀、槍等で武装した人々（学生には見えない）がたくさん集まってきたとのことであった。学生と僧侶が中に入って、武装集団を帰宅させ、一応一件落着した。

　武装集団と軍が睨み合うような光景を自分の目で見たのはこれが初めてであった。大衆側がついに軍に対して挑発行動をとり始めたことの意味は重大である。もう貧しい人々は本当に待てないのである。

　興味深かったのは、それらの武装集団が彼らなりに完全武装し、1つの隊を形成していたこと、その隊長の命令に従って行動していたことである。まるで特攻隊のような雰囲気であった。しかし、こうした集団は、学生連盟とは無関係な集団のように思われる。またそうした武装集団を僧侶が諌めていたのだが、その僧侶までが刀を持っていた。中には、諌めるために刀を鞘から抜いている僧侶さえいた。現場は殺気立っていた。

　夜のテレビ放送では、公務員・軍人等で、BSPPから離党したい者は離党を許可するといった声明が発表された。

今日の国防省前の状況を見ると、かなり危険のような気がする。暴発すればおしまいだ。

❖ **9月17日（土）**
　今日は、噂通り、大きなデモがあった。30万人ぐらいはいたか。例えば、大使館近くの交差点からコカイン交差点近くまでのガバイェー・ロードを南オカラッパから来たデモ隊が続くといった状況であった。
　午前10時30分頃、貿易省の建物の前で、デモ隊が軍を誹謗する歌を歌ったため、軍が発砲したそうである。その後、民衆が建物を取り巻き、投石等を行なった。午後2時頃現場に行ってみたが、各地から昨日と同様武装集団が続々やってくる。その数は1000名以上いたように思う（大方トラック20台分ぐらい）。貿易省の2つの建物が民衆によって完全に取り囲まれ、発砲のあった建物では、人々が建物に向かって投石していた。他方、もう一方の建物の前には武装した若い学生（高校生ぐらい）等が座り込んでおり、そのまわりを僧侶が取り巻いて、他の者が入り込まないよう規制していた。
　その後、現場に残っていた人から聞いたところでは、僧侶が建物内へ侵入し、中にいた軍人を拘束したそうだ。
　4時半頃には、再び現場に行ってみたが、その時には、学生連盟の首脳部が既に到着しており、軍の兵士を引き渡すようにスピーカーで言っていた。この時、僧侶等によって多くの群集および武装集団は解散させられていたが、先日来からデモに加わっていた海軍や空軍の兵士も学生の側に立って、建物内の兵士の引き渡しを要求した。あとで聞いた話では、結局24名中、9名の兵士が学生に武器と共に引き渡されたそうである。内1名は士官だったそうだ。残り15名については不明とのことであった。
　驚いたのは、昨日よりもずっと多くの武装集団が出現していたことである。中には、帰る途上、武器を持ったまま堂々とデモ行進をしている集団までいた。
　何故軍が発砲したかに関しては不明であるが、とにかく弾痕があったところを見ると、発砲したのは事実であろう。
　アウンサンスーチーも事件現場に駆けつけたという噂もあるが定かでない。
　いずれにしてもこの1週間が山場か。

第3章
軍政の登場とNLD

写真26　1988年12月20日民族記念日にDPNS主催の式典で演説するアウンサンスーチー［筆者撮影］

本章では、クーデタによる軍事政権（SLORC）の登場によって、新たに政党という政治勢力が出現し、従来の学生連盟対BSPP（ネーウィン）・軍といった対立構造が、軍対アウンサンスーチーという新たな対立構造に変容していく過程を記述していく。その上で、新たな対立構造の中で、アウンサンスーチーが自宅軟禁になった経緯を明らかにしていく。

　クーデタによって全権を掌握した軍は、直ちに集会禁止令を発し、デモの鎮静化を図った。それでも反クーデタの意思表示をするデモ隊に対しては、発砲という強硬手段で臨んだ。明らかに、民主化勢力側についたクーデタではなかった。しかし、軍はクーデタ正当化のために、国民大多数が望む複数政党制民主主義の導入を掲げ、政党の結成を許可した。多数出現した政党の中で特に注目されたのはアウンサンスーチー等が率いる国民民主連盟（NLD）であった。結党直後よりアウンサンスーチーは組織化活動、地方遊説に積極的に乗り出した。他方、これまで運動を主導してきた学生たちも、学生連盟として活動を続けるとともに政党を結成し、NLDとは共闘しつつも一線を画す活動を展開した。当初のNLDが直接的な軍政批判を避けたのに対して、学生たちは、軍政打倒、暫定政権設立を訴え続けた。当然のことながら、軍事政権による弾圧は、まず学生たちに向けられ、主要指導者は次々に逮捕・拘留され自由を奪われていくことになる。学生の抑え込みに自信を持った軍は、翌89年4月頃より、本格的なNLD潰しにかかる。アウンサンスーチーの地方遊説は、各地で軍による嫌がらせ、妨害活動に遭遇し、パンフレットやビデオ・テープに対する検閲も強化されていく。NLD側は、こうした事態に直面し、他の政党にも同意を取り付け、アウンサンスーチーを代表として直接対話による解決を求めるが、SLORCは頑なに要求を拒む。直接対話の可能性を断たれたアウンサンスーチーは、ヤンゴン中心部で大野外集会を開き、ネーウィン、SLORC批判を展開することになる。SLORC側は、こうした動きを「対決姿勢」と決め付け、両者の緊張は一気に高まっていく。89年7月19日殉難者の日をめぐって緊張は頂点に達する。アウンサンスーチーらが、アウンサン廟への国民の自由な参拝許可を要求したのに対し、SLORCは政党代表者の参加は認めるという譲歩は示したものの、自由な参拝は許さなかった。この対応に対し、アウンサンスーチーは遺族代表として追悼式典に参加せず、国民とともにアウンサン廟に行進するという決定を下す。軍は、行進を阻止するため戒厳体制を敷き、一触即発の状況に至る。実力行使も辞さない軍の対応を見て、7月19日早朝、アウンサンスーチーは急遽、行進中止のメッセージを発し、大規模な流血はかろうじて避けられた。しかし、血気盛んな学生・青年たちは独自に行進を始め、治安部隊と衝突して、再び、負傷者・逮捕者を出す結果となった。翌7月20日、軍は、アウンサンスーチーの自宅軟禁に踏み切る。

　この突然の行進中止には少なからぬ疑問も残った事件であったが、これ以降、NLDの活動は急速に低迷していく。

第1節　クーデタと政党結成

　9月18日、国軍はクーデタによって、ソーマウン*(Saw Maung)大将率いる国軍幹部19名からなる国家法秩序回復評議会を結成し、国家の全権を掌握した。クーデタの背後にネーウィンの影響力がどの程度あったかについては推測の域を出なかった。しかしながら、当時第1書記を務めたキンニュン*(Khin Nyunt)准将が、後に出版した回想録によれば、9月18日の午前中に、ネーウィン、軍幹部（ソーマウン大将、キンニュン准将）、BSPP政権幹部（マウンマウン大統領、トゥンティン(Htun Tin)首相、タンティン(Than Tin)副首相、BSPP総書記エーコー(Aye Ko)、BSPP副総書記チョーティン(Kyaw Htin)）同席の上で同意されたネーウィンの指示による、「同意の上のクーデタ」であった。[1]

　SLORCは、政権掌握後直ちに「指令88年第2号(Order No.2/88)」を発し、午後8時から午前4時までの外出および5人以上の集会を禁じた。一部の学生・青年たちは、タイ国境等の少数民族反乱軍勢力を頼ってヤンゴンから姿を消したが、多くの学生・市民は反クーデタ意思表示のため、道路を封鎖したり、デモ行進でこれに応えた。この動きに対し国軍は、同日夜より発砲という強硬手段に訴えて、規制に乗り出した。この一連の発砲による死傷者数は不明であるが、政府発表の死傷者数ですら20日までに129名にのぼった[2]（写真27）。当初抵抗をこころみた人々も、この強硬策の前に、抵抗を貫徹することはできなかった。ヤンゴン市内は急速に平常化し、10月3日には、ほとんどの公務員も職場復帰を果たした。

　事実上民主化勢力への弾圧となったクーデタではあったが、国軍はクーデタ

1　政権を奪取されたマウンマウンの回想録では、ネーウィンの政治的影響力の強さに関しては随所で指摘されているものの、軍との事前協議はなかったとされている（Maung Maung [1999] および伊野 [2001b] を参照）。しかし、キンニュン回想録では、当時の状況についてかなり詳しく述べられており、最終的には、ネーウィンに判断を委ねることになった。詳細については、キンニュン [2005] 57-68を参照。

2　クーデタ後の発砲による犠牲者を含めた、1988年8月～9月にかけての反政府・民主化運動における犠牲者数の正確な人数を把握することは不可能に近い。しかし、著者は、2000～3000名の死者が出たのではないかと推測している。

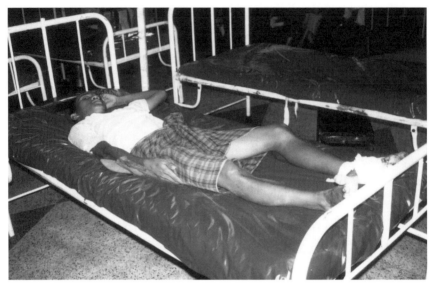

写真27　軍の発砲による負傷者（ヤンゴン総合病院にて）[筆者撮影]

介入の大義として、①治安と国内平和の回復、②交通運輸手段の安全な確保、③国民の衣食住の確保への支援、そして④国民が望む複数政党制民主主義の導入を掲げた。[3]

　9月21日には、当局は「複数政党制民主主義総選挙管理委員会法88年第1号（Multiparty Democracy General Elections Commission Law No.1/88）」を公布し、マウンマウン政権時に発足した選挙管理委員会に、引き続きその任にあたらせた。同月27日には、「法律88年第4号（Law No.4/88）」が発せられ、政党登録が許可された。民主化勢力側の動向が注目されたが、民主党（Democracy Party）およびNLD等は登録を申請し、30日には両党の政党登録が認められ告示された。政党登録は次々と続き、1989年2月末をもって締め切られたが、その後も連合政党等は登録を許されたため、最終的に登録政党数は、235党にのぼった。

　これらの政党の多くは、総選挙を意識したものではなく、いわば「顔見知り」的関係によって形成されたもので、軍政からの弾圧を回避する「隠れ蓑」的集団であった。しかしながら、NLDの登場は、その後の政治的対立構造を大きく変えていくことになったし、これまで運動を中心的に担ってきた学生連盟・組織

3　*Working People's Daily*, 21 September, 1988.

第3章　軍政の登場とNLD

写真28　政党結成直後のDPNS本部［筆者撮影］

のあり方にも影響を与えた。例えば、最大組織である「バ・カ・タ」は、ミンコーナインを議長として学生連盟を維持し、引き続き「非合法」組織として存続する一方、総書記であったモーティーズンを中心に新社会民主党＊（Democratic Party for New Society : DPNS）という政党をも結成し、運動を継続した（写真28、29）。

　当局側は、学生連盟・政党、NLDのこうした動きを極度に警戒し、10月19日には「布告88年第8号（Declaration No.8/88）」を発した。この布告において、当局は、SLORCが複数政党制による民主主義総選挙の実施を約束し、かつ政党の結成を許可しているにもかかわらず、国軍と国民の間に誤解を生じさせるような活動をしたり、国軍の分裂を図る煽動行為を行なっている政党が存在していると指摘し、NLDや学生政党[4]等の活動を暗に非難した。その上で、そうした活動に対しては、今後、然るべき措置をとると、彼らの行動を牽制した。以降、

4　当初より、特に活発に活動を展開した学生政党は、新社会民主党（DPNS）および大学院生・卒業生民主協会（Graduate and Old Students Democratic Association : GOSDA）であった。DPNSは、学生政党・組織では、NLD青年部と並ぶ勢力を有していたが、SLORC政権成立後、活発な反SLORC・民主化運動を展開したため度重なる当局の弾圧を受けた。GOSDAは、ヤンヂョー（Yan Gyaw）を議長とし、ヤンゴン大学学生連盟（ヤ・カ・タ）や基礎教育学生連盟（ア・カ・タ）と密接に関係があった。

写真29　DPNS本部にて、左からテットゥン、モーティーズン、筆者

SLORCは、この「布告88年第8号」を、5人以上の集会を禁じた「指令88年第2号」とともに、反政府・民主化活動家を逮捕・投獄する場合の「法的」論拠として多用した。

クーデタ以降の政治は、軍政対学生連盟・政党、NLDという対立構造の中で展開していった。

5　SLORCの発した「布告」や「指令」も、「法律」としての効力を有す場合が多い。

ラングーン日記抄 7 (1988年9月18日～10月18日)

［9月18日、クーデタによって全権を掌握した国軍は、デモ等を発砲という強硬手段で封じる一方、国民大多数が望む複数政党制総選挙の実施を約束し、クーデタ介入の大義名分とした。学生たちは当初、デモ等で反クーデタの意思表示をするが、当局の発砲によって多大な犠牲を出すことになる。人々は、急速に日常生活に引き戻されていく。他方、軍事政権の政党登録許可によって、アウンサンスーチー等は国民民主連盟を結成し、学生連盟とは一線を画す形で運動を展開していく。日記抄では、アウンサンスーチーや学生指導者たちの動向にとまどいと不安を感じながら、その経緯を記している］

❖ **9月18日（日）**
　今日は、午前中2万人ほどのデモがあったとだけ記せるかと思っていたら、午後4時にクーデタの知らせを受ける。
　全権を軍が掌握した。にもかかわらず、BSPP政権が任命した選挙管理委員会のもと、総選挙を実施すると言っている。いったいどういう意味でのクーデタなのか。一昨日の軍人のBSPP脱党許可宣言後のクーデタ。BSPPの筋書き通り、いやネーウィンの筋書き通りなのか。そして外出禁止令（午後8時から朝4時まで）。
　午後4時から、ラジオやテレビでは、クーデタの短いニュースと軍歌、軍のパレードの映像を繰り返し放送している。革命記念日に撮影した映像のようだが、人々には一層の反感を買うことだろう。
　とにかく、夜になって軍は撃ちまくっている。9時頃、このウィンダミーヤー［タンルイン］でも、ミィニゴンかシュエゴンダインのあたりから、数十発もの銃声（爆発音も）が聞こえてくる。異常だ。国民すべてを敵にまわして軍は戦うつもりなのか。こんな虐殺が許されて良いはずがない。言うに言われぬ怒りと憤りを感じる。こんな蛮行を行なう軍隊を信じろというのが土台無理な話である。昼に、町中に視察に行ったとき、電々公社の中に軍のトラックが入っていったのをまわりの住民が追い返している場に出くわしたが、その光景を見ても、既に軍に対する一般国民の信頼は失われている。その軍が、BSPPの路線を結局は是認し、外出禁止令によって反対勢力を叩きつぶしている。

❖ **9月19日（月）**
　予想したとおり、軍に対する信頼は全くなかったと言ってよい。

昨夜は、12時頃まで、数十発（50〜60発）の銃声や手榴弾が爆発するような音が聞こえてきた。今朝は、規模こそ小さいが、各所でデモ隊が形成されていた。ラングーン市内は、再び解放区の様相を呈している。軍は、パトロールにあたっているが、一箇所に長時間留まろうとはしない。トラック6台、装甲車2台ほどの一隊をよく見かける。
　しかし、合同庁舎北側の高校前、米大使館前、ラングーン総合病院付近、スーレー・パゴダ付近等々では、発砲があり、死傷者が出たことは確かである。
　どちらかが倒れるまでこの戦いは続くのであろうか。今夜のテレビニュースでは、ジンガリー等で武装した一団が兵士に攻撃を仕掛けてきたときのみ発砲で応戦したというようなことを言っている。ある程度は事実かもしれないし、最初は威嚇射撃を行なったのかもしれない。実際、今日、総合病院で見た負傷者の多くは、足を撃たれていた。にもかかわらず、民衆は軍の介入を望んでいないし、軍を信用もしていない。
　アウンサンスーチー、アウンヂー、ティンウー等も、陰ではいろいろ活動を展開しているかもしれないが「時、既に遅し」といった印象を受ける。
　とにかく、市内のバリケードは8月9日〜11日の頃より、強化されていることは確かであり、軍が取り除いても再び作られるであろう。このまま続けば、ラングーンの首都機能および市民生活は崩壊しかねない。それを軍は狙っている可能性もある。兵糧攻めか！　小1時間見ていただけで、総合病院へは50〜60名の負傷者が運び込まれていた。その内、何名の死者が出たのかは不明である。しかし、このまま平穏になるとは思われない。遅かれ早かれ、軍は敗れるのではないだろうか。

❖ **9月20日（火）**

　今日になって、昨日まであったバリケードのほとんどが、軍や市民（僧侶も含まれていた）の手によって片付けられた。驚きであった。無念でもあった。口惜しい。しかし、現実である。この状況を見ると、人々は負けた。しかし、個人的な感情としては、このままでは終わらないと考えたい。だが、現実はやはり、このまま平静化するしかないだろう。
　この一連の闘いで、学生たちは勝ったのか負けたのか。勝った、民主化運動を組織し盛り上げ、BSPP政権を倒した。その意味では確かに勝った。しかし、負けもした。誰に負けたのか。ネーウィン、軍に対しては勿論である。だが、結局、一方では生活者としての民衆に、他方では、アウンサンスーチー、アウンヂー、ティンウー等の大物指導者たちにも、彼らは負けたのかもしれない。暫定並行政権構想の挫折がいかに大きかったことか［具体的には9月13日に、学生たちが、第1医科大学に、アウンサンスーチー、アウンヂー、ティンウーらを招き、暫定は移行政権の設立を要求したことに対して、3者が拒否したことを指している］。

❖ 9月28日（水）

　今日も別段大きな動きはなかったが、夜の国営放送で、アウンサンスーチー、アウンヂー、ティンウーが National League for Democracy という組織を創ったことが報じられた。アウンヂーが議長、ティンウーが副議長、アウンサンスーチーが総書記とのことである。選挙へ向けての準備が着々と進められているようである。

　また、今日の国営放送では、政府の工場等の略奪現場の映像が放映され「いかなる政党のもとにおいても、いかなる国であっても、国民の財産は国民の財産である」云々と言っていた。なるほど、そうかも知れない。しかし、そこには「何故そのような国民の財産を国民が盗む気になったのか」という問いが欠落している。自分の財産であると思っている物を略奪する者はいない。その財産が、他人、特に特別な他人の物だと考えるところに、否、考えざるを得なかったところに、略奪行為があったのではないか。特権階級の所有物に対する、いわば貧民の直截な挑戦であり、自己の存在証明なのである。いうなれば正義のために略奪する。そして、それを民衆に安く供給する（ちなみに、今日も、タコー［泥棒］市場は、人々で賑わっていた）。彼らは、現代版「義賊」なのではなかろうか。

　もちろん、デモと同様に、火事場泥棒的な盗賊も多かった。しかし、それらの人々とて、自らの行為の正当性を主張し得るほどに、自分の行動に対して、自覚の念を持っていたのではないだろうか。ちなみに、私自身の印象でしかないが、略奪を働いていた者たちの顔を見る限り、後ろめたさの一かけらもなかったと言える。堂々と略奪行為を行なっていた。彼らは、ただの一般市民であり、貧民であった。

❖ 10月12日（水）

　モーティーズン等が政党を結成した。一安心といった感じがする。その話を、gさんにしたところ、「何故、自分たちは政党をつくっておいて、他の若い者たちを地下に潜らせるのか［国境の反政府武装組織に合流させることを意味している］」と憤っていた。確かに、そのようにも見えようが、彼の批判は必ずしも当たっているわけではない。また、そのような観点から問題にするならば、責められるべき人々はずっと多くなるはずだ。

　いずれにしても、私の個人的見解としては、モーティーズン等は、地下へ潜ることなどせず、その指導力を発揮したほうが良いと思っている。また会えると思うと嬉しい。

❖ 10月18日（火）

　モーティーズンと町中にある彼らの政党の本部で再会する。少しやせたようだが、

元気だった。少し大げさかも知れないが、生きて会えて良かったと心から思った。ミンコーナインとは接触はあるものの彼の政党で活動しているわけではないようだ。袂を分かったのか？ アウンサンスーチー等とは、明日会合を持つようで、彼は依然として反政府勢力の統一を考えているようであった。大した人物である。

学生たちは、やはり随分殺されているようだ。特に彼らが強調していたのは、地下に潜った学生が帰順すると親元に戻したと軍は言っているが、それは嘘であるということだった。「自分たちの仲間40人は、そういう口車に乗って帰順したが、帰ってきていない、どうしたのか消息がつかめないままだ」とも言っていた。また、彼は「自分たちのような人間を殺そうと思えばいつでも殺せるはずだ。しかし、自分たちのような人間には手を出さず、そうした学生たちを殺している。軍のやり方はきたない」とも語ってくれた。彼らしい発言であった。話せば話すほど魅力を感じる。将来のビルマをしょってたつ1人であることは間違いなさそうだ。

ただ、彼らは、未だ暫定政権の夢を捨て切れていないようだ。暫定政権下での総選挙でなければ、選挙には参加しないと言っていた。気持ちとしては分かるが…。

彼らの本部は、まさしくほったて小屋といった感じだが、活気に満ちていた。幕末の志士たちといった雰囲気が漂っていた。いずれもひとかどの闘士といった感じであった。

第2節　政党の結成と学生組織

　政党の結成、特にNLDの登場によって、これまで学生連盟を中心としてきた民主化勢力内にも微妙な変化が生じた。クーデタ後しばらくは、NLDとDPNS・学生連盟は、お互いに協力関係を保ちながらこの2勢力が中心となって反政府・民主化運動は展開していったと言える。しかしその後、両勢力による民主化運動が進められていくうちに、双方の立場の違いがかなり明確な形で現れてきた。DPNS・学生連盟は、小政党も含めた連合組織を結成し、あくまで政府に対して暫定政権下での総選挙実施を要求しようとした。また、農民の窮状等を訴えた声明等を発しながら、SLORC政権を真っ向から批判するといった立場をとってきた。[6] 他方NLDは、アウンサンスーチーの地方遊説を中心に活動を展開した。アウンサンスーチーの地方遊説は、いわゆる民主主義とはどういうものかといった、啓発的色彩の強いものであった。後にSLORCが「対決路線」と呼んだ、SLORC批判、ネーウィン批判、国軍批判等は、地方遊説に際しては、全面的に打ち出されていなかった。[7]

　こうした両党の立場の違いが明確となったのが、モーティーズンのアウンサンスーチーに宛てた89年2月10日付の批判書簡である。[8] 後に詳しく見るように、この書簡はアウンサンスーチーおよびNLDの政治的重要性は認めながらも、その政治姿勢を批判したものであり、NLDの活動は国民が直面している災難から目をそらし、選挙で勝利することを目的としたものであるとした。また、別のパンフレットの中で「闘いに加わった同志諸君への希望」と題された1989年4月17日付の一文の中でもモーティーズンは「大衆を組織することが難しいこの時

6　例えば、SLORC議長宛に出された次のような書簡があげられる。新社会民主党バゴー管区組織委員会副議長代理・書記アウンテッナイン［1989］、新社会民主党バゴー管区組織委員会委員フラモー［1989］、新社会民主党［1989b］、新社会民主党[本部]議長モーティーズン［1989］等。
7　アウンサンスーチーの地方遊説の状況、演説に関しては、アウンサンスーチー［1996］参照。また、NLDが制作した国民民主連盟ビデオ記録［1988a,b］［1989a~i］も参考になる。彼女が人々に訴えた内容をまとめたものとして伊野［1996］［2001a］がある。
8　モーティーズン［1989a］参照。

に、60万〜70万人の党員を擁すると言っている大政党の党員は、大衆の前に決然と立って見せることができないのであろうか」とSLORCと真っ向から闘う必要性を訴えた。こうしたモーティーズンの批判に対して、NLD青年部内では彼への反感も生まれたが、アウンサンスーチー自身は、冷静な対応を示し、2月14日にシャン州のタウンヂーで行なわれた青年たちとの懇談会の席上で、この批判書簡を取りあげ、民主化闘争には様々な形態があり遊説もその1つであること、またまずは国民が民主主義をきちんと理解することの重要性を説いた。

　むしろ、モーティーズンに対する最も激しい批判は、DPNS内部から出されたものであった。89年4月8日付で、DPNS総書記モーヘイン*、副総書記イェーナインアウン*は、モーティーズンに宛てた公開書簡を発した。この書簡は、中央執行委員（CEC）の許可を得ずにアウンサンスーチー批判等を行なったことに関し、彼の独裁的性格を批判したものであった。また、CECの同意を得ずに暫定政権要求を出したこと等を取り上げ、モーティーズンの行動は共産党的であるとした。

　こうして民主化への路線を巡る学生連盟・DPNS内での見解の相違が顕在化する中、SLORCによる学生連盟・DPNS等学生政党への弾圧は一層強化されていった。89年3月26日には「バ・カ・タ」議長ミンコーナインが、4月8日にはDPNS副議長テットゥン*が逮捕された。

　当局のモーティーズンに対する追及も日増しに厳しいものとなり、彼の逮捕も時間の問題と見られる状況となった。それ故彼は、4月22日同党の議長職を辞任し、「我らが大学の獅子の門に、ネーウィンと軍事独裁を葬り去り、人民議会に我が民族の闘いに加わった『闘う孔雀旗』を掲げたとき、俺は戻ってくる」

9　モーティーズン[1989b]12。
10　アウンサンスーチー[1996]146-152。尚、引用文にある「国民政治」と「党派政治」といった概念については、伊野[2000]3-26を参照。
11　モーヘイン、イェーナインアウン[1989]参照。
12　モーティーズン[1989b]。この資料は、モーティーズンが国境へ行った後にDPNSが作成したもので、彼の略歴等も付されている。このパンフレットに掲載されているモーティーズンの決意表明文は、1989年4月17日付で「闘いに加わった同志諸君への希望」と題されている。この中でも、モーティーズンは次のように暗にNLDの活動を批判している。
　　大衆闘争の創出に関して、5人以上集まってはいけないと言うのであれば、5人で平和的にデモをしようではないか。シュプレヒコールがいけないと言うのであれば、ポスターを掲げてデモをしようではないか。その5人を逮捕すると言うのなら、さらに別の5人も逮捕されようではないか。世界

という言葉を残して、タイ国境の反政府武装学生組織に合流したのであった[13]。これ以降学生組織・政党の勢力は明らかに衰え、反政府・民主化運動の主体は、NLDに移っていった。

最大の逮捕の祭典を繰り広げようではないか。現在、大衆を組織することが難しいこの時に、60万から70万人の党員を擁すると言っている大政党の党員は、大衆の前に決然と立ってみせることができないのであろうか。(モーティーズン[1989b]11-12)。

13　その後モーティーズンは、タイ国境に拠点を構える反政府武装学生組織、全ビルマ学生民主戦線(All Burma Students' Democratic Front : ABSDF) に合流し、1989年11月9日から12月3日にかけて開催されたABSDF第2回大会において、同組織の議長に選出された。この経緯に関してはDawn, Vol.1, No.24を参照。なお、ABSDFは1988年11月1日〜5日に行なわれた大会において結成され、1989年1月より、上記Dawnという機関紙を発行した。初代議長はトゥンアウンヂョー(Htun Aung Gyaw)であり、モーティーズンは第2代議長となる。

ラングーン日記抄 8 (1988年10月12日〜1989年3月16日)

[政党結成が許可されると、雨後の竹の子のように多様な政党が現れた。ほとんどはいわゆる泡沫政党であったが、筆者は政党まわりを開始した。アウンサンスーチーの国民民主連盟が圧倒的な支持を勝ち得ていく一方、学生連盟指導者達は個々に弾圧され、逮捕・投獄等によって活動の自由を奪われていく。その口惜しさは89年3月に開かれた3月事件追悼集会に如実に示された。そこには「社会と個の絶対状況の中でのたうち回っている」人々の姿があった。日記抄ではその辺の事情を記している]

❖ 11月4日（金）

今日も政党まわりで1日が終わる。旧BSPP系の3党、Peasant's Unity Organization、Labour's Unity Organization、Youth Unity Organizationに行ってみたが、門前払いといった感じだ [旧BSPPはNational Unity Party（国民統一党）と改名して政党を設立したが、BSPPの農民、労働者、青年関連下部組織を、それぞれ別個に政党登録したことによって、BSPP関連では、4つの政党が結成された]。青年統一機構は、ルーデー [幹部] が地方へ行っているとのこと。労働者統一機構は、会議に出ているとのこと。農民統一機構は、やはり地方へ行っているとのことであった。青年統一機構のルーデーは、飛行機を使って地方へ行ったそうだ。野党の誰が飛行機を使って地方遊説に行けるというのであろうか。差は歴然としている。

AFPFL [独立闘争時の反ファシスト人民自由連合を党名に冠した政党は複数存在したが、ここでは、10月初頭に、7番目に政党登録した政党を指している] へも行ってみた。総書記と話をする。なかなか話が弾み、1時間以上も話していた。AFPFLという政党の目的は次のようなものだそうだ。公正・自由・清廉な総選挙を実施するためには、現政権下では不可能で、暫定政権の樹立が不可欠である。そのために諸政党の統一戦線を形成する必要があり、その統一戦線の形成がAFPFLの最優先課題であるとのことであった。また、彼らは、現在、党員確保にやっきになっている政党を暗に批判していた。その政党とは、具体的には、国民民主連盟を指しているようであった。

政党は100を超えたが、すべての政党が、自ら指導権を取ろうとは考えていないし、その点を考慮すると、今のところ有力な野党は、5〜6党といったところだろう。だとすると、ジェネラル・ストライキの頃よりもずっと組織化は進んでいると見るべきではないか。今日のAFPFLとの話でもわかるように、彼らが一堂に会する場が、現在は出現しているだけでも、組織化は着実に進んでいると見るべきだろう。

それに反して、今日のニュースでの政府の見解には、またしても強い愚民思想を感

じざるを得なかった。ニュースでは、104もの政党があって、どうして暫定政権などができるのか、100人の子どもがいて、食べたいおかずを聞けば100通りの答えが返ってくるのと同じで、現在浮上している暫定政権構想はあたかも夢物語だと言わんばかりであった。

　こうしたニュースに対しては、多くの疑問が浮かんでくる。まず、100人の子どもに食べたいおかずを聞けば、100通りも答えは返ってくるはずはない。せいぜい4〜5種類に大多数は分かれるだろう。その中で1つを決める際に話し合いが行なわれ、妥協・合意が成立するだろう。今、政党が乱立している1つの理由は、食べたいおかずを聞いてもらえなかったからだ。つまり、本当に公正で自由な選挙が行なわれるとは誰も思っていないし、そのための政党ではないからだ。つまりPolitical PartyなのであってParty for electionではないのだ。

❖ 11月20日（日）

　土曜日に、NLD関係者に聞いたところでは、現在のNLDの党員数は、正規の党員が8万人、入党手続き中の者を含めれば20万人ほどになるとのことであった。入党に必要な書類は100万部刷っているそうだ。既に、全国14ヵ所に支部を開設し、マンダレーにはラングーンより3人の役員を派遣しているとのことであった。

　今日、ちょっと郊外に出てみたが、NLDのインセイン支部の前を通った。人だかりができていたので何事かと思ったが、アウンサンスーチーが支部に来るとのことであった。人気のほどは、アウンサンスーチー、ティンウー、アウンジーの順のようである。とにかくNLDの活動は目を見張るものがあり、総選挙が実施されれば大勝する勢いが感じられる。

❖ 12月23日（木）

　今朝は、知人のビルマ人が軍に連行された。娘さんの話では「ちょっとのこと」と言って連れていかれたそうだが、夕方6時半頃訪ねてみたが、まだ家には帰されていなかった。娘さんとおばあちゃんしか家にはおらず、上の娘さんは目を真っ赤に腫れ上がらせていた。おばあちゃんは、私が訪ねていくと、懇願するように不自由な体を私の方に寄せてきた。

　田中先生［東京外国語大学時代よりご指導いただいた田中忠治先生］の手紙に書かれていた「社会と個の絶対状況の中でのたうち回っている人間の姿」とは、まさしくこういうことを言うのであろうか。誰が訪ねてくるでもなく、女性3人で母親を待っている姿、私はそんな姿から何を学ぶのであろうか。田中先生の言うように「そんな人間の姿」こそ、本当の師なのであろう。「社会と個の絶対状況の中でのたうち回っている人間の姿

こそ、本当の師である」。肝に銘じておかなければならない。そして、そうした人間の姿をきちんと脳裏に納めておかなければならない。しかし、それにしてもあまりにも現実は厳しく冷酷である。

1989年
❖ **3月16日（木）**

　今日は「赤い階段［「ダダー・ニー」と呼ばれており、直訳すると「赤い橋」であるが、実際には、土手に上がる階段である］」の日であった。1年前のインヤー湖畔での事件の犠牲者に対する追悼集会である。

　軍側が、インヤー湖畔に厳重な警戒態勢を敷いたため、集会は、ラングーン大学のメインキャンパスの学生連盟会館跡地で行なわれた。周辺の軍の警戒は異常とも思えるほどで、問題の「赤い階段」付近には、大型装甲車2台、軍用トラック2台が配備され物々しい警戒ぶりであった［当時の軍には戦車はほとんど装備されておらず装甲車の導入でも厳戒態勢と言えた］。土手の上には約20メートルごとに兵士が並び、土手下には鉄条網が張られていた。

　大学内での集会は、モーティーズン、ミンゼーヤ両氏が出席し、ミンコーナイン派、ミンゼーヤ派、両派の合同で行なわれた［いずれもこれまで民主化運動をリードしてきた学生連盟］。アウンサンスーチー等の有力政党関係者の出席はなかったが、総勢3000〜4000名は集まった。集会は、まず、アウンサン、民主化闘争の犠牲者、そして「赤い階段」事件の犠牲者に対する黙禱から始まり、その後、学生代表の演説が続いた。演説の内容は、①現軍事政権による選挙は、民主化を求める人々の足並みを乱そうとするものであること（配られたビラには、ファシスト軍事政権という言葉が使われていた）、②「赤い階段」事件の経緯、「白い階段」がいかにして民主化を求める学生たちの血によって「赤い階段」と化したのかの説明、③そうした犠牲者の死に報いるためにも、政治的、人種的、イデオロギー的、派閥的偏見を棄てて連帯し、共に協力しあって民主化闘争を推し進めていくこと、④暫定政権の樹立、⑤集会禁止令、夜間外出禁止令の解除などであった。この集会の1つの注目点は、ミンコーナイン派とミンゼーヤ派が一堂に会したことである。学生組織は分裂したと言われているが、いまこの国でこれほど統一の取れた組織は他にないのではなかろうか。

　集会は、10時から始まり1時間足らずで解散したが、感極まった学生は、インヤー湖に面した裏門付近へ行進を始め、花輪を門に捧げて、デモクラシーの歌を歌った。道路の向かい側のインヤー湖畔には兵士たちが並び、対峙した形となっていたが、学生たちは堂々とした態度で向き合っていた。何人もの学生が涙を浮かべ、ある学生は、鉄柵を両手で握り締め泣き崩れていた。「きっと友人が殺されたに違いない」と思うと、

胸に熱いものがこみ上げてきた。この学生の無念さがいつの日かはらされるときが来るのだろうかと、つくづく考えさせられた。同行した帰任間近のBさんもきっと同じ気持ちであったと思う。Bさんにとっては、この泣き崩れている学生の姿が、ビルマでの最後の記憶として残ることだろう。学生たちにとってこの1年間というものは、けっして忘れられるものではないだろう。しかし、たまたま居合わせた我々1人1人にとっても、単なる思い出以上の何かであったはずであり、何かであるべきだ。あの門のところで泣き崩れていた学生たちも、社会と個の絶対状況の中でもがき苦しんでいる人々であることは確かであり、私自身、彼らから何を学ぶのであろうか。

第3節　NLDとアウンサンスーチー

　学生諸組織が弾圧され勢力を失っていく中で、民主化運動の中心はアウンサンスーチーらが率いるNLDに移っていったのであるが、ここではそのNLDとはいかなる組織であり、その活動の中心は何にあったのかを、明らかにしておく。
　結党当時のNLDの組織は、当初国民の間で「アウン・スー・ティン政党」と言われたごとく[14]、アウンヂー議長、ティンウー副議長、アウンサンスーチー総書記という3人の人物を中心に組織されていた。この3名が各々の勢力を結びつけて結成したというのが、より実態に近かった。アウンヂーは元准将、ティンウーは国防大臣まで務めていただけに、この両者の勢力は国軍出身者で圧倒的に占められていた。他方、アウンサンスーチーには、特定の支持母体のようなものはなく、弁護士、作家・芸術家、映画関係者など、およそあらゆる職種・階層の支持者を抱えていた。
　NLDの中央組織は、中央執行委員会(CEC)、中央実務委員会(CWC)、中央委員会(CC)から成り立っていた。中央執行委員会は、アウンヂー議長、ティンウー副議長、アウンサンスーチー総書記のほか、この3指導者がそれぞれ3名ずつ任命した合計12名の委員から成り立っていた。連盟の個々の行動方針、通常活動における諸決定のほとんどすべては、このレベルにおいて決定された。事実上、連盟の心臓部とも言える組織であった。中央実務委員会は、中央執行委員会がその任務を遂行するにあたって、実際の活動を補佐するための組織であった。中央委員会は、当初中央執行委員を含む42名の委員からなり、中央執行委員会と同様に、アウンヂー、ティンウー、アウンサンスーチーの3指導者が、それぞれ13人ずつ委員を任命していた。しかし、アウンサンスーチーが自宅軟禁措置になる以前は、中央実務委員会および中央委員会は特に目立った活動を

---

14 「アウン・スー・ティン」の「アウン」はアウンヂー、「スー」はアウンサンスーチー、「ティン」はティンウーを指している。なお、編者が収集した資料で最初にこの点について言及されているものは、国民民主連盟ビデオ記録［1988a］に収められている88年11月1日にマグェーで行なわれた会合の中でアウンサンスーチー自身が、この政党は「アウン・スー・ティン政党」ではなく「国民民主連盟」であると発言している。

行なっていなかった。

　こうした組織のもとに、各種実務委員会および地方組織があり、NLDという政党の組織はできあがっていた。この各種実務委員会の中で、特に重要なのが中央青年部実務委員会（NLD青年部）であった。NLD青年部は、いわばアウンサンスーチーの直属組織であり、NLDの実働部隊であった。NLDの活発な活動はこの組織なくしてはできなかった[15]。

　こうした組織で成り立っていたNLDの結党の目的としては、以下の5点が掲げられていた[16]。

① 大多数の国民の願望である基本的人権を保障する真に民主的な政府を創設すること。
② 上記の目的を達成するために、連盟の指導によって、国民の団結力を基本に据えた規律ある民主化運動を展開すること。
③ 将来の世代にわたって、ミャンマー国に、国民の願望に沿った民主的な政治制度を確立し、堅固な連邦を創設するための基礎を築くこと。
④ 独裁政治のごとく国民を抑圧する政治制度を再び出現させないよう努力すること。
⑤ 世界に平和と民主主義が確立するために、国外の平和を望む勢力や民主化勢力と共に行動していくこと。

　こうして、出発したNLDであったが、結党直後から1つの問題が発生する。いわゆる「アウンヂー事件」である[17]。アウンヂーの行動については、結党当初から中央執行委員会に無断でメーミョウ（ピンウールィン）へ行き組織化活動を行なったことなどに対して、連盟内で既に批判の声が高まっていた。この事件はそのような時期に起こっただけに対応が注目された。

　問題は、88年11月末にアウンヂー議長がアウンサンスーチー総書記へ送った書簡に始まった[18]。その書簡の中でアウンヂーは、アウンサンスーチーの取り巻きの中央委員8名は元共産主義者で、共産主義を信奉していた者であり、現

15　国民民主連盟［1988］3および在ミャンマー日本国大使館［1990］を参照。
16　国民民主連盟［1988］2。
17　この事件の経緯については、国民民主連盟記録委員会がNLD党員向けにパンフレット（国民民主連盟記録委員会［1988］）を作成し資料をあげながら説明している。
18　国民民主連盟記録委員会［1988］6-12。

在も共産主義を信奉し続けていると批判した上で、彼らを離党させるように迫った。アウンヂー書簡の処理を巡って、まず中央執行委員会が対応を検討した。その結果、中央委員会に問題を提示した上で、双方の言い分を聞き、無記名投票でアウンヂーの嫌疑が根拠のあるものかを決することにした。根拠のあるものとの判断が下された場合には8名が離党し、逆に根拠がないと判断された場合にはアウンヂーが離党するということになった[19]。この合意に基づいて、12月3日に中央委員会で投票が行なわれた。結果は、アウンサンスーチーおよびティンウーが指名したと考えられる委員と、アウンヂー派の中から1名の委員が、根拠がないという側に投票し、アウンヂーの追放処分が決定された[20]。

その後、NLDはティンウーを議長に選出し、副議長は空席とした。NLDは、結党後わずか1ヵ月程で、ティンウー、アウンサンスーチーが中心となる新体制へ移行した。NLDを追放されたアウンヂーは別途、側近らと連邦国民民主党（Union Nationals Democracy Party : UNDP）という政党を立ち上げた。

内紛問題に一応の終止符を打ったNLDは、その後アウンサンスーチーを中心に全国的な組織化活動に乗り出し、積極的な遊説活動を展開した。

アウンサンスーチーは、ヤンゴン各所で開かれた支部開所式や民族記念日の式典[21]などにおいて、連盟結成の目的、民主主義とは何かについて国民、党員に積極的に語りはじめた。一連の演説の中には、上に述べた「アウンヂー事件」についての言及も含まれている。

こうしたヤンゴンにおける活動とともに注目されたのが、精力的に行なわれた地方遊説である。翌年7月の自宅軟禁にいたるまでの約10ヵ月間に、アウンサンスーチーは、7管区7州の内、7管区4州を訪れた。主要な日程は以下の通りである。

①1988年10月30日〜11月10日：バゴー、マグェー、マンダレー、ザガイン管区およびシャン州。

19　国民民主連盟記録委員会［1988］1-8。
20　この時、アウンヂー派でありながら、アウンヂーの主張には根拠がないとしたのが、ティンウーの逮捕・アウンサンスーチーの自宅軟禁後に議長代行を務めたチーマウン（Kyi Maung）であった。
21　民族記念日とは、1920年12月4日に始まった学生ストライキを記念した日で、当時イギリス植民地政庁が立法化した「大学法」への反対が契機となり、国民学校設置要求、完全自治要求へと発展した。

②1988年12月14日～12月18日：モン州。
③1989年1月14日～1月25日：エーヤーワディー管区。
④1989年1月29日～2月4日：タニンダリー管区。
⑤1989年2月10日～2月19日：シャンおよびカヤー州。
⑥1989年4月4日～4月6日：エーヤーワディー管区。
⑦1989年4月24日～5月7日：カチン州。
⑧1989年5月11日～5月12日：マンダレー管区(モーゴウ、チャウピン)。

　もちろん、地方遊説の合間には、たとえば1989年3月13日に、前年に発生した3月事件の犠牲者追悼式典を執り行なったり、4月にはNLD主催の水祭りの式典、さらには7回にわたる記者会見を行なうなどの活動が組み込まれていた。そして、こうした活動・遊説行の記録は、NLDによってビデオ・テープ化され、市中のビデオ・ショップなどを通じて、多くの国民に伝えられた。また、遊説で行なわれたアウンサンスーチー演説は、ビラやパンフレットといった形式で

22　筆者が収集NLD作成の組織化遊説行の記録ビデオ・テープ(いずれも120分テープ)は以下の通り。
①国民民主連盟総書記ドー・アウンサンスーチーのバゴー、マグエー、マンダレー、ザガイン管区およびシャン州組織化遊説行、計5巻(国民民主連盟ビデオ記録[1988a])。
②国民民主連盟総書記ドー・アウンサンスーチーのモン州組織化遊説行、1巻(国民民主連盟ビデオ記録[1988b])。
③国民民主連盟総書記のエーヤーワディー管区組織化遊説行記録[1]、[2]、計3巻(国民民主連盟ビデオ記録[1989a])。
④国民民主連盟総書記のシャン州組織化遊説行記録、1巻 (国民民主連盟ビデオ記録[1989b])。
⑤国民民主連盟総書記のカヤー州遊説記録、1巻(国民民主連盟ビデオ記録[1989c])。
⑥国民民主連盟総書記ドー・アウンサンスーチーのエーヤーワディー管区遊説行記録[3]、1巻(国民民主連盟ビデオ記録[1989d])。③の続編として出されている。
⑦国民民主連盟総書記ドー・アウンサンスーチーの組織化遊説行記録、カチン州遊説行記録、1巻(国民民主連盟ビデオ記録[1989e])。
⑧国民民主連盟総書記ドー・アウンサンスーチーの組織化遊説行記録、カチン州組織化遊説行記録[2]、1巻(国民民主連盟ビデオ記録[1989f])。
⑨国民民主連盟総書記ドー・アウンサンスーチーの組織化遊説行記録、ルビーの地(モーゴウ、チャウピン)組織化遊説行、1巻(国民民主連盟ビデオ記録[1989g])。
⑩歴史に残るミィニゴン民主化闘争1周年、1巻(国民民主連盟ビデオ記録[1989h])。
⑪インセイン郡(89年6月27日)、タームェー郡(6月29日)、パベーダン郡(7月3日)集会、(国民民主連盟ビデオ記録[1989i])1巻。

も市中に出回った。

　遊説行の日程等を見るとアウンサンスーチーやNLDの組織化活動は順調に進んだかのように思われる。しかし当局による嫌がらせ、妨害、弾圧は常につきまとっていた。89年1月のエーヤーワディー管区への遊説行では、当局によって事前に村々に「外出禁止令」が出されるなど特に激しかった。アウンサンスーチーは、同年4月、そうした嫌がらせ、妨害、弾圧の激しい地方を再度遊説先として選んだが、4月5日、エーヤーディー管区ダヌービュー（Danupyu）において、彼女自身が、国軍兵士から直接銃口を向けられるといった事件も発生した（ダヌービュー事件）。NLD関係者の逮捕者も日増しに増えていった。[23]

　このように1989年には、88年「3月事件」の追悼集会[24]、4月の水祭りを巡る事件[25]、88年「6月事件」の追悼集会、またアウンサンスーチーのエーヤーワディー管区遊説行などを通じて、諸政党を含む反政府・民主化勢力とSLORCとの緊張関係は高まっていった。そして、4月のエーヤーワディー管区遊説行以降特に、徐々にアウンサンスーチーのソーマウン、SLORC批判は、その表現、語調を強めていった。

23　アウンサンスーチーは、こうした当局の妨害活動に対し、4月18日のNLD記者会見の席上でも、選挙において国軍は中立であるというソーマウン議長の発言と国軍の実際の行動が矛盾しているとして、激しく非難した。4月18日の記者会見での発言に関しては、国民民主連盟情報局記録委員会［1989］を参照。また、「ダヌービュー事件」に関してWintle［2007］308-316が詳しい。
24　学生諸組織によって、ヤンゴン工科大学やヤンゴン大学構内にて、追悼式典が行なわれた。
25　NLDは、政党本部前にマンダ（水祭りに際して建てられる仮設の舞台）を造り、反SLORC的寸劇等を行なった。

ラングーン日記抄 9 (1989年4月6日〜4月10日)

　[1989年になると、88年当時の地方の状況および地方政治の現状等を把握するため、地方視察に出ることが増えてきた。日記抄では、マンダレー、シュエボー（ザガイン管区）、チャウセー（マンダレー管区）、メーミョウ方面に視察行に出たときの状況を記している。当然のことながらアポなしのでたとこ勝負の視察行であった]

❖ **4月6日（木）**
　今日から、長めの休暇をとり、上ビルマへ向かう。
　マンダレーへ向かう途中で印象に残ったことは、街道沿いのほとんどすべての町や村に、NLDの支部があったことである。他の政党の支部は、NUP［国民統一党］を除いては、ほとんど目にすることができなかった。
　マンダレー市内に入ると、噂で聞いていたとおり、いま、経済はマンダレーと言ったように物資が豊富である。あるビルマ人の紹介で、マンダレーを拠点に手広く商売をしている人物に会って話を聞いてみたのだが、今は、国境貿易にたずさわっても逮捕される心配がなくなったと、うれしそうに話していたのが印象的であった。その彼でも、何故か現体制に対しては否定的な見方をしていた。昨年デモの際、自宅前で発砲があり、若い青年が死んだのを目撃したのが、記憶として鮮明に残っているようだった。
　また、同じくビルマ人の紹介で、クリニックを営んでいるお医者さんにも会う。この一家も、軍政を快く思っていない。60歳を超える、その医師の母親と話していたのだが、3月27日の国軍記念日にマンダレーで起こったデモにはたくさんの人が参加したと教えてくれた。また、今年のティンヂャン（水掛け祭り）はどうなるのかと、話を変えてみると、吐き捨てるように「外出禁止令があるから、できない」と言っていた。
　その後、マンダレー・ホテルに向かう。噂では良いホテルだとのことであったが、いまひとつパッとしない。部屋に電話もない。とりあえず荷物を置き、ナイト・バザールを見に行く。店頭に並んでいる品物はタイ製と中国製が大半を占めている。夜も更けていたので、ゆっくり見ることはせず、食事に行くことにした。
　店の雰囲気も見たかったので、何件かのレストランを覗いてみる。多くの店で、女性がウェイトレスをしているのに驚く。しかも、きちんと制服を着ている。街のネオンが華やかなのにも何か違和感を感じた。

❖ **4月7日（金）**
　今日は、National Solidarity Front (National Politics Front)、NLD（マンダレー管区本部）、

Organization of Students and Youth for National Politicsの事務所に行ってみた。National Solidarity Frontは、昨年マンダレーの反政府運動の中心を担ったジェネラル・ストライキ委員会を母体とした政党で、かなり精力的な活動を展開しているように見えた。NLDで聞いた話でも、現在マンダレーでは、上にあげた3つの政党が活発な活動を行なっているとのことであった。確かに、NSFの事務所は、NLDにひけを取らないほど活気に満ちていた。

　マンダレーの状況は、ラングーンよりも過激なようだ。3月27日のデモも、NLDが言うには2000名、NSFが言うには4000〜5000名の参加者があったそうだ。ラングーンよりも反政府色が強く、それが表面にも表れているといった感じがする。

　物価についても色々聞いてみたのだが、物資は確かに豊富になったが、物価は上がりこそすれ、下がらないと批判していた。確かにレストランも安くはないといった印象を受ける。国境貿易の実態についてもたずねてみたが、あまり細かいことは把握していないようだった。ただ、どの政党でも、結局ビルマからは農産物（ゴマ、豆、玉葱）等を物々交換の代償として差し出しており、そのことに対する不満は漏らしていた。また、同様に、日本政府の「政府承認」に関しては、きわめて強い不満を持っているようであった。

　マンダレーの物資の豊かさの故か、ビルマ的伝統の強さ故か、どこの政党を訪ねても、ジュースかコーヒーを飲みながら、快く話をしてくれた。

　街をまわっていて驚いたのは、マンダレー大学の分校に学生連盟の旗が1本立てられていたことである。ミンゼーヤ派が立てたものだそうだが、当局は押収していない。ラングーンでの締め付けとあまりにも違っている。

　今日は、一日中、サイカーで市内をまわった。市内の活気を肌で感じられたのは良かったのだが、とにかく暑く、帽子もかぶっていなかったので、ホテルに帰ったときは、頭が痛んだ。

❖ 4月8日（土）

　今日は、シュエボーまで足を伸ばしてきた［シュエボーは、コンバウン朝の創始者アラウンパヤー王の出身地でもある］。やはり半乾燥地帯で、タニン・ヤシやサボテンが点在しているのみといった感じだ。エーヤーワディー・デルタに行ったときの印象と比べると、上ビルマの農民の生活状況は厳しいように見える。シュエボーまではピック・アップ・カーを借りていった。1日1420チャットと少々高くついた。しかし、ガソリンの価格も確かに高く、シュエボーでは、1ガロン110チャットであった。おまけにドライバーの運転は荒く、途中何度も身の危険を感じる始末であった。

　シュエボーに着くと、NLDとウー・ヌの政党事務所に行ってみたが、ウー・ヌの政

党は不在だった。

　NLDでは、年輩の女性がいたが、ルーヂー［責任者・大物指導者］は留守とのことであった。しかし、それなりに歓迎してもらえ、椅子に座るよう勧めてくれた上で、セボレイ［ビルマの葉巻タバコ］まで出してくれるほどであった。しかし、面白かったのは、そこまで歓待してくれたあとで一言、「あんたたちは、デモクラシー側なのか」と、逆に質問されてしまったことだ。セボレイは遠路はるばる着てくれた人へのホスピタリティーだったのだろう。ただ、「デモクラシー側か否か」というこの単純な二分法は、一般の人々にとってはきわめて分かりやすいものであることは確かだ。魅力あふれる人間にまた会えたといった気がした。

　その後、タキン・ソー［かつての共産主義者］が名誉総裁をしているUnity and Development Partyのシュエボー支部を見つけたので、訪ねて話を聞いてみた。この支部の隣にはDemocratic Party for New Societyが看板を掲げており、中へ入ってみると、実は同じ事務所を使っていた。彼らの話を聞いていると、自分たちの政党よりも、ウー・ヌの政党やNLDの活動を宣伝しているような感じであった。ウー・ヌの政党は約2000人、NLDはなんと10万人の党員がいると評価していた。NLDの勢力をかくも過大評価する理由が分からなかったが、話を聞いていると、彼らは、とにかくアウンヂーの政党（UNDP）に対する批判があり、そのことが、NLDの高い評価につながっているように思えた。面白かったのは、自分たちの政党はまだそれほどの党員数を確保できていないと認めていた点である。ただ、シュエボーでは、NUPとUNDPを除く7つの政党が共同行動委員会というものを作って、それなりに地域性を出した動きが見られるそうだ。やはり、シュエボーの伝統であろうか。昨年のデモの話も聞いてみたが、マンダレーと同様、近隣の村々から農民も集まってきてデモに参加したそうだ。シュエボーまでの街道にある村々に、必ずといって良いほどNLDの看板が見られるのは、その事実を物語っているのかも知れない。話の中でも出たが、供出制度に対する農民の不満はきわめて高かったようだ。物価高についても、特に生活必需品の高騰を嘆いていた。中国製品は入ってきたが、生活は苦しくなる一方だと憤っていた。

　シュエボーの印象を一言で語れば、マンダレーと同様に「過激」だということだ。日本に対する風当たりも一層強かった。にもかかわらず、私が訪ねていったことに関しては、心底感謝してくれているように思えた。

　ドライバーの運転には気が気でなかったが、その彼が、道路の真ん中をゆっくり移動している馬車を見て、イライラしながら「ビルマ人は規律がない」と言っていた。規律がないのはどちらかと言いたかったが、昼食を一緒にとっているとき、一言「俺たち運転手だって、みんなデモクラシー側さ、俺は、頭は良くないが、そんな俺にもどっちが良いかわかっているさ」と言い出したのには驚いた。多少ボラれた感があったが、

何故かその言葉を聞いて、口惜しさが薄れていくのを感じた。

6時間の旅であったが、それなりの収穫はあった。

❖ **4月9日（日）**

少々疲れているので、今日は1日休もうかと思っていたが、結局チャウセーにあるNLD支部へ行ってみることにした。

チャウセーまでの道のりで感じたことは、やはり、灌漑が整備されているためであろうか、昨日のシュエボーへ行く途中で見た農村より、はるかに豊かであるという印象を受ける。2期作やゴマ・果物などの商品作物の栽培も行なわれている。道行く人々の服装も心なしか良く見える。

チャウセー町のNLD支部で話を聞く。大変興味深かった。ちょうど、この地区の会議が開かれており、近隣の村々から代表が出席していた。

例によって、昨年8月～9月のデモの状況から聞いてみた。チャウセーでも大きなデモが起こったようで、彼らが言うには、10万～30万人ほどの農民が、チャウセー町に集まってきてデモに参加したそうだ。いくらなんでも、その数は多すぎるのではないかという素振りを見せると、チャウセー町には、86ヵ村あり、すべての村から人が集まったと補足していた。さらに、そのことを裏付けたいかのように、壁に掲げられたチャウセーの地図を示し、現在86ヵ村中、77ヵ村に、NLDの看板が掲げられていると付け加えていた。確かに地図を見ると、ほとんどの村に看板を掲げているといったマークが付けられていた。掲げられていない残り9ヵ村については、活動はしているものの政府の許可が下りず看板を出すことができないのだと説明してくれた上で、政府の許可さえ得られれば、すべての村に看板を掲げることができると言い切っていた。相当な自信で、今すぐ選挙を行なっても自分たちは圧勝することができると豪語していた。

チャウセー町には、アウンヂーの政党の看板はなく、NLDのほかには9政党が支部を開設しているとのことであった。その内、NUP系の4政党を除けば、すべてが、NLDの同盟政党だそうだ。

彼らの自信の背景には、BSPPや現軍事政権に対する農民たちの不満の強さがあることは間違いない。農民たちの生活状況についても質問してみたが、まず「チャウセーは昔、とても豊かな土地で、農民たちも豊かに暮らしていた。今は、農民であるにもかかわらず、米を買っているありさまだ」という答えが返ってきた。詳しく聞いてみると、どうもマンダレーから米の仲買人が来て、米を買い占めたようで、政府への供出価格は、100バスケット［1バスケットは約41リットル］2000チャットのところ、1万チャットで買い取っていたとのことであった。

ここチャウセーにおいても、現在米の小売価格は高く、良質米で1ピィー［16分の1バスケット］、14チャット、中・下級米で12～13チャットもしているそうだ。また、直接関係なかったが、生産性の低下についても話をしてくれた。昔は、チャウセー町全体で、120万バスケットほどの収穫があったが、現在ではそれが80万バスケットほどに落ち込んでいるそうだ。チャウセーでは5万エーカーの農地があるが、そのうち乾期作を行なっているのは10分の1ほどに過ぎないとも言っていた。
　とにかく自作農であっても現在生活は楽ではなく、農業労働者の生活はもっと苦しいと彼らは訴えていた。鵜呑みにするわけにはいかないが、農業労働者に関しては、確かに生活は苦しいように思う。彼らが言うには、チャウセーでは85パーセントの農民が農業労働者であり、その数値がもし本当だとすれば、英国植民地時代より状況は悪化していることになる。この数値を取ってみても彼らの言っていることはにわかには信じがたいが、他方で、それほどまでに誇張して訴えなければならないほど、農業労働者や農民の生活状況は悪化しているのだと考えることもできる。
　こうした生活苦を訴える一方で、チャウセーでは、8888以降、政府が米の供出に際して、暴行を働くケースはなくなったとも言っていた。
　いずれにしても、NLD中央本部やマンダレー支部では聞けないような生々しい情報を聞くことができた。

❖ 4月10日（月）

　ここのところハード・スケジュールであったせいか、朝から腹の調子が悪く、食欲もない。昨晩は、何故か眠れず、頭痛もする。今日は、マンダレーを出てメーミョウ［ピゥウールイン］に移動する。メーミョウまでの道のりで気になったのは、シュエボーやチャウセーに行く途中で見られたほどNLDの看板が見られなかったことだ。
　メーミョウは、植民地時代、イギリス人高級官僚の避暑地であっただけに、さすがに涼しく、落ち着いている。政治的にも軍の基地や関連施設が多いが、一見平穏に見える。10ぐらいの政党支部が存在しているはずなのだが、メイン・ストリートにも政党関係の看板はほとんど見られない。
　昨日から訪問を予定していた政党を探すが、1党については所在不明、もう1党は村に本部があるというのであきらめ、結局、一番目立つNLD支部に行くことにする。
　表面的な町の平穏さ、のどかさとは対照的に、NLD支部は、他のNLD支部と比べても、活気にあふれていた。かつては、80ヵ村以上の村に看板を掲げていたそうであるが、その後、郡の法秩序回復評議会の方から、1つの郡に、1つだけ看板を掲げることは許可するが他は取り外せとの命令が出て、1つを除いてすべて外すことになったそうだ。ところが、その後で、NLD議長のウー・ティンウーが遊説に来た際、許可を得

れば村でも看板を掲げることができることを知り、現在は、11の村で看板を再び掲げているとのことであった。メーミョウ郡での党員数は9800人以上で、その多くは農民だそうだ。

　このあたりの農民の生活もかなり苦しいとのことである。彼らが言うには、農民の70パーセント近くが、土地も、水牛も、牛も持っていない。政府への供出米の売り渡しに関しては、暗黙の強制が働いているとのことで、軍人がこの地域には多いだけに、農民たちの軍に対する恐怖心は一層強いそうだ。だから、政府の命令には反抗しないそうだ。反面、それ故に、軍もこの地域では暴力に訴えずにすんでいるそうで、この地域で軍が暴力を振るったことは一度もないのだと言っていた。

　物価の方は、ここでも高く、米1ピィー 13～18チャット、食用油1ベイタ［約1.6キログラム］60チャット、ガソリン1ガロン90チャットだった。中国との国境貿易が盛んになってからというもの、農産物の価格が高騰しているそうで、例えば、以前は15チャットほどだった豆が、今は30チャットと倍になっているとのことであった。中国との国境貿易についても少し聞いてみたが、物々交換というよりも、中国側ではビルマの物資を中国通貨で買い、ビルマ側では中国の物資をビルマ通貨で買うといったように、双方の通貨で取り引きされているのだそうだ。ビルマ側では取り引きに際して40パーセントの税金が課せられ、ビルマ貨で支払われているとのことであった。とにかく、ビルマから大量の農産物が流出しているのは事実のようだ。

　昨年の8月～9月の状況についても聞いてみたが、メーミョウでは、他の地区よりデモの始まりは遅れ、8月18日になって初めて発生したそうである。遅れたのは、やはりこの地区に軍人が多いためだと説明してくれた。しかし、はじめ3000～4000人規模のデモ隊であったが、最高潮の時期には、4万人以上に達し、近隣の村々からも多くの農民が参加したそうだ。かなり納得のいく数値かなと思った。ゼネ・ストも行なわれたとのことであった。軍側による発砲等はなく、逮捕者もクーデタ以降の9月の中頃になって若干出たのみとのことであった。士官学校の学生もデモに参加したという噂について確認してみたが、卒業生や元教官の参加者はいたが、現役の学生がデモに参加するようなことはなかったとの答えが返ってきた。略奪や首切りもなかったそうだ。

　最後に、アウンヂーについて聞いてみた。昨日、メーミョウにアウンヂーが来たそうだが、人だかりすらしなかったと、冷たい答えが返ってきた。

第4節　「殉難者の日事件」とアウンサンスーチーの自宅軟禁、第1次NLD追放

　こうしたNLDを中心とする民主化勢力の運動を抑えるために、SLORCは1989年6月6日付で「内務・宗務省印刷・出版関係者中央登録委員会指導38号」[26]を発した。この指導は、1962年の「印刷・出版関係者登録法」を論拠に、当時各政党が出版していた、パンフレット、ビラなどを発行する場合、当局の事前検閲・許可を免除してもらう許可をとることを義務付けるものであった。いくつかの政党は、この指導に従って事前検閲免除申請を行ない、当局から検閲免除の許可を得た。[27]しかし、NLDはこうした当局側の締め付けに対して全面的な抵抗を試み、「権力への反抗*」路線を打ち出した。

　「権力への反抗」、正確に言えば「大多数の国民が同意しない命令・権力すべてに対して、義務として反抗せよ*」がNLDを中心とする民主化勢力のスローガンとなった。NLDは、この一種の不服従運動の展開によって、当局との対話を実現し、話し合いによる事態の解決を狙っていた。[28]

　この新たな展開の1つの山場は、6月21日の「ミィニゴン交差点事件1周年追悼式典」で訪れた。この日アウンサンスーチーはNLD本部で記念式典を行なっ

26　「指導」は、"Government of Union of Burma, Ministry of Home & Religious Affairs, Printers and Publishers Central Registration Committee, Directive（38）, 6th June, 1989," *Working People'sDaily*, 7 June, 1989.この「指導」に関連して、SLORCは、89年6月9日の第43回情報委員会記者会見で、政党は、定期的に刊行物を発行している団体でも、法律に従って自らの業務を遂行する団体でもない故に登録免除団体には当たらない、という解釈を示した。この記者会見の内容については*Working People's Daily*, 10 June, 1989参照。
27　"Order of State Law and Order Restoration Council, Order No 3/89, 27th June, 1989," *Working People's Daily*, 28 June, 1989.
28　「不服従運動」については、記者会見等でアウンサンスーチー自らがマハトマ・ガンディーの思想の影響を受けたという発言をしている。また、「権力への反抗」という言葉自体は新しいものではなく、独立闘争時代にアウンサンも使っていた。実際、NLDは、1989年7月14日付の以下の『国民民主連盟、声明24』で、「不当な命令・権力に反抗することはアウンサンの道である」とアウンサンの演説等を引用しながら、その正当性を主張している（国民民主連盟中央執行委員会［1989］）。このスローガンは、6月頃から使われはじめ、その後多少の言い回しの変更はあったものの、NLDの印刷物やアウンサンスーチーの演説等を映した同党制作のビデオ・テープの冒頭部に組み込まれたりした。

たあと、ミィニゴン交差点付近にあったNLD支部で路上に集まった人々に対して演説した。付近に配備された軍の警戒体制は厳重であったが、この集会自体は無事に終わった。その後、アウンサンスーチーは自宅に引き返したが、「闘う孔雀旗」を掲げた学生たちが交差点に花を供えようした。当局側は規制に乗り出し、発砲によって1人の市民が死亡した。死亡したのは、BSPPの改名政党の1つである労働者統一党の党員証を持った人物であったが、負傷した際に応急手当てをしたのはNLDの青年たちであった。この情報を耳にしたアウンサンスーチーは現場に急遽引き返し、学生たちが花を供えた同じ場所で同じく花を供えた。当局側は発砲はしなかったものの、即座に同行した青年たちを逮捕するとともに、アウンサンスーチー自身の身柄も拘束し、20分ほどの短いものであったが事情聴取を行なった。[29]

SLORCはこの事件をきっかけに、国営紙・国営放送を通じて、アウンサンスーチーおよびNLDの活動を初めて名指しで批判した。[30]さらに、次々に反政府・民主化運動活動家たちを逮捕するという強硬措置をとった。

SLORCの強硬措置に対して、NLDを中心とする諸政党は、この緊張関係を話し合いによって解消するため、アウンサンスーチーを代表として当局との対話を求めた。対話要求に賛同した政党は80党ほどに上った。[31]

さらにアウンサンスーチーは、ヤンゴン市内各所で、引き続き野外集会を開いた。これまで慎重にネーウィン、ソーマウン大将、SLORCへの直接批判を避けてきたアウンサンスーチーであったが、日に日にその批判の語調は強まっていった。アウンサンスーチーが自宅軟禁になる以前にNLDが編集した最後のビデオ・テープに含まれる7月3日にヤンゴン市バベーダンNLD支部で路上に向かって行なわれた演説では、軍の中立性を問題にした上で、「対話を拒否し続けるからこそ、このような国民への直接的な語りかけといった不適切な手段を

29　この事件については、NLDが作成したビデオ・テープ記録（国民民主連盟ビデオ記録［1989h］）が参考になる。

30　例えば、1989年6月22日に行なわれたSLORC情報委員会の記者会見では、アウンサンスーチーが88年12月3日に行なった演説の一部（アウンサンスーチー［1996］71）を歪曲して取り上げ、アウンサンスーチーが仏陀・仏教を誹謗したかのように発表した。この記者会見全文は*Working People's Daily*, 23 June, 1989に 掲載されている。

31　89年6月21日のミィニゴン交差点事件以降、政党間の共闘関係が進展して、「指令2/88号」や「布告8/88」の撤廃を要求する声明を合同で発したり、SLORCへの対話要求を行なうようになってきた。

写真30　89年7月3日、アウンサンスーチー大野外集会［国民民主連盟ビデオ記録［1989i］よりキャプチャー］

講じざるを得ないのだ」と対話を強く要求した。さらに軍事政権側が「ミャンマーに見合ったデモクラシー」という言葉を使い始めていることなどを問題にして、BSPP時代の「ビルマ式社会主義への道」になぞらえて「ミャンマー式民主主義への道*」を国民に強制しようとしていると軍事政権の姿勢を批判した[32]。その上で、我々は真のデモクラシーを目指さなければならないと国民に訴えた（写真30）。

　これら一連のアウンサンスーチー発言に対して、ソーマウン議長は対話要求には応ぜず、7月5日、長時間にわたるテレビ演説を行なった。そして、一部の政党が政府に対して「対決（Confrontation）路線」を採用しているが、そのような方法は国家にとって危険であると非難した。また、アウンサンスーチーに対しては、名指しで「対決」姿勢をとるなと警告を発した[33]。これを受けてアウンサンスーチーも再び野外集会を行ない、自宅軟禁以前に人々に直接語りかけた最後の演説では、ソーマウン議長の発言は国民を脅迫することによって、自らの意

32　国民民主連盟ビデオ記録［1989i］参照。
33　"Address of the Chairman of The State Law & Order Restoration Council General Saw Maung Delivered to foreign and local jounalists on 5 July 1989," Pyancayei Wunkyihtana（情報省）［1990］161。

志に従わせようとするものであり、「国軍に誤った道を歩ませたのは、ウー・ネーウィンです。国軍もこのことをきちんと認識する時が来たのです。国軍の父、唯一の父はアウンサン将軍であることを、国軍兵士も認めなければなりません」[34]と国軍の背後にはネーウィンがいると厳しく批判した。その上で再度直接対話による政治的解決を求めた。

両者の緊張関係は、7月19日の「殉難者の日」をめぐって最高潮に達した。昨年とは一転して様相を異にした。昨年は、政府主催の追悼式典に遺族代表として出席したアウンサンスーチーが、国民の自由な参拝を許可するように要求したのである。

この要求に対するSLORC側の対応が注目されたが、SLORCは、今回は例年通り遺族代表を招待するほか、政党代表各10名までの式典参列を認めると発表した。SLORC側のささやかではあるが、1つの譲歩であった。しかし、アウンサンスーチーを中心とする勢力はこれを認めなかった。彼女自身が記者会見を行ない、当局が一般国民に自由な参拝を許可しないのであれば、自分は遺族代表としては同式典に出席せず、国民とともに平和的に別途参拝するという態度を表明した。[35]

結局、双方とも譲らないまま当日を迎えたが、SLORC側は、会場に通ずるすべての主要道路を軍によって閉鎖し、厳重な警戒体制を敷いた。アウンサンスーチーは、当局側の発砲も辞さないとする姿勢を見て、当日早朝、参拝計画を中止する旨の次のようなメッセージを発した。

「アウンサン将軍は、ミャンマー国民の自由な諸権利のために力を尽くした偉大な指導者であります。それ故、国民は、自由にアウンサン将軍に対し敬意を表す権利を有しています。

しかしながら、ナ・ワ・タ政府が国民を様々な手段を用いて脅しつけていることは、アウンサン将軍の目的、方針と明らかに反したものです。それ故、国民はアウンサン将軍に親しみを持って敬意を払うために、ナ・ワ・タ政府の主催する殉難者の日の式典を支持せずに、本日は各自の家に居て、ミャンマー国民は軍事政権下、自国において囚人のような状況に置かれており、全く自由が

---

34 アウンサンスーチー[1996]257。
35 国民民主連盟[1989b]参照。

許されないということを世界の人々に知らしめてください」[36]

　これによって、大規模の流血は免れたが、この突然の計画変更に、満を持した一部の学生は、計画通り行進を実行しようとして、警備に当たっていた軍と衝突し、負傷者および逮捕者を出すに至った。

　SLORCは、翌20日、アウンサンスーチー、ティンウーの2名を国家防御法に基づき1年間の自宅軟禁措置にしたほか、ヤンゴン管区のみで80名以上のNLD党員の逮捕に踏み切った（殉難者の日事件）[37]。こうして、NLDの主要活動家を政治の舞台から追放したのであった。ほとんどの場合、逮捕の理由は本人にも明確に示されなかった。さらに、SLORCは即決裁判を行なうため、ヤンゴン管区に戒厳令違反者審理のための15の軍事法廷を開設した。

　SLORCのこうした強硬姿勢に対し、ミャンマー内外から批判の声が高まったが、SLORCは1989年8月5日のキンニュン第1書記が、長時間にわたる特別記者会見を行ない、前年の騒動はビルマ共産党（Burma Communist Party:BCP）[38]の工作によるものであり、アウンサンスーチーは、BCPの戦術を知らなかったために、NLD内にいるBCP分子の対決路線に引き込まれたと説明した[39]。さらに、同第1

36　アウンサンスーチー［1996］259-260。なお、「ナ・ワ・タ」とは国家法秩序回復評議会のビルマ語略語。

37　2名の自宅軟禁措置について、SLORCが、情報委員会記者会見を通じて行った説明に関しては、Working People's Daily, 22 July, 1989を参照。また、同措置は、1年を超過しても必要とあらば6ヵ月単位で再更新できることになっていた。なお、NLDヤンゴン管区組織委員会が7月28日付で発表した、ヤンゴンおよびその近郊で逮捕・拘留された党員数は88名。

38　BCPは、1939年アウンサン等によって設立されたが、翌40年には、自然消滅した。その再建は、1942年になって、タキン・ソー（Thakhin Soe）によってなされた。独立闘争時は、反ファシスト人民自由連盟（AFPFL）に属したが、1946年初頭、党内の武力革命路線に関する意見対立から、タキン・ソーの率いる赤旗共産党とタキン・タントゥン（Thakhin Than Htun）率いる白旗共産党に分裂した。その後主流となるのは、白旗共産党であるが、独立問題をめぐって、ウー・ヌ等と意見が対立し、1948年独立直後、全面武装蜂起した。こうした共産党の動きは、少数民族の蜂起を含めた、その後のミャンマーの政治混乱の先鞭を付けた形となった。当時、国内の武装蜂起集団鎮圧の責任者であったのがネーウィンであり、それ故、ネーウィン政権下においても、共産党は最大の反政府武装組織として扱われてきた。

39　キンニュン記者会見の全文は、Ministry of Information of the Government of the Union of Myanmar［1989a］を参照。なお、SLORC側の見解に対する反論的意味を込めて発表された研究としては、Lintner［1990c］が参考になる。リントナーの研究は、ビルマ共産党の歴史を詳細に辿りながら、現在における勢力を分析した上で、もはや同勢力がミャンマー内政に影響を与えられるような存在ではなくなったことを指摘している。

書記は9月9日にも特別記者会見を行ない、一部の外国公館が、反政府活動家や政党に資金援助を含め支援していたとし、これを非難した。[40]

---

40 キンニュン記者会見の全文は、Ministry of Information of the Government of the Union of Myanmar[1989b]参照。

ラングーン日記抄❿（1989年5月11日〜7月20日）

[軍事政権は、主要な学生指導者を次々に拘束する一方、ついにアウンサンスーチーおよびNLDつぶしにかかる。アウンサンスーチーの地方遊説における当局による嫌がらせ、妨害は日に日に強まり、89年6月には出版物への検閲強化も始まる。こうした当局の対応に対してアウンサンスーチー等は直接対話による問題解決を要求するが、受け入れられず、6月末からヤンゴン市内で大路上集会を開き、当局に対する批判を強めていく。両者の緊張関係は7月19日アウンサンの命日、殉難者の日の式典参加をめぐって一気に高まり、結果的にアウンサンスーチーの自宅軟禁、第1次NLD追放をまねく。日記抄では、この動きに筆者が翻弄されている姿も記されている]

❖ 5月11日（木）

　近頃のラペイェー・ザイン［茶店］でのオーダーの仕方を、昨日 b さんの家で教わった。
　①「サムーサ［三角形の春巻きのようなインド系スナック菓子］」を注文したければ、「ウー・アウンヂー、ペーパー［ウー・アウンヂーを下さい］」と言う。「サムーサ」は三角形、アウンヂーは二股ではなく、三つ股もかけていると言いたいらしい。
　②「ラペイェー・チャーチャー［濃い目の紅茶］」は、「ラペイェー・メーダウォー」。メーダウォーでのカレン反乱組織との戦闘で、たくさんの兵士が死んだ（「チャー」した）という掛け言葉。
　また、街中では、「キンマ」の中に石灰をたくさん入れて欲しいときは、「ボージョウ・ソーマウン、アミャーヂーテッペーバー［ソーマウン将軍（国家法秩序回復評議会議長）を、たくさん入れてください］」とも言われているそうだ。現政権が行なっている街路の樹木の下の方などを石灰で白く塗る作業を皮肉ったものだ。夜、人が歩いているのを警備の軍人が識別しやすくするためにやっているという噂から出たのだろう。
　この手の、特にラペイェー・ザインでの話は、普通の噂話とは違って尾ひれがつくようなものではない。一種の風刺である。そして、多くの人に共通の了解がなければ広まらないということが重要だ。普通の噂話のように誇張したり、尾ひれをつけることで、人を笑わせる必要もない。その意味では、この手の「やり取り」は、民衆意識を知る上での良い資料の1つとなる。
　また、今日は、奇妙な手紙が届けられた。いうなれば「タウン［監獄］からの手紙」。差出人の名前が記されていないので、誰から来たのか分からない。内容からすると、どうもチャウセーで逮捕されたNLDの活動家からのものらしい。マンダレー旅行での私の動向にも言及があるし、友人の名前も出てくる。内容的には、「自分は、2月に逮

捕され88日間拘留されているが、心配しないでくれ。こういう活動をしていれば、こうなるのはむしろ名誉なことであると皆に伝えてくれ」というもの。最初は、当局側の嫌がらせかとも思ったが、どうもそうではなく、いわゆるビルマ的な無事でいるということの知らせのようだ。それにしてもこの手紙が刑務所から届いたのだとしたら驚きである。とにかくeさんあたりに聞いてみれば誰だか分かるだろう。でも、もしこの手紙が本物だとすれば、こういう人々の歴史を書かなければならないと、つくづく考えさせられた。

❖ **5月22日（月）**

先週の土曜日（5月20日）、『俺はもどってくる』というパンフレットを入手する。モーティーズンが地下へ潜る前に書いたものである。読んで見て特に印象に残ったのは、次の1節。

「どんな政府ができようと、人種間、民族間の平等な権利、自決権を与えないというのであれば、片手にペンを、片手に武器を持って、私自身、同志とともに闘いに加わることを約束する」

彼は今、何をしているのであろうか？

❖ **6月15日（木）**

今日は、午後1時から「大学院生・卒業生民主協会」の政党本部で「ラングーン管区基礎教育学生連盟」の記者会見があった。

記者会見の最後に、テットゥンが出てきて、記者たちの質問に答えた。13日に釈放されたそうで、66日間拘留されていたそうだ。体調を少しこわしていたのか、記者の質問に答えるときに、両こぶしに力がこもっているのがありありと分かった。私と目が合うと、笑顔を見せてくれ、帰り際には、私のほうに向かって来て「ビルマの監獄は、住み心地が良いよ」と小声でささやく。何も応えられなかった。それからBさんはどうしているのかと尋ねられたので、既に離任したとこたえた。しかし、よく覚えているものだ。私は、任期を延長してビルマにとどまるかもしれない旨を伝え「しっかり見とどけるから」と一言付け加えると、また微笑んでいた。モーティーズンにしろテットゥンにしろ、会うたびに人間としての器が大きくなっているような気がする。今日テットゥンの見せた「何ものにも屈しなかった」と言いたげな自信に満ちたギラギラ輝いている目を見ると、人間の力の驚異さのようなものを感じる。何かを腹の底から憎み、何かを心の底から愛し、信じている目であった。あの目はおそらく一生忘れないだろう。社会と個の絶対状況の中でのたうちまわっている人間の目だった。

❖ **6月21日（水）**

　昨年のミィニゴン事件から1年がたつ。
　サンヂャウンのNLD支部にティンウーとアウンサンスーチーが来るというので、朝から人が集まり、軍も出動している。
　大学院生・卒業生民主協会にて開かれた、ヤ・カ・タ［ヤンゴン大学学生連盟］、RIT［ヤンゴン工科大学学生連盟］、ア・カ・タ［基礎教育学生連盟］の記者会見に出た後、ミィニゴン交差点に向かう。
　11時ごろには、軍は装甲車まで投入し、兵士はトラックから降りて、人散らしを始める。我々は車から降りて少しはなれたところからこの状況を見ていたが、それでも軍から去るように命じられる。
　夜の国営テレビによれば、12時にティンウーとアウンサンスーチーがサンヂャウンのNLD支部に来て1時まで演説をし、その後アウンサンスーチーが1台のサルーン・カー［セダン型の自家用車］に乗ってミィニゴン交差点に来て、花をたむけたので、事情聴取したとのこと。その際、アウンサンスーチーが逮捕されたと思って人々が集まってきたため、軍が発砲し、1人が死亡、1人が負傷したとも報じられた。また、死者・逮捕者が出た。
　我々が聞いていた情報ともほぼ一致する。私が聞いた情報では威嚇射撃のみとのことであったが、実際にはまたもや1人の命が失われた。今日の国営放送がかなり正確に事実を伝えたのには驚いた。
　しかし、今回のアウンサンスーチーに対する事情聴取は、彼女が逮捕されたときの人々の反応を探ってみるという当局側の思惑があったように思える。そのためにまた1人の命が失われたのだ。昨年は、マウン・ポゥンモーという1人の学生の命が失われたことからあのような大騒動に発展した。今年もそうなる可能性はこれで一層高まったとも言える。
　また、アウンサンスーチー自身も、自分の関連した事件で1人の命が奪われたのであるから、このまますんなり選挙とは、感情的にもいくまい。NLD上層部も今回の事件でますます硬化してくる可能性も高い。
　Aさんの話によれば、学生組織も8月までには分裂問題が解消され、ルーバンティッ［DPNS］も統一されると関係者が言っていたそうだ。ましてテットゥンが釈放されたことで今は学生側も活気づいている。
　いずれにしても8月は事なくすみ、すんなり総選挙とはいかないだろう。当局側の対応によりまた1人の命が失われたのは残念だが、今回の犠牲は反体制側の結束をかためるスプリング・ボードとなったのではないか。いやスプリング・ボードとしなければならない。その意味でもアウンサンスーチーの責任は重い。

モーティーズンの見方は正しかったのである［ここで言うモーティーズンの見方とは、主として1989年2月10日付でアウンサンスーチーに宛てた『国民政治運動とアウンサンスーチー女史に関する考察』と題された書簡の内容を意味している］。

❖ **7月1日（土）**

　国営紙、国営放送では、アウンサンスーチーやNLDに対する揚げ足取り的な非難、中傷が続いている。NLD党員の逮捕者も出ているようだ。他の政党でも逮捕者は出ているし、「全ビルマ学生連盟連合」の暫定議長ニョートゥンも逮捕された。当局側は、とにかく逮捕という手段で運動をつぶしにかかっている一方で、記者会見で反政府的な言動があれば同席者も同罪だというようなむちゃくちゃな議論を押し付けようとしている。今日の新聞ではNLD党員の男女問題まで写真入で取り上げられていた。スーチー側は冷静に対応しているが、民衆の支持は逆に高まり、政府の新聞やテレビをますます信用しなくなってきている。昨年のダダー・ニー事件、ミィニゴン事件で実は死者は出なかったとする政府側の報道も物議を醸し出している。Hさん［ビルマ事情に詳しい］が言っていたように「これほど国民から嫌われている政府も珍しい」という状況である。今後もっと逮捕者が増えるであろう。

　昨年来の運動に関しては、それまで国民一般のレベルでは、民主主義や人権に対する関心が低いレベルに押さえつけられてきたこともあり、「民主化運動」と言い得るかどうかは分からないが、少なくとも今は「民主化を求める運動」であるとは言えるかもしれない。アウンサンスーチーや学生たちの現在の運動は、一般大衆に民主主義や人権というような考え方を根付かせようとしていると言えよう。それが私たちが考えるような結果を生むかどうかは分からないが、何らかの形で人々の脳裏に刻まれていくことは確かだ。アウンサンスーチーは、記者会見で、ガンディーの非暴力不服従運動を1つのモデルにしていると言っていた。この考え方がどれほど一般大衆レベルで理解されているか問題は残るものの、今までこの国ではあまりにもこの種の啓蒙運動家が活動できなかったということもあり、彼女の活動はそれなりに評価できるのではなかろうか。

❖ **7月5日（水）**

　夜の国営放送に驚く。ソーマウン［SLORC議長］が約2時間にわたって演説。内容的には、これまでの定例記者会見での主張を繰り返したにすぎないが、ソーマウンの表情、雰囲気がなにか異様。やたらと知識をひけらかしているだけのようで、内容的にはどうか？　子どもに諭しているような感じであったが、いったい何を言いたいのか分からない。何かあせりのようなものがあるのか、支離滅裂といった印象を受ける。

今日は、アウンサンスーチーがテインジー市場の近く、ラングーン総合病院裏の支部で演説をした。4000〜5000人聴衆がいただろう。最後の5分ぐらいしか聞くことができなかったが、演説終了後、人々はすみやかに解散していた。アウンサンスーチーの活動で最も評価すべきは、こうした啓蒙活動かもしれない。だが、それによって人々が西欧的なデモクラシーの意味を十分に理解していくとは言いがたい。むしろアウンサンスーチーが言っているから従うという感は否めない。にもかかわらず、彼女の活動は何かを残している。ちょうどアウンサンの言葉を今でも人々は引き合いに出して闘っているのと同じかもしれない。少なくともアウンサンスーチーの演説は、人々に何かを考えさせるきっかけとはなっている。この国にはそれが必要なのだ。

❖ 7月10日（月）

　ソーマウン演説を巡っては、いろいろな解釈が出回っている。1つは、政府側が大きく譲歩し、対話の姿勢を見せたというものだ。もう1つは、結局何も変わっていないというもの。そして3つ目として、政府側は基本的には何も変わっていないが、スーチーの集会から軍を引いたことで、スーチーに「ナーレーフム［暗黙の了解］」を求めたが、スーチーは引くとは思われないというものである。

　第3の見方が私の見方である。つまり、軍にはメンツがある。また1つの政党にだけ譲歩することはできない。どの政党からも中立であるという大義名分に反する。さらに1つの政党に譲歩すれば、他の政党も要求を出し、譲歩せざるを得なくなる。それは、マウンマウン政権の時の経験からして明らかだ。そこで、軍はアウンサンスーチーのみにある程度の集会の自由を認める特権を与える代わりに、これ以上の軍への批判は、暗黙のうちに控えてもらいたかった。つまり「ナーレーフム」を求めた。ところが、アウンサンスーチーは、この「ナーレーフム」の求めは理解しながらも、主義を貫いた。それだけでなく、一層闘いの姿勢を強めたように思える。

　それは、今日のルーバウンティッ本部での集会におけるアウンサンスーチーの演説でも明らかとなったと言える。今日の演説では、米価の高騰について政府を真っ向から批判し、責任が持てないのであれば早く政権を移譲しろと言っていた。私の聞く限り、こうした内容の発言は初めてだ。米の問題は特に政治に直結する重要な問題だ。また、先日のソーマウン演説に対しても、「国民に脅しをかけた」という私の印象と、似たような印象を持っているような発言も見られた。

　集会の最後は、ルーバウンティッ議長アウンゼーヤの演説であったが、そのまた最後は「アイェードーポウン・アウンヤミー［革命の勝利を願って］」というシュプレヒコールで終わった。私自身も久々にこの言葉に興奮したが、集まった約1万人の聴衆も同じような気持ちだったのではないか。考えてみれば、民衆に直接語りかける方式を用い

たのは、NLDが最初なのではなく、ルーバウンティッであり、ラングーン大学学生連盟の学生たちであったのだ。

軍もこのままにしておくわけにはゆくまい。

❖ 7月18日（火）

［7月19日殉難者の日（アウンサンの命日）に際し、アウンサンスーチー等は国民の自由な参拝を認めるよう要求し、要求が受け入れられなければ自分は政府の主催する式典に遺族として参列するのではなく、国民とともに参拝すると主張した。政府側は、各政党10名までの式典参加を許可するという形で妥協案を提示したが、アウンサンスーチー側は、その提案を拒否した。政府の招きに応じた政党は、70党であった。他方、アウンサンスーチーの要求に賛同した政党は、NLDほか103党であった］

明日は1つの山場を迎えるだろう。今日まで双方の動きがはっきりつかめなかったが、当局側は、NLDおよび103党の要求を受け入れたとは言えず（昨日のキンニュン［国家法秩序回復評議会第一書記］の演説）、NLDおよび103党もそれなりの覚悟でのぞむであろう。まず1つ言えることは、明日の式典はある意味では失敗に終わるということだろう。軍側が参加すると言っている70党中何党が来るかに大きく関わっているが、おそらく104党に含まれているAFPFL（original）や愛国退役者連盟などは、NLDと足並みを揃えて行動することを考えると、参加政党は50党にもいかないのではないだろうか。そうなれば政府の面目は丸つぶれだ。NLDおよび103党だけでなく、スーレー・パゴダ付近では、ルーバウンティッを中心にして、ア・カ・タ［基礎教育学生連盟］、ヤ・カ・タ［ヤンゴン大学学生連盟］、サ・カ・タ［ヤンゴン工科大学学生連盟］、MC1［第1医科大学学生連盟］などが、さらにAFPFL（original）にはバカタがそれぞれ集合して、デモ行進を行なうことは確かであろう。

政府側の記者会見で示されたようなNLDイコール爆破テロリスト集団という図式が一般国民には全く説得力がなく、アウンゼーヤ（今日）、モーヘイン（昨日）らが逮捕され、今日は裏のヤックエですら逮捕者が出るといったような当局の押さえつけの姿勢が一層反政府感情を煽っている。夜になると、ランドスピーカーでデモ等を行なわないように触れ回っているのも逆効果だ。昨日の記者会見での70党対104党という発表により、一般国民は、現在いかにNLDに力があるのかを知った。こうした状況からも、明日は、民主化運動の1つの山場となることは確かだ。

私は自分の務めを果たすのみであるが、ただ、発砲だけは避けてもらいたい！

❖ 7月19日（水）

結局アウンサンスーチーは、殉難者の地へ行くことを断念した。何故か。流血にな

ることを恐れてか。まだ、確かなことは分かっていないが、昨夜軍側の大佐レベルの人物が彼女と会談したのが1つのきっかけであったという噂は流れている［後にNLD関係者に確認したところ、そのような会談はなかったとのこと］。いずれにしてもアウンサンスーチーとしては納得のゆくような説明を要求されるだろう。最初から流血の可能性があると分かっていながら決断したはずなのに、この期に及んで変更したのは何故か。私でさえ問い詰めたくなる。学生連盟をはじめとする青年層からの批判も免れ得ないであろう。彼女の態度によって、学生たちがまたしても逮捕される結果となった。彼女は、今朝シュエゴンダイン交差点に集まっていた2000名ほどの学生・市民、また殉難者の地付近に集まっていた多くの人々に何と申し開きをするのか。やらないなら始めからもっと態度を明確にすべきだった。式典のボイコットだけでも当局への有効な反抗だったのであり、それのみでいけば今日のような取り消し劇はなかったはずで、国民の賛同も得られたであろう。今回の一件は、明らかに彼女の判断ミスのように思える。政府側の招きに応じた政党は、結局58党に過ぎず、本来はこれだけですごい意味を持つものなのであるが、彼女はいったい何を考えているのか。

　街中では大学院生・卒業生民主協会で何か起こったようで、9時ごろには威嚇射撃も行なわれたようである。シュエゴンダインから大使館へ向かう道は、学生たちを中心に多くの人々が集まっており、11時ごろにはデモ行進に移るような状況になったが、トラック8台ほどの軍人によってけちらされた。道路には血痕が残り、逮捕者も数名［後の国営紙では44名］出たようだ。アウンサンスーチーの責任は重い。

❖ 7月20日（木）

　完全に軍事独裁の様相を呈してきた。

　今日は朝から、アウンサンスーチー宅、NLD本部、ティンウー宅を軍が取り囲み、人の出入りを禁ずるという暴挙に出ている。アウンサンスーチーや他の主要メンバーは事実上の軟禁状態となっている。午後5時過ぎには、NLD本部の前の道は封鎖されいったい何が起こっているのかさえ分からない。政府側のVIPとの会談が行なわれているという噂も流れているが、午後4時ごろには外向きに立っていた兵士たちが、5時すぎには内向きに変わり、兵士の数も増えていた。

　しかし、国民はこのままでは収まるまい。軍政を独裁政府と見る国民の見方は決定的なものになった。国民の憎悪の対象以外の何ものでもないようだ。夜の国営放送では何も報道されていなかったが、VOAやBBC［いずれもビルマ語短波放送］によって国民には状況が伝わっているだろう。

❖ 7月21日（金）

　今日政府側の記者会見が行なわれ、夜の国営放送で、アウンサンスーチー、ティンウーが20日より自宅軟禁となったことを伝える。これで勝負はついたと見る人もいるが、まだまだ分からない。NLDとしては今後方針を変えていくのか否か。ただ、ここで方針を変えるとなれば、NLDの大半の党員はアウンサンスーチーの本当の意図が分かっていなかったことになるのではないか。問題は選挙ではなく、国民大衆にいかに民主主義を根付かせるかである。それがアウンサンスーチーが説いたものであり、そのための行動であったはずだ。スーチー、ティンウー、NLDの党員、学生、そして大衆を信じるしかない。彼女の運動は無駄ではなかった。今回のことで国民1人1人が、民主主義とは何かについて一層考えるようになったとしたら、それだけでも1つの大勝利なのかもしれない。国民は黙ってはいまい。

　アウンサンスーチーはハンストに入ったのであろうか［実際に、逮捕された党員、特に青年たちに不当な扱いをしないということを当局に確約させるためのハンストを行なった］。1つの正念場を迎えている。

第4章
1990年総選挙と制憲問題

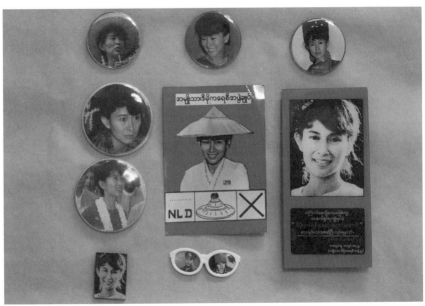

写真31　1990年総選挙前に出回った「スーチー・グッズ」[筆者撮影]

本章では、1990年総選挙へ向けての具体的な流れを記述し、NLDの圧勝がどのようにしてもたらされたのか、またNLDの圧勝が軍事政権側の態度をなぜ豹変させることにつながったのか、その辺の事情を明らかにしていく。その上で、軍事政権側によって憲法問題が引き合いに出され、総選挙結果の反故と第2次NLD追放に至る過程を記述していく。

　アウンサンスーチーの自宅軟禁、第1次NLD追放によって、NLDの活動が低迷する中、軍事政権は、総選挙実施にむけて具体的に動き出す。NLDは、非合法化を免れるため、選挙直前まで、表立った選挙運動は行わず、我慢の日々が続いた。にもかかわらず、人々の間でのアウンサンスーチー、NLD人気は根強く、大方の予想は、公正な選挙が行なわれればNLDが圧勝するというものであった。当然のことながら、公正な選挙は期待できないだろうという諦めの雰囲気も漂っていた。しかし、軍情報部の情報収集力の問題か、SLORCは、投票と開票においては、国際社会も驚嘆するほどきわめて自由で公正な選挙を実施する。選挙1ヵ月前から活動を再開したNLDは「スー（アウンサンスーチー）が勝ってこそ、幸せになれる」をスローガンとし、圧勝する。当然問題となるのは政権移譲の時期と方法であった。しかし、この結果に慌てたSLORCは、政権移譲に動き出すのではなく、憲法問題を持ち出してくる。政権移譲の前に憲法を制定し、その憲法の規定に基づいて政権を移譲するというのである。新憲法の規定にもよるが、総選挙結果を反故にすると言っているにも等しいものであった。当然のことながらNLDをはじめとする民主化勢力は猛反発するが、SLORCはこの方針に異論を唱えるものを次々逮捕・拘留し、主要指導者を欠いたNLDもこの方針を認めざるを得ない状況に追い込まれる。

　こうしてSLORCの総選挙結果への誤算は、総選挙結果の反故、制憲国民会議の開催といった不可解・不条理な行動を自らに強い、それに対する非難には力を持って答える軍事独裁体制が確立することになったのである。

第1節　1990年総選挙の実施とNLDの圧勝

　民主化勢力への徹底的な弾圧の一方で、SLORC政権は総選挙実施に向けて動き出した。1989年11月10日、選管委が具体的な日程を発表し、立候補の登録期限が89年12月28日から90年1月3日までとされ、その後に候補者の立候補者資格審査が行なわれることになった。この時点で最大の焦点となったのが、NLD議長ティンウーと、総書記アウンサンスーチーの立候補資格問題である。1989年12月8日、SLORCは情報委員会記者会見で立候補資格問題を取り上げ、選挙法に示されている資格規定に従い、何らかの違法行為によって服役中か裁判所の判決により刑を受けている者についても被選挙権は認められない点を強調した。[1]

　1989年12月22日、軍事法廷はティンウーNLD議長に懲役3年の刑を下し、これによって、まず彼の被選挙権を剥奪した。

　他方、同日、アウンサンスーチーは、NLDの決定に従って、立候補の意思表示を行なった。これに対する当局側の反応が注目されたが、SLORCは軍事法廷を用いてティンウー議長と同様に実刑判決を下し立候補資格を剥奪するという方法は選ばず、この問題を選挙管理委員会の立候補資格審査に委ねた。

　1990年1月に入り、アウンサンスーチーに対し、同じ選挙区から立候補したNUP候補者が選管委に異議を申し立てた結果、[2]この問題は、まずヤンゴン郡区選管委で審理されることになった。1月10日、同選管委は彼女に対する異議申し立てを却下し、立候補資格有りとしたが、これを不満とした国民統一党*[National Unity Party：NUP、元BSPP]候補者はヤンゴン管区選管委に再審査を要請した。その結果、下部レベルでの選管委の決定を覆す何らの根拠も示されないままに、同管区選管委はNUP側の異議申し立てを受け入れ、アウンサンスーチ

1　*Working People's Daily*, 9 December, 1989.
2　この異議申し立ての内容や、それに対する選管委の決定に関しては全く公表されなかった。しかしながら、一般的には、選挙法の立候補者資格規定で定められている、外国からの影響を受けている人物、外国の市民としての特権を享受している人物、反乱組織と関係を持っている人物等の欠格事項に沿って、異議が申し立てられたと考えられていた。

ーの立候補資格を剥奪した。結果はすぐには明らかにされず、2月16日〜17日にかけて、全国各郡区レベル選管委にて、各選挙区の立候補者リストが貼り出されて初めて、彼女の名が載っていないことで確認されたのであった。

　この選管委の決定に対しても、国の内外を問わず批判の声が上がったが、SLORC側は、ある人物が選挙に参加できるか否かによって、その選挙が自由、公正さを欠くとは言い切れないと主張するとともに、終始、同決定は選管委が下したものでありSLORCとは無関係であるという姿勢をとった。[3]

　こうして、SLORCは、1990年2月27日より野外での集会等の選挙運動を許可する発表を行なったが、集会は予め決められた場所で行なわねばならず、引き続き国軍の分裂を引き起こす意図を持った言動は禁止する、といくつかの条件が加えられた。3月12日より、国営テレビ、ラジオにて各政党の政見放送も開始されたが、その原稿は、事前に当局の検閲を受けなければならず、学生の有力政党であったDPNS等一部の政党は、この点に関し、当局と妥協せず、放送を辞退するといった事件も生じた。しかし、NLDを含む主要政党はすべて、政見放送を行なった。NLDは、当局に弾圧の口実を与える活動は極力控え、アウンサンスーチー人気を背景に総選挙で勝負するという戦術を採用していた。それ故、SLORC政権下での総選挙実施へと政治の大勢は流れていった。

　1990年5月27日に行なわれた総選挙[4]は、各方面から出されていた懸念にもかかわらず、投票と開票に関する限り、「きわめて自由かつ公正」なものとなった。当日ヤンゴン市内から、軍人の姿は消え、秘密投票制が厳守された。[5]各候補者は投票が公正に行なわれるかを見守る代理人を各投票所に置くことも許された。開票に際しても、各候補者代理人の立ち会いが許されたのみならず、多くの投票所（開票所）では、開票作業が市民にも見えるような形で行なわれた。外国報道機関の自由な取材も許され、報道関係者や西側諸国も、この「公正さ」を高く評価した。

3　一例をあげれば、1990年1月26日の情報委員会記者会見での発言。*Working People's Daily*, 27 January, 1990.

4　今回の総選挙の方式等の概要については、伊野［1992d］14-15、桐生［1990］10参照。

5　BSPP時代にも信任投票という形で人民議会議員は選出されていたが、その際、投票箱は2つ用意され、どちらに投票したかわかるような仕組みであったと言われている。今回の選挙でもその点が懸念されていたが、筆者が見た限り完全な秘密投票が守られていた。

結果は、ティンウー議長、アウンサンスーチー総書記等主要指導者を欠いていたにもかかわらず、NLDの「地滑り」的勝利に終わり、485議席中392議席をNLDが、またこのほか4議席をNLDの姉妹政党が獲得した。ウー・ヌを名誉総裁とする民主平和連盟（League for Democracy and Peace）は、1議席も獲得できなかった。

また、1988年の反政府・民主化運動で指導的役割を果たし、当初はNLDの議長に就任していたが、その後アウンサンスーチーの取り巻きには共産主義者がいるとして、同党を袂を分かったアウンジーが結成した連邦民族民主党（UNDP）は、わずか1議席を獲得したのみであった。

元BSPPのNUPも、組織面、資金面では他の諸政党に断然差をつけていたのであったが、10議席を確保したのみであり、議会内勢力としてはNLD、シャン民族民主連盟（Shan Nationalities League for Democracy）、ヤカイン民主連盟（Rakhain Democracy League）に次ぐ第4党という地位に落ちた。NLD以外では、少数民族諸政党の健闘が目立った。

このように総選挙結果は、NLDの圧勝に終わったが、その結果は、NLDという近代的な政党が勝利したというよりも、アウンサンスーチーの勝利を意味していた。そのことは、NLDの選挙キャンペーンの性格を考えてみればよく分かる。キャンペーンの一環として、当初制作されていたビデオ・テープは、アウンサンスーチーの活動を中心に編集されていたし、彼女のポスターやブロマイド、顔写真入りのバッジ、ルエエイッ（肩掛けバッグ）、Tシャツ、状差し等々のいわゆる「スーチー・グッズ」が販売され、NLDの活動資金となった。さらにNLDが選挙直前に採用したキャンペーン・スローガンは、彼女自身が立候補

6　NLDの姉妹政党とは、国民民主党（Party for National Democracy: PND）および愛国退役軍人連盟（Patriotic Old Comrades League）。前者は3議席、後者は1議席獲得。

7　筆者は、この選挙結果が示した重要な点は、次の4点であると考える。第1に、NLDの大勝は、アウンジーの惨敗が示すごとく、アウンサンスーチーの個人的人気によるところが大きかった。第2に、NUPが国民各階層からいかに憎まれているかを明らかにした。その支持基盤と見られていた公務員、軍関係者にも、NUPは圧倒的支持を得ることができなかった。第3に、一般国民にとっては、NUPイコールSLORCであることから、国民の大多数が、SLORC政権の正当性を真っ向から否定した。第4に、この選挙結果は、SLORC側の予想とは全くかけ離れたものであった。なお、選挙結果の意味については、伊野［1992d］14-41、桐生［1990］14、高根［1991］91, 93も参照。桐生は、ネーウィン体制の体制内崩壊、高根は、少数民族問題という視覚から選挙結果の意義について検討を加えている。

していないにもかかわらず、「スー（アウンサンスーチー）が勝ってこそ幸せになれる*」であった。

ラングーン日記抄 🔟 (1990年1月10日〜5月27日)

　[日記抄では、1990年5月の総選挙直前の状況が記されている。まず、人々の関心は、アウンサンスーチーに被選挙権が認められるかといった問題、選挙結果の予想、そして何より自由で公正な選挙が実施されるか否かに集まっていった。大方の予想に反し、軍側の誤った情勢判断で、投開票に関しては、きわめて自由で公正な選挙が行なわれた。そのことに対する筆者の驚きも記されている]

❖ **1月10日（水）**
　今日スーチーの資格審査の第1審とも言える結果が出た。答えは何と大方の予想に反して、OK。審査結果はラングーン郡区（ミョウネーズ）選挙管理委員会事務所で午後言い渡され、3時40分頃事務所前に集まっていた500名ほどの支持者たちに伝えられた。集まっていた人々は、結果を聞くや否や、大拍手。「ドー・アウンサンスーチー」のシュプレヒコールが起こった。しかし、その後5分もたたないうちに、平和裏に解散していった。
　当局側は、道路の両端に、10名ほどの兵士を乗せたトラック各2台を配置し警戒にあたったほか、警察も動員されていた。途中何度か、軍のトラックが「2/88 [集会禁止令] 中である」とラウドスピーカーで流しながら、道路を通り抜けたりしたが、集まった人々との間には表面的には衝突はなかった。しかし、やはり私服のMI [軍情報部員] らしい者が、かなり入り込んでいたようだ。
　ソーマウンの昨夜の長たらしい演説があった直後であるのに、この結果は、何かおかしいような気がしてならないが、とにかく第1審にしろ、スーチー側（民主化勢力側）が勝訴したことの意味は、今後の軍当局の動きを考える上でも重要となってこよう。この結果を素直に考えれば、選挙はかなり公正に行なわれることになるが、ラングーン管区や中央の選管がどのような態度に出るかが問題だ。にもかかわらず、郡区レベルの選管がこのような結果を出したことは、いかにNUP [国民統一党、BSPPの改名政党] や現軍事政権に対する批判が強いかを物語る1つの証拠となろう。いくら下位レベルの選管であっても、選管がスーチーには立候補資格ありと認めたのである。
　久々に感動的な場面に出くわした。待ちくたびれていたが。

❖ **1月16日（火）**
　予想通りと言うか、意外にもと言うか、やはり予想通りに、噂によれば、今日の夕方、スーチーの立候補資格が剥奪されたようである。これが本当であるとすれば、SLORC

はまたしても稚拙なやり方をしたことになる。第1審で○としておきながら、ラングーン管区選管が失格としたことによって、選管は国民一般の信頼を失うことになった。相対的被奪［relative deprivation］理論ではないが、1審の結論があまりにも意外であっただけに、国民の期待感は大きく膨れ上がった。それが2審ではダメとなったとき、特にNLDの青年部の不満は増幅されるだろう。そこで何か起これば、NLDや反体制分子を潰す絶好の機会になると当局は考えたのかもしれないが、今回のやり方は、内外から強い批判にさらされるだろう。ラングーン管区選管自体も、今回の決定の根拠をきちんと示さなければなるまい。以前、国民政治戦線が非合法化されたときと同じように選管自体が何も示さなければ、不公正な選管という誹りは免れ得ないだろう。

　管区選管は、この決定をラングーン市庁舎内でしたということは、よほど国民の反感を恐れてのことと思うが…今回のくつがえしで、当局がいかにスーチーの存在を恐れているか、再び明らかにされたと言えよう。

　それにしても自由で公正な選挙からはほど遠くなったし、ビルマの経済復興もまたまた遠のいていくことになろう。本当に国民のためを思っていないのは、いったい誰なのであろうか？　国民を銃で支配している国に明るい未来はない。あるビルマ人女性はこの結果を聞いて「銃が怖いんだ。銃がなかったら騒ぎになる。でも死ぬのは怖いんだ」とつぶやいた。これが今の国民の本音であろう。現政権が法を守れというとき、それは銃に従えといっているのと同じであり、支配の正統性は全く存在していない。

❖2月20日（火）

　昨日19日午後、郡区選管で立候補者名簿が貼り出された。スーチーの名前はなかった。先週末から噂ではスーチーの立候補資格ナシとの決定がなされたと聞いていたが、本当であった。予想はしていたことであるが、こうしたことに関して、当局や選管は、いまだにメディアを通じては公表していない。自由かつ公正な選挙とはほど遠い。

❖4月1日（日）

　3月29日（木）午前7時30分より約2時間にわたり、NUPのヤンゴン第1区立候補者で、現在NUPのCEC［広報担当の中央執行委員］、元外務大臣・国家評議会委員のウ・チッフラインが演説を行なった。参加者は当初は600〜700人ほどであったが、演説が長引くにしたがってどんどん減り、最終的には400人ほどしか残らなかった。演説は反復が多く冗長であったが、前半の1時間はいかにNUPが勢力を持っているかを強調し、責任政党としての要件を4つほどあげていた。①勢力があるか、②党員に規律があるか、③党員が国民の各階層から構成されているか、④指導者（政党を代表する政治家）たちが国家への忠誠心を抱いているか、というものである。そして、このような要

件を備えた政党は、NUP、労働者統一党、農民統一党、青年統一党の4党しかないと訴えていた。

　後半の1時間はBSPP時代の政治は誤っていなかったということを説明することで終わった。例えば債務問題に関しては、他のアジア諸国の状況と比べるとビルマは大したことではないと強調したり、LLDC［最貧国］になったのは、国が貧しくなったからではなく、国の将来を真剣に考えた末に自ら決定したことである等々、弁明のような内容が多かった。集会は、「連邦の統一」「諸民族の統一」「真の民主制度の確立」「NUPの勝利」等のスローガンの連呼で終わった。

　集会を覗いての印象に過ぎないが、とにかくNUPは勝てない。参集した人の中に、青年層はほとんどおらず、動員によって参加しているか、過去の栄光にいまだにしがみついているような人かのいずれかのように見えた。

　翌3月30日、ある親しいビルマ人にさりげなく「どの政党が勝つと思う？」と聞いたところ、「それは分からない…でも私たちは、カッマウ［NLDを表す選挙用の表象で、籐製のシャン州で多用されている菅笠］に投票するしかない」と言っていたが、これがまさしくビルマ人一般民衆の感情なのかもしれない。

　同30日の昼食は、ある人の紹介で米の仲買を行なっている人物と一緒に食事をした。特に米の流通過程の状況について聞きたかったのだが、それ以外にもいろいろ興味深い話を聞くことができた。彼のおばさんはピャーポンに住んでいて、彼もしばしば行き来しているそうだが、ピャーポンでどの政党が勝つかと聞くと、ほとんど「NLD」という答えが返ってくるそうだ。彼の選挙区では、NUPの候補者は、BSPP時代の町の議長であり、NLDの候補者は、現在は10年生向けの塾の教師をしている元教員で、あと1人候補者がいるがよく知らないそうだ。NLDの候補者と同様、NUPの候補者も個人としては好人物であるが、とにかく元マ・サ・ラ［BSPP］であったということが問題で、マ・サ・ラはすべての人々が嫌っているとこであった。

　農民の生活状況（経済状況）については、この2年良くなってきていると言うので、「それは、マ・サ・ラのおかげと考えているのか、デモクラシーのおかげと考えているのか」と質問したところ、一言「運が良かったからだ」という返事が返ってきたのには、相手がまじめに応えてくれているだけに別の意味で興味深かった。

❖ 5月5日（土）

　コータウン［対岸はタイのミャンマー最南端の町］、ベイ［タニンダリー管区第2の港町］への出張（4月25日～4月28日）から帰ってきたが、忙しく日記を書く余裕がなかった。コータウン、ベイ出張はなかなか面白かった。

　まず、コータウンの物価の高さには驚かされた。ポーサンムエー［米の品種名、上級米］、

ンガセイン［米の品種名、中級米］いずれもが1ピィー40チャット、タイから入ってくるもち米が32チャット、マンゴーが1個15チャット、卵1個5チャット（これもタイより輸入）。しかし、収入のほうも多い。港湾労働者1日200チャット、タクシー（オートバイ）運転手は月最低7000チャット、漁師も月最低1万チャット稼いでいるそうだ。だが、公務員は配給があるとはいうものの、これでは暮らしていけない。カスタム［税関］によって話を聞いてみると、酒類の輸入は禁止されていると言いながら、しっかり町にはタイのシンハ・ビールが入っており、さすが「元」ブラック・マーケットの国、国境貿易の国といった印象を受けた。

さらに驚いたのは、どこの食堂に行っても女性のウェイトレスがおり、お酒をついでくれるのみならず、テーブルの席が空いていると一緒に座って話し込んでくれることだ。この女性たちは、地方ではなく、ラングーンやモーラミャインなどの町から出稼ぎに来ているそうで、港湾公社職員の冗談によれば、ラングーンなどではそういうことが禁止されているから、ここへやって来たんだとのこと。当たらずとも遠からずか。

建っている住宅から見ても国境貿易でかなり繁栄していることがうかがえ、タイの町といった印象を受ける。もっともタイにモーター・ボート（細長い小船）でわずか15分で行けるのであるから当然なのであって、ビルマの他の都市と陸路では通じていない、いわゆる島のような地勢では、栄えている方と似てくるのももっともな話である。対岸には立派なホテルさえ建っている。

ベイの方は、コータウンより物価は安かったが、それでもラングーンに比べれば高い。ポーサンムエー、1ピィー32〜33チャット、エンマタ［米の品種名、中級米］27〜28チャット、食用油1ベイタ80チャット、マンゴー1個5チャット。収入ももちろんコータウンより低く、港湾労働者1日100チャット、サイカー運転手1日最低で60チャットほどであるという。南洋風の美しい街並みであるが、この町でも移住させられた人々がいるそうだ。公社職員によれば、その一団は、火災によって焼け出された貧民であり、他の一団は、政府所有地に居住していた「スクワッター［不法居住者］」であるとのことで、どちらも他の島に作られている「ニュータウン」へ移住させられたとのことであった。セキュリティー問題に関しては、モーラミャインから南は、「反乱軍」が攻撃してくる可能性があり、陸路は非常に危険だそうだ。

コータウンでもNLDは強く、公社職員やドライバーなどから話を聞く限りでは、NLD圧勝といった感じだ。NUPは心底きらわれている。ベイの政治状況もNLD一色であり、港湾公社の旅客関係責任者ですら、まともに選挙をすれば90％はNLDだと言っていた。ゲスト・ハウスの管理人も、自ら軍の世話でこの職についていると言いながら、やはり「スーチー強し」と言っていたのが印象的であった。

選挙前の旅行であったので、選挙の行方が気にかかったが、まともな選挙を行な

えばNLDが70〜80％の議席を確保するのではないかと思われる。そのためか、軍側、選管もいろいろ考えているようだ。先日、選挙当日の段取りにつき発表があったが、各投票所では投票終了後すぐに衆人立ち会いのもと開票に移り、その結果はタウンシップ・ゾーン［郡区］の選管で集計され、この時点で当選者が決まるはずなのだが、その結果は中央選管がチェックしたのちに公表するという。なおかつ60％の当選者が確定するまでには1週間を要し、全当選者が分かるのは3週間後になるとのことである。また、15日までに外国人旅行者はすべて国外に出なければならないそうである。それ以降、旅行者の入国は認められず、ビジネス・ビザを持った者等、特例としてのみ入国を許されるらしい。いったい何をするつもりなのか。

　これとの関連では、この選管発表が行なわれる前に、国営紙の社説で、はっきりと憲法制定後、再び総選挙を行なうということが書かれていたことも重要であろう。当局側のいままでの発表からすれば当たり前のことなのかもしれないが、この社説によって、選挙は2度行なわれることがはっきりしたと言える。たとえNUPが負けても、軍はこれから2〜3年は、政権を手放す意図はないと見てよいであろう。「NUPは勝ち目がない→多少の差なら開票レベルでごまかす→これがダメなら、権力移譲をすこぶる遅らせ、NLDの内部分裂、資金の枯渇等をまって、NLD潰しにかかる→？」こんな図式なのかも知れない。特にNLDが勝った場合には、スーチー釈放問題をめぐって、内部分裂を起こさせるといった意図もあるのかもしれない（ティンウーの手紙やミィンミィンキンの調書［SLORC側が、公表はしなかったが、いずれもアウンサンスーチー批判が書かれていると国営紙でほのめかしていた］等の話もこの一環だろう）。先日（3日）eさんと会ったとき、政治向きの話になると顔を曇らせていたのが気にかかる。

❖5月26日（土）

　遂に選挙前日となった。2〜3日前より、外国人報道関係者61名（5月26日現在）の入国が認められ、公正な選挙を行なおうとしているかに見える。
　予想は様々だが、私としてはNLDのランドスライド・ビクトリーだと思っている。NLDが355議席、NUPが26議席、LDP［民主平和連盟］が30議席、UNDP［連邦国民民主党］が5議席、その他は1議席ずつで少数民族政党だろう。eさんから聞いたのだが、NLDでも票読みをしていて、それによると少なくとも325議席は獲得できると予想しているようだ。この予想が外れれば、これまで私が見てきたこと、聞いてきたこと、考えてきたことを再考しなければならないが、とにかくNLD＝カッマウ＝スーチー＝民主主義＝生活の向上・変革への希求という図式、そしてスーチー人気を彼女の持つ威力と関連させて考える見方は間違っていないだろう。NLDが355議席とるかは別にして、300議席以上とればランドスライドと言え、今までの見方は正しかったと言える

のではなかろうか。

　ちなみにbさんの予想では、NLD300議席以上、NUP100議席ぐらいで、cさんはNLD285議席、NUP200議席（ラングーンでは、NLD21議席、NUP40議席）と言っており、2人とも選挙権はないのだが結構きちんと予想していることに驚くとともに、NUPが100議席を超える可能性は全くないだろうと思う。少なくとも明日、ラングーン管区ぐらいの結果は出るだろう。bさんはラングーンだけでNLDが40議席以上とると予想していたが、やはりよく現実を見ている。

❖ **5月27日（日）**
　遂に当選者第1号が発表された（夜8時の国営放送ニュース）。NLD（ポート選挙区）であった。現在（夜8時）までに、NLD本部の調べでは、ヤンゴンの10選挙区で30近くの投票所レベルでの開票結果が出ているが、平均すると70％ほどの得票を得ており、NLD優勢とのことであった。
　今日は、朝から天気が良く、選挙日和であった。我々はインセイン［ヤンゴン郊外］方面の投票所を見に行ったが、一言、「ソーマウンは男をあげた」といった感じであった。軍人の姿はまったくと言ってよいほど見られず、投票所のつくりもきちんと公正さを保てるようになっている。開票まで見てしまったが、そこまでするのかというほど厳格かつ公正であった。報道陣にも何ら規制を加えておらず、いまのところ申し分なしといった感じだ。ペグー方面の投票所を見に行った一団も同様の印象を受けたようであった。ペグーでもNLDが優勢とのことであった。
　今日はカッマウがやたらと目立つ1日であったが、NLDが70％得票しているのは分かるが、他方NUPが30％ほども票を得ているのに驚く。地方の状況が若干心配である。
　ラングーンの投票所を見ていて思うのは、投票した1人1人の気持ちは、いままでたまりにたまっていた恨みを1票を投ずることではらした、といった感じではないかということだ。気のせいか、投票後の彼らの顔は、実に晴れ晴れとしていた。
　選管も評価できる。

第2節　SLORCによる選挙結果の反故と第2次NLD追放

　総選挙後に当然問題となったのは、政権が「いつ、どのように」移譲されるかという問題であった。SLORCは、この点に関し選挙法に明確な規定を盛り込むことを拒んだいきさつがあった。しかし、総選挙で国民の民意は十二分に示されたはずであり、一般的にはSLORCが早期に政権移譲を行ない、国軍に対する国民の信頼を回復することが得策であると考えられていた。何よりも、国民大衆は、早期政権移譲を望み、もしこのまま早期に政権が移譲されれば、SLORC政権に対してかなりの評価を与えていたはずであった。学生の急進派活動家すら、アウンサンスーチーを始めとする政治犯を釈放し、即時政権移譲となれば、反政府・民主化運動に対する発砲の責任を問うことは、政治的配慮から行なわないという考えが大勢を占めていたと言える。しかしながら、SLORCは、政権移譲に関する、選挙法規定やこれまでの発言の曖昧さを利用し、「戒厳令下にある」という名のもとに、以下に示すごとく、かたくなに政権移譲の過程を遅らせたのであった。

　SLORCは、選挙後の1990年6月1日に開かれた情報委員会定例記者会見で、憲法制定問題に触れ、今後憲法を国会議員が起草し、その手続きに従って「堅固な」政府に政権を移譲すると発表した[8]。つまり、憲法が成立するまでは、国会には何らの権限も与えられず、SLORCが引き続き全権を掌握し続けるということが、暗に示唆されたのみならず、「堅固な」という曖昧な形容詞を、来るべき政府の条件として付すことにより、解釈上の曖昧さを再び残し、SLORCの恣意的な解釈を可能にしたのである。これに続いて、6月18日に開かれたSLORCとミャンマー史史実編纂委員会[9]との会合で、ソーマウン議長は、独立という緊

8　*Working People's Daily*, 2 June, 1990. なお、本節の記述に関しては、伊野［1991b］65-78、［1992a］63-71を特に参照。

9　1989年5月5日にソーマウンSLORC議長が、政府に対してミャンマー史編纂の必要性を提案した。閣議は、これを受けて、その編纂作業を教育省に委託することにした。同省は、ヤンゴン大学歴史学科等の研究者から成る「ミャンマー史史実編纂委員会」を設置し、具体的な作業を進めた。その編纂作業の中心は、独立以降から現在に至る時期となっている。

急を要する課題を抱えていたにもかかわらず、1947年憲法（以下、47年憲法と略す）制定ですら、実質2年以上の歳月を費やして制定されたものであるという趣旨の発言を行ない[10]、暗に安易で早急な憲法制定は認められないというSLORC側の立場をほのめかせた。

こうしたSLORCの姿勢に対し、NLD側は、1990年6月28日〜29日に中央委員会を開催し、①アウンサンスーチー女史を始めとする政治犯の釈放、②国民の希望に従った平和的政権移譲、③国境地帯に滞在する学生・青年の帰還と大学の再開に向けて全力を尽くすこと等を、現下の重要課題とする声明を発した。さらに、NLDは、無条件で、SLORCとの対話を求めたのであった[11]。選挙で勝利した政党とSLORCの対話を求めたのは、NLDのみではなく、連邦諸民族民主連盟（United Nationalities League for Democracy：UNLD）[12]を中心とする少数民族諸政党や学生政党等も声明を発した[13]。議会内勢力の90％以上を占める諸政党が、SLORCとの対話を要求したのである。

このような動きに対し、SLORC側は、1990年7月3日、SLORCと州・管区LORC[14]の会合の席上、ソーマウン議長が訓示を行なった中で、政権移譲の前提となる憲法の制定は、少数民族問題等につき慎重に国民の総意を形成した上で行なう必要があると、早急な憲法制定は許されないという点を再度強調した[15]。他方で、SLORCは、7月5日の定例記者会見において、記者の質問に答える形で、適当な時期が来ればSLORCは政党と会見すると発表した。しかし、その時期、様式については何ら触れられず、不透明なままに終わった[16]。さらに、SLORCは、

10　*Working People's Daily*, 19 June, 1990.
11　国民民主連盟中央委員会[1990]。
12　同党選出議員は1名であるが、同党が中心となって、少数民族政党や無所属議員から成る、緩やかな連合、提携関係が形成されている。この連合・提携関係に属する選出議員数は、多少の変動はあるものの、60名を超える。
13　例えば、UNLDが21の少数民族政党とともに発した声明は、連邦諸民族民主連盟[1990]、新社会民主党[1990]等を参照。
14　SLORC下には、従来の行政組織とほぼ対応した形で、各級「法・秩序回復委員会（Law and Order Restoration Council：LORC）が組織されている。
15　"State Law and Order Restoration Council Chairman Defence Services Commander-in-Chief Senior General Saw Naung's Address at the Meeting Held between the State Law and Order Restoration Council and State/Division Law and Order Restoration Council," 情報省［1990b］251-255。
16　*Working People's Daily*, 6 July, 1998.

話し合いの用意があるという事実を残すために、7月11日付で、当選議員を出した27政党に対し書簡を発した。この書簡で、SLORCは、当選議員を出した政党の議員代表との会見を予定していること、しかしながら、会見以前に、各国会議員としては、選挙法上の規定により、定められた手続きを終了しておく必要があるとした。

こうしたSLORC側の曖昧な態度を見て、当然のことながら、NLDを中心とする反政府・民主化勢力は、ソーマウン議長やSLORCの態度が選挙後変わった点を批判するとともに、引き続きSLORCとの対話を求めた。

しかし、SLORC側は、譲歩するどころか、一層その姿勢を硬化させていった。1990年7月13日の第100回情報委員会記者会見で、キンニュン第1書記はNLD機関誌13/90号[17]について触れ、この機関誌では、ソーマウン議長の態度が選挙後に変わったとしているが、これは、現政府に対する要求や闘争であり、また過った謀略的内容であると非難した。さらに、政権移譲についても触れ、法に従って政権移譲を行なうためには、これまでの憲法は状況に適合していないため、新憲法を起草しなければならないとした。これは、選挙以前の1989年6月10日の情報委員会記者会見や同年7月5日のソーマウン演説等で示されてきた、47年憲法を採用するか、1974年憲法（以下、74年憲法と略す）を採用するか、あるいは新憲法を起草するかは、議会が決定することである、とする立場を全面的に覆したものであった。憲法制定に関するこうした立場の変更に加え、同記者会見では、新憲法は全民族（135民族）、全国民が受け入れるものでなければならないと、7月3日のソーマウン議長の発言をより具体的に述べた。また、アウンサンスーチーの自宅軟禁問題にも触れ、同女史に対する行動制限は、誠に温情的な措置であり、同女史は法律を何度も犯したが、アウンサン将軍の令嬢であることを考慮に入れて、自宅軟禁措置のみをとったとし、暗に、7月20日の彼女の釈放はあり得ないことを示唆した。そして、当選者に対する異議申し立て審理と選挙運動費用リストの提出が終わらない限り、政党との会見は行なわないというSLORCの姿勢が、初めて明示的に示された[18]。

このキンニュン記者会見との関連で、SLORCは、1990年7月17日、NLDの

17　国民民主連盟情報局[1990a]。
18　*Working People's Daily*, 14 July, 1990.

機関誌等を扱っていた印刷所数ヵ所を閉鎖した。

　結局、1990年7月20日、SLORCは、アウンサンスーチーを釈放しなかった。この自宅軟禁措置の期限延長に関しては、SLORCの国民に対する説明は一切行なわれなかった。反政府・民主化勢力が、選挙結果を踏まえて第1に要求してきた条項、つまりアウンサンスーチーを含む政治犯の釈放という要求に対し、SLORCはまたしても「現政権下に政治犯など存在せず」という立場を堅持し、耳を傾けなかったのであった。

　SLORCのこうした姿勢は、1990年7月27日の記者会見での常識を逸脱した発表につながっていった[19]。この会見で情報委員会は、選挙結果について触れ、最も多く得票した政党でも有権者総数に対する得票率は、38.11366％でしかなく、全少数民族政党の得票数を加えても40％ほどでしかないことを強調し、この結果をもって有権者を代表することができると言えるか、との疑問を投げかけたのであった[20]。

　1990年7月27日、SLORCは「布告90年第1号 (Declaration No.1/90)」を発し、SLORCは戒厳令によって統治を行なう組織であること等のこれまでの立場を確認した。さらに、国権を掌握するために暫定憲法を起草し、政府を組織することは、いかなる方法によっても認められないとの立場を表明した。この布告の発布によって当局は、当時NLDを中心に考えられていた、暫定憲法の制定、政権移譲、恒久憲法の制定といった構想を、同月28日～29日に開催予定のNLD議員総会で決議された際には違法行為と見なすことのできるようにしたのであった。ところが、政権移譲問題に関しては、これまでSLORCが言ってきたとおりであるとするのみで、またしても明言を避けた[21]。

　この布告の発布にもかかわらず、NLD側は、1990年7月28日～29日にヤンゴン市内にあるガンディー・ホールにて、NLD当選者議員大会を予定通り開催

19　*Working People's Daily*, 28 July, 1990.
20　選挙管理委員会の発表によれば、NLDの投票者総数に対する得票率は、52.50362％であり、有効投票総数に対する得票率は、59.86765％である。ちなみに、NUPの有権者総数に対する得票率は、13.47160％、投票者総数に対する得票率は、18.55785％であり、有効投票総数に対する得票率でも21.16072％にすぎない。
21　*Working People's Daily*, 29 July, 1990. ただし、ビルマ語紙では、28日に掲載されている。国営テレビを通じての発表でさえ、27日という「ガンディー・ホール大会」の前日であったことを考えると、この布告が、いかに「ガンディー・ホール宣言」を見越したうえで、発布されたものであるかがわかる。

した。そして、大会決議として、主に次の4点をSLORCに対する要求事項として採択した。[22]

①国会を9月中に召集・組織する。
②NLD代表とSLORC代表の早期対話の実現。
③ティンウー議長、アウンサンスーチー総書記およびすべての政治犯の釈放。
④民主的権利の獲得と国民の自由権に対する制限の解除。

　さらに、NLDは「ガンディー・ホール宣言」[23]を発し、召集されるべき国会は単なる制憲議会ではないこと、また、暫定憲法をもって政権移譲を実現する等の立場が明らかにされた。もちろん、この立場は、SLORCが大会前日に出した「布告90年第1号」とは、相容れない内容であった。

　「ガンディー・ホール宣言」が発せられたことは、SLORCにとって、思惑どおりであり、NLDに対する態度を一層硬化する絶好の口実となった。1990年8月3日には、同宣言を扱った印刷所が当局によって閉鎖された。7月17日の印刷所の閉鎖と今回の閉鎖によって、印刷物を通じてのNLDの国民大衆に対する宣伝活動は不可能になった。

　また、民主化運動を記念する1990年8月8日にマンダレーで発生した学生・僧侶を中心とする反SLORC示威行動[24]に関しても、SLORCは、8月10日の記者会見で、これを扇動したのはNLDであると根拠のない非難を浴びせた。

　他方、反政府・民主化勢力側は、1990年8月29日に出されたNLDとUNLD等少数民族諸党との共同声明に見られるごとく、「ガンディー・ホール宣言」の早期実現を要求し続けた。[25] こうした動きに対し、SLORCは、同29日付でNLDに対し、「秘」扱いの書簡を発した。[26] この書簡に関連して、SLORCは、9月6日、NLDのチーマウン (Kyi Maung) 議長代行、チッカイン (Chit Khaing) 総書

22　国民民主連盟中央執行委員会[1990a]。
23　国民民主連盟[1990b]。
24　この日、マンダレーでは、青年僧侶、学生が反政府意思表示のためデモ行進を行ない、当局と衝突した。治安部隊が発砲したために僧侶・学生側に死傷者が出たと言われている。SLORC側は、発砲は威嚇射撃でありその流れ弾にあたって負傷者が出たが、死者はいなかったと主張しているが、真相は、不明のままである。
25　国民民主連盟情報局[1990b]。
26　この書簡は、NLDの路線変更を迫った、最後通牒的内容のものであったと言われている。

記代行の両名を逮捕した。SLORC側の説明は、同月8日の国営紙に、国家のために秘匿しておくべき証拠を部外者に流したためと発表したのみであった。両名の逮捕の翌7日に、ソーマウン議長が、そして、同月11日にはキンニュン第1書記が記者会見を行なったが、この両名の逮捕に関してはほとんど触れられず、終始これまでのSLORCの主張を繰り返すのみであった。こうして、再びNLD主要指導者を政治の舞台から追放（第2次NLD追放）したのであった。

チーマウン、チッカイン逮捕後の1990年9月17日、NLD中央委員会は新憲法起草への準備を始め、その準備計画をSLORCへ送り協議できるようにするといった方針変更を行なった。[27] NLD執行部は、この決定は「ガンディー・ホール宣言」の立場と矛盾するものではなく、SLORC側のかたくなな姿勢に対し、話し合いのための現実的対応としてなされたものである、と説明を加えた。しかし、言い回しは非常に曖昧であるが、NLD側の大きな譲歩であった。

SLORCが行なってきた、NLDの主要指導者・党員の逮捕によってもたらされた、NLD自体の弱体化現象は、1990年8月以降マンダレーを中心に発生した、青年僧侶（ヤハンビョー*）を中心とするSLORC・国軍ボイコット運動（寄進の拒否、各種儀礼への参加拒否等）を活発化させた。このボイコット運動は、ヤンゴン等にも波及し、反政府・民主化勢力にとっては巻き返しの最後の頼みの綱であった。青年僧侶を中心とするこの反SLORC運動の盛り上がりに対して、SLORC側は、10月中頃より強硬姿勢で応じた。同月18日には、ソーマウン議長が国家サンガ大長老委員会[28]の高僧に嘆願するという形で、軍人に対するボイコットを3日以内（20日まで）に中止しない場合は、必要な法的措置を講ずるとの最後通牒的発表を行なった。[29] これを受けて、同月21日、SLORCは、「指令90年第6号（Order No.6/90）」を発した。この指令によって、①合法的な9宗派およびその下に組織された各サンガ組織を除き、その他の不法僧侶団体が10月20日午前0時をもって廃止され、②宗教を利用した政党活動が禁止されたのであった。当局側は、国営放送、国営紙を通じて、連日、マンダレー、ヤンゴン等における、僧侶に

27　国民民主連盟中央委員会[1990b]。
28　ネーウィン政権時代の1980年、仏教の「浄化」を目的として、第1回全仏教宗派合同会議が開かれ、仏教界の組織化が行なわれた。これによって、9宗派のみが合法化されたほか、国家サンガ大長老委員会を頂点として、各行政レベルに対応する形で各級サンガ委員会が組織された。
29　*Working People's Daily*, 19 October, 1990.

よる国軍ボイコット運動の中止を報じたが、他方で、ボイコットを続ける僧院に対して強制捜査を行なったり、引き続き抵抗する僧侶を逮捕するといった強硬措置に出た。また、このような強硬手段を講ずる一方で、10月19日よりソーマウン議長自らが、地方視察を行ない、各地で高僧を訪問し、僧侶の説教を受けた上で、寄進を行なうといった、サンガ、僧侶に対する懐柔策をもとったのである。こうした懐柔策に対し、国家サンガ大長老委員会総書記は、10月22日、ソーマウンに与えた説教の中で「貴方のような信徒こそが、この世界を治めることができるのです」と現軍事政権支持の発言を行なった[30]。結局、反政府・民主化勢力側の最後の頼みの綱であると見られた青年僧侶を中心とするボイコット運動も、サンガ組織上層部の概ねSLORC政権擁護あるいは政治的無関心（現状容認）の立場と、SLORCの強硬姿勢によって、弾圧されていったのである。

僧侶の動きを一応抑え込んだSLORCは、一層自信を深め、1990年11月になると各政党代表者に対する、7月27日に発したSLORC「布告90年第1号」への同意の取り付けを行なった。SLORC側の敷いた政権移譲ラインへの同意の取り付けである。SLORC側の敷いた政権移譲ラインとは、①当選者に対する異議申し立て選挙法廷の終了、選挙費用のチェック終了、②新憲法起草のための国民会議の召集、全民族（135族）・全階層からの意見聴取、③制憲議会の召集、新憲法の起草、④国民投票の実施、新憲法の制定、⑤新憲法の規定に基づく政権移譲、という道筋である[31]。最大の関心は、NLD側の対応にあったが、アウンサンスーチー、ティンウーのほか、チーマウン、チッカイン等主要指導者をも欠いていたNLD中央執行委員会は、11月9日、SLORCからの圧力に屈した形で、彼らの提示した形での政権移譲を認めることにサインした。SLORCは、こうして早期政権移譲要求を潰していったのであった。

NLD中央のこの対応に業を煮やした一部の当選議員は、1990年12月18日、カレン民族連合（Karen National Union）支配地区にて、Dr. セインウィン（Sein Win）

---

30 *Working People's Daily*, 24 October, 1990.
31 既に述べたように、「布告1/90号」では、権力の移譲問題に関しては、ソーマウン議長と軍司令官、州・管区LORC議長らとの会見や、キンニュン第1書記の第100回情報委員会記者会見における発言で明らかにされているとするだけで、ここにあげたような形で、順序立てて明示されなかった。ここで挙げているのは、筆者が最低限のプロセスとしてまとめたものである。

を首班とする並行政府の樹立を宣言した[32]。しかし、この並行政府樹立は、ミャンマー国内においてはさしたる反響がなかったのみか、逆に、SLORC側に反政府・民主化勢力弾圧の口実をまたしても与えてしまうことになった。選管委は、同月20日付の布告で、Dr. セインウィンが議長を務めていたNLDの姉妹政党であるPNDを非合法化した。また、同月26日には、並行政権に参加した8名の当選議員に対しても、その資格を剥奪した。

この並行政権樹立に伴うPNDの非合法化という事態に直面して、同26日、NLDは、議長をアウンシュエー (Aung Swe)、書記をルイン (Lwin) とする、「穏健派」を中心とした新執行部を選出した[33]。つまり、ティンウー、アウンサンスーチーを現職に留めていた場合、いつNLD自体が非合法化されるかわからないとの見通しに立った予防措置であった。そして、アウンサンスーチーがノーベル平和賞を受賞した直後の1991年12月11日には、NLDはアウンサンスーチーを党から除名する決定を下すに至った[34]。

こうしてSLORCは、総選挙で圧倒的な国民の支持を得たNLDを、自らのコントロール下に置くことに一応の成功をおさめたのであった。

---

32 正式名称は、ビルマ連邦民族連合政府 (National Coalition Government of the Union of Burma)。
33 国民民主連盟中央執行委員会［1990c］。
34 "Union of Myanmar Multiparty Democracy general Election Commission Press Release No 38／91," *Working People's Daily*, 16 December, 1991.

ラングーン日記抄⓬（1990年6月23日〜12月22日）

　［NLDの活動が完全に抑え込まれていく中で、人々の期待はマンダレーにおける僧侶によるSLORCボイコット運動に寄せられていったが、その運動も力によってつぶされた。「仏像異変事件」などは、手段を奪われた民の抵抗だったと言える。日記抄では2度めのハイジャック事件も含め、その辺の状況を記している］

❖6月23日（土）

　この1週間（17日〜23日）の動きの中で、特に注目されるのは、ソーマウン演説、5つの地区では結果公表が遅れるという選管発表、そして昨日のナ・ワ・タ［SLORC］記者会見という一連の流れであろう。

　歴史編纂委員会の席上でのソーマウンの演説で、彼は47年憲法を引き合いに出して、独立という緊急を要する問題を抱えていたにもかかわらず、憲法を起草するには2年以上もかかったと発言している。この発言に対し、これは権力の移譲が2〜3年後になると言ったのだと見ている人もいるが、それだけではあるまい。ソーマウンは暗に、NLD側の即時国会召集→暫定憲法の成立→権力の移譲→恒久憲法の制定という方向性に対して批判・牽制したのだろう。さらに昨日（22日）のナ・ワ・タの記者会見があげられる。記者会見ではNLDと話し合いをする用意はあるとしていたが、時期が来ればとのことで明確な日時は示されなかった。他方、この記者会見では、少数民族問題などについて含みの多い発表があり、かりに暫定憲法が作られるとしてもその内容を軍が認めるかどうかが問題となってくる。

　選挙結果の公表に関しては、20日の新聞での選管発表では、あまり納得のいく説明が加えられないまま5選挙区で作業が遅れているという発表があり、昨日そのうちの1つが公表され481議席がやっと明らかとなった。しかし、今日の新聞では新たに公表されたものはなく、この分では、残り4議席の公表はいつになるのか分からない。

　こうした一連の動きの理由は、いろいろと考えられるが、少しでも考える余裕が欲しいというのがナ・ワ・タの本音ではなかろうか。上の者が気に入ることしか報告しないという軍の情報収集力の欠如とその情報に基づく誤った判断で、軍側は今回の総選挙結果や国民感情を全く予想できていなかったのであろう。軍側には現実を直視する目と機構が存在していない。とにかく予想外の結果に対して、スーチー解放問題も含め、必死に対策を考えているといったところであろう。

❖8月8日（水）

　早いもので88年の運動（デモ・スト）が始まってから、もう2年が過ぎた。何が変わったのであろうか。BSPP、ネーウィン体制が崩壊し、その正当性が全く失われた。誰もが知っていることなのだが、ある一部の人間はそれにしがみついている。新しい体制の萌芽はあり、それが根本からビルマを変えるか否かという疑問は残るが、少なくともビルマを変えていく可能性は高い。しかし、誰でも知っているように、その芽すら、旧体制の残存勢力SLORCなどによって、摘み取られようとしている。こうした状態だとすれば、本質的には、この2年間で何も変わらなかったのかもしれない。

　今日市内を午前中に2度見てきた。厳重な警戒態勢であった。88年時の歴史旧跡を守るかのように、当時いわゆる「騒動」の発生した場所にたくさんの兵士や治安警察が配置されていた。法と秩序の回復を掲げ登場したSLORCだが、2年たっても結局は、銃によってしか法と秩序を維持できない状況にある。にもかかわらず、現体制にしがみついている人がいる。自分たちが頼れるのは国民の支持ではなく銃弾に過ぎないということだけは自分たちでもよく知っているはずなのに。

　マンダレー［7月29日から8月2日までタンビョンの祭り見学に行っていたのだが、マンダレーの僧侶による不穏な動きが噂されていたせいか、筆者たちもM.I.に完全に尾行されていた］から帰った翌日（3日）に学生たちのちょっとした騒ぎを除けば、相変わらず政治情勢のほうはこれといった変化はなく、選挙法廷も遅々として進んでいない。先の見通しも、SLORC側からは全く提示されていない。7月28日、29日にNLDが行なったガンディー・ホールでの集会で出された宣言も、ひたすら無視され続けているのが現状だ。

　何故SLORCはこれほどまでに権力にしがみつくのか？　何故自らの置かれている立場を考えようとしないのか？　今の自分の目に映るビルマの将来は、けっして明るいものではない。

❖8月11日（土）

　昨日のSLORC記者会見では、最近マンダレーで起きた僧侶への事件に関して報じられた。事件当時たまたまマンダレーにいたEさんから昨日（10日）聞いた情報とはかなり異なっていた。Eさんが偶然にも病院敷地内に住む病院関係者から聴いたところによれば、耳や胸を撃たれた僧侶が病院に運び込まれたとのことである。記者会見では僧侶たちに威嚇射撃をしただけのようなことを言っていたが、実際にはまっすぐ撃っているようだ。いずれにしても僧侶に対する発砲があったことは事実であり、8月、9月に何か動きがあるかもしれない［この発砲事件以降、マンダレーの僧侶を中心に、SLORC政権要人から寄進を拒むボイコット運動が展開した］。

　NLDも9月まで議会が召集されなければ、強硬姿勢で臨むようだとeさんも言って

いたが、暴動を起こさせようとしているのは軍側だという彼の主張は全く正しく、国民の多くもそのように考えている。

❖ 8月21日（火）

先週、「ティンウー獄死」「仏像異変」という2つの妙な噂が流れた。

ティンウーの方は、先週の金曜日に、彼の側近に聞いたところ、単なる噂に過ぎないことが分かった。

仏像異変の方は、いたるところで生じているようだが、実際に異変が生じたとする仏像のある2つのパゴダに、金曜日に自分で行って見てきた。スータウンビィー・パゴダ[祈願成就パゴダ]とバズンダウン・パゴダの仏像だ。仏像の左胸が急に膨らみだしたという。確かに、左胸の袈裟のところが膨らんでいるように見える。しかし、人々がさわったりして大理石が摩滅し、多少の変形はあるものの、もともと膨らんでいたに過ぎないとしか思えない。大使館のある現地人スタッフの家の仏像も異変をきたしたそうで、わざわざ持ってきて見せてくれたのだが、同じような形状で、もともとそういう形だったのではないかと思える。おそらく最近の政治状況の下で、反政府感情を持つ人たちが、意識的に流した話なのではないか[当時、SLORC政権が仏教を政治的に利用していることに対して、仏陀が怒っているから異変が起きたのだという解釈が一般的であった]。しかし、重要なのは、見に来た人々がほとんど異変があると信じている点にある。

昨日（20日）、ｂさんも友人の家にある仏像を見に行ったそうで、その家の人が異変が生じたと言っているのみならず、ｂさん自身も確かに変わっていたと言う。異変を信じているｂさんに、何故そうなったのかと聞いてみると、「パヤーはダゴー・ヂー・デーだから[仏様は、霊験あらたかだから]」との答えが返ってくる。納得の行かない顔を私がすると「伊野さんのような何も信じない人には分からない」と言い返されてしまった。ビルマ人の心情を素直に述べられたような気がする。

❖ 8月24日（金）

22日のビルマ語国営紙『労働者日報』に、マウンフマッチャウという人物が書いた、最近の仏像異変現象を否定する内容を含んだ論説が掲載されていた[マウンフマッチャウ[1990]]。これでは逆効果で、ますます人々は噂を信じるようになるだろう。

❖ 10月19日（金）

昨日（18日）、遂にソーマウンがマンダレーのサンガに対し最後通牒を発した。20日までに「ストライキ」を止めろとのことである。どうなるか？ NLDが何もできないよ

うな状況で、国民としては僧侶にすがるしかないのだが、問題がこじれれば、SLORCの命取りになる可能性もはらんでいるだけに注目される。SLORCの今後の出方次第だが、サンガを敵にまわすということの意味は、いくらSLORCといえども熟知しているに違いない［伝統的に時の権力とサンガは持ちつ持たれつの関係にあり、権力はサンガを保護し、逆にサンガは権力の正当性を保障すると考えられてきた］。この決定が下された会合には軍人たちが平服で集まったという噂も流れている。

❖ 10月20日（土）

　今日の昼12時にSLORCが「指令90年第6号」を発するというので、テレビを見ていたが、実際には12時30分からのニュース番組で伝えられた。内容は、9派以外の仏教団体、つまりタンガ・タンマギー・アプェー、ヤハンビョー・アプェー、チャウンダイ・サヤドーミャー・タンガ・タンマガ・アプェー等を90年10月20日夜12時をもって違法団体としたというものだ。これは、明らかにSLORCの挑戦である。

❖ 10月29日（月）

　バンコクに行っている間、国内では、NLD関係者が次々と逮捕された。アウンデー離党後の中央執行委員の数だけを見ても、15人→10人→8人→4人と、今回4人逮捕されたために、今ではたったの4人しか残っていない。UNHCR［国連難民高等弁務官事務所］から緒方貞子教授が派遣されてくる前だというのに、30名以上のNLD関係者が逮捕され、NLDの支部も2ヵ所、ルーバウンティッ［DPNS］にいたってはほとんどすべての事務所が閉鎖されているといった状況である。SLORCはいったい何を考えているのか、常識が通用しない。

　僧侶に対する対応については、相変わらずソーマウンをはじめとする軍高官の僧侶や僧院への寄進キャンペーンが進められている（最近では地方にも行っているが）だけで、例えばマンダレーで何人の僧侶が逮捕されたのかといった発表は何もない。かわりに、国営放送や国営紙を通じて、マンダレーの僧院から押収した物品を公表している。まるで展示会でも行なっているようで、あきれてしまう。このようにまともな論理が通用しない世界はいつかは崩壊するだろうが、問題はその時期だ。

❖ 11月12日（月）

　10日（土）に発生したTG305のハイジャックは、11日未明に解決した。2度目のハイジャックだ［民主化要求の1度目のハイジャックは、89年10月6日国内線を乗っ取りタイに向かい、アウンサンスーチーの釈放要求等を空港で読み上げた］。同日午後1時20分頃、カルカッタより同機と乗客が帰ってきたが、今回は国際線だっただけに、一層意味が重い。

犯人は学生だとされているが詳細については不明である。犯人の態度は良かったそうで、早期に解放したことも考えると「ビルマ式ハイジャック」と言えるのではないか。
　犯人の要求事項は、①政治犯の釈放、②早期政権移譲、③昨年の2人のハイジャッカーの釈放、④タイ企業のビルマへの投資停止だそうだが、インド政府とどのような交渉が成立して人質解放に至ったのかについては分かっていない。しかし、今日の夜の国営放送では、彼らの要求事項が発表されていた。ハイジャック機に乗っていたある日本人から聞いた話だが、ハイジャッカーは11日0時ごろには、自らの初期の目的は達成されたと言っていたそうだ。
　夜の国営放送は比較的まともに報じていたが、昨日のカルカッタからやってくるハイジャック機の出迎えにあたっての当局の対応には腹立たしいことが多かった。空港へ入れるのは3名の外交官だけと制限され、医務官が入ることすら交渉がいる。しかも同機が到着する直前まで中に入れない。家族の出迎えも許可されない。早く休養を取りたがっている乗客たちの気持ちは全く無視され、出迎えたキンニュンやミョーニュン、SLORCの単なる宣伝材料でしかないといった印象を強く持つ。夜の国営放送でもインド政府に対する感謝の意、乗客に対する謝罪のようなものは一切含まれていない。そのかわりキンニュンと話している日本人の「バマー・ピィー・カウン・トワー・メー[ビルマは良くなって行くでしょう]」という言葉が流される。今の政治状況からするとちょっと軽率な発言だと思うが、すかさずうまく利用する。出迎え所で、ある西洋人女性が「いつ外に出してくれるのか」と私に聞いてきたので、「私には分かりません。それはSLORCだけが知っている」と思わず応えてしまった。するとこの女性は「SLORCとは何か」と聞く。私は軍人を指差し「あれがSLORCだ」と答えた。今のビルマに来るならばもう少し勉強して来て欲しいと率直に感じる。この女性にも私の皮肉の意味が分かる日が来てくれることを期待したい。
　この解放のニュースの前には、ソーマウンの地方視察が流れ、演説まで報じられる。その演説の中で「言ったとおりやれば良いのだ」という本音を吐いていたのが印象に残った。
　緒方教授との関連では、NLD青年部の党員2名と会う。9日に逮捕されていたウー・マウンコーが亡くなったと言う[この事件に関して、ウー・マウンコー（ウ・マウンコウ）の娘スェースェーが記し、2007年に邦訳されたものとしてスェースェー[2007]がある]。昨11日に葬儀が行なわれたそうだが、死体は10日に解剖され、たまたま解剖医が義兄にあたる人であったため、家族に知らされ遺体を引き取ったそうだ。その後家族が遺体を調べてみると、頭には殴打されたような跡があり、首と手にはロープの跡、胸には丸いアザがたくさん残っていたとのことであった。当局側からは首吊り自殺を図ったと説明されたらしい。刑務所の状況を考えれば首吊り自殺など不可能なのは誰の目にも

明らかだ。この2人が刑務所の看守から聞いた話では、彼を含め4名の死者が出ているとのことであった。

　2人の話の中でもう1つ重要だったのは、NLDのアウンシュエーが11月9日に、ついに「布告90年第1号」にサインしたことだ。2人の話によれば、SLORC側は①「布告90年第1号」の内容を学んだか、この布告を認めるか、②認めないならば、政党指導者、中央執行委員、地区レベルの指導者まで逮捕する、③認めないならば、政党の所有物すべてを押収する、④認めない場合であっても、党自ら廃党にすることは許さないと、サインを迫ってきたそうである。この件への対応に関して青年部は中央執行委員に対して、SLORCの記者会見でこのSLORC側の要求を公表するよう求めろと迫ったそうだ。そして、もしそれができないのであれば、中央執行委員は全員辞任し、代わって青年部が今回の一件を公表する旨の声明を中央執行委員会に提出しているとのことであった。この声明は、11月7日に開かれた青年部会議で決定されて9日付で中央執行委員会に提出されたが、その際、9日の夕方から10日かけて、NLD本部を軍が取り囲むという事件もあったそうだ。いずれにしても今日（12日）、この件に関し中央委員会が開かれるとのことであった。「布告90年第1号」に関しては、現存の93党中、90党が既にサインをしており、拒否していたのはNLDとモン国民民主連盟、ミョーゼッティッ・アーマカン［新世代連盟］で、ミョーゼッティッは既に政党の看板を下ろし抵抗の姿勢をとっているとも言っていた。そして、たとえ中央執行委員すべてが逮捕されたとしてもNLDの姿勢に変化はないと言っていたのが印象的であった。

　とにかくいろいろなことがあった週末であった。

❖ 12月22日（土）

　状況がまたまた悪くなってきた。19日に、Dr. セインウィン等が、国境で並行政権樹立を宣言したのがきっかけで、20日には、Party for National Democracy［PND：NLDの姉妹政党の1つ］が非合法化された。NLDはこの並行政権に加わった党員を除名せざるを得なくなったようだ。さらに21日の朝には、PNDの中央執行委員たちが逮捕された。ぬれぎぬであるが、これが今のSLORCの実態だ。SLORCは政権を手放す気など全くないようだ。

第5章
新憲法の成立と「アウンサンスーチー政権」の誕生
――日記抄以後のミャンマー

写真32　アウンサンスーチー対話集会の模様（95年12月16日）［筆者撮影］

第2次NLD追放後、軍事政権が主張する新憲法を制定し、それに基づく政権移譲という流れに沿ってミャンマー政治は動いた。民主化勢力にとっては、いわば手も足も出ない状況が続いた。本章では、こうした状況からいかにして「アウンサンスーチー政権」が誕生していったのか、約四半世紀を費やしたその道のりを振り返る。

　軍事政権が本格的に憲法制定作業に取り組み出したのは、筆者が離任後の1992年6月からであった。そして、正式に制憲国民会議は招集されたのは翌93年1月のことであった。NLD関係者もメンバーに加わってはいたが、その構成の約8割は軍の指名した人物から成り立っていた。93年9月には、憲法内容の骨子が決定し、基本原則の中に国軍の政治的関与が認められた。翌94年には、大統領に関する資格規定が定められ、アウンサンスーチーの大統領就任の道は断たれた。NLDも参加した形での制憲国民会議決定に誰しもが反旗を翻すことはないと考えられていた。自信を持った軍は、アウンサンスーチーの解放に踏み切る。1995年7月10日、6年間に及ぶ自宅軟禁から解放されたアウンサンスーチーは、再びNLD総書記にかえりざき、軍事政権が思いもよらなかった行動に出る。自宅前での国民との週末対話集会の実施、制憲国民会議のボイコット、そして98年9月の並行政権樹立宣言である。それは、軍事政権側からすれば、交渉の余地を断つものでしかなかった。2000年、アウンサンスーチーは再び自宅軟禁となり、自由を奪われることになる。NLD抜きの憲法制定作業は、ゆっくりと進められ、2008年国民投票にかけられ成立する。憲法の規定に沿った政権移譲を主張し続けてきた軍事政権の論理からすれば、2008年憲法の成立は、1990年総選挙結果の完全なる無視を意味した。

　2010年新憲法に基づく総選挙が実施されたが、NLDはボイコットし、体制翼賛組織が母体となった連邦団結発展党が政権を獲得した。大方の見方としては、大きな政治的変化はないだろうというものであったが、首班となったテインセイン大統領は、アウンサンスーチーを3度目の自宅軟禁から解放し、直接対話を行なった。そして、この対話の実現が、「アウンサンスーチー政権」登場の下地を創ったのであった。

第1節 「ミャンマー式民主主義への道」としての制憲問題

　第2次NLD追放後、政治の主導権は、軍事政権の手に委ねられた。アウンサンスーチーの言葉を借りれば「ミャンマー式民主主義への道」を歩かざるを得ない状況となった。
　つまり、新憲法制定後、その憲法の規定に則った形での政権移譲という流れが決定的になったのである。
　軍事政権は、まず1992年6月23日に制憲国民会議の準備会を開催した。その後、10月2日には、ミョーニュン（Myo Nyunt）少将を議長とする制憲国民会議開催委員会が組織された。開催委員会が目的は次のようなものであった[1]。
① 恒久的な憲法を起草するためのよって立つ根本原則を作る国民会議を召集すること。
② 憲法起草の根本原則を作るにあたって、以下の目的枠組みに沿って作成するように監督すること。
　1. 連邦の統一維持。
　2. 諸民族の結束維持。
　3. 主権の維持。
　4. 真の複数政党制民主主義の創出。
　5. 国家における正義、自由、平等という恒久的な原則の進展を期すこと。
　6. 国軍が、国民政治において指導的な役割を果たすことができるようにすること。
③ 国民会議に出席する代表が、会議において、彼らの意思、助言、提案が機能的に提出できるよう便宜を図ること。

　つまり、この開催委員会は、SLORCの掲げる根本原則に沿って憲法を制定するための監視組織であった。憲法制定作業におけるSLORC側の強力な関与姿勢は、翌年1993年1月9日に正式に開催された制憲国民会議*（直訳すれば「国民会議」）の代表の以下のような構成にも明確に表れた[2]。

1　Kyi Lin[1994 ?]1-2.
2　Kyi Lin[1994 ?]10-15.

①政党代表50名。現存する合法政党10党から各代表5名ずつ。これは各政党が選出する。
②総選挙で選出された議員107名。内訳は、6つの政党に所属する当選資格を有する議員99名および当選資格を有する無所属議員8名。
③諸民族代表215名。
④農民代表93名。
⑤労働者代表48名。
⑥知識人代表41名。
⑦公務員代表92名。
⑧その他の代表57名。

　上記①で言われている合法政党が、わずか10党であるのは、反乱組織と接触をとったなど様々な理由で特に総選挙後に非合法化された諸政党がいかに多かったかを物語っている。さらに、このうち当選議員を出した政党はわずか6党であり、残りの4党からは当選者は出ていなかった。6党の中には、かろうじて非合法化を免れてきたNLDも含まれていたが、485議席中392議席獲得したNLDも、1議席も獲得できなかった政党も同数の代表者を送れる仕組みとなっていた。また、②の総選挙で選出された議員が、わずか107名であるのは、総選挙後、当選議員がこの時期までに選挙違反の摘発などで、次々に当選資格を剝奪されたためであった。
　残りの③～⑧は、それぞれに選出方法の規定は設けられているものの、明らかに体制側が選出する代表であった。代表総数703中、いわゆる民主化勢力と言えるのは、最大に見積もっても、①②からNUP関係者15名（政党代表5名＋当選議員10名）を引いた142名で、全体の約2割でしかなかった。当初から会議の方向性は決められていたのであった。
　にもかかわらず、アウンサンスーチーら有力な指導部を失っていたNLDは、この制憲国民会議への参加を決定した。
　制憲国民会議は、きわめてゆっくりとしたペースで進行した。憲法の骨格が決定したのは1993年6月7日から翌94年4月9日にかけてであった。
　会議ではまず、審議の優先順位が決定され、次に、「国家の基本原則」を定め

第5章　新憲法の成立と「アウンサンスーチー政権」の誕生——日記抄以後のミャンマー　　165

るにあたっての原則についての審議が、1993年6月7日の全体会から開始された。「国家の基本原則」を定めるにあたっての原則は、1993年9月16日の全体会で次のように決定された。

　まず、「国家目標」として国家は次の6点を常に目指すとされた。すなわち①連邦統一の維持。②諸民族の結束維持。③主権の維持。④真の複数制民主主義体制の創出。⑤最も気高く大切な世界的価値、すなわち正義、自由、平等をさらに育むこと。⑥国軍が国民政治において主導的役割を果たすこと。この6点は、一部の表現に多少の変化は見られるが、基本的には、制憲国民会議開催委員会の示した目的と同じものであった。次に、国家体制としては、複数政党制民主主義体制と連邦制の採用がうたわれた。連邦は、現存の7管区にあたる7管区域（regions）と7州（states）からなり、その中には必要に応じて行政自治区域（self-administered division）や行政自治区（self-administered zones）が置かれることになった。しかしながら、これらすべてに対して、連邦からの離脱権は認められなかった。

　国家元首は大統領であり、大統領は、大統領選挙人団（presidential electoral college）により選出されることとなった。

　立法府は、連邦議会（Pyidaunsu Hluttaw）と管区域議会（Region Hluttaw）・州議会（State Hluttaw）に大きく二分され、連邦議会においては、2院制を採用し、人口比によって選出される議院と地域・州の代表によって構成される議院とに分けらた。この中央・地方の2つのレベルの立法府には、それぞれこの憲法でその定員が定められた国軍司令官が指名した軍人代表が含まれると規定された。

　また、行政府に関しても、国家の行政府の長は大統領であると規定されているが、連邦、管区域・州、行政自治地域の各レベルの行政機関において、国防・治安・国境行政等に責任を負うために、国軍司令官によって指名された軍人が含まれるとされた。

　この立法府・行政府に関する決定を見ても分かるように、軍の政治的関与が明確に規定されているほか、国軍に関しても以下のような原則が打ち出された。

　国軍は、軍事に関するすべての事柄を、独立して処理する権限を持つとともに、

3　Kyi Lin［1994 ?］26-27.
4　Kyi Lin［1994 ?］27-28.
5　Kyi Lin［1994 ?］28-29.

国軍司令官が、全軍の最高指揮官とされた。また国軍は、国家の治安と防衛において、全国民を動員する権限を持つことにもなった。さらに、国家の緊急事態が生じた際には、国、管区域・州、行政自治地域のすべてにおいて、大統領が当該地域の行政権および必要とあれば立法権をも行使できると規定されている一方で、人々の生命・財産を脅かすような緊急事態が生じた場合には、国軍がこの憲法の規定に従って、その危険を事前に回避し保護を与える権限を持つとされた。これと共に、連邦の分裂、諸民族の分裂、国家主権の喪失につながるような国家の緊急事態が生じた場合には、国軍の司令官は、この憲法の規定に従って、国家権力を掌握し行使する権限を有すると明記された[6]。

こうした基本原則を一瞥しただけでも、国軍の政治的影響力の確保を目的とした憲法であることは明白だった。

さらに、1994年1月18日から94年4月9日にかけて開催された全体会では、大統領の資格規定が明確にされた。それによれば、大統領は45歳以上のミャンマー国籍を有する者で、継続的に20年以上ミャンマーに居住していなければならない。また、大統領は、本人、両親、配偶者、子、またその配偶者が、外国勢力や外国人の影響下であってはならない。さらに、外国の市民としての権利や特権を付与されていてはならない[7]。この規程からすれば、明らかにアウンサンスーチーはその資格を欠くものであった。これに加え、大統領の選出母胎である大統領選挙人団の構成は、連邦議会議員の3つのグループから構成されることになっていた。すなわち①各管区域・州で選出された議院からの選出議員、②人口をもとにして選出された議院からの選出議員、③両議院の議員として国軍司令官が指名した軍人議員である[8]。ここにおいても、軍の影響力の確保が目指されたものであった。

以上のような枠組みは、1994年9月2日から開催された全体会において、さらに明確になってくる。

例えば、連邦議会は、人口比によって選出された人民院（Pyithu Hluttaw）と、管区域・州から同数選出された民族院（Amyotha Hluttaw）から構成されるとされ、

6　Kyi Lin［1994 ?］30-32, 37.
7　Kyi Lin［1994 ?］47-48.
8　Kyi Lin［1994 ?］48-49.

それぞれの軍人議員の割合が明確化された。人民院の構成は、440名が適当であるとされ、うち330名は選挙によって選出された議員、110名は軍人議員の定数とされ、民族院は、220名、最大でも224名とされ、内56名が国軍司令官による指名議員定数とされた[9]。いずれの議院においても、軍人が4分の1の議席を確保することが決定的となった。また、国政レベルでは、少なくとも国防担当大臣、治安・内務担当大臣、国境問題担当大臣は、国軍司令官が指名した軍人を登用しなければならないことが決められた[10]。

　1995年7月10日にアウンサンスーチーが最初の6年間にわたる自宅軟禁から解放されたのは、SLORCが経済開発にもある程度自信を持ち、政治的には、国軍の独自性・政治における国軍の関与の保障、アウンサンスーチーの政治からの排除といった新憲法の骨格がほぼ確定した後のことであった。

　こうした状況下であったが、自宅軟禁から解放されたアウンサンスーチーは、すぐに活動を再開する。まず、解放翌日の7月11日には、以下のような声明を国内外に発した。

　「私の自宅軟禁を法律に則って解除するというタンシュエー*(Than Shwe) 上級大将の大変親切な言葉を、チョーウィン大佐が、口頭で伝えてきました。その伝言には、私の自宅軟禁が解除されたということのほかに次の3点が含まれていました。
①私の生活において必要な援助を提供する。
②もし私が望むなら私の警護を当局が引き続き行なう。
③国家の平安が回復されるよう協力してもらいたい。

　こうした申し出とその内容の両方に対して、まずもって感謝の意を表したいと思います。私たちの国の将来の安定と国民の安寧、幸福の達成は、関係者全員が合意していくという慣行を打ち立てられるかに全面的にかかっていると私は信じております。

　私が軟禁されているあいだに、世界では信じられないようなたくさんの変化が起こりました。良い方向への変化は、すべて忍耐強い話し合いによってもたらされたものです。それ故、不治の病と見なされていた問題を、平和的に解決

9　*CA* [1994] 13-19。
10　*CA* [1994] 33-34。

するための忍耐強い話し合いが根本的に問題を解決する鍵であるということは疑いの余地がありません。南アフリカでは、かつてにべもなく憎しみあっていた人々が、現在は国民の発展のために、手を取り合ってともに良く協力しています。私たちも同じような道を歩んでいくことをどうして望めないことがありましょうか。

　私たちが忍耐強い話し合いの道を選ぶか、苦しみに満ちた道を選ぶか、人類の存続を考えると、私たちすべては、忍耐強い話し合いの道を進むべきであると私は確信しています。よろしい、忍耐強く話し合いのテーブルにつきましょうというのであるならば、何を話し合うのかという質問が寄せられます。基本的に決めなければならない問題、解決が急がれる問題、それに国家が直面している諸問題が、まずもって解決すべき重要な問題です。いかなる団体も、いかなる集団も、それぞれの信念・考え方を持っているものです。そのような場合、合意を形成するように、またその心意気を失わないように、指導者たちは導いていく義務があります。私たち民主化勢力と当局の間にある共通点は、南アフリカの白人と黒人の間にある共通点よりも、もっと多いはずです。ミャンマー国民の大多数は、市場経済と民主主義体制に信を置いているということは、1990年の選挙結果を見れば明白なことです。ミャンマーの新聞を見れば、国家法秩序回復評議会の目的は、国民に再び権力を移譲するということです。私たちもその目的と同じ目的を持っています。

　私は、今このように解放されましたが、牢獄に残されている政治犯に対しても当局が釈放することをお勧めしたいと思います。ミャンマー国において、民主化勢力は様々な経験に直面しなければなりませんでしたが、屈することなき信念を抱き続けているということを知って、私は大変嬉しく思っているとお伝えしたいと思います。過去6年間に私が経験してきたことに対して、私は誰にも恨みを抱いておりません。

　私を精神的に力づけ、私の解放に努力してくださった世界中の人々、特に私の祖国の人々に心より感謝の言葉を述べさせていただき、私の声明を終わらせていただきます」[11]

11　アウンサンスーチー［1995］。

第5章　新憲法の成立と「アウンサンスーチー政権」の誕生——日記抄以後のミャンマー　　169

写真33　対話集会で質問に答えるアウンサンスーチー（95年12月16日）［筆者撮影］

　再び活動を開始したアウンサンスーチーは、海外に対して民主化運動がけっして終わったわけではないことをアピールするとともに、NLDを含む国内の民主化勢力の再結集を図った。

　さらに、重要な活動は、週末、自宅前にて行なわれた対話集会である[12]。解放当初は演説という形で行なわれた集会は、8月頃から、本格的に対話形式に変わっていった。アウンサンスーチー宅のポストに人々が質問を寄せ、それに対して、週末アウンサンスーチーが答えるといった形式が取られた。対話集会では、政治問題、経済問題、社会問題、教育問題、保健・福祉問題等様々な質問が寄せられたが、アウンサンスーチーの見解は、基本的には自宅軟禁以前と大きく変

12　対話集会の内容については、入手したカセット・テープからインフォーマントに起こしてもらったテキストを基にしている。筆者が現在までのところ入手しているのは、以下の日付に行なわれた対話集会の資料である。
　1995年9月16日、9月17日、9月23日、9月24日、9月30日、10月1日、10月7日、10月8日、10月14日、10月15日、11月5日、12月23日、12月24日、12月30日。
　1996年1月6日、1月7日、1月14日、1月20日、1月21日、1月27日、1月28日、2月3日、2月4日、2月10日、2月17日、2月24日、2月25日、3月2日、3月3日、3月10日、3月24日、3月30日、3月31日、4月7日、4月21日。
　以下、この資料に関しては「アウンサンスーチー対話集会［1995〜1996］」と記す。

わることがなかった。この対話集会は、1996年9月当局によって実力阻止されるまで約1年間にわたって続けられた（写真33）。

　NLDも、10月10日に中央執行委員会を開催し、議長アウンシュエーは留任したものの、副議長として、アウンサンスーチー解放以前の3月15日に釈放されていたティンウー元議長と総選挙で勝利したときの中心的指導者であったチーマウンが選出された。アウンサンスーチーにも再び総書記としての党内における地位が与えられた。NLDはアウンサンスーチーを中心とする体制を再確立したのであった。

第2節　制憲国民会議ボイコットと政治的停滞

　アウンサンスーチーを中心とするNLDの活動が注目されたが、NLDはまず、制憲国民会議の構成、進め方に関して当局側の姿勢を批判することから運動を再開した。1995年11月27日に制憲国民会議開催委員会議長アウントー（Aung Toe）宛に出したNLDの20ページにわたる抗議書は国民会議の運営に関して主に以下の点を問題にしている。

①国民会議の代表構成が、国民の意思を代表しているとは言えない。国民が選挙で選出された代表が国民会議では少数者になっている。また、公務員代表の中に軍人や警察官が含まれているし、その他の代表の中には、武装集団からの人物や退職した政府高官が含まれている。

②NLD等が提出した修正案が、きちんと議論されていない。「現在の国民会議は、1人1人、1つ1つの組織の考え方、意見を交換し、互いに議論しあった上で、あるべき原則を決める会議ではなく、ただ書類を読み上げるだけの会議に成り下がっている」

③開催期間が不透明である。

④国民会議に関する当局の命令、声明、発表等を見ると、共に協力して起草作業をする意思が見られない。

　上記の理由から、新憲法の起草作業が進まないと批判した上で、国民会議全

体に関して、当局と関係する政党、諸民族団体、国民代表と直接話し合いを持ち、問題の解決を図るように要求している[13]。

NLDはこの書簡を発するとともに、対話が実現するまで制憲国民会議をボイコットする決定を下した。当局側は、このNLDの姿勢に対し強硬姿勢で臨み、11月30日、NLD政党代表5名およびNLD選出議員86名を会議への無断欠席を理由に除名した[14]。さらに翌1996年1月にも、NLD関係者を抜きにして制憲国民会議を開催し、憲法制定にあたってのこれまでの基本原則に何等の修正も加えなかった。

アウンサンスーチー解放後、NLDと軍事政権の間に何らかの歩み寄りがあるだろうとするマス・コミ等の予想ははずれ、政局は再び硬直状態となった。

当局の強硬姿勢に対して、NLD側も、制憲国民会議ボイコット姿勢を崩さず、翌1996年5月、総選挙実施6周年記念日に、選挙で当選した議員の議員総会を開催する計画を立てた。計画を知った当局は、事前にNLD議員の身柄を拘束するという措置に出た。正確な数字は不明であるが、250名前後の議員の身柄が拘束されたと言われている。NLD側は、この事態に直面して急遽、第1回党大会に変更した。大会は5月26日に始まり、28日まで3日間続けられ、独自の憲法草案作成が決議された[15]。

当局側は、このNLDの対応を見て、6月7日付で「法律96年第5号」いわゆる「新治安維持法」を発令する[16]。この法律では、制憲国民会議が遂行する機能を「軽視し人々に誤解を与える目的で、妨害、破壊、障害、扇動、演説、口頭および文書による声明作成流布」を禁じている[17]。さらに法的許可なくして憲法の起草、配布することを禁じている。当局は、この法律発令直前の6月4日に、NLD代表を招き、①土日の集会を96年6月8日から禁止する、②憲法に関して、1. も

13　国民民主連盟［1995］。
14　*New Light of Myanmar*, 1 December, 1995.
15　工藤［1997］425。なお、アウンサンスーチー自身のこの事件に関する記述としては、Aung San Suu Kyi［1997a］123-129参照。そこでは、総会開催が予定されていた前の週に、約300人の議員が逮捕されたとされている。
16　*New Light of Myanmar*, 8 June, 1996. なお、本法律の正式名称はThe Law Protecting the Peaceful and Systematic Transfer of State Responsibility and the Successful Performance of Function of the National Convention against Disturbances and Oppositions。
17　工藤［1997］426-427。なお、「新治安維持法」の全訳は、工藤［1997］447-448に掲載されている。

しNLDが憲法を起草するとなればSLORCと並行政権を樹立したものと見なす、2.もし憲法を起草すればNLDを非合法化する等を伝えている[18]。

このことからも「新治安維持法」の発令が明らかにNLDの動きを牽制するためのものであったことがわかる。しかしながら、こうした当局による警告および法律の発令にもかかわらず、アウンサンスーチーの週末集会は続けられた。当局側は、国営紙の7月21日から始まる連載記事[19]等を通じて、反アウンサンスーチー・キャンペーンを強化した。

このNLDとSLORCとの緊張関係は続き、96年9月27日〜29日にかけて再び動きを見せる。NLDは、当選議員や全国から組織委員を招待して、アウンサンスーチーの敷地内において、結党8周年記念集会の開催を企てるが、当局は、27日にアウンサンスーチー自宅前の道路を封鎖し、NLDの党員・支持者約100名の身柄を拘束した。道路封鎖は翌28日土曜日も続けられ、その結果、自宅軟禁解放以降、1年以上にわたって行なわれてきた土日のアウンサンスーチー対話集会も中止せざるを得ない状況に至った。身柄拘束も日を追って増し、10月1日の記者会見における政府発表ですら、NLD党員159名、その他市民400名にのぼった。また、この日の記者会見では、国防省のチョーテイン大佐が記者の質問に答える形で、NLDの行なっている週末集会に関して「政府は繰り返し、この種の週末集会は現存する法律に違反していると言ってきている。それ故、将来どうなるか分からないが、現存の法を犯す者に対しては、いかなるものであろうともしかるべき対応が取られるであろう」と述べ、NLDの行動を牽制した[20]。

欧米諸国がミャンマーに対する制裁を強化し、国際的非難の声が高まったこともあって、NLD関係者の拘束は比較的短期間で終わり、アウンサンスーチー自宅前の道路封鎖も10月8日には解除された。ところが10月下旬、ヤンゴン工科大学学生とレストラン店員との口論がきっかけとなり、小規模ではあったが学生デモが発生したことで、当局は、NLDの関与を疑い、副議長チーマウンの事情聴取を行なった。しかしNLD側は、この学生運動とは一線を画した立場を

18 国会議員代表委員会[2000]33-37。
19 Pe Kan Kaung[1996]。なお、ビルマ語紙に掲載されたビルマ語版をまとめたものとして、ペーカンカウン[1997]が出版されている。
20 *New Light of Myanmar*, 2 October, 1996。なお、工藤[1997]427も参照。

堅持した[21]。

　他方で、こうした事態に及んで、NLDは、当選議員に対し、今後民主主義が確立するまで、議員の権限をNLD議長アウンシュエー、総書記アウンサンスーチーを指導者とする中央執行委員会に委譲する旨の了解を書面で取り付けた[22]。

　当局とNLDの緊張関係が高まる中、11月9日には、アウンサンスーチーの乗った車が、約200名の暴徒に襲撃されるといった事件が発生する[23]。NLD側は、襲撃者は、大政翼賛組織として1993年9月15日に結成された連邦団結発展協会* (Union Solidarity and Development Association : USDA) の会員であるとの見解を発表し、当局に事件究明を要求した[24]。

　こうした状況下、12月初旬に、当局にとっても対応を苦慮する事件が発生する。学生運動の再燃である。学生連盟の再建などを訴えたデモには、一部市民なども合流し、参加者1500～2000名とも言われた88年の現政権成立以降最大規模の運動へ発展した。ASEAN加盟を目指していたSLORCにとって、国際的評判をこれ以上落としたくない微妙な時期にあたっていたため、当局も当初慎重な対応姿勢を見せるが、結局事実上の大学閉鎖を断行するといった強硬措置を取らざるを得ない状況に至った[25]。

　翌1997年に入ると、当局の強硬姿勢はさらに強化され、5月には、NLD副議長であったティンウー等NLD党員が多数拘束される。月末に予定されていたNLDの総選挙実施7周年記念集会も、当局は、当選議員等を拘束するとともに、アウンサンスーチー宅前の道路を封鎖することによって阻止した[26]。こうした一連の強硬姿勢に対して、欧米を中心として海外からの圧力は高まったが、ASEANは、5月31日の特別外相会議で、カンボジア、ラオス、ミャンマー3ヵ

21　工藤［1997］428。
22　国会議員代表委員会［2000］36, 97。
23　国会議員代表委員会［2000］38。なお、アウンサンスーチー自身のこの事件に関する生々しい記述としては、Aung San Suu Kyi［1997a］195-197を参照。
24　工藤［1997］428。USDAに関しては、井田［1994］426、The Union Solidarity and Development Association［2007a］［2007b］、伊野［2007］17-19を参照。なお、USDAの活動を批判したものとしてNetwork for Democracy and Development Documentation and Research Department［2006］がある。
25　工藤［1997］429-430。
26　工藤［1998］434。

国の同時加盟が合意された。

　このASEAN加盟合意後の6月5日、NLDは独自の憲法草案をまとめたと公表した。6月に発令された「新治安維持法」を論拠にNLDの非合法化が懸念されたが、当局は、7月23日のASEAN正式加盟に向けて軟化の姿勢を示す。さらに7月17日には、SLORC第1書記キンニュンとNLD議長アウンシュエーとの会談が実現し、アウンサンスーチーやNLDが一貫して呼びかけてきた「対話による和解」が実現するのではないかという期待が一挙に高まった。しかしながらこの対話は、NLD側の要請にもかかわらず、SLORC側が応ぜず、結局アウンサンスーチー抜きで行なわれた。NLDは、9月16日に設定された第2回NLD・SLORC対談にも、アウンサンスーチーの出席を要求したが、既にASEAN入りを果たしていた軍事政権はかたくなにその要求を拒絶した。対談は、結局NLDがキャンセルすることによって中止された。当局の対応が懸念されたが、9月27・28日両日にNLDが企画した結党9周年記念式典開催にあたっては、参加者300名と限定はしたものの、この開催を認めるといった、従来に見られない柔軟な対応を見せた。アウンサンスーチーも当局の柔軟な姿勢に対して感謝の意を表明した。10月24日には、アウンサンスーチーが自宅外での集会に参加することも認められた。しかしながら、依然として根強いアウンサンスーチー人気、さらにはNLDの組織建て直しが急速に進みつつあると判断してか、自宅外での集会参加を認めた1週間後には、アウンサンスーチーの集会参加を阻止し、集会自体も解散させるといった強硬姿勢に転じた。当局は、これ以降、党員の拘束・逮捕、道路封鎖などによってアウンサンスーチーおよびNLDの動きを再び規制し、アウンサンスーチーらもその対応を厳しく批判するといった、いわばSLORCとNLDの膠着状況が再燃することになる[27]。そうした中、軍事政権は、97年11月15日、SLORCを解散し新たに国家平和発展評議会*（State Peace and Development Council：SPDC）を設立し、内閣の大幅な改造を試みる[28]。SLORCの解体、内閣改造の理由は、①国軍内部の人事滞留の解消、②汚職まみれの軍幹部の排除、③軍政のダーティー・イメージの雌伏にあったと言われている[29]。

27　工藤［1998］435-436。
28　*New Light of Myanmar*, 16 November, 1997.
29　工藤［1998］436-438。

第5章 新憲法の成立と「アウンサンスーチー政権」の誕生——日記抄以後のミャンマー   175

　SPDCの民主化に関する政治姿勢を計る1つの尺度となったのが、翌1998年5月のNLD主催の総選挙8周年記念大会であった。5月27日から28日にかけて予定された大会に対し、当局は当初中止を勧告し、関係者の身柄を拘束するなどの強硬姿勢で臨んだが、開催前日になって、出席者を200名に限っての開催を許可した。アウンサンスーチーは、SPDCの対応を勇気ある決断として評価した[30]。大会では13の決議が採択されたが、その中には、その後の政治の流れを決定づける次のような決議が含まれていた[31]。
①国会召集する最終期限をもうけ、当局に通知する件に関し、本大会は中央執行委員会に、その執行権限を委譲する。
②国民の意思も、民主的方法も無視した憲法は認めない。
③1990年総選挙結果を無視し、また新たに総選挙を実施することは絶対に認めない。
④連盟の十分な活動が展開できるように、連盟議長と総書記に、その決定・執行権限を引き続き委任する。

　アウンサンスーチーはこの大会の席上で次のような演説を行なっている。
　「民主主義と人権、人権と選挙というのは、分けて考えられることができないほど関連したものです。…選挙の結果を尊重しないというのは、食事に招待して御馳走を用意し、その食卓の前に座らせておきながら、召し上がらないで下さいと言って、目の前の御馳走をかたづけてしまうようなものです。お客さんをバカにした話です。1990年総選挙の結果を反故にするというのは全国民を騙し、侮辱したことになります。…だからこそ、1990年総選挙の結果を反故にし、また別の選挙を実施するというのは、国民民主連盟として全くもって認めがたいと結論を下したのです[32]」
　新憲法の規定に基づく政権移譲とは、1990年総選挙の結果を反故にして、再度総選挙を実施することを意味したが、この期に及んでも90年総選挙結果にこだわるアウンサンスーチーの姿勢は、軍政側にとって、大きな衝撃であったことは間違いない。さらにNLDはこの大会決議に従って、1998年6月23日付の書

30　工藤［1999］429。
31　国会議員代表委員会［2000］38-39。
32　国会議員代表委員会［2000］39-40。

簡をSPDCに送付した。その書簡では、60日以内、つまり8月21日までに、国会を召集することが要求されていた[33]。国会召集要求は、既に6月6日付で、シャン民族民主連盟、ヤカイン民主連盟、モン民族民主連盟、ゾーミー民族会議が連名で提出していたが、NLDの国会召集要求は[34]、それに拍車をかける結果となった。

　6月25日には、1つの事件が発生する。NLDと官憲との衝突である。NLDが6月26日にSPDC宛に出した抗議書によれば、事件は以下のようなものであった。

　当日はアウンサンスーチー宅にて青年部の読書会が予定されており、事前に出席者の名簿が、アウンサンスーチー宅を警備する軍に提出されていた。しかしながら、当日になると警備部隊は青年たちがアウンサンスーチー宅へ入るのを禁じ、立ち去るように命じた。そこで、副議長のティンウーと総書記のアウンサンスーチーが敷地内から出向き、青年たちに敷地内に入るように伝え、ともにアウンサンスーチー宅へ向かったところ、黄色い上着を着た人物が「誰が指導者だ、殴れ」「どいつが指導者なんだ、その指導者を殴れ」と命令を下した。すると警備部隊がティンウー、アウンサンスーチー、および青年党員に、棍棒等で殴りかかってきた。事件が発生した場所は、当局が立入禁止に指定していた場所であり、警備部隊の他は誰も居ない場所であった。この襲撃によって、アウンサンスーチーが2ヵ所に軽い傷を負ったほか、4人の青年も負傷した[35]。

　こうした事件が発生する一方で、当局は、NLD党員の身柄拘束や、1961年に制定された常習犯罪者に対する移動制限に関する法律等を論拠に当選議員の移動制限を行ない、締め付けを強化していった。さらには、アウンサンスーチーらの移動制限を強めていった。7月7日には、バゴーへ向かったアウンシュエー議長とアウンサンスーチーの一団が、途上、警察に通行を阻止された。一行は車内で1泊し、翌日ヤンゴンへ戻った。また、20日にも、エーヤーワディー管区へ向かう途上、同様の事件が発生した。こうした、当局によるアウンサンスーチーの行動規制に対して、彼女は再びエーヤーワディー管区へ向かうといった手段で応じた。7月24日、エーヤーワディー管区へ向かったアウンサンスー

33　国会議員代表委員会[2000]41。なお、書簡全文は、国会議員代表委員会[2000]76に掲載されている。
34　書簡全文は、国会議員代表委員会[2000]71に掲載されている。
35　抗議書全文は、国会議員代表委員会[2000]77-78。

第5章　新憲法の成立と「アウンサンスーチー政権」の誕生——日記抄以後のミャンマー　　177

チー一行は、再び通行を阻止された。海外でも注目を集めた車内籠城・ハンストが始まった。結局籠城は、29日官憲が車内に乗り込み、アウンサンスーチーを強制送還することで一応の決着を見る。[36]

しかしながら、行動制限に対するアウンサンスーチーの抵抗は続き、翌8月12日再々度エーヤーワディーへ向かった。一行は、前回と同じ場所で通行を阻止されたが、今回は、NLD側もワゴン車を用い飲料水、食料、簡易トイレも備えた万全の籠城体制で臨んでいた。NLDとしては、単に行動制限への反抗だけではなく、8月21日を期限として提出した国会開催要求が軍政当局によって無視されている状況への最後の抗議であった。18日NLDアウンシュエー議長とSPDCキンニュン第1書記とが、およそ1年ぶりに会談を持つ[37]。しかしながら、状況の進展は見られず、20日NLDは、SPDC議長宛に、選出議員にかけられた移動制限に対する抗議書を提出する。[38]当局は、これを無視したのみならず、結局、国会召集要求をも拒絶した。

8月21日の国会召集期限が過ぎた24日、アウンサンスーチーは、車内籠城を中止し、新たな対抗手段を講じることになる。国会議員代表委員会（CRPP）の設置である。1998年9月16日第1回大会が開催され、翌17日には声明第1号が発表された。[39]その声明では、総選挙で選出された国会議員は国民および国家のために行動する義務を果たさなければならない（第3項）とし、しかしながら、現在のように国会議員の大多数が逮捕・拘束されている状況下では、国会議員の有する権限を当委員会に委譲し、その責務を代行させなければならない（第5項）とされた。そして、26人が既に他界したために現在生存する当選議員459名中、国民民主連盟および協力政党の当選議員251名の委任を受けているがゆえに、当委員会は合法的なものであるとされ（第6項）、以下のメンバー構成によって「1990年複数政党制総選挙で選出された国会議員代表委員会」を構成するとされた（第7項）。

　議長　ウー・アウンシュエー
　　　　ヤンゴン管区、マヤンゴン郡第1選挙区選出議員

36　工藤［1999］430-432。
37　工藤［1999］432。
38　抗議書全文は、国会議員代表委員会［2000］79-80。
39　声明第1号全文は、国会議員代表委員会［2000］58-60。

書記	ウー・エーターアウン	

　　　　　シャン民族民主連盟・ヤカイン民主連盟・モン民族民主連盟・
　　　　　ゾーミー民族会議代表
　同　　ウー・タントゥン
　　　　　マンダレー管区、タウンダー郡第2選挙区選出議員
　委員　ウー・ティンウー　　　　　　　国民民主連盟副議長
　同　　ドー・アウンサンスーチー　　　国民民主連盟総書記
　同　　ウー・ルイン
　　　　　ヤンゴン管区、トゥングワ郡第1選挙区選出議員
　同　　ウー・フラーペー
　　　　　エーヤーワディー管区、モーラミャインヂュン郡
　　　　　第1選挙区選出議員
　同　　ウー・ソーミン
　　　　　ヤンゴン管区、南オカラッパ郡第1選挙区選出議員
　同　　ウー・ルンティン
　　　　　モン州、モーラミャイン郡第1選挙区選出議員
　同　　ウー・ニュンウェー
　　　　　バゴー管区、タウングー郡、第2選挙区選出議員

　さらに、16日開催された第1回委員会での決議事項が以下のように掲げられた (第9項)。

①1990年選挙法に基づき選出された国会議員は、いかなる法律・法令・命令もしくは個人的理由によっても、辞職させたり、除名することはできない。
②国会議長としてヤカイン民主連盟議長で、ヤカイン州ミャウー郡第1選挙区選出議員であるウー・ソーミャアウン博士を選出した。
③国会の会期は、大多数の国民が認め、民主主義の理念に基づいた憲法を国会が採択するまでとする。

　その上で、第10項では、1998年9月18日以降出される、すべての法律・法令・規則・命令・声明は、国会が承認するところのものではないので、非合法とする (第10項) とされた。

そして、最後には、「この委員会は、1990年複数政党制民主主義総選挙法に沿った国会開催原則に基づいて、国会が開催されるまで、国会を代表する」と改めてうたわれた。

アウンサンスーチーは、この委員会設立にあたって、次のように語った。

「…国会議員代表委員会は、行なうべきことを法律の枠内で引き続き行なっていきます。私たちを脅したところで、私たちは引き下がるわけではありません。私たちの代表を人質に取り、私たちの国会議員代表委員会を崩壊させようとしても、私たちは解散するわけではありません。私たちが望む国会開催要求を諦めるわけでもありません。

私たちはしばしば言ってきました。国会の開催をけっして諦めないと。なぜならば、このことを諦めてしまうとすれば、私たちは国民の意思に背くという悪しき慣行を私たち自身が認めたことになるからです」[40]

この通称「10人委員会」と呼ばれる、いわば「並行政権」の設立以降、SPDCとNLDの溝は決定的なまでとなり、当局のNLDに対する弾圧、反NLDキャンペーンは強化され、2000年末アウンサンスーチーは再び事実上の自宅軟禁状態に置かれることになった。

アウンサンスーチーの2度目の自宅軟禁は、NLDの活動の弱体化にダイレクトにつながるとともに、折からの天然ガスの経済的利益がSPDC体制の安定化に寄与することになった。2001年から開始されたタイへの天然ガスの販売は、軍政の安定、軍政主導の「民主化」という方向性を決定づける大きな要因となったのである。

そうした状況は、2002年5月6日、アウンサンスーチーが2度目の自宅軟禁から解放されたのちも基本的には変わらなかった。もちろん、彼女の解放により再びNLDの活動は活発化したが、翌2003年5月30日には、NLD側が「ディベーインの虐殺」[41]と称する遊説中のアウンサンスーチー一行への暴行事件が勃発し、彼女自身も3回目の身柄拘束を受け、実質的軟禁状態に再再度置かれることになる。

40　国会議員代表委員会［2000］43。
41　「ディベーインの虐殺」と言われる事件に関しては、Popham［2012］350-366（邦訳、495-516）が詳しい。

第3節　2008年憲法とNLD政権の誕生

　SPDCは内外の批判をかわす目的もあり2003年8月に、「民主化へ向けての7段階のロードマップ[42]」を示し、マス・コミ等から注目されるが、その内容は、90年総選挙直後に示した政権移譲に関する基本的考え方を変えるものではなかった。翌2004年には、軍の情報畑出身で、体制内では国際派・穏健派と見られていたキンニュン首相が失脚し、実践部隊の強硬派を中核とするタンシュエー独裁体制が強化されていった。

　2007年9月、憲法の最終草案が出されて、制憲国民会議は閉会し、2008年5月10日国民投票に付され、92.4％賛成票をもって2008年憲法として成立した。憲法の内容自体は1994年当時のものとほとんど変わらず、国軍が国民政治の担い手として位置付けられ、すべての議会の4分の1の議員が国軍司令官によって指名され、すべての行政レベルにおいて、国防、警察を含む内務、国境問題等の長も国軍司令官によって指名されることになり、国軍の政治的影響力が確保されたものであった。また、アウンサンスーチーに関しては、実質的に大統領になる資格が剥奪される仕組みとなっており、NLD等の民主化勢力からすればけっして納得のいくものではなかった。[43]

　しかしながら、憲法の制定の意味は大きく、この憲法に基づいて、2010年に総選挙が実施されることになる。2010年総選挙の実施にあたっても、NLDの動向が再度注目されたが、NLDは2010年4月6日付で声明を発し、90年総選挙結果を無視するSPDCの姿勢を批判するとともに、新たに制定された選挙法、政党登録法の不当性を訴え、これらの法に則った形での政党登録と総選挙への参

42　ロードマップでは、①96年から休会状態になっている制憲国民会議の再開、②国民会議再開後、規律ある真の民主的国家の実現に向け必要なプロセスを一歩一歩進む、③国民会議によって提示された新憲法の基本原則および基本原則細則に従って、新憲法を起草する、④国民投票による新憲法の承認、⑤新憲法に従って、立法府の議員を選出する公正な選挙の実施、⑥新憲法に従った、国会の開催、⑦国会で選ばれた国家指導者や政府およびその他の中央機関による、近代的で発展した民主的国家の創出、という7段階の道筋が明示された。

43　2008年憲法の概要に関しては、伊野［2016b］を参照。

加を拒否した。NLDも98年当時の基本的スタンスを崩さなかった。また、上記声明では「アウンサンスーチーの指導のもとに」今後の民主化闘争を継続していくとうたわれており、この声明には、彼女の意向が色濃く反映されていたと見ることができる。ただ、唯一の違いは、このNLDの決定を不満とした一部の党員が国民民主勢力（National Democratic Front）を結成し総選挙へ合流したが、結果的に大敗したという点にある。

　2010年総選挙結果は、軍政時代に体制翼賛的に組織化され、総選挙にあたって政党化した連邦団結発展党＊（Union Solidarity and Development Party：USDP）が、人民院においては325議席中259議席を、民族院においては168議席中129議席と軍人議員を除く7割以上の議席を獲得し政権与党となった。USDP党首のテインセイン＊（Thein Sein）が大統領に選出され、22年にわたる軍政に終止符がうたれた。いわばいわくつきの民政移管であったが、テインセイン政権の民主化勢力、特にアウンサンスーチーに対する対応には大きな変化が見られ、2010年11月には3度目となっていた自宅軟禁から彼女を解放し、直接対話の場を設けるに至る。彼女は、これまで一貫して90年総選挙結果の尊重と直接対話による問題の解決を終始主張してきたわけであるが、その内の後者、つまりトップによる直接対話が実現したことになった。こうした政権側の譲歩に対して、アウンサンスーチーもこれまでのボイコット路線を変更し、2012年の補欠選挙で立候補し、人民院議員として、憲法の枠内での活動を展開するという結果につながった。そうした活動の中で注目されたのが憲法改正へ向けての動きである。憲法改正への動きは、2015年の総選挙をにらみ、2014年の連邦議会から本格化した。憲法改正に関する委員会が議会内に組織され検討が進んだ。特にその中で問題となったのが、憲法改正の発議に関する第436条の規定であった。憲法改正にあたっては重要な条項に関しては連邦議会議員の75％を超える賛成票の下、国民投票において過半数の同意が必要とされ、その他の条項の改正にあたっても連邦議会議員の75％を超える賛成票が条件とされていた。これに対し修正案では、いずれも70％を超える賛成票を得られれば発議または決定できるとされた。ま

44　声明文の内容については、http://burmacampaign.org.uk/nld-statement-a-message-to-the-people-of-burma/（2017年9月29日アクセス）を参照。
45　2010年総選挙結果に関しては工藤［2012］を参照。

た、大統領および副大統領の資格要件についても、親族における外国勢力からの影響における制限範囲や、副大統領の選出にあたって連邦議会議員の中からという条件を課すか否かなどが問題となった。

議論の末、6月25日には、結局6項目の修正案に対して採決がなされた。その項目の中には、上記2つも含まれていたが、改正発議および決定に関しては、61.295％、大統領、副大統領の資格要件に関しては、60.979％の賛成票しか得られず、改正は見送られることとなった。6項目の改正案のうち、改正の発議が認められたのは、大統領の資格要件の中で、軍事にも見識がなければならないという箇所の「軍事」という言葉が「国防」という言葉に置き換えられるという変更のみであった。議員構成の4分の1が軍人議員からなる連邦議会における憲法改正発議、決定の難しさが端的に現れる結果となったが、他方で、上記2項目の改正に賛成票を投じた議員が6割を超えていたということは、軍の影響力の強い政権与党USDP内でも、今回の改正案に賛成票を投じた議員が少なからずいたことを意味する興味深い結果となった。しかしながら、大統領や軍に関する憲法規定の改正はきわめて難しい状況が続いている。[46]

他方で、NLDの政治参加の意義は大きく、2015年に実施された第2回総選挙において、NLDが連邦レベルの人民院で323議席中255議席（78.95％）、民族院で168議席中135議席（80.35％）、地方レベルの管区域・州議会で659議席中497議席（75.42％）と圧倒的な勝利をおさめている。これに次いで議席を確保したのは与党であった連邦団結発展党（USDP）であるが、人民院で30議席（9.29％）、民族院で11議席（6.55％）、管区域・州議会で76議席（11.54％）と大きく差をつけられた形となった。USDPは2010年総選挙では、人民院で259議席、民族院で129議席、管区域・州議会で495議席を獲得し圧勝したが、ちょうどその議席数をNLDが受け次いだかのような結果となった。

社会主義時代のビルマ社会主義計画党（BSPP）の流れをくむ国民統一党（NUP）は、前回の選挙では、人民院で12議席、民族院で5議席、管区域・州議会で46議席を確保し、10名しか当選議員を出せなかった90年総選挙に比べ勢力を回復したかに見えたが、今回は、民族院でわずか1議席を確保したにとどまり、大敗を喫している。また、先回の選挙でNLD等がボイコットを決める中、民主化

46　憲法改正問題に関しては、伊野［2016b］を参照。

勢力を代表しようと試みて結成され人民院で8議席、民族院で4議席、管区域・州議会で4議席獲得した国民民主勢力（NDF）も、今回の選挙では候補者を立てたものの1議席も確保できずに惨敗した。[47]

このように、与党勢力（USDP）、旧体制勢力（NUP）、他の民主化勢力いずれの勢力においても、NLDに議席を奪われる結果となった。

こうして、2016年3月、ティンヂョー（Tin Kyaw）を大統領とするNLD政権が成立し、翌月には、アウンサンスーチーが国家指南役（国家顧問）に就任し、実質的に「アウンサンスーチー政権」が誕生した。1988年に始まった民主化運動の一応の帰結がもたらされることになったのだが、それには、四半世紀を超える歳月が費やされたのである。

47　2015年総選挙に関しては、サンドーチェイン日報編集部［2015］、伊野［2016a］および長田、中西、工藤［2016］を参照。また、1990年総選挙に関しては伊野［1992d］、2010年総選挙に関しては、工藤［2012b］を参照。

■ アウンサンスーチー遊説行
（国民民主連盟ビデオ記録
［1988a］［1989a］
［1989d］［1989e］
［1989g］［1989h］より）

1：1988年11月2日、マグエー管区パコゥクー町での集会で演説するアウンサンスーチー。

2：1988年11月2日、パコゥクー町での集会に集まった人々。

3：1988年11月2日、バガンにて歓迎を受けるアウンサンスーチー。

4：1988年11月2日、バガン、シュエージゴウン・パゴダにて。

5：1988年11月、マンダレー管区ミンチャンへ向かい舟から下船するアウンサンスーチー。

6：1988年11月、牛車にのり農民の歓迎を受けるアウンサンスーチー。

7：1988年11月5日、ザガイン管区ミンムー町NLD支部に集まった人々。

8：1988年11月5日、ミンムー町で集まった民衆に挨拶するアウンサンスーチー。

9：1988年11月6日、ザガイン管区モンユワー町にて歓迎を受けるアウンサンスーチー。

10：1988年11月6日、モンユワー町にてアウンサンスーチーを迎える人々。

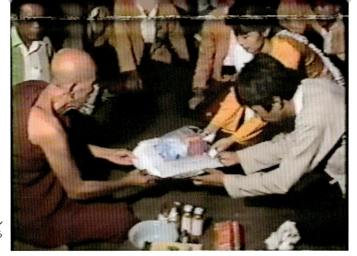

11：1988年11月6日、モンユワー町にて僧侶に寄進するアウンサンスーチー。

12：1988年11月6日、モンユワーにおける集会にて花輪で歓迎されたアウンサンスーチー。

13：1988年11月6日、モンユワーにおける集会に集まった人々。

14：1988年11月6日、モンユワーにて演説するアウンサンスーチー。

15：1988年11月6日、遊説行中、ザガイン管区ウェッレッ近郊の村で農民たちに囲まれるアウンサンスーチー。

16：1988年11月8日、マンダレー管区クーメー町で歓迎を受けるアウンサンスーチー。

17：1988年11月9日、マンダレー管区ピョーブェー町にてアウンサンスーチーを歓迎する人々。

18：1989年1月15日、エーヤーワディー管区チョウンマゲー町で住民とアウンサンスーチーの接触を妨げる兵士。

19：1989年1月15日、エーヤーワディー管区チョウンマゲー町で住民の前に立ちはだかる兵士。

20：1989年1月15日、エーヤーワディー管区移動中の船上から人々に手を振るアウンサンスーチー。

21：1989年1月16日、エーヤーワディー管区ワーケーマ町で柵によって住民との接触を許されないNLD一行。

22：1989年1月16日、エーヤーワディー管区ワーケーマ町で、封鎖線の向こう側にいる人々に演説するアウンサンスーチー、通行禁止の看板が立てられている。

23：1989年1月17日、エーヤーワディー管区パテイン町で、接触を禁止されているにもかかわらず集まった人々に手を振るアウンサンスーチー。

24：1989年1月18日、エーヤーワディー管区ンガプードー町にて、軍によって住民との接触を断たれながらも町中を行進するNLD一行。

25：1989年1月19日、エーヤーワディー管区ターパウン町で、軍の封鎖線の前に立ってみせるアウンサンスーチー。

26：1989年1月19日、エーヤーワディー管区ターパウン町で、封鎖線の向こう側にいる人々に手を振るアウンサンスーチー。

27：1989年1月19日、エーヤーワディー管区ターパウン町で、警戒に当たる軍人の横に堂々と立ってみせるアウンサンスーチー。

28：1989年1月23日、遊説行途上、踊りの歓迎を受けるアウンサンスーチー。

29：1989年1月23日、遊説行途上、住民から花を贈られるアウンサンスーチー。

30：1989年1月25日、エーヤーワディー管区メーザリーゴゥンにて一行を監視する軍。

31：1989年4月4日、エーヤーワディー管区ニャウンドン町にて演説するアウンサンスーチー。

32：1989年4月4日、エーヤーワディー管区ニャウンドン町で集会を妨害する軍。

33：1989年4月4日、エーヤーワディー管区ニャウンドン町での集会に集まった人々。

34：1989年4月4日、エーヤーワディー管区ニャウンドン町で集会禁止令を読み上げ解散を命じる軍。

35：1989年4月4日、エーヤーワディー管区ニャウンドン町にて、軍の解散命令に「他に言いたいことはないのか」と切り返すアウンサンスーチー。

36：1989年4月4日、エーヤーワディー管区ニャウンドン町で聴衆を解散させようと展開する軍。

37：1989年4月5日、エーヤーワディー管区ダヌービュー町で、一行と住民の接触を妨害する軍。

38：1989年4月5日、エーヤーワディー管区ダヌービュー町で、軍の妨害にもかかわらずNLD一行に花を渡す住民。

39：1989年4月5日、エーヤーワディー管区ダヌービュー町で、NLD一行の行進を阻止しようとする軍。

40：1989年4月5日、エーヤーワディー管区ダヌービュー町、NLD一行を包囲しようとする軍。

41：1989年4月5日、エーヤーワディー管区ダヌービュー町、軍の妨害にもかかわらず行進を続けるNLD一行。

42：1989年4月5日、エーヤーワディー管区ダヌービュー町、軍が銃を構えたので自分から離れるように同行者に指示するアウンサンスーチー。

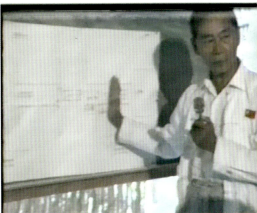

43：1989年4月18日、NLD本部における記者会見でダヌービュー事件について説明するチーマウン。

44：1989年4月25日、カチン州ミッチーナー町で歓迎を受けるアウンサンスーチー。

45：1989年4月25日、カチン州ミッチーナー町で演説するアウンサンスーチー。

46：1989年4月25日、カチン州カレーダン町で、リースー族を前に演説するアウンサンスーチー。民族衣装をまとった通訳がついている。

47：1989年4月28日、カチン州ミッチーナー町で、リースー族の歓迎を受けるアウンサンスーチー。

48：1989年4月28日、カチン州ミッチーナー町で、リースー族の民族衣装をまとって演説するアウンサンスーチー。

49：1989年4月28日、カチン州ミッチーナー町での夕食会でカチン民族衣装をまとって演説するアウンサンスーチー。

50：1989年5月12日、マンダレー管区モーゴウ町で少数民族の歓迎を受けるアウンサンスーチー。

51:1989年5月13日、モーゴウ町でアウンサンスーチーを出迎える住民。

52:1989年5月13日、モーゴウ町で雨の中演説するアウンサンスーチー。

53:1989年5月13日、モーゴウ町の政党支部で民族衣装をまとって演説するアウンサンスーチー。

54:1989年5月13日、モーゴウ町でバルコニーから民族衣装をまとって演説するアウンサンスーチー。

55:1989年6月21日、NLDサンヂャン支部「ミィニゴン交差点事件」追悼集会を取り囲む軍(1)。

56：1989年6月21日、NLDサンヂャン支部「ミィニゴン交差点事件」追悼集会で演説するティンウー。

57：1989年6月21日、NLDサンヂャン支部を取り囲む軍（2）。

58：1989年6月21日、NLDサンヂャン支部「ミィニゴン交差点事件」追悼集会で演説するアウンサンスーチー。

59：1989年6月21日、NLDサンヂャン支部「ミィニゴン交差点事件」追悼集会に集まった人々。

60：1989年6月21日NLDサンヂャン支部「ミィニゴン交差点事件」追悼集会に集まった人々を取り囲む軍（3）。

61：1989年6月21日、「ミィニゴン交差点事件」現場に花を手向けようとする青年たち。

62：1989年6月21日、「ミィニゴン交差点事件」現場で黙禱する青年たち。

63：1989年6月21日、黙禱中の青年たちに向かって突入してきた軍のトラック。

64：1989年6月21日、ミィニゴン交差点、軍の発砲現場。

65：1989年6月21日、ミィニゴン交差点に引き返してきたアウンサンスーチーを乗せた車。

66：1989年6月21日、ミィニゴン交差点で、花を手向けて抗議するアウンサンスーチー。

67：1989年6月21日、交差点で連行されるアウンサンスーチー警護の青年。

68：1989年6月29日、NLDタームエー支部前で演説するアウンサンスーチー。

69：1989年6月29日、NLDタームエー支部前に集まった人々。

70：1989年6月29日、NLDタームエー支部前で、演説に拍手で応える人々。

71：1989年7月3日、NLDバベーダン支部のバルコニーから演説するアウンサンスーチー（1）。

72：1989年7月3日、NLDバベーダン支部周辺に集まった人々（1）。

73：1989年7月3日、NLDバベーダン支部バルコニーから演説するアウンサンスーチー（2）。

74：1989年7月3日、NLDバベーダン支部周辺に集まった人々（2）。

75：1989年7月3日、NLDバベーダン支部、軍・ネーウィンを批判し、直接対話を要求するアウンサンスーチー。

76：1989年7月3日、アウンサンスーチーの演説に拍手で応える人々。

77：1989年7月3日、NLD バベーダン支部周辺、時間とともに膨れ上がる聴衆。

78：1989年7月3日、向かいのビル屋上から演説を聞く人々。

79：1989年7月3日、交通規制にかかる警察隊（1）。

80：1989年7月3日、交通規制にかかる警察隊（2）。

第2部
学生たちの苦悩、アウンサンスーチーの理想、民のこころ

第1章
学生たちの苦悩

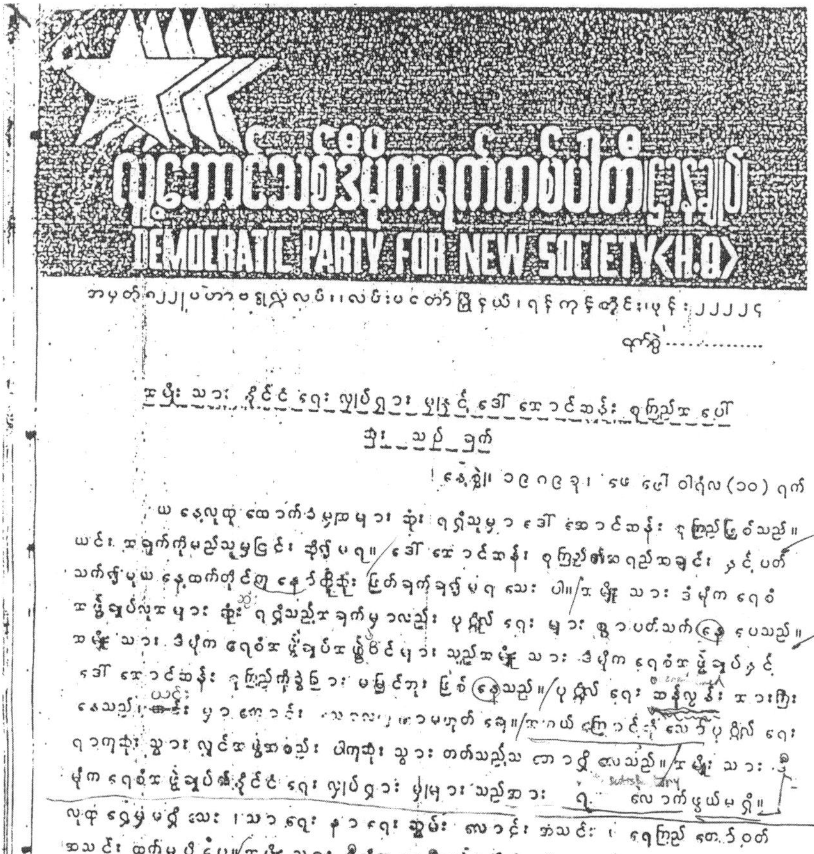

写真34　モーティーズンのアウンサンスーチー批判書簡

第1部は、1988年に始まる民主化運動の時系列的な記述であるが、第2部は、筆者の学術的分析となっている。しかしながら、学術的な分析といえども、個々の分析の出発点となる問題意識、問題関心は、筆者の当時の現地体験とけっして切り離しては考えられない。当時現場に居あわせた筆者が強く感じたことは、運動を主導していた学生たちの苦悩であった。本章は、まず、学生たちの民主化や民主化運動に対する考え方を明らかにすることで、その苦悩とは何だったのか、何によってもたらされたのかを浮き彫りにしていく。

　第1部の記述でも明らかにしてきたように、当初、民主化運動を指導していたのは、学生連盟、より厳密に言えば諸学生連盟であった。その中で、運動の過程を通じて、最も主導権を確立していったのが、ミンコーナイン、モーティーズン等が率いる全ビルマ学生連盟連合［暫定］であった。ネーウィンを継いだセインルインを辞任に追い込み、マウンマウン政権が成立するまで、彼らの意思決定は、運動の流れを決定的に左右した。しかしながら、8月24日の戒厳令、集会禁止令、夜間外出禁止令の解除後は、運動は急速に大衆化し、アウンサンスーチーを含む大物指導者たちも政治の表舞台に登場してくる中で、その求心力がかすんでくる事態が生じる。学生たちは、雑多な諸勢力を結集し、暫定並行政権を樹立し、マウンマウン政権と対峙しようと考えるのだが、その構想も、大物指導者たちの賛同を得られず頓挫し、結局軍のクーデタ介入を招くことになる。クーデタ後、政党が乱立する中で、民主化運動の中心は、アウンサンスーチーを中心とする国民民主連盟（NLD）に移っていくが、ミンコーナインやモーティーズンは、NLDとは一線を画した形で活動を展開する。当初、共闘関係にあった両者ではあるが、次第に民主化運動のあり方をめぐって見解が異なっていく。アウンサンスーチーが地方遊説を通じて国民の精神の革命に力点を置くのに対して、ミンコーナイン、モーティーズンらは、あくまで軍事政権を打倒し、暫定政権野樹立を目指す運動を展開する。

　本章では、学生たちの民衆観も含め、なぜ彼らが軍事政権打倒、暫定政権の樹立にこだわったのか、モーティーズンのアウンサンスーチー批判の分析を中心に据えながら明らかにしていく。

はじめに

❖ **1989年4月24日（月）**

　いろいろな情報を総合すると、学生（新社会民主党）が1つの危機に直面している。既にモーティーズンはモーヘイン等から共産主義者との容疑をかけられ、議長職辞任に追いやられた。他方、モーヘインは、今後の党の主導権を確立するために、23、24日に全国から代表を呼び寄せ大会（？）を開くが、結果は、40対38で、モーティーズン側が勝利し、結局、モーヘイン自身も辞職を余儀なくされた。

　もともと、ミンコーナイン、モーティーズン対コーコーデー、モーヘインといった対立構造でもあったのだろうか。少なくとも、コーコーデー、モーヘインは、アウンサンスーチー「べったり」といった噂は流れている。他方、ミンコーナインやモーティーズンは、学生連盟正統派と言おうか、学生たちの独自性をあくまで主張しているようだ。

　この対立の発端は、例のモーティーズンが出したアウンサンスーチー批判文書にあるようだ。もしNLDが裏で画策しているとしたら大問題だ。ミンコーナインが逮捕され、モーティーズンが共産主義者との烙印を押され地下に潜らなければならない現実は、なんとも憤りに耐えない。Bさんは離任前、「本当に国を想い、国民を想って、昨年、銃の前に立った学生たちが、今では、何か一般国民から浮いてしまっているのは残念だ」と言っていたが、そうならないことを祈るばかりである。

❖ **1989年4月27日（木）**

　コーコーデーが逮捕された。これで、学生運動家の中枢部がすべてラングーンの表舞台から消えた。

『ラングーン日記抄』より

　1988年3月の学生運動に端を発したミャンマーの反政府・民主化運動は、同年8月〜9月には全国的・全階層的運動に発展し、ミャンマー史上最大の大衆運動となった。この大衆運動によって、26年間にわたるビルマ社会主義計画党（BSPP）による1党支配体制は崩壊した。しかし、この「民主化」の波は、9月18日の国軍によるクーデタ介入により一挙に押し戻された。軍事政権（SLORC）は、複数政党制を導入し、総選挙を実施した。総選挙では、反政府・民主化勢力が圧勝した。ところが軍事政権は総選挙結果を反故にし、結局民主的な政権が誕

生するのには四半世紀以上の時を要することになった。

　本章の問題関心は、当初の反政府・民主化運動を担った学生たちの言動に焦点を絞りながら、彼らの論理を明らかにすることにある。反政府・民主化運動に身を投じていった雑多な諸勢力の中からまず学生たちを取り上げるのは、彼らこそ、現代ミャンマー社会の現実を深く認識し、その「歪み」に直截に挑戦し、そしてまたその「歪み」の最大の犠牲者となったと考えられるからである。その意味で、学生たちの論理を明らかにすることは、ミャンマー社会の現実を照射することにもつながると言えよう。

　以下、第1部での反政府・民主化運動全体において学生の果たした役割の記述を基にしながら、第1節では、学生諸組織の関係性を分析し、運動を指導していった主要学生組織を明らかにする。第2節では、第1節で明らかにした主要組織の指導者モーティーズンによるアウンサンスーチー批判書簡を紹介し、そこに見られる政治的主張をまとめてみる。最後に第3節では、他の関連資料とともに、学生たちの論理とその苦悩を明らかにしたい。

第1節　学生の組織

　第1部では、反政府・民主化運動の概略を述べてきたが、そこで見てきたように当初の一連の運動の指導してきたのは学生組織であった。しかし、学生組織あるいは「学生連盟」と言ってもけっして統一された1つの組織であったわけではなかった。各組織間の関係は、88年8月〜9月当時、現地にいた者でさえ容易に把握できないほど複雑であった。ここでは、まず、こうした学生の組織に関し、可能な限りその実態、関係性、変遷について、より詳細に明らかにしたい(表1、表2参照)。

(1)「3月事件」当時の学生組織

　「3月事件」当時の学生組織に関する資料は、きわめて少ない。リントナーの研究では。この時期の指導者として、マウンマウンヂョー(Maung Maung Kyaw)、

表1 主要学生組織・指導者一覧

組織名(略称)	主要指導者
〈クーデタ以前〉	
進歩大学生団体(タ・タ・パ)	ミンゼーヤ、サライン・ヨーアウン、ユユモー
ヤンゴン大学学生連盟(ヤ・カ・タ)	ミンコーナイン、モーティーズン
全ビルマ学生連盟連合(バ・カ・タ)	ミンコーナイン、コーコーヂー、モーティーズン、テットゥン、マウンマウンヂョー、ニョートゥン、モーヘイン
全ミャンマー学生民主協会(マ・カ・ダ)	学生諸団体代表
全ミャンマー学生連盟再建委員会(マ・カ・タ)	ミンゼーヤ、エールイン
全ミャンマー学生連盟連合(マ・カ・タ・カ)	学生諸団体代表(119名委員会)、「バ・カ・タ」、「マ・カ・タ」も含む。
ヤンゴン工科大学学生連盟(サ・カ・タ)	不明
第1医科大学学生連盟	不明
マンダレー大学学生連盟	不明
〈クーデタ以後〉	
全ビルマ学生連盟連合(バ・カ・タ)	ミンコーナイン、コーコーヂー、アウンデイン、ニョートゥン[1]
全ミャンマー学生民主協会(マ・カ・タ)	ミンゼーヤ
ヤンゴン大学学生連盟(ヤ・カ・タ)[2]	ティンサン、ピョウンチョー、チョーウー、サンミンウー、トールイン、マ・ティンテインニョー
ヤンゴン工科大学学生連盟(サ・カ・タ)	不明
第1医科大学学生連盟	不明
基礎教育学生連盟(ア・カ・タ)	ミンズイン、エーテーザ、ティーハ、ゼーヤーウイン、コーコーラッ、ゼーヤ[3]
〈政党[4]〉	
新社会民主党(DPNS)	モーティーズン、テットゥン、モーヘイン、イェーナインアウン
国民民主連盟青年部(NLD Youth)	ソーテイン、アウンミョーナイン、アウンスェールイン、アウンナインドゥー、ミンソー、ウィンフライン
民主学生革命党(SRPD)	エールイン、ティンマウンマウントゥエー、ウィンチュエー、テーアウン、キンマウンマウンラッ
大学院生・卒業生民主協会(GOSDA)	ヤンヂョー、トゥーラ、エーミン、マウンマウンアウン

[注](1)クーデタ直後。「バ・カ・タ」指導部の変遷については表2参照。
　　(2)クーデタ以前の組織とは異なる。
　　(3)89年6月16日現在。
　　(4)政党の主要指導者に関しては、政党結成時のものである。
[出所]筆者作成。

表2 「バ・カ・タ」およびDPNS指導部の変遷

「バ・カ・タ」	議長	副議長	総書記	副総書記
1988年8月28日	ミンコーナイン	コーコーヂー	モーティーズン	―
DPNS結党以降	ミンコーナイン	(第1)コーコーヂー (第2)アウンディン	＊	＊
1989年5月頃(1)	(暫定)ニョートゥン	―	ニョートゥン	ニィーニィートゥン
1989年8月頃(2)	コーコーヂー	＊	＊	＊

DPNS	議長	副議長	総書記	副総書記
1988年10月14日	モーティーズン	テットゥン	モーヘイン	イェーナインアウン
1989年4月22日〜 24日(3)	アウンゼーヤ	テットゥン (逮捕・拘留中)	バヘインアウン	イントゥエー
1989年8月10日(4)	テットゥン	―	イェーナインアウン	―
1990年6月頃(5)	ミンゾー(6)	チョーウィンテイン(6)	アウンモーゾー(6)	ゼーヤ(6)

［注］(1) ミンコーナイン、コーコーヂー逮捕後。
　　　(2) コーコーヂー釈放(6月17日)、ニョートゥン逮捕後。この頃より、議長タンズイン、総書記
　　　　 ゾーモーチョー率いる「バ・カ・タ(上ビルマ)」が「バ・カ・タ」との協力関係を維持しつつ登場した。
　　　(3) モーティーズン辞任、第1回党大会後。ここで掲げたのはアウンゼーヤ派である。
　　　(4) DPNS再統一後。
　　　(5) 総選挙、テットゥン辞任後。
　　　(6) 1990年10月23日逮捕。
　　　(7) ＊印は不明。
［出所］筆者作成。

ミンゼーヤ(Min Zei Ya)、ユユモー(Yu Yu Maw)などが挙げられている[1]。また、9月のクーデタ後、「バ・カ・タ」(新社会民主党も含む)の次に勢力を有していた、上記ミンゼーヤを議長とする「全ミャンマー学生連盟再建委員会［中央］＊(マ・カ・タ)」が、1989年6月11日に開いた記者会見で配布した資料によれば[2]、88年3月17日に、議長をミンゼーヤ＊(Min Zei Ya)、副議長をサライン・ヨーアウン(Salain Yoaun)およびユユモーの2名とする「進歩大学生団体＊(タ・タ・パ)」という組織

1　Lintner［1990a］7.
2　ミンゼーヤ［1989］。このパンフレットは、「バ・カ・タ」を中心とする学生たちの間で、「マ・カ・タ」は当局と通じている、あるいは当局の傀儡学生連盟だとする批判が高まっていたことに対して、「マ・カ・タ」側が事実関係を明らかにするために作成したものである。「マ・カ・タ」側の主張等を知る上では重要な資料となる。

が結成されている。しかし、この組織が結成されたのは、3月18日をもって一応事件が収束する前日のことである。また、この組織の中央執行委員（CEC）メンバーの中には、マウンマウンヂョーの名前は見られない。

他方、1988年8月28日の「学生連盟結成大会」でのミンコーナインの演説の中では、当時タイ国境で活動していたマウンマウンヂョーは、CECの1人として紹介されている。また、同大会でのモーティーズンの演説では、彼らが少人数で秘密裏に反政府活動を開始したのは1984年頃であったと言及されている。

上述したような事実を考慮すると、3月事件の段階では、いくつか存在した学生グループが寄り集まって、反政府運動に立ち上がったのだと思われる。しかし、学生の間で著名な活動家として知られていたのは、ミンコーナインやモーティーズンよりもマウンマウンヂョーやミンゼーヤ等であったと推測される。それ故、その後の運動の展開過程において、ミンゼーヤを中心とする組織を「バ・カ・タ」も完全に無視できなかったと言えよう。

(2)「6月事件」における学生組織

「6月事件」当時になると状況は変化した。その大きな要因になったのが、「3月事件」においてミンゼーヤ等「タ・タ・パ」の中央執行委員がすべて逮捕されたことである。「6月事件」においても統一された学生組織ができていたとは言いがたい。ヤンゴン大学構内の演説集会でも雑多な学生グループの代表がそれぞれ演説するといった状況であった。例えば「マ・カ・タ」の上記の資料によれば、「6

3 　ミンコーナイン[1988d]。
4 　モーティーズン[1988b]。
5 　3月事件における反政府組織に関しては、Ministry of Information of the Government of the Union of Myanmar [1989a] 6-8でも言及されているが、この資料は、3月事件にはじまる一連の反政府・民主化運動をビルマ共産党の画策であったとする意図のもとに作成されたものであるだけに、この部分の記述も信憑性においてはなはだ疑問が残る。一例をあげれば、この資料ではニョートゥン（Nyo Tun）を共産党の地下分子とし、彼が3月事件に関与していたから3月事件が共産党によって引き起こされたものであるとしているが、仮にニョートゥンが共産党となんらかの関係があったにせよ、運動が盛り上がった8月～9月当時「バ・カ・タ」内部において彼の影響力はさほど大きいものではなかったと考えられる点である。88年8月28日の「学生連盟結成大会」で明らかにされた「バ・カ・タ」執行部においてすら、ニョートゥンは10名の中央執行委員には属しているものの特別な役職を与えられてはいなかった。ニョートゥンが「バ・カ・タ」の議長代行になったのは「バ・カ・タ」およびDPNSの主要指導が政府の弾圧により逮捕された後の1989年5月ごろからであった。

月事件」で登場した学生組織は22団体にも及んでいる[6]。

　しかし、徐々に運動の中心組織は明確になっていった。ミンゼーヤは、その後88年7月7日の学生の大量釈放とともに、再び反政府・民主化運動の表舞台に登場するが、その頃には、ミンコーナイン、モーティーズン等が運動の前面に現れていた。第1部で見てきたように6月初旬には、「バ・カ・タ」の母体となった「ヤンゴン大学学生連盟」によるビラが市内で配られるようになっていたし、6月21日には「バ・カ・タ」のビラがまかれている。さらに7月になると、ミンコーナインの署名入りのビラやそれを読み上げたカセット・テープが市中に出回るようになり、学生の間でのみならず一般市民の間でも、ミンコーナインの名が知られるようになっていった。

　「バ・カ・タ」がこうした宣伝・組織化活動を進める一方で、他の学生組織もそれぞれ組織化活動を行なっていたと考えられる。こうした諸学生組織が1つのまとまりを見せたのは「マ・カ・タ」の上記の資料によれば7月27日で、「6月事件」で登場した22の学生団体を糾合して「全ミャンマー学生民主協会*（マ・カ・ダ）」が結成された時点で、その議長にはミンゼーヤが選出されている。また、7月28日のシュエダゴン・パゴダでのデモ、さらには、BBC特派員のインタビューに応じ、8月8日からのゼネストを呼びかけたのは、この「マ・カ・ダ」であったとしている[7]。

　ここで言及されたいる22の学生組織の中に「バ・カ・タ」が含まれているか否かに関しては、上記の資料には記されていない。しかしながら、ここで言及されているBBCのインタビューに応じた学生の中には「バ・カ・タ」のコーラッという人物が含まれていた。コーラッは、8月28日の「学生連盟結成大会」で演説した際、そのことに関して触れており、BBCとのインタビューには、「バ・カ・タ」の活動家も含まれていたことになる。また、8月8日から始まるデモでは、「バ・カ・タ」は主要なデモ隊を形成していた[9]。この22の組織の中に「バ・カ・タ」も

6　ミンゼーヤ[1989]5-6。
7　ミンゼーヤ[1989]6。
8　コーラッ演説に関しては、コーラッ[1988]を参照。1988年8月28日、ヤンゴン大学構内で筆者が録音したカセット・テープより。
9　この点に関しては、モーティーズンの一団が、8月12日時点で、南オカラッパ地区に「解放区」のような状況を作りあげていたことからも言えよう。その状況に関しては藤田[1989]231-233、236-

含まれていた可能性は高い。

　結局「6月事件」当時の状況は、いまだに諸組織がヤンゴン大学という場を中心として、反政府活動を行なっており、その諸組織の中で、徐々に「バ・カ・タ」の前身、母体と考えられる「ヤンゴン大学学生連盟」つまりミンコーナインやモーティーズンのリーダシップが強まっていった状況にあったと言えよう。

(3) 8月～9月の運動における学生組織

　上述したように、7月時点で、ミンコーナイン署名のビラ、カセット・テープ等が市内へ流布したことは、一般市民に対して「バ・カ・タ」の存在を位置付けたと言えるが、8月8日以降の反政府・民主化運動の主導権確立にとっては、8月6日にミンゼーヤが再逮捕されたことも大きく影響した。彼は、8月25日になって釈放されたが、その時点では、「バ・カ・タ」の学生諸組織内における主導権はほぼ確立していたと言える。

　8月8日以降の「バ・カ・タ」の主導権確立に貢献したもう1つの要因は、「バ・カ・タ」がその活動拠点をヤンゴン総合病院に構えたことにある[10]。この総合病院はヤンゴン市内のほぼ中心に位置していた。また、セインルイン政権の発砲によって負傷した者の多くは、この総合病院へ担ぎ込まれた。さらに10日には、この病院へ向けての発砲事件さえ発生した。こうした要因は、ここに拠点を構える「バ・カ・タ」にとって、有利に働いた。元来、「バ・カ・タ」としては、民衆により近い場所に拠点を構えるという意図で総合病院を選んだのであるが、その選択が的中した形となった[11]。これと対照的であったのが、「マ・カ・タ」であった。彼らはヤンゴン大学のマンダレー校舎を拠点としていたが、3月、6月の時点では、運動の主体は学生であり、大学に拠点を置くこともそれなりに意味はあった。しかし、8月時点で、学生指導者たちが目指した運動は大衆を動員した形態に移行していた。それ故、ヤンゴン郊外にある大学キャンパスは、大衆動員には不向きであったのである。

　こうして、8月8日以降、セインルインの辞任、マウンマウンの大統領・党議

　　237も参照。
10　ミンゼーヤ［1989］7でも、「バ・カ・タ」は「ヤンゴン総合病院派」として言及されている。
11　この点に関しては、モーティーズン［1988b］の演説の中で言及されている。

長就任、マウンマウンの反政府・民主化勢力への譲歩という一連の政治過程における、反体制勢力内での「バ・カ・タ」の指導力がより一層確立していき、8月28日の「学生連盟結成大会」の開催へとつながっていった。そして、この大会終了後に行なわれた市内パレードによって、市民の間でも「バ・カ・タ」の反政府・民主化運動における主導的地位が揺るぎないものとして確立したと言える。

しかし、このことは、多数存在した学生連盟が完全に一本化したということを意味するわけではない。特に8月24日の戒厳令・夜間外出禁止令・集会禁止令の解除以降は、「バ・カ・タ」のほかに、「マ・カ・タ」「第1医科大学学生連盟」「ヤンゴン工科大学学生連盟」が存在したほか、地方には「マンダレー大学学生連盟」[12]等の学生連盟があり、ヤンゴンでは、地区単位の学生連盟[13]まで存在するといった状況であった。

それにもかかわらず、マウンマウン政権の譲歩に対し、どのような姿勢で対応していくかという決定に関しては、「バ・カ・タ」の出す声明が全体の流れを最も左右した。その影響力は、単に学生連盟に限らず、当時急速にその数を増やしていった、職業別、職場別、地区別に結成された諸連盟、諸団体にも及んだ。少なくともヤンゴンにおいては、各職場、各地区のデモ参加、スト決行等の指令は、「バ・カ・タ」から発せられていたと言えよう。[14]

しかし、他方で一般民衆の行動すべてを「バ・カ・タ」が完全に管理していたわけではない。政治的混乱が続く中、引き続き規制のとれた平和的デモが行なわれる一方で、第1部で触れたように、民衆による「略奪・リンチ」行為等が発生し、特に若年層を中心に、ジンガリーや刀といった物で「武装」した集団も登場してきた。

反政府・民主化勢力の暫定政権設立要求が受け入れられず、かといってデモ

12　「マンダレー大学学生連盟」に関する資料はきわめて少ない。しかし、Abbott[1990]218には、88年8月9日付の「マンダレー大学上ビルマ学生連盟(Upper Burma Students' Union, Mandalay University)」の声明が載せられている。同組織と「マンダレー大学学生連盟」が同一か否かについては不明であるが、少なくとも8月9日以前に、マンダレー大学においても反政府学生組織が結成されていたことは分かる。

13　例えば、「南オカラッパ第12地区大学生学生連盟[暫定]」等が挙げられる。

14　例えば、当時ヤンゴン国際空港もストで閉鎖されていたが、ヤンゴン総合病院に赴き、学生のスト担当責任者に、海外との窓口が閉鎖されるのは好ましくないと申し入れると、翌日に空港の閉鎖が解除されたことなどが挙げられる。

とストで対抗するしかない政治的閉塞状況の中で、その状況を最も懸念し、軍の介入の兆候を敏感に感じ取っていたのは、学生連盟指導者たちであった。それ故、9月10日、各学生連盟の代表者が第1医科大学に集まり「全ミャンマー学生連盟連合［暫定］（マ・カ・タ・カ）」が結成されたのである。勿論そこには、「バ・カ・タ」、「マ・カ・タ」も含まれていた。議長、総書記等は任命されず、119名からなる指導部（「119人委員会」）が結成されただけであったが、少なくともこの時期に諸学生連盟が一堂に会し、1つの組織を結成したのには、それなりの政治情勢認識と強い危機感があったと言える。[15] 特に、当時の勢力関係から見て「バ・カ・タ」指導部に危機感が存在しなければ、こうした各学生連盟が対等な形で統一組織を結成するには至らなかったであろう。こうして、学生たちはウー・ヌ、ボー・ヤンナイン、アウンヂー、ティンウー、アウンサンスーチーの5名に臨時・並行政権の樹立を迫ったのであった。しかし、この試みは、第1部で見たごとく、9月14日付で出されたアウンヂー、ティンウー、アウンサンスーチーの返書によって実現の望みを断たれたのである。

(4) クーデタ後の学生連盟とNLD

クーデタによって状況は一変したが、主要学生連盟のメンバーには、概ね以下のような3つの行動選択肢があった。
① 国境へ向かい武装反政府組織に加わる道。
② 国内に留まり、学生連盟のメンバーとして「非合法的」運動にたずさわる道。
③ 合法政党を結成し運動を続ける道。

クーデタ後、一部の学生は①の選択肢を選んだ。[16] しかし、学生組織の中心人物の多くは、クーデタ直後は、国内に留まり状況をうかがっていたと言える。9月21日に選挙管理委員会が発足し、9月30日には、NLDの政党登録が許可さ

---

15 「119人委員会」に関しては、ミンゼーヤ[1989]9-10参照。
16 国境へ向かった学生数を、正確に把握することはきわめて難しい。ただし、SLORCは権力掌握後すぐに国境地帯からの学生帰還キャンプを開設し、帰還学生数を随時発表しており、この数だけを見ても相当数にのぼっている。ちなみに、当局側の発表による帰還学生数は、1988年12月末までに1835名、クーデタから約1年後の1989年9月28日の時点では3198名であった。いずれも *Working People's Daily* に掲載されたSLORC情報委員会記者会見での発表である。

れると、相当数の学生がNLDに入党した。しかし、「バ・カ・タ」、「マ・カ・タ」等は、NLDとは一線を画して独自に活動を展開した。

　「バ・カ・タ」は、ミンコーナインを議長として②として引き続き活動するとともに、10月14日には、モーティーズンを議長とする新社会民主党（DPNS）を③として結成した（なお、「バ・カ・タ」およびDPNSの指導部の変遷については表2参照）。同様に「マ・カ・タ」も、ミンゼーヤを引き続き議長としながら②として存続するとともに、エールイン（Aye Lwin）を議長とする「民主学生革命党」を③として結成した。しかしながら、いずれにおいても②と③のメンバーには大きな相違はなかったと言える。

　この他にも、②としては「ヤンゴン大学学生連盟（ヤ・カ・タ）」[17]「ヤンゴン工科大学学生連盟（サ・カ・タ）」「第1医科大学学生連盟（MC1）」「基礎教育学生連盟（ア・カ・タ）」[18]等の組織が維持されたり、新たに登場してきたりした。さらに、③として「学生」や「青年」を党名に冠した政党は30党を超えた[19]。

　これらの政党、学生連盟の中で、最も活動的で勢力を有していたのは、DPNS（「バ・カ・タ」）であった。結党直後から全国レベルで組織化活動を展開した。政党支部を開設した町の数もNLDに次いで多かった[20]。DPNSは「バ・カ・タ」とともに、ビラ、パンフレット等の印刷物の配布や集会等において反政府・民主化活動を続けた。その主要な要求は、引き続き暫定政権下での総選挙実施であった[21]。それ故、結党直後より当局の弾圧を特に被ることになった[22]。

　また、クーデタ後の反政府・民主化運動には、第1部で見てきたように、新た

17　本稿の記述からも分かるように、もともと「バ・カ・タ」は、「ヤ・カ・タ」を中心として結成された組織であるが、クーデタ以降は、「ヤ・カ・タ」は別個の組織として議長、副議長等を選出していた。
18　高校生、中学生が中心となって結成された学生連盟。デモ隊等の先頭に立ったりして非常に活動的であったため、大学生からも一目置かれていた。
19　これらの学生政党の中で、DPNSに次いで活動的であったのは、ヤンヂョーを議長とする「大学院生・卒業生民主協会」であった。同党は、「ヤ・カ・タ」や「ア・カ・タ」と密接な関係にあった。なお、1990年総選挙では、NLDが候補者を立てなかったヤンゴン市内の1選挙区で当選者1名を出している。
20　1988年11月末には、ヤンゴンで32、その他の地域で90の支部を開設している。
21　DPNSが暫定政権設立要求を撤回し、正式に総選挙への参加を表明したのは1989年12月に出された新社会民主党［本部］中央執行委員会［1989］においてであった。
22　1989年10月に出されたDPNSのパンフレット情報宣伝委員会［1989］に付された資料によれば、この時期までに同党員の逮捕者は同党本部が確認しているだけでも130名にのぼっている。

に重要な組織が加わった。NLDの存在である。NLDは、アウンヂー、ティンウー、アウンサンスーチーのもと国民各階層からなる政党であった。この3名は党内でそれぞれの支持基盤を持っていた。だが、アウンヂー、ティンウーの支持基盤は元軍人が主でかなり限られていたのに対し、アウンサンスーチーの支持基盤は知識人、芸術家、学生、労働者、農民と広範であった。特に、地方遊説等に際し、実働部隊として活躍したのは、同党の青年部であったが、これは、NLDの組織の一部でありながらも、アウンサンスーチーの直属集団的性格の強いものであった。88年10月から開始されたアウンサンスーチーの地方遊説は、一挙にNLD人気を高めることになったが、それはまたNLD内のアウンサンスーチーの発言力、影響力を高めることにつながっていった。さらに88年12月のアウンヂーの党除名によって[23]、アウンサンスーチーのNLD内における主導的地位は確実なものとなっていったが、それに伴って、NLDの実働部隊でありアウンサンスーチーの「直属部隊」としての青年部が、その党内での発言力、影響力を強めていった。

　また、NLD青年部は、クーデタ以前「バ・カ・タ」等で活動していた人物も多く含まれていたため、党組織として別れていたものの、DPNS(「バ・カ・タ」)とは特に密接な関係があった。それ故クーデタ後しばらくは、NLDとDPNSは、お互い対等な形での同盟関係を維持していたのである。

(5) DPNSの分裂とNLD

　このように、NLD青年部を媒介にしながら、DPNS(「バ・カ・タ」)とNLDの友好協力関係は成り立っていたが、この関係は、モーティーズンのアウンサンスーチー批判、それに伴うDPNSの「分裂」、当局によるDPNS、「バ・カ・タ」主要指導者の逮捕等によって、大きな変化を見せた。DPNS(「バ・カ・タ」)は、主要指導者が一掃されたことによって、その政治的影響力を極度に弱めた。組織の再編に際して選出された、DPNSの議長アウンゼーヤも、「バ・カ・タ」議

23　アウンヂーは、NLD結党後間もなく、アウンサンスーチーの取り巻きには共産主義者がいるとして、彼らを党より排除すべきだと主張しだした。こうしたアウンヂーの行動に対してNLD執行部は、彼自身を党から除名する措置をとった。その後アウンヂーは、自ら「連邦国民民主党」を結成して、NLD、DPNS、「バ・カ・タ」批判等を展開した。しかし90年総選挙では、シャン州において1議席獲得したのみで、アウンヂー自身も落選する結果となった。

長代行のニョートゥンも、知名度という点では、モーティーズン、ミンコーナインとは比べものにならなかった。いわばクーデタ以前の「バ・カ・タ」の顔が喪失した状況となったのである。それ故、NLDとの関係も、もはや対等とは言いがたくなっていった。

　他方NLDは、DPNSの「分裂」に際して、モーティーズンの路線を引き継ぐアウンゼーヤ派と接触を保ち、DPNSの「アウンサンスーチー派」とも言えるモーヘイン派との接触を避けた。こうしたNLDの対応の背景には、DPNSや「バ・カ・タ」内で、モーティーズン支持者が多かったという現状認識があったと考えられるが、それよりも重要なのは、アウンサンスーチー自身が、この時期(88年6月頃)より、いわゆる「(不当な)権力への反抗」という路線を採用したことであろう[24]。結果としては、モーティーズンの批判を受け入れたとも言える。しかし、このアウンサンスーチーの「路線変更」によって、これまでSLORCと真っ向から対決する姿勢を示し続けたが故に、政治的影響力を保っていたDPNS(「バ・カ・タ」)は、皮肉にも、彼女(NLD)の影に隠れてしまうことになった。

　この「権力への反抗」路線は、大衆レベルにおけるアウンサンスーチーの人気を、他の追随を許さないほど絶大なものとし、その後の自宅軟禁、被選挙権の剥奪にもかかわらず、90年5月の総選挙におけるNLDの圧勝につながっていった。そしてアウンサンスーチーがミャンマー民主化運動の「唯一の顔」となっていったのである。

(6)学生諸組織

　以上述べてきたような、反政府・民主化勢力の主導権の移行は、クーデタ後、他の政党あるいは学生組織の存在が無意味になってしまったことを意味するわけではない。その存在が、民主化にとって、プラスに作用していたかマイナスに作用したかは別にして、他政党、学生組織の存在は、様々な形で政治に影響を及ぼした。

　学生組織に関して言えば、88年末から89年初頭に、当局との対話を巡って、

---

[24] アウンサンスーチーは、1989年6月から7月にかけてヤンゴン市内各所で野外集会を行ない、ネーウィン、SLORC、国軍等を真っ向から批判した。またその際、不当な権力によって定められた法律は、法律ではなく単なる命令であり、不当な命令には各人の義務として反抗せよと呼びかけた。この点に関しては、伊野[2001a]39-42および本書第1部第3章参照。

「バ・カ・タ」と「マ・カ・タ」の相互不信が顕在化した。この相互不信は、3月事件の追悼集会を共同で行なうことで解消されたかに見えたが、89年5月にマンダレーにて、両組織が別個に学生大会を開催したことで、依然として統合は難しい状況にあることが明らかとなった。ただ、両組織の大会での動員数からすると、やはり「バ・カ・タ」の組織力が「マ・カ・タ」のそれを上回っていた。「マ・カ・タ」の政治力はこの大会を期に一挙に低下していった。他方、「バ・カ・タ」も、度重なる逮捕によって強力な指導者を欠いており、もはや各学生組織を一本にまとめあげる力は残されていなかった。こうして「ヤンゴン大学学生連盟（ヤ・カ・タ）」、「ヤンゴン工科大学学生連盟（サ・カ・タ）」、「第1医科大学学生連盟（MC1）」、「基礎教育学生連盟（ア・カ・タ）」等も、1つの組織として統一されないままに、当局の弾圧によって個々に勢力を失っていった。

しかし、当局が、学生の活動を完全に封じ込めたと判断し、大学を再開するまでには、クーデタ後、約2年半の歳月を必要とするほど、学生組織の抵抗は、その後も粘り強く続けられた。

第2節　モーティーズンのアウンサンスーチー批判

前節で見てきたように、結局、当初の反政府・民主化運動を中心的に担っていたのは「バ・カ・タ」およびDPNSであったと言える。そこで、ここでは運動の当初より「バ・カ・タ」の中枢で活動し、クーデタ後はDPNSの議長を務めたモーティーズンが、1989年2月10日付でアウンサンスーチーに宛てた『国民政治運動とアウンサンスーチー女史に関する考察』という批判書簡の内容を検討

25　この分裂大会の開催に関する「マ・カ・タ」側の「バ・カ・タ」への批判は、ミンゼーヤ［1989］34-37で展開されているが、ことの真相はどうであれ、この分裂大会を期に「マ・カ・タ」の政治的影響力は激減していった。

26　モーティーズンの略歴については、モーティーズン［1989b］に記されている。それによれば1962年6月10日、カイン州に生まれ、本名ミョータントゥ（Myo Than Htut）、1984年より学生連盟を非合法的に結成、1987年物理学の学士号を取得、となっている。なお、彼の略歴に関するSLORC側の資料としては、Ministry of Information of the Government of the Union of Myanmar［1989a］160-161がある。

27　モーティーズン［1989a］。

してみたい。書簡では、遊説活動に専念し、当局に対して強い姿勢で臨まないアウンサンスーチーの政治姿勢を強く批判している反面、彼女に対する期待感が表されている。以下 (1) では同書簡を抄訳し、(2) でその主張をまとめる。

(1) モーティーズンのアウンサンスーチー批判書簡抄訳

　アウンサンスーチー女史は今や最も大衆の支持を獲得している。誰もそのことを否定することはできない。しかし、我々は、彼女の能力に関しては、判断を決めかねている。NLDがかくも多くの党員を獲得したのは主に彼女の存在に依っている。NLDのメンバーは、アウンサンスーチー女史とNLDを区別することができない。それは、個人崇拝であり、好ましい兆候とは言えない。(中略) NLDの活動は、未だ民衆を代表していない。NLDは、民衆に対し効果的な政治的リーダーシップも発揮していないし、政治的ノウハウも与えておらず、ただ、いたずらに時を過ごしているにすぎない。最も問題なのは、NLDがあまりにも選挙を念頭に置きすぎていることである。(中略) 暫定政権の設立が選挙実施の前提条件であるという現実を無視し、暫定政権設立に責任を負おうとしていないNLDの姿勢は我々を失望させる。大物 (ルーヂー) の政治家に率いられた政党もNLDとともに暫定政権の樹立という要求に耳を貸さず、代わりに選挙の準備を行なっている。こうした政党は、現実から目を背けているのである。民衆は、選挙にほとんど関心を示さないか、全く関心を示さないかのいずれかであるということに、注意を傾けるべきである。(中略)

　アウンサンスーチー女史は、AFPFL地区、フモービー、ヒンダダ、オーズ地区で立ち退きを強いられている人々や[28]、エーヤーワディー管区で、焼け付く太陽のもとに置かれ、籾を押収される人々[29]の直面している災難を解決することに責任を負っていない。(中略)

　基本的な対立は、個人的な友情や外交的手段では、解決できない。そのような方法は、民主主義が確立している国においてのみ有効なのである。民衆が彼らの問題を自分自身で解決するには、適切なリーダーシップと明快な指針を与

28　これは、SLORCが都市部の「不法居住者」を新たに郊外に建設したニュー・タウンへ強制移住させたことを指している。こうしたニュー・タウン建設は全国的に行なわれた。
29　SLORCは、農民に、政府や協同組合への販売割り当て量を除いて、大幅な米の自由販売を許可したが、ここではその割当量を徴収する際の当局側の強引な態度を問題にしている。

えなければならないのである。(中略) 民衆は、政治指導者が、自分たちのために何をしてくれているのかを特に知りたがっているのだ。政治指導者の最も重要な仕事は、要求が受け容れられるか否かにかかわらず、正当な要求を強く突き付けることではないか。(中略) 個人崇拝ゆえに集まった群集と民衆とを同一視するのは大きな誤りだ。アウンサンスーチー女史を一度も見たことがないから、演説を一度も聴いたことがないから、歓声をあげて集まった群衆が、嵐がやってきたとき、それに立ち向かうかどうか。民衆にとって、それは容易なことではない。民衆を決然と運動に参加させるには、早急に彼らを思想という武器で武装しなければならない。思想という武器とは、大げさな理論を意味しているのではない。我々が、民衆に、政治の意味と彼らが闘争に参加しなければならないという事実を、明快に理解させるということだ。民主主義のための革命においては、政治意識を高揚させることが、最も重要なことではないか。(中略)

　今日、政治指導者たちは、民衆の指導者になろうと望んでいる。しかし、彼らは、民衆の生活全般を忘れている。勿論、民衆のために献身している政治指導者もいる。しかし、彼らの方法は誤っている。その中で、アウンサンスーチー女史は、最たるものだ。我々は、彼女が、貧困に悩み飢えている民衆の状況に同情して、政治の世界に入りこんできたということを、全く疑っていない。しかし、飢えた民衆に同情するだけでは、充分ではない。自分が権力を得たら民衆の生活をより良くすると誓っているが、いま問題なのは、民衆の生活を向上させるために、権力を獲得することなのだ。

　規律ある行動をとれ、団結しろ、と民衆に説く哲学は、元BSPP議長ネーウィンの善良な国民であれという政策と大して違わない。この哲学では、国民が熱望する真の民主主義を獲得することは不可能だ。目を覆われ、耳を塞がれてきた民衆が、自分自身で規律を生みだすようにするには、先生がとるような方法で規律正しくするように論すことより、彼らに政治教育を施すことが重要だ。アウンサンスーチー女史の組織化の方法は、アメリカ合衆国の大統領のキャンペーンのようである。しかし、問題は、ビルマはアメリカではないということにある。我々が指導者は民衆から離れてはいけないと言っている意味は、指導者が民衆のところへ行って握手しろという意味ではなく、指導者は、民衆が抱える問題を解決してやり、正しい指導を与え、民衆の力を勇気を持って活用するべ

きだということである。(中略)

　NLDは不必要な出費に耽っている。アウンサンスーチー女史が遊説に出ると、莫大な支出を伴う。彼女が行った先々では、そうした支出を埋め合わせるのに四苦八苦している。(中略)そうした状況をアウンサンスーチー女史は気付いていないのではないか。だが、彼女が帰った後には、接待費として、町に住む党員は10チャット、村では5チャット、組織委員は250チャット支払わなければならず、問題になっていると聞いている。(中略)

　NLDの中央執行委員や中央委員には、(中略)些細な事柄でさえ、アウンサンスーチー女史に相談せずには決定できないでいる者がいる。(中略)

　現在、憲法が存在しないのに、選挙に参加させようとする企みがある。選挙で勝利した政党が人民議会を召集し、憲法を起草すると簡単に言っている。そんなことは不可能である。たとえ可能であってもうまくいくはずがない。(中略)

　民主主義の闘いで命を落とした僧侶、国民、そして学生の勇者たちは、「1党制の廃止、暫定政権の樹立」を叫びながら自らの命を犠牲にしていった。そうした犠牲があって、BSPPの1党支配体制が崩壊したのである。しかし、最も重要な要求は、まだ満たされていない。その責任は、政治指導者たちにある。要求が受け入れられるか否かは問題ではない。国民のために本当に必要なことを要求することが、我々の責務である。(中略)

　我々の批判は、NLDやアウンサンスーチー女史の活躍を誹謗するためのものではなく、建設的なものである。我々学生や全国民は、アウンサンスーチー女史の役割に全幅の信頼を置き認めている。にもかかわらず、我々は、国民から離れたいかなる政治的努力も認めるわけにはいかない。我々は、アウンサンスーチー女史が、ビルマにとって有害となるような指導者であるとは考えていない。だからといって、彼女の行動に満足しているわけでもない。「バ・カ・タ」議長ミンコーナインが言ったように、本当に資質のある指導者ならば、誰でも我々は支持する。我々は、闘いの最前列で死ぬ覚悟をしている。アウンサンスーチー女史には、まだその姿勢を変更するだけの時間は残されている。(中略)

　アウンサンスーチー女史は、ガンディーを特に見習っている。[30]アキノやブッ

30　アウンサンスーチーは、記者会見などでしばしばガンディーから強く影響を受けていると発言していた。アウンサンスーチーのガンディーからの影響に関しては、伊野［1996］［2001a］、特に［2001a］

トーを憧れるべきでもない。状況が、違うのである。もし、真似をしようとすれば、敗北することになろう。我々は、彼女が得ている国民の支持を失なうことに耐えられないが故に、忠告しているのだ。何故ならば、学生が中心となって苦労しながら組織し、現在獲得した国民の力を、我々は、ほとんどすべてアウンサンスーチー女史に与えたからだ。我々は、この国民の力が、失せてしまうのを恐れている。国民の力は、有効に活用しなければならない。26年に及ぶBSPPの抑圧的な統治下、反対勢力の指導者の暗殺は一度もなかった。しかし、BSPPは彼らの政治生命を常に奪ってきたのである。(中略) 我々は、アウンサンスーチー女史が、政治的に抹殺されることを、特に恐れている。

　我々が、望んでいるものは、真の民主主義だ。我々は、選挙が行なわれ、国民の政府が樹立されたからといって民主主義を獲得したことにはならないと確信している。真の民主主義獲得のためには、その前段階として公正な選挙を行なうことが必要である。そのような段階の政治活動は、暫定政権の樹立のためのものであり、そのために、我々は努力しなければならない。

　DPNSとNLDとは、同盟政党だが、現在、その基本路線は、大きく異なっている。明らかに、NLDは政府に取って代わろうと努力しており、DPNSは社会の全体制を変えるために努力している。

　最後に(中略)ビルマの状況は、産婆の助けを必要とする妊婦にたとえられる。無事に出産するためには、産婆と妊婦が協力しなければならない。産婆は政治指導者であり、妊婦は国民だ。今の状況は、産婆が妊婦をじっとさせておいて、産婆1人で責任を負い、問題を解決しようとしているかに見える。(中略)

　我々は、この革命の出産期を創り出すために、何年にもわたって、多くの人々の命を犠牲にして、努力してきた。それ故、産婆が無能なために、つまらぬことで事を台無しにするようなことを、我々は、傍らで腕組みをして見ているわけにはいかないのだ。

(2) モーティーズンの主張

　以上が、モーティーズンのアウンサンスーチー批判の抄訳であるが、この書簡の内容は以下のようにまとめることができよう。

79-83および本書第2部第2章参照。

第1に、この書簡では、アウンサンスーチーおよびNLDのこの時点における政治的重要性が、彼女やNLDに対する批判の前提とされている。この点に関しては、書簡の最初の部分で言及されているほか、他の箇所においてもしばしば指摘されている。

　第2に、DPNSおよび「バ・カ・タ」を中心とする学生が、これまでの反政府・民主化運動を指導してきたという認識が示されている。書簡では、後半部で明確に指摘されているが、書簡全体のトーンからも十分読み取れる。

　第3に、BSPPおよび軍事政権に対する以下のような認識を挙げることができる。BSPPの崩壊によって1党独裁制が倒されたことは評価しつつも、BSPPから軍事政権への移行は前体制の崩壊ではない。体制の本質自体に変化はなく、現政権下での公正な選挙の実施は全く期待できない。抑圧的体制は引き続き存続しており、この体制が続く限り真の民主主義は実現されない。

　第4に、国民感情、国民の置かれている状況に関するモーティーズンの現状認識が示されている。彼の認識によれば、NLDの人気はアウンサンスーチーに対する個人崇拝によるもので、国民が政治的に覚醒した結果ではないとされている。また、国民はSLORC政権下での選挙には関心がなく、暫定政権が設立されない限り公正な選挙は行なわれないと考えている。さらに国民が政治指導者に要求するものは、彼らの直面する現実的な諸問題の解決であるとしている。

　第5に、民主化運動の指導者の在り方に関するモーティーズンの見解が提示されている。彼は、基本的に大衆動員における指導者の存在を重要視し、大衆に対して適切な政治指針を提示することが、指導者の重要な役割、責任であるという認識に立っている。そして、革命の成功のためには、大衆の政治意識の覚醒が必要条件であるとしている。

　第6に、以上のような認識に立って、アウンサンスーチー、NLDの活動に対する評価が示される。彼によれば、アウンサンスーチーやNLDは、選挙参加を目的としたキャンペーンに力を入れ、大衆の政治的覚醒や、大衆の抱える諸問題の解決には、ほとんど関心を示していないとされている。

　第7に、アウンサンスーチーの政治に対する考え方、政治認識に対する批判が挙げられる。彼女のキャンペーンはアメリカの大統領のそれと似ているとか、ガンディー的なやり方はビルマでは通用しないという指摘は、アウンサンスー

チーの理想主義者的側面を批判したものであり、理想よりミャンマーの現実を直視すべきであるとしている。

　第8に、NLD組織自体の在り方に関して、その構成員の問題、さらには党の意思決定過程の問題を指摘し、党内におけるアウンサンスーチーに対する個人崇拝的傾向を批判している。

　第9に、以上のような批判を受け止め、アウンサンスーチーが民主化への真の指導者となることが、書簡では期待されている。それは、具体的には暫定政権樹立のための闘争を自ら先頭に立って展開することであるとしている。

第3節　学生たちの論理と苦悩

　ここでは、第1部および本章の内容を基にしながら、他の関連資料とともに、反政府・民主化運動の指導を担ってきた学生たちの論理と苦悩を明らかにしたい。

(1) 民主化と革命

　まず、学生の論理を考える上で、彼らの「民主化」に対する考え方を明らかにしておくことが重要であろう。ところが、運動の全期間を通じて、「民主主義」や「民主化」とは何かといった議論はほとんど表れていないし、問題にされてもこなかった。これは、学生たちに限ったことではなく、運動全体の1つの特徴とも言える。当初より、学生たちにとっては、まず第1にBSPP体制（ネーウィン体制）の打倒が最重要課題であった。

　そのことは「3月事件」に際してヤンゴン大学に貼られたビラにさえ、「現政府を国外に追放し」とか「革命」とかいった、体制の全面変革を志向する言葉が使われていることからも分かる。むしろ、「3月事件」の段階では、「民主化」あるいは「民主主義」といった言葉よりも、反体制的言辞が前面に押し出されていたと言える。「6月事件」当時でも、ヤンゴン大学学生連盟、全ビルマ学生連盟の声明では、人権侵害行為の禁止、学生連盟の設立許可等の具体的要求は見られるものの、「民主化」や「民主主義」といった言葉は使われておらず、大学内での集会のみにおいて言及されるような状況であった。他方、「革命」を組織し、「国民の

政府を樹立する」といった表現はこの時点でも見られる。7月の段階でも「国民が社会的・経済的自由を獲得するために」といった表現は使われているが、「民主主義」や「民主化」といった言葉は見当たらない。むしろ強調されているのは、政権の打倒であり、そのための国民の結束の必要性である。

「デモクラシー」というスローガンが前面に出てきたのは、セインルイン政権崩壊後であり、国民の闘争を継続させ、より大規模な大衆闘争を創出するためのスローガン的性格の強いものであった。この時点でさえモーティーズンたちは「体制の打倒」を目的としており、「デモクラシー」の確立は、その前提なくして達成されないと認識していた。

それ故、運動によってBSPP1党支配体制は崩壊したものの、学生たちにとっては、クーデタによって登場した軍事政権は、「ネーウィンの私兵」が権力を奪取したまでのことであり、絶対に受け入れがたいものであった。

このように、当初より彼らの運動は、最大の目標を「体制の打倒」に設定していたが、体制打倒後の政治的ビジョンといったものが突き詰められて考えていたのかどうかは疑問の残るところである。それ故、こうしたあるべき社会についての民主化勢力の政治的ビジョンの曖昧さを、批判することは容易である。事実、クーデタ後SLORCは、こうした反政府・民主化勢力側の政治的ビジョンの欠如をしばしば指摘、批判し、国軍が権力の座にあることを正当化してきている。[31] しかし、もしビジョンのなさを問題にするのであれば、SLORC側にも、明確なビジョンがあったとは言えない。[32] むしろ、より問われるべきは、ミャンマーの将来を「どのようにして（つまり、民主的にか、独裁的にか）」創出していくかという方法、あり方に対する双方の姿勢であろう。その点を考えれば、学生たちは、9月10日「マ・カ・タ・カ」の「119人委員会」結成に見られるごとく、もどかしいほどに民主的方法を志向していたのである。

(2) 権力（SLORC）に対する認識

彼らの政治姿勢を特徴付ける要素に、SLORCへの決定的なまでの不信感が

31　一例を挙げるならば、1989年7月5日に行なわれたソーマウン演説 Pyankyayei Wunkyithana（情報省）[1990a]。
32　伊野[1991b]70-74、特に政権移譲に対する姿勢の変化を参照。

存在したことは、暫定政権設立を89年12月まで要求し続けたことに明確に表れている。SLORCは、90年5月27日に、投開票に関してはきわめて自由かつ公正な総選挙を実施した。その点のみを取り上げれば、学生のSLORCに対する認識も全面的に正しかったと言うことはできないかもしれない。しかし、総選挙へ至る過程において、DPNSやNLDに加えられた弾圧、さらには、NLDの圧勝に終わった総選挙後のSLORCの政権移譲に対する姿勢を見れば、26年間ミャンマーを支配してきたネーウィン体制およびSLORC、SPDCといった軍事政権に対する彼らの認識は、モーティーズンの指摘に見られるごとく、きわめて正しかったということができよう。

　勿論、暫定政権の設立要求自体に関して言えば、実現性のきわめて乏しいものであり、それを終始要求し続けた点を取り上げて、彼らの政治感覚の未熟さ、ユートピア的発想等々を批判する者もいよう。しかし、そのような批判には、ネーウィン支配や軍事政権支配の欺瞞性への認識が欠けていると言わざるを得ない[33]。

　学生の権力に対する認識は、ネーウィン政権下で学生運動がつぶされてきた過去の経験から学んだということは容易に推察される。8月28日のミンコーナインの演説でも言及されているように[34]、ネーウィン政権の権力掌握に反対した62年の学生運動、74年の元国連事務総長ウー・タンの遺体に対する政府の処遇への学生抗議運動、76年のタキン・コードーフマイン生誕百周年に際しての反政府学生運動等に対しての権力の対応を熟知していたと言えよう。さらに88年「3月事件」、「6月事件」、8月の発砲、クーデタ後の発砲、その後の軍事政権による民主化勢力に対する弾圧といった事実は、権力の体質が全く変わっていないことを確信させた。それ故、彼らにとっては、体制の全面変革以外に民主化への選択肢は考えられなかったのである。

(3)「民衆」への洞察

　上記(1)(2)との関連で指摘しておかなければならないのは、学生たちの「民衆像」、つまり彼らの「民衆」に対する認識である。彼らの考える「革命」を成功

33　SLORCの政治姿勢に関しては伊野［1991b］［1992a］参照。
34　ミンコーナイン［1988d］。

させるために、最も重要なのは、いかに民衆を動員し「大衆運動」を創り上げていくかという点であった。このことは、「3月事件」以降出された声明文等を一瞥すれば明白である。民衆の動員は、彼らにとっては、死活問題であった。

彼らの「民衆像」、「民衆観」を一言で言えば、「生活者」としての民衆と言うことができる。彼らの捉えた「生活者」としての民衆は、独自の論理を持っており、外部からもたらされる主義主張を容易に受け入れようとはしない。ましてや、民衆が自ら立ち上がり政治行動に移るということはほとんど考えられない。そうした民衆をいかに動員していくかという問題に直面して、学生たちは、まず民衆の抱える具体的な問題を取り上げ、その問題を引き起こしている元凶は何かということを明示した。6月9日に市内にまかれたビラは、こうした事情を如実に物語っていると言えよう。ビラは、労働者、農民、国軍兵士それぞれを取り上げ、彼らの苦況、災難を明らかにし、その苦況、災難の根源を現体制、ネーウィンに措定している。これは、民衆の中にあった曖昧模糊とした感情を直截に表現するとともに、問題の本質を明示している。

こうした民衆観を出発点にした動員方法は、闘争の過程においても一貫して貫かれていた。「セインルインをやめさせろ」から「デモクラシーの獲得」という大義を掲げながら「国民投票の実施」、「複数政党制総選挙の実施」、「暫定政権の設立」へと具体的要求を拡大させていく過程は、学生連盟が、問題の本質は何にあるのかを民衆に示していく過程であったとも言えよう。特に重要な点は、当時の民衆の意識の限界を熟知しつつ、彼らの想像力に訴え、活用した点であろう。26年に及ぶ思想統制によって、「デモカラシー*」という言葉は、民衆にとって馴染みの薄いものとなっていた。しかし学生たちは、その「デモカラシー」という民衆にとって「曖昧な」言葉をスローガンとすることによって、民衆の想像力に訴え、彼らの内にある言葉にならない違和感、不安、不満、怒り、恨みに形を与えた。それ故に、民衆各人の「デモカラシー」に対するイメージはまちまちで、この言葉の意味を民衆はそれぞれ自分自身の論理で解釈した。「デモカラシー」という概念が、ある1つの内容を付与された思想として、一般に定着するまでには至らなかったと言えよう。しかしながら、その「曖昧さ」故に、ミャ

35　この点との関連で指摘しておかなければならないのは、ビルマ語ではdemocracyの訳語はなく、単にビルマ語音に置き換えて使用している点である。

ンマー史上最大の大衆動員が可能になったとも言える。

　さらに、彼らの民衆観を決定付けたのは、クーデタ後の状況であった。戒厳令に反して反クーデタ意志表示のデモに参加したのは、学生、青年、青年僧侶が中心であり、一般市民は、一時は市内にバリケードを構築して抵抗の意思表示はしたものの、その抵抗を徹底して貫徹することはできなかった。公務員も職場に復帰した。

　アウンサンスーチー批判で、モーティーズンが「目を覆われ、耳を塞がれてきた」民衆の現実の姿を見なければならないと重ねて指摘し、彼女の人気が絶大だからといって「民衆は、嵐が来たとき立ち上がるわけではない」といった指摘や「民衆が自分自身の問題を自分自身で解決するには、適切なリーダーシップと明快な指針を与えなければならない」という主張は、こうした彼らの民衆観と経験から出たものであった。

　こうした民衆観に立った政治姿勢は、モーティーズン指導下のDPNSにも引き継がれた。多くの政党が存在する中で、結党当初より、当局による農民への虐待や米の強制買い付け等を問題にし、声明等を頻繁に出して抗議したのは、DPNSのみであった。

　上述したような民衆観は、エリート意識の裏返しとしての愚民観とは区別して考えなければならない。ましてやSLORC、SPDC政権の顕著な特徴として見られる、民衆は愚かゆえに我々が指導し、導いてやらなければならないといった発想とは、方向性を全く異にするものである。後者は、民衆の現実の姿を無視している点、民衆には独自の論理がないとする点、愚かな民衆などは政治に参加させるべきではないと考える点で、ここで述べてきた学生の民衆観とは、根底から異なる。さらに民衆意識の限界が何によってもたらされているのかといった点については全く関心が示されず、それでいて民衆にすべての責任を帰してしまう。そうした発想は、上からの独裁体制を強化するのに役立つかもしれないが、民主化とは全く相容れないものである。この相違を見落としては、モーティーズンの民衆観も単なるエリート意識・愚民観の現われとしか見えなくなってしまう。

(4) 他の政治指導者に対する認識

　以上のような権力、民衆に対する認識に基づいて、他の政治指導者に対する彼らの考え方は形成され、8月28日のモーティーズンの演説等に見られるような、最も有能な人物を指導者として認めていくという姿勢がとられた。運動の過程で、彼らが指導者候補として選び出したのは、9月13日に暫定（臨時・並行）政権樹立を迫った際に召集した5名であったが、ウー・ヌ、ボー・ヤンナインの2名に関しては、さほど重要視していなかったと言えよう。むしろアウンサンスーチー、ティンウー、アウンヂーの3名を核として、それに他の2名が名目的に加わり、民主化勢力の結束を示した形での臨時・並行政権の樹立といった構想を抱いていたと思われる。しかし、こうした学生の提案に応じたのはウー・ヌ、ボー・ヤンナインの2名のみであった。それ故、学生連盟としても臨時・並行政権の樹立を宣言することを躊躇したのである。

　当時学生たちは、提案に応じなかった3名の指導者に対し、批判や不信感を表立って表明するようなことはしなかった。しかし、当時の状況を、後にDPNS副議長テットゥンは「個人的確執、私利私欲、政治的打算」によって、学生の結束も無に帰し、国民に大きな損失をもたらすことになったのだ、と厳しく批判している。[36]さらに、クーデタ後のこれらの指導者の対応ぶりは、彼らの政治的資質に対する疑問を募らせたと考えられる。クーデタ後、これらの指導者のうち誰1人として、反クーデタ意思表示のデモ隊に加わる者はいなかった。常に「銃弾の中で、銃剣の前で闘ってきた」学生たちからすれば、公務員や労働者にストの続行を呼びかけるだけでは、政治指導者としての責任を果たしたことにはならなかったのである。[37]

　また、88年12月には、アウンヂーが早くもNLDと袂を分かち、親SLORC的言動を取るようになったことも、いわゆる「ルーヂー（大物）」政治家への不信[38]

36　テットゥン[1989]10-11。
37　NLDによる公務員や労働者のストに対する支持声明は「民主連盟」という署名のもと9月27日に出されている（民主連盟[1988]）。なお、翌日出された声明から「国民民主連盟」という名称が用いられた。
38　例えばUNDPが1989年4月25日に出した声明は、もはや暫定政権要求のための煽動行為を行なう時期ではないとし、政治指導者や学生指導者に関しては、小学生、中学生、高校生等を政治活動に巻き込むべきではないと暗にDPNS等の活動を批判している。連邦国民民主党中央執行委員会[1989]を参照。この内容だけを見ると必ずしも親SLORC的とは言えないが、当時は

感を一層募らせたと言える。こうして学生たちの認める政治指導者のリストからアウンヂーは消え去ることになった。さらに、この事件は、元軍人政治家たちへの不信感をかきたてた。

　NLDは、アウンヂー追放後、ティンウーを議長としたが、彼自身および彼の側近の多くは元国軍幹部であり、学生たちにとっては、BSPPの幻影が付きまとう存在であった。それ故、学生たちの期待はアウンサンスーチーに集約されていった。また、アウンサンスーチーの地方遊説によって、国民大衆における彼女の人気、彼女の政治的重要性は確認された。しかしそのことは、アウンサンスーチーを政治指導者として闇雲に（個人崇拝的に）認めたことを意味するものではない。モーティーズンの考えに見られるような、ミャンマー社会や民衆に対する彼らの認識が、彼女への期待の根底にあった。そうした期待と彼女の行動の「隔たり」が、モーティーズンにアウンサンスーチー批判を書かせることになったと言えよう。

(5) 民主化運動における学生

　最後に、学生たちは、反政府・民主化運動における自らの役割をどのように考えていたのかを検討したい。まず重要な点は、モーティーズンの8月28日の演説やアウンサンスーチー批判にも見られるように、自分たちは革命は起こせるが、新しい社会を創るのは、学生の仕事ではなく、能力を持った人たちの仕事であるとしている点であろう。これを文字通り受けとめれば、単に現状を破壊することが目的で、破壊後は全く責任を負わない無責任な発想のようにも受け取れる。しかし、こうした立場をとる背景には、62年にネーウィン革命政権の登場に至ったウー・ヌ政権時代の政治への反省があったと言えよう。派閥争い、党利党略、私利私欲に耽る政治、こうしたウー・ヌ政権時代の政治に対するイメージがあり、そうした政党政治、派閥政治とは一線を画した勢力として、自らを位置付けようとしたのである。国民の利益を守り、学生のあらゆる政治勢力からの独自性を維持しようとする立場である。クーデタ後、主要学生連盟が

　当局による学生指導者等への弾圧が強まっていた時期であることを考えると、このような声明を出すこと自体が親SLORC的と見做される状況にあったと言える。

NLDとは一線を画して別途に政党を結成し、またそれぞれが学生連盟としても組織を維持し続けたのは、そのためであった。国民の利害を代表しようというこの姿勢は、「国民政治」という言葉で言い表された。そして、自分の組織の利害を第一に考える「政党政治（党派政治）」という言葉の対立概念として、頻繁に使われた。

しかし、この「国民政治」という概念は、学生たちの専売特許であったわけではない。この言葉は、NLDをはじめとする多くの政党でも同様な意味合いで使用されてきたし、SLORCでさえ、自らを「国民政治」の体現者として位置付け、「政党政治」という言葉を、政党批判の常套句として利用してきた[39]。このような状況は、いかに一般国民の中に、「政党政治」すなわち政治家が党利党略・私利私欲に走る政治、派閥争いに明け暮れる政治、といったイメージが定着していたかを示している。クーデタ以降の政治過程は、「国民政治」の正当な継承権を争う政治過程であったと言っても過言ではない。

そのような事情があったが故に、学生たちは運動を進めるにあたって、自分たちの目的が権力の奪取ではない点を明確にする必要があったと言えよう。それ故、上述したような、新たな社会を創るのは我々の仕事ではないという言葉が使用されたのである。

こうして、学生たちは、自分たちのあるべき姿を、独立闘争における学生の姿に同一化した。アウンサンの演説がしばしば引用され、デモ隊の先頭に学生連盟の旗（闘う孔雀旗）とアウンサンの写真が並んだのも、学生の闘いは、国民の利害を代表したものであるということを訴えたものであり、ミャンマーにおける学生運動の伝統を広く国民に再確認させるためのものであった。これをアウンサンに対する個人崇拝と受け取ることもできるし、少なからぬ学生にそうした個人崇拝的傾向があったことも否定できない。しかしながら、少なくとも「バ・カ・タ」指導部には、アウンサンに対する個人崇拝はなかったであろう。ミンコーナインやモーティーズンの演説には[40]、アウンサンの演説からの引用がほとんどない点は、アウンサンスーチーやその他の指導者と大きく異なっている点である。彼らにとっては、学生たちとは真の「愛国心」の具現者であり、その代表的な具

---

39 この点に関する、軍側の論理に関しては、伊野［2000］および本書第2部補章1を参照。
40 例えばミンコーナイン［1988d］、モーティーズン［1988b］を参照。

現者の1人としてアウンサンが位置付いていたに過ぎないと言えよう。一般民衆にアウンサンへの個人崇拝が存在するという現状認識に基づきながら、それを否定せず、かといってそれを過度に利用しなかった点に、「バ・カ・タ」指導部の思想的緊張がうかがえる。

　学生たちの行動を支えていたのは、自分たちはミャンマー社会における学生運動の伝統を正統に継承する者であり、自分たちこそが「国民政治」の真の実践者であるという自負心と使命感であった。モーティーズンが国境へ向かう際に記した『俺は戻ってくる』という決意表明書には、「いかなる政府が登場しようと、少数民族に同等の権利と自決権を与えないというのであれば、片手にペンを、片手に武器を持って、私自身、同志とともに闘いに加わることを約束する」[41]という一節がある。これは、少数民族問題とのからみでの一文であるが、NLDが民衆のあいだで絶対的支持を獲得しつつある時にあたって、「いかなる政府が登場しようと」という一節に、彼らが考える「国民政治」のエッセンスが表されていると言えよう。

おわりに

　本章では、第1部での運動の概要を踏まえながら、第1節において、当初中心的に運動を担ってきた学生組織とその指導層の変遷を追い、そうした学生組織の中で、「バ・カ・タ」およびクーデタ以降はその合法組織として結成されたDPNSが、運動に方向性を与えるという意味で、最も指導力を発揮してきたことを明らかにした。また、現在は、民主化の最大のシンボルとなっているアウンサンスーチーの登場に伴って、学生組織の政治的影響力に微妙な変化が生じ、ミンコーナイン他主要指導者の逮捕およびモーティーズンのDPNS議長辞任・国境組織への合流を期に、「バ・カ・タ」、DPNSの政治的影響力が衰えていった過程を述べてきた。しかしながら、現在そのように影響力を失いながら、運動全体の流れの中で学生たちが果たした役割はきわめて重要なものであったことは、第1部および本章の記述で明らかにした通りである。そこで第2節では、

41　モーティーズン[1989b]より。

こうした反政府・民主化運動の指導を担ってきた学生の思想、政治姿勢を示す重要な資料として、モーティーズンのアウンサンスーチー批判を紹介し、その内容の要点をまとめた。最後に第3節では、第1部および本章で見た学生の行動や主張を基本に据えながら、他の関連資料とともに、反政府・民主化運動を指導してきた学生の論理を明らかにしてきた。

　ここで示された、学生のアウンサンスーチーやNLD等に対する見解は、ある意味では一面的であると言わざるを得ないかもしれない[42]。また、現実の政治においては、アウンサンスーチーの登場後、彼女とNLDを中心に反政府・民主化運動は展開していったし、そうした事実を否定するものでもない。しかしながら、筆者は、学生たちの権力、政治指導者、民衆等に対する見方は、彼らがミャンマー史上最大の大衆運動を作り出していく過程の経験に支えられたものであるだけに、ミャンマー社会の現実をかなり深くえぐりだしたものであると考える。

　しかし、このように現実を見極めた学生たちは、一方では権力による徹底的な弾圧を受け、他方では人々の記憶から忘れ去られつつある。こうした現実こそ、ミャンマー社会の実像なのであり、ミャンマー民主化の現状なのである。

　本章で取りあげてきた学生たちは、権力というものに真っ向から闘いを挑んだ。しかし、彼らはまた、ある意味では「ルーヂー」政治指導者とも闘い、またある意味では民衆とも闘ってきたと言えよう。そうした学生たちが政治的影響力を失っていく過程こそ、ある意味で、ミャンマー社会のメカニズムが投影されているのである。またそこに学生たちの苦悩が象徴的に表されていたと言えよう。

42　アウンサンスーチーの思想と行動の位置付けに関しては、伊野［2001a］および本書第2部第2章を参照。

第2章
アウンサンスーチーの理想

写真35　アウンサンスーチーの演説が掲載された冊子の表紙

モーティーズンからその政治姿勢を批判されたアウンサンスーチーであるが、筆者が現場で見ている限り、その批判は、かなり的を射たもののように感じた。88年9月13日に学生たちが提示した暫定並行政権樹立構想への拒否、地方遊説での遊説内容、そして学生組織が壊滅状態になってからの、「不当な権力への反抗」路線の採用、89年7月19日「殉難者の日」をめぐる参拝計画の突然の中止など、現場に居た筆者には、常にタイミングを失した、理解不能なものに思えた。本章では、その不可解さを、自分なりに理解する試みがなされている。

　アウンサンスーチーがクーデタ後最も精力を傾けたのは地方遊説であった。その地方遊説では、モーティーズンの批判にもあったように、主として民主主義のイロハとミャンマー人の悪しき習性の改善が説かれた。一見お説教のようなその内容は、実はミャンマー国民1人1人の意識改革、「精神の革命」を目指したものであった。彼女が、単に制度、体制の変革による早急な民主化を目指したのではなく、「精神の革命」による社会変革を目指した背景には、父アウンサン、インド独立運動の指導者マハトマ・ガンディー、そして仏教思想をベースとした確固とした信念、理想があった。それは、国民の「精神の改革」を運動の最終目標に設定したことに留まらず、軍事政権への具体的な対応姿勢にも影響を与えた。結果的に、軍政の長期化につながったかに見える彼女の「90年総選挙結果の尊重」「（トップの）直接対話による政治問題の解決」といった主張、そのためには安易な妥協は許さないという姿勢も、彼女の思想と信念、そして理想を反映したものであった。

　本章では、こうしたアウンサンスーチーの思想、信念、理想を分析し、1つの思想、信念、理想としてのユニークさを指摘している。その意味では、モーティーズンの批判や筆者自身の疑問に対して、ある程度納得のいく回答を見出すことができた。しかしながら、彼女の唱える「精神の革命」という理想が、ミャンマーの民主化の政治過程においてプラスとなったのか、また、実際「精神の革命」がどの程度、国民、民のあいだに浸透し、定着したかについては疑問を提示している。

はじめに

❖ 1989年7月19日（水）

　結局アウンサンスーチーは、殉難者の地へ行くことを断念した。何故か。流血になることを恐れてか…。いずれにしてもアウンサンスーチーとしては納得のゆくような説明を要求されるだろう。最初から流血の可能性があると分かっていながら決断したはずなのに、この期に及んで変更したのは何故か。私でさえ問い詰めたくなる。学生連盟をはじめとする青年層からの批判も免れ得ないであろう。彼女の態度によって、学生たちがまたしても逮捕される結果となった。彼女は、今朝シュエゴンダイン交差点に集まっていた2000名ほどの学生・市民、また殉難者の地付近に集まっていた多くの人々に何と申し開きをするのか。やらないならはじめからもっと態度を明確にすべきだった。式典のボイコットだけでも当局への有効な反抗だったのであり、それのみでいけば今日のような取り消し劇はなかったはずで、国民の賛同も得られたであろう。今回の一件は、明らかに彼女の判断ミスのように思える。政府側の招きに応じた政党は、結局58党に過ぎず、本来はこれだけですごい意味を持つものなのであるが、彼女は、いったい何を考えているのか。

　街中では大学院生・卒業生民主協会で何か起こったようで、9時ごろには威嚇射撃も行なわれたようである。シュエゴンダインから大使館へ向かう道は、学生たちを中心に多くの人々が集まっており、11時ごろにはデモ行進に移るような状況になったが、トラック8台ほどの軍人によってけちらされた。道路には血痕が残り、逮捕者も数名［後の国営紙では44名］出たようだ。アウンサンスーチーの責任は重い。

『ラングーン日記抄』より

　既に見てきたように、1988年に始まる反政府・民主化運動は、学生たちが中心となった始まったものであるが、89年9月のクーデタを経てNLDが結党されると、その中心は、アウンサンスーチー、NLDに変わっていった。[1]

1　本章の原型となった伊野［1996］［2001a］以前に、アウンサンスーチーに関して記された文献は、以下の通り。Silverstein［1990b］、Lintner［1990b］、Kreager［1991］、Than E［1991］、三上［1991］、武藤［1992］、Kanboza Win［1994 ?］、Nemoto［1996］、Pe Kan Kaung［1996］、早乙女編［1996］、草野［1996］、南田［1997］、Ohishi［1997］、Stewart［1997］、Victor［1997］、Ang Chin Geok［1998］、Hautman［1999］。その後公表された主な文献としては、Wintle［2007］、Popham［2011］、Lintner［2011］、大津［2012］、根本［2015］をあげることができる。

アウンサンスーチーの政治的スタンス、軍事政権への対応、民主化へ向けての姿勢については、これまでの記述でも随時触れてきたが、クーデタ以前の学生たちによる暫定・並行政権樹立構想に対する否定的な姿勢に表れていたように、登場当初より、基本的には早急な権力獲得を目指したものではなかった。少なくとも89年7月に自宅軟禁になる直前までは、きわめて慎重な姿勢をとってきたと言える。そうした慎重な姿勢を、学生運動をリードしてきたモーティーズンが批判したわけであるが、本章では、まず、モーティーズンのアウンサンスーチー批判への彼女の反論を取り上げ、当時の彼女の基本的な政治姿勢を確認する。その上で、こうした批判の影響を受けながら、その後の軍政に対する非妥協的姿勢とも言える政治姿勢を採用していった背景となる彼女の思想と理想について明らかにしたい。

　当時の彼女の主張や思想に関しては、海外からのマス・コミ取材、あるいは研究者などとの対話において、様々な形で紹介されていたが、本章で特に注目しているのは、国内つまりミャンマー国民やNLD党員に彼女が何を語ったかという点にある。いわゆる対外向けの主張と国民に対する対内向けの主張は、その本質においては共通しているが、彼女の主張の心髄を明らかにする場合、やはり国民へ何を語ったかを出発点として考えていくべきであろう。[2]

　例えば、対外向け、特に日本人の取材に対して、彼女が常に問題にした日本のミャンマーに対する援助の問題や経済進出の問題などを取り上げて、日本の一部の識者の中には、彼女の民主化に対する戦略がきわめて「他人頼り」的であるとする見解が提示されたが[3]、こうした見方は、彼女が国民に向けて直接何を語っているのかを全く無視して、彼女の対外向けの主張の一部を極端に誇張して解釈したものと言わざるを得ない。彼女が第1次自宅軟禁解放後の週末対話集会において語った次の一節は、彼女の思想と行動を考える場合、国民への訴えの内容がいかに重要かを端的に物語っていると言える。

　「私たちは、第1に国内の勢力を頼みの綱としています。私たち国民の力を頼りとしています。何故ならば、私たちの政治目的を達成するためには、私たち

2　但し、アウンサンスーチーが対外的に発したメッセージが、意味を持たないということではない。その意味でそうしたメッセージをも参照しておく必要はある。そうしたメッセージの中で、本書で直接引用したもののほか、アウンサンスーチー［1996b］は特に重要となる。

3　典型的な例として、草野［1996］128-136。

表3 アウンサンスーチー関連略年表

年月日	出来事
1945年6月19日	ヤンゴン市に生まれる。
1945〜57年	ヤンゴン市のSt.フランシス修道会学校で学ぶ。
1957〜60年	ヤンゴン市イギリス・メソジスト高等学校にて学ぶ。
1960年	在インド・ミャンマー大使に任命された母とともに、インドのデリーへ行く。
1960〜61年	デリー市のキリスト・メリー修道会学校で学ぶ。
1962〜63年	デリー大学、レディ・スリ・ラム・カレッジで政治学を学ぶ。
1964〜67年	オックスフォード大学、St.ヒュー・カレッジで政治経済学を学び、学士号取得。
1968年	ロンドン大学アジア・アフリカ研究所政治学部で、研究助手を務める。
1969〜71年	ニューヨーク国連事務局行財政委員会の書記官補を務める。
1972年	マイケル・アリスと結婚。
1972〜73年	ブータン外務省研究員を務める。
1975〜77年	オックスフォード大学ボードリアン図書館で、編纂研究員を務める。
1985〜86年	京都大学・東南アジア研究センターの研究員を務める。
1987年	インドのシムラで、インド教育省の特別研究員を務める。
1988年4月	母の看病のためヤンゴンへ戻る。
1988年9月	アウンヂー、ティンウー等と国民民主連盟(NLD)結成。総記に就任。
1989年4月	「ダヌービュー事件」。
1989年6月	「ミィニゴン交差点事件」追悼式典後、当局に一時身柄拘束。
1989年7月19日	「殉難者の日事件」。
1989年7月20日	第1次自宅軟禁。
1991年7月	サハロフ賞受賞。
1991年10月	ノーベル平和賞受賞。
1991年12月	NLDから除名、党籍剥奪。
1995年7月10日	自宅軟禁から解放。NLD総書記として復党。
1996年11月	アウンサンスーチー襲撃事件。
1998年7月	アウンサンスーチー第1次車内籠城事件。
1998年8月	アウンサンスーチー第2次車内籠城事件。
1998年9月	NLD等、国会議員代表委員会(CRPP)、並行政権樹立を宣言。
2000年9月21日	逮捕、第2次自宅軟禁。
2002年5月6日	自宅軟禁解除。
2003年5月	「ディペーイン虐殺事件」。
2003年5月30日	保護、第3次自宅軟禁。
2008年5月	新憲法に関する国民投票実施。→新憲法承認。
2010年11月	総選挙実施。NLD選挙をボイコット。
2011年3月	新政権誕生。テインセイン大統領。
2011年11月13日	自宅軟禁から解放。
2012年1月	国民民主連盟議長(党主)に就任
2012年4月	補欠選挙立候補、当選
2015年11月	総選挙で人民院議員として当選。NLD圧勝。
2016年3月	NLD、ティンヂョー政権成立、外務大臣、教育大臣、電力・エネルギー大臣、大統領府大臣および国防安全保障評議会メンバーに就任。 6日後、教育大臣、電力・エネルギー大臣を離任。
2016年4月	国家指南役(国家顧問)に就任。

[出所]筆者作成。

国民が自ら行動してこそ達成できると考えているからです」[4]

　本章では、この点に関し、クーデタから最初の自宅軟禁にいたる期間に行なわれた彼女の地方遊説での訴え（『アウンサンスーチー演説集』）および第1次自宅軟禁解放後、毎週土日に行なわれた対話集会での発言を手がかりにし、彼女の著作物等も参照しながら明らかにしていきたい[5]。特に地方遊説と対話集会での彼女の発言を重要視するのは、国民への直接的呼びかけであることのほか、基本的な彼女の政治スタンスがこの時期に確立したと考えるからである（以下、表3を随時参照）[6]。

第1節　モーティーズン批判への反論

　モーティーズンのアウンサンスーチー批判に関しては、前章で抄訳を掲げているが、基本的にはアウンサンスーチーの軍政に対する政治姿勢を批判したものである。こうしたモーティーズンの批判に対して、NLD青年部内では彼への反感も生まれた。しかしながらアウンサンスーチー自身は冷静な対応を示し、89年2月14日にシャン州のタウンデー町で行なわれた青年たちとの懇談会の席上で、この批判書簡を取りあげ、次のように青年たちを諭した[7]。

　「昨日、新社会民主党（DPNS）が、一通の書簡を発しました。その主な内容は、現在の連盟の活動は物足りないというものです。私が遊説のみに専念していて、ヤンゴンに残っている連盟の中央も闘いに参加していないという内容でした。

　そう批判しています。このように率直に批判してくれることを、私は認めま

4　アウンサンスーチー対話集会［1995〜1996］1996年2月10日。
5　筆者が収集できた資料が全体の約半分ほどでしかないという問題はある。しかしながら、こうした限られた資料であっても、従来の外向けの発言からは読み取ることが難しい彼女の考え方の一端を明らかにする内容も含まれている
6　本章の原型である伊野［1996］［2001a］執筆以降入手したアウンサンスーチーの主要著作としては、アウンサンスーチー［1995b］［2011］［2012］［2016］がある。アウンサンスーチー［1995b］は、1988年から1989年6月に開催されたNLD第4回記者会見までの彼女の演説、発言等を集めたものである。89年6月21日、ミィニゴン交差点事件1周年追悼式典等での演説も収録されている。
7　アウンサンスーチー［1996a］146-152。なお、引用文にある「国民政治」と「党派政治」といった概念については、伊野［2000］3-26および本書第2部補章1を参照。

すし、嬉しくも感じます。なぜならば、現時点では、自分の考え方にそぐわないことを率直に表明し、話し合うことが一番良いことだからです。そこで、私がこの問題に関して説明しておきたいことは、闘いというものには、いろいろな形態があるということです。大通りでデモをするだけではありません。それは、闘いの1つの形態に過ぎません。この方法のみがあるのではありません。私たちは、9月18日に軍事政権が全権を掌握して以降、闘いの形態を変えなければならないと確信したがゆえに、国民民主連盟を創設したのです。

国民民主連盟を創設した第1の目的は、民主化運動を成功させるためです。民主化運動を成功させるためには政治的手段を探し求めなければなりません。なぜならば、私たちは民主的な国家を創設したいからです。

まず、政治的方法で政治問題を解決する習性を身に着けることから始めなければなりません。政治的方法ではなく、武力に、力に訴えて、政治的問題を解決するという習性は、国家のためには、良き習性とは言えません。こうした習性を身に着けないように連盟を創設したのです。

ここで、組織化活動とは何かについても少しお話ししたいと思います。ある人々は、私たちが、連盟に対する支持を取り付けるため、連盟に多くの党員を入党させるために、遊説に出ていると考えています。そのように理解しても、私は咎めません。多くの政党にとって、遊説の第1の目的は党員を増やすことにあると考えているからです。

しかし、常に説明しているように、国民民主連盟の遊説の目的は、党員を増やすことにあるのではありません。遊説の第1の目的は、民主化運動を多数の国民が理解し、支持し、認めるようにすることです。多数の国民が民主化運動の意味を理解し、内容を支持し、民主化運動に精力的に協力、参加していくとすれば、遊説は成功したものと、私たちは考えています。

遊説というものも重要な闘いの一種です。遊説に出ると、民主主義の諸権利と関連した闘いを常に続けなければならなりません。遊説も一種の闘いなのです。私たちには、いま、88年第2号によって、自由な組織化活動をする権利がありません。そこで、自由な組織化活動を行なうという国民にとって不可侵の権利を獲得するために遊説に出ているのです。これも闘いの一種であると私たちは見なしています。特にエーヤーワディー管区の事例を考えて見れば分かる

ように、その全行程において私たちは常に闘ってきました。この闘いもそれなりに成果を収めたというのは、きちんと見てきた人々には理解していただけると思います。ですから、遊説に出ているから、中央が闘いに加わっていないからといって、闘っていないとは言えないということです。遊説に出ることで闘いには加わっているのです。

　中央、すなわち私たちの執行委員とその他の責任者たちも、様々なやり方で闘いを展開しています。現在私たちは、民主主義の基礎を築こうとしています。民主主義の匂いすら、26年間の長きにわたって嗅いできていない1つの国において、民主主義の基礎を築くという仕事は、たいへん困難を伴う責務の1つです。

　そうした仕事をする場合には、人には見えない、人には聞こえないことを、たくさんしなければなりません。たとえば、民主主義の方法をきちんと行なっていくために、民主主義の精神を育成するために、日々粘り強く、連盟内からその模範を示していかなければなりません。このような活動も民主化への闘いです。

　路上に出てデモをすることで民主主義を早急に獲得しようと考えてはいても、私たち国民が、民主主義の意味も理解せず、民主主義の方法、その真髄すらも理解していないとすれば、私たちの民主化闘争は成功したとは言えません。私は、常に言ってきています。民主化闘争が勝利するということは、選挙を行ない民主的な政府を創り出すことのみを言うのではありません。民主的な政府を堅固なものするために、大多数の国民が民主主義の考え方を支持するように行動しなければなりません。

　戦争が終わったとき、私たちは、民主的な制度による自由な連邦を創設しました。しかし、この民主的制度には、安定性がありませんでした。なぜ安定したものにならなかったのでしょうか。私たち国民の大多数が民主主義の考え方を理解せず、また、当時の政治家たちも、国民が理解するように、支持するように努力しなかったからです。独立が達成されると、政治は、党派政治となってしまったからです。

　党派政治の形態が出現すると、国民の大多数は、政治は自分たちと関係のない事柄なのだと言って無関心になりました。こうして、民主主義の基礎をしっ

第2章　アウンサンスーチーの理想

かりと築くことができなかったのです。そして、最後には崩れ去ってしまったのです。再びこうしたことにならないために、私たちは行動していく必要があると考えます。国民民主連盟が組織化活動を行なうというのは、党派政治の考え方に立って行なっているのではありません。

　私はどこへ行こうと、こう言ってきました。この連盟のみに加われと言っているのではなく、真に民主主義のために努力している団体ならば、どの団体に加わろうとかまいません、と。私たちは、どこに加わろうと同じだと考えています。最も重要なことは、民主主義の精神を正しく持っているのかどうかに照らし合わせて考えなければならないということです。民主主義の国家を創設したいというのであれば、私たちは、ことのほか大きな志を持たなければなりません。1人1人が党派政治ではぶつかることはあっても、民主主義の考え方に立った場合には、協力しなければなりません。このように行動できてこそ、成功を収めることができるのです。

　ですから、1人1人が民主主義の内容を理解することが必要です。まず第1に、真の民主主義を獲得しようというのであれば、1人1人が、人権を十分に享受できなければなりません。民主主義のために活動したいという人々には、多くの責任があります。民主的制度のもとでは、1人1人に平等な権利がなければなりません。この平等な権利に基づいて、与えられるべき人に地位を与えるべきであると、私は繰り返し言ってきました。

　なぜこのようなことを言うのかというと、民主主義というのは、すべてが平等なのだ、だからすべてがボー（士官）で、それに従うものはいないのだと考えている人がいるからです。これは、誤りです。どのような制度であれ、うまく機能するためには、良き指導者がいなければなりません。良き支持者もいなければなりません。そして、良き支持者の資質として最も重要なのは、良き指導者を選びだす資質です。良き支持者がいてこそ、良き指導者を選び出すことができるのです。そして、民主的な制度のもとでは、自分の地位に課せられた責任をきちんと果たしてこそうまくいくのです。

　また、民主的な制度下では、思ってもみない問題が起こったとしたら、真の誠実さをもって、率直に意見を表明することができます。真の誠実さをもって率直にと言っているのは、ある人は、民主主義の権利を乱用しているからです。

民主的な制度のもとでは、自分の言いたいことは何でも言えるのだと考えています。言いたいことを言うことができるというのは、誤ったことであろうと言いたいことは言えるというのではありません。民主主義の権利だ、我々は自由に発言できるのだといって、誤ったことでも言うというのであれば、それは、民主主義の権利の乱用を意味します。

　したがって、自ら責任を持って、自らの権利を正しく行使しなければなりません。こうした規律に従って行動してこそ民主主義は得られるのです。獲得した民主主義を堅固なものとすることができるのです。このように考えると、特に、学生や青年たちは重要となってきます。

　なぜ重要かというと、この運動を学生や青年たちが始めたからという理由だけではありません。将来引き続き、国家を堅固なものにしていかなければならないのは、青年たちだからです。もう年輩の方々には、将来活動できる時間がそれほど残されていません。将来台頭してくる青年たちの心の中に正しい精神が宿っていてこそ、私たちの国は成功を収めることができるのです。発展することができるのです、繁栄することができるのです。誤った精神を持った国民は、いつになっても、発展し、繁栄した国家を創り出すことはできません。

　ですから、私たちはいまから、学生や青年たちが正しい精神を持つように、教え諭し、指導しなければなりません。人は、誰でも、多数の利益が、自分の利益より、より重要なのだということを認めなければなりません。また、正しくない行ないをした際には恥じるように、恥を知る心を持つようによく教えておく必要があります。私たちは、ビルマ語のレインマー・デー＊（お利口さんだ、賢い）という言葉の使い方を誤っていると思います。多くの人々は、ある人をレインマー・デーと言うとき、どのような意味合いを込めて言っているかというと、危険を回避するようにうまく立ち振る舞える人間をレインマー・デーとしています。自分に災いが振りかからないようにできればレインマー・デーだとするならば、国家は発展するはずがありません。本当にレインマーだ、真に気高く、実に優れているというのは、多数の利益のために、苦難を引き受ける勇気のある人、苦難に立ち向かっていくことのできる人物のことを言うのです。自分に対して危害が加わらなければ良い、他人がどうなろうともかまわないといった考えを持っている人を、私はレインマー・デーだとは考えません。

現在多くの人々が、自分に災いが降り掛からなければ良い、運動に関わり協力したくはないが、民主主義の諸権利は欲しいと考えています。これではいけません。本当に民主主義の諸権利を得たいというのであれば、苦難を引き受ける勇気を持たなければなりません。多数の人々のために、国家の利益のために、苦難を引き受けることができるということは真に気高いことです。

　また、自分は災いを被らなかったから、優秀なのだなどと思わないでください。それは、優秀なのではなく、利己的なだけです。自分が災いを被らなければよいといった考えを持たないでください。他人が災いを被ったならば、自分が被ったのと同じだという気持ちを持ってください。他人の人権が侵害されたならば、自分の権利が侵害されたのだと思ってください。なぜならば、他人の人権が損なわれれば、いつの日か自分の権利も損なわれるからです。自分が権利を損なわれる番になったとき、他の人々が無関心でいるとしても、自分はかまわないのだと言う人はいません。

　だからこそ、すべての人々が、多数の利益を目指してください。学生や青年たちは、崇高な精神を培ってください。年輩の方々も、青年たちとともに協力して、民主主義の目標に向かって前進していってください。青年たちと年輩の方々の間に亀裂が生じるようなことがあってはいけません。年令は離れていますが、それによって能力に差が出るわけではありません。優れた年輩の方もいます、優れた青年もいます。1人1人の価値を、その人の年齢で判断することはできません。私たちは、誰に対しても尊敬の念を持たなければなりません。誰であっても、その人の価値を正しく評価し、与えるべき地位を与えてください。こうしていけば、民主主義の基礎を築くことができるのです」

　以上のアウンサンスーチーの発言をまとめてみれば、次のような点の重要性を強調していると言えよう。
　第1に、政治的問題を解決する際に、武力ではなく対話を重視すること。
　第2に、民主化を達成するためには、デモを行なうことだけではなく、多様な運動形態があり、遊説もその1つであること。
　第3に、政治的問題解決にあたって、国民はまず政治的手法で解決する習性を身に着けなければならないこと。そして、遊説の第1の目的は、民主化運動を

多数の国民が理解し、支持し、認めるようにすること。

　第4に、戦後政治の経験から、党派政治ではなく、民主化のためには、民主化勢力が一致協力して行動していくこと。そして各人が各人の責任を果たし、権利を乱用せず、誠実さと率直さを持って意見交換を行なっていくこと。

　第5に、民主主義に対する正しい精神を培うことが、民主主義の基礎を築くことに繋がること。

　こうした点を見ても、アウンサンスーチーがまずもって目指したものが、早急な権力獲得ではなく、国民に正しい精神を涵養するための「精神の革命」にあったことが分かる。

第2節　アウンサンスーチーの主張

　そこで、アウンサンスーチーが重視する「精神の革命」とは何かを明らかにするために、ここではまず、彼女がヤンゴンや地方での遊説で国民に対し直接何を訴えたのか、1988年8月から自宅軟禁以前の演説等が掲載されている『アウンサンスーチー演説集』(アウンサンスーチー [1996a])を主要資料として明らかにする。この時期の彼女の主張は、主として民主主義とは何かを説いた政治に関する主張、人としてのあり方を説いた道徳論的とも言える主張が中心となっているが、その他に、少数民族問題、体制批判と直接対話要求や「不当な権力への反抗」に関するもの、また、父アウンサンに関する言及などもあり、筆者の整理によれば、以下の5点にまとめることができる。

(1) 政治論的主張

　第1は、彼女の民主主義というものに関連する基本的認識である。その具体的内容の特徴をまとめてみれば次のようになる。

　政治とは人々の社会生活、簡単に言えば衣食住に関連した問題であり、それ故にすべての人々に関係しており、すべての人々が積極的に関心を抱き、関わって行く必要がある。元来、人間は生まれながらにして有する諸権利つまり

基本的人権を有しており、それは、いかなる者も侵すことができない権利である。すべての人々はこうした諸権利を等しく享受しなければならない。現在多くの人々が要求している「デモクラシー」とは、「人民による支配」を意味している。そうした政治体制を築くことによって、すべての国民が等しく基本的人権を享受できるようになるのである。「人民による支配」とは、結局大多数の人々が望む政府、大多数の人々の願望に応える政府を人々自らが選び出すことである。それは、制度的には議会制民主主義であり、そこにおいて採用される方法は多数決原理である。そうした制度・理念の実現は、具体的には自由で公正な選挙の実施によって保障される。そして選挙が自由で公正なものとなる最も重要な条件は、思想、言論、出版、集会、結社の自由等が「法の支配」のもとで保障されることにある。しかし、そうした諸権利が保障されていない現在のミャンマーにおいては、国民は、自らの努力によって諸権利を獲得していかなければならない。これが民主主義を望む国民の義務である。民主主義を確立・維持していくためには、こうした義務を国民自らが自覚し、勇気・忍耐・自己犠牲をもって行動していくことが不可欠となる[8]。

　こうした政治、人権、民主主義に関連する内容は、ほとんどすべての演説で訴えられている。この点のみに注目すれば、アウンサンスーチーは、国民に対し主に、西欧近代的な民主主義、人権概念、国民の権利・義務の関係等を特に重要視して訴えていたと言うことができる。

　しかし、何故民主的な体制が必要なのかといった点になると、徐々にアウンサンスーチーの考え方の特徴が表れてくる。彼女は、民主化運動とは「国家の大義」「国民の大義」であり、それを遂行することは、ミャンマー国・国民の尊厳を取り戻すことであると考える[9]。

　つまり、「国家の大義」「国民の大義」を果たすためには、民主主義が確立されなければならず、そのためには民主的政治体制、民主的政府が必要とされ

8　アウンサンスーチー［1996a］63-64、75-82、90、97、102-104、107-109、119、126-128、130-133、139-141、147-150、155-156、161-165、171-173、177-179、186-187、201-204、209、221-222、245-246、250、253-254等。

9　アウンサンスーチー［1996a］70-72、83-85、87-88、98-99、108-113、128-129、133-134、150-152、165、173-174、182-186、190、206-209、213、224-225、231-232、240、245-246等。

る。民主的政府を創り出すためには、民主的な選挙が行なわれなければならない。選挙が自由で公正なものになるためには、基本的人権、政治的自由が確立されていなければならず、そうした諸権利を獲得するために人々は自ら行動しなければならない。それが国民の義務である。こうした論理が展開されている。

　ところで、ここで言う国家とは具体的にどのようにイメージされているかに関しては、筆者が入手した資料で見る限り、良き政府とは「家庭で言えば母親のようなもの[10]」という発言から、国家を1つの家庭として考えているのかもしれないということ以上、明確に読み取ることはできない。しかし、いずれにしても彼女の民主主義に関する発言においては、国家の存在が前提とされており、その位置づけがきわめて高い。

　さらに、アウンサンスーチーの政治的立場を示すものとして、経済発展と政治的民主化との関係に関する発言が挙げられる。アウンサンスーチーは、民主化はある程度の経済発展によるいわゆる中間層の出現によって初めて達成できるものであるという考え方を否定する。戦後の日本や西ドイツを引き合いに出しながら、経済の健全な発展は、正しい（民主的な）政治制度のもとでのみ可能なのであり、現在のミャンマーにおいて、国民はまず政治的民主化に関心を寄せるべきであり、経済活動に専心すべき時ではないと主張している[11]。もっとも、この主張は、SLORC政権の国境貿易自由化政策によって経済的に潤った地域においてなされたもので、あるインタビュー記事等では、政治的民主化と経済発展は同時並行的に、バランスを考えながら行なわれるべきであるという主張も展開されている。よってこの点に関しては、彼女の政治思想・主張の根幹となすとは言い難く、むしろSLORCのイデオロギー操作、経済政策への批判的意味合いが強い。

　アウンサンスーチーの演説は、通常20分程度であったが、こうした政治論的主張は、その約4割を割いて訴えられた。

10　国民民主連盟青年部［1990］7。なお、この抜粋集の日本語訳として、在日ビルマ人協会［1993］がある。
11　アウンサンスーチー［1996a］170-171、174、179、194。

（2）道徳論的主張

同様に約4割を割いて訴えられたのが、人間としてのあり方・生き方に関する、いわば道徳論的な主張である。

指導者を選ぶ際には、その人物の品行を重視するべきであるという主張に始まり、それは、日常道徳規範から教育のあり方等々多方面に及んでいる。ミャンマー人の悪しき伝統、性癖として、団結力、規律のなさ、見栄を張ること、議長や議員といったいわば影響力を持った人物になりたがること、ルーヂー（年長者）とルーゲー*（若者）の確執等が批判の対象となっている。また、上の人の命令に弱く、その命令が不当なものであっても、その人物に闇雲に従ってしまうという点が指摘され、26年間もの長きにわたって存続してきたネーウィン体制を支えてきたのは、こうした悪しき体制を傍観するような人々の性癖でもあると厳しく批判する。

それに代わって理想とされる人間像は、真理に従い高い見識を持って行動する国民である。本を良く読むべきである、規律をきちんと守るべきであるという主張から、正しい批判精神を持った人間が理想とされる。真理だと確信することは、何があっても実行していく人間、恐怖や困難に直面してもそれから身を反らすのではなく、それを引き受ける人間、自己の利益のみを追求するのではなく、多くの人々の利益、国家の利益、国民の利益を優先する人間、そのような人間が真に尊厳ある、賞賛されるべき人間として提示されている。[12]

ここにおいても特徴的なのが、国家の位置付けが強調されている点である。国民が高い見識を持ち尊厳ある人間にならなければならないのは、国家のためであり、国家の尊厳を高めるためであるという考え方が示されている。

（3）少数民族問題

第3に、少数民族問題関係に関する発言があげられる。しかし、少数民族が居住する地域（州）においてなされる場合が圧倒的に多く、各演説の時間的制限もあると思うが、ビルマ人の多い管区レベルではあまり言及されていない。

12　アウンサンスーチー [1996a] 42-43、50-55、60、64-67、71-72、89-119、122-129、131-134、142-145、149-152、158、161-175、178、181-187、192-195、202、206-209、212-213、228-229、232-233、235-246、253、256-257等。

アウンサンスーチーの少数民族問題に関する基本的見解は次のようにまとめることができる。彼女においては、「ピンロン精神」「連邦の精神」といった言葉で諸民族の融和・協調・団結が重要視され、基本的には少数民族の自決権、自治権を認める方向性が打ち出されている。しかし、それを保障する具体的制度・方法は自宅軟禁以前には打ち出されていない。その代わりに、民主的な政府を樹立した暁には、各民族の代表者からなる諸民族会議を招集し、そこで諸民族の合意に基づいた新たな憲法を作成することを約束している。その上で、少数民族に対しては、少数民族の諸権利を保障する政治体制の創出のために、勇気を持って共に民主化闘争へ参加するように呼びかけている[13]。

　このように、少数民族の諸権利に配慮は見られるにもかかわらず、連邦制そのものの存在・存続については、自明の前提とされている点に1つの特徴を見ることができる。つまり現存の国家の枠組み自体への疑問は根本的には提起されてはいない。それ故、少数民族の自治権・自決権といっても、分離独立権までは念頭に置かれていないように思われる。

(4) 体制批判と直接対話要求・「不当な権力への反抗」

　第4に、SLORC、ネーウィンへの批判、いわば体制批判に関連した発言にも1つの特徴・傾向が見られる。間接的な批判は当初の演説から見られるが、名指しの直接的批判は、89年5月以降に集中している。少なくとも当初の演説においては、軍事政権、ネーウィンへの直接的批判は、行なわれていない。この点は、既に見てきたように、新社会民主党（DPNS）の議長であったモーティーズンの批判の対象になったほどである。

　マス・コミ等の取材に答えて、彼女は自らの運動の第1の目的は、政治権力を獲得することではないと言ってきているが[14]、こうした権力に対する発言からも彼女の組織化活動の目的が権力の獲得にあったのではないことは明らかである。

　しかし、89年1月のエーヤーワディー管区への遊説、同年4月の同管区での「ダヌービュー事件」以降、次第に軍事政権に対する態度は硬化を見せた。アウン

13　アウンサンスーチー［1996a］42、49、51-53、71、90、111、136-141、153-159、166-179、184-187、192-193。
14　例えば、Aung San Suu Kyi［1991b］207のインタビュー等を参照。

第2章　アウンサンスーチーの理想

　サンスーチーの基本的姿勢は、軍事政権側が約束する自由で公正な選挙を実施するためには、自由な組織化活動、言論・出版の自由等が保障されねばならないというものであった。全国で見られる民主化勢力への当局による様々な嫌がらせ、妨害、弾圧は、軍事政権と民主化勢力の相互不信から生まれるものであり、こうした問題は、双方の率直かつ直接的な対話以外に解決はあり得ないと主張した。ところが、その対話要求に軍事政権側はいっこうに応じようとせず、89年6月には、逆に政党の出版活動への規制を強化した。この時点に至って、アウンサンスーチーは、本格的に「不当な権力への反抗」路線を打ち出した。

　アウンサンスーチーの言う「不当な権力への反抗」とは、権力によって不当にも定められ、かつ大多数の国民の望まない法律・命令に対する非暴力的な反抗であり、そうした命令・法律には国民1人1人が自らに課せられた義務として従わないというものである。彼女自身も述べているように、それは武装蜂起や実力行使を意味するのではなく、ガンディーの非暴力・不服従運動を模範にしたものであった。[15]

　アウンサンスーチーの自宅軟禁からの解放直後の様々な報道では、6年間の自宅軟禁によって対決から対話路線への変換が図られたとする見解が主流を占めていた。確かに自宅軟禁直前の彼女の姿勢は非妥協的ではあった。しかし、アウンサンスーチー自身も主張しているように、自宅軟禁以前から彼女が求めていたのは軍事政権との対決などではなく直接対話であった。彼女は、一貫して対話を要求しており、その意味では対決から対話路線への転換などは存在しなかったと言えよう。

　さらに特徴として指摘できるのが、直接的な批判をする場合でも、国軍全体あるいはSLORC全体をまとめて批判しているわけではない点である。国軍の中にも、SLORCの中にも、国民の願望に沿おうとする人はいると捉えている。[16]すなわち、国軍の存在そのものに対しての疑問は提起されていない。

(5) 父アウンサン

　第5に、父アウンサンの言動を例に取る発言が多いのも1つの特徴と言える。

15　アウンサンスーチー［1996a］199-205、214-233、251-258。
16　アウンサンスーチー［1996a］210-211、223、229-231、255-258。

アウンサンスーチーの主張の多くはアウンサンの主張と共通している点が多い。民主主義[17]、国軍の役割[18]、戒厳令（マーシャル・ロー）[19]に関する発言は、アウンサンの演説・発言等からの引用によって語られている。また、彼女自身が引用と断っていない場合でも、その発言にはアウンサンの影響が色濃く反映されている。例えば、政治とは社会生活の問題であるといった発言は、アウンサンがより詳細に語っていたものであるし、「権力への反抗」[20]という言葉も既にアウンサンによって使用されてきていたものである[21]。目的達成のためには自分が自らの責任を果たすといったテーマもアウンサンと共通したものがある[22]。少数民族問題への取り組み方に関しても、アウンサンが中心となって活躍したピンロン会議の精神と成果が高く評価されている。

　さらに、アウンサンスーチーはその思想において父の影響を受けたのみならず、彼女の発言では、アウンサンという人物の生き方が模範とされている[23]。

　そして、この「アウンサンの道」の正統な実践者・継承者たらんことが、自らのみならず、すべてのミャンマー国民に呼びかけられている。

第3節　第1次自宅軟禁解放後の変化

　6年間に及んだ第1次自宅軟禁後のアウンサンスーチーの主張に関しては、基本的部分において、大きな変化は見られない。例えば、全体として、その主張の大部分はやはり上記の (1) (2) に当てられている。

　しかしながら、部分的には、より精緻な議論が展開されたり、以前にも見ら

17　アウンサンスーチー [1996a] 47、250。
18　アウンサンスーチー [1996a] 48、174-175、190-191、211、249、255参照。
19　アウンサンスーチー [1996a] 219。
20　アウンサン [1971] 54-56。
21　Aung San [1974] 205。なお、本書はビルマ語と英語の2ヵ国語で編集されているが、基本的にはビルマ語文を参照した。但し、「大多数の国民が同意しない命令・権力すべてに対して、義務として反抗せよ」という一節で、「義務として」という部分は明らかにアウンサンスーチーが加えたものである。
22　例えば、1946年1月20日の反ファシスト人民自由連合大会での演説など。この演説は、アウンサン [1971] 50-91。
23　アウンサンスーチー [1996a] 98、117、235-236。

れたが強調の度合いが強められた論点がある。また、対話集会では、より現実的・具体的問題への対応の仕方が語られるなどの変化は見て取れる。

　例えば、(1)の政治論的主張に関して言えば、従来の主張をさらに緻密化させた例として、1999年8月5日に行なわれたNLD青年党員に対する教育講座における、民主主義に関する発言などをあげることができる。そこでは、その起源であるギリシャ・アテネの民主主義から語り起こし、現代のリベラル・デモクラシーに至る民主主義の変容の概要が語られており、現代民主主義の在り方を考える素材を人々に提供している。また、アウンサンスーチーの考える民主主義の本質に関する次のような発言もしばしば見られる。

　「…いかなる国も変化なくしてはおられず、時代や世界の情勢に伴って変わらなければなりません。変化せずにはいられません。こうした変化はあっても、血を流さず、話し合い、対話によって政治体制を創り出す…これこそが民主主義を確立するということです」[24]

　また、1996年1月27日に行なわれた週末集会でも、教育問題に関する質問に対して次のように答えている。

　「西洋でも民主主義というのは1国1国ごとに同じではありません、東洋の民主主義も国ごとに異なっています。しかしながら、いかなるところにおいても、国民の安全な生活を確保し、国民が尊厳をもって生き、人を人として互いに交わる制度が必要だとされています」[25]

　こうした例から、自宅軟禁中に、民主主義の在り方とその本質についての思索がかなり深められていったのではないかと推察することができる。

　また、解放以降加わった1つの特徴として、経済問題に関する発言が増えた点を指摘することができる。その理由は、対話集会で人々が寄せる質問の内容が、経済問題に関するものが多いためである。その際、アウンサンスーチーは、まず、真の発展とは、経済発展ではなく、保健、教育、福祉、女性問題など社会発展が指標となるべきこと、また、真の経済発展は、一部の人々が豊かになることではなく国民全体の経済状況がいかに改善されたかで評価されるべきこと、そ

24　アウンサンスーチー［2000］84。
25　アウンサンスーチー対話集会［1995～1996］1996年1月27日。なお、1995年10月8日、1996年1月6日の対話集会でも同様な内容のことが語られている。

して、そのような真の発展を達成するには、単に経済面での改革が必要なのではなく、信頼できる制度を打ち立てるための、広い意味での政治改革・社会改革が優先されるべきことなどを、自宅軟禁以前にも増して強調している。[26]

　また、こうした政治論的主張の深まりとともに、引き続き道徳論的主張が強調されている点も1つの特徴として指摘できよう。

　例えば、対話集会において、公務員の賄賂問題が質問として寄せられた場合の例などがその典型である。通常ならば、政府の政策への批判を期待する質問である。アウンサンスーチーも、まず、賄賂を要求せざるを得ない生活状況に追い込まれている公務員の現状を分析し、そのような状況を改善すべき方策として、公務員に十分な給与を支給すること、また法に則った官僚制度を確立することなど、公務員の置かれた環境の改善の必要性を訴える。しかしながら、他方で必ず、公務員に対しては、彼らの置かれた現状に理解を示しつつも、袖の下を要求しないよう諭している。さらに、賄賂を差し出す人々に対しても、その行動を改め、そのような悪しき慣行を助長するような行動を慎むべきであると訴えている。また、半強制的に様々な事柄に関して寄付を強要されるといった批判が質問として寄せられた際にも、その寄付をしたくないのであれば断る勇気を持つ必要があるなどと、むしろその強要に怯える人々の姿勢を正すことを強調している。そして、そのために逮捕を含む嫌がらせ等の災難がその人物に降りかかった際には、まわりも協力してその人を援助する必要性が訴えられている。

　この点は、第3の体制批判に関する発言の内容とも関連する。自宅軟禁解放後の対話集会などにおいては、民主化へ向けての姿勢、法の乱用、経済政策、強制労働、強制的な寄付の徴収、公務員の収賄問題などについて、軍事政権の基本的姿勢への批判は以前にも増して目立ってきている。しかしながら、例えば、対話集会で、質問内容が、かなりダイレクトな政府批判を期待するものであっても、軍政に対する反感を伴った攻撃や個人攻撃は行なわず、いわば建設的な批判を展開するといった基本的姿勢が貫かれている。むしろ力点は、上述したように、そうした軍政の圧力に対してどのようにして国民1人1人が立ち向かっていくべきなのか、現存する社会の様々な問題は国民が自ら解決すべき問題で

26　アウンサンスーチー対話集会［1995～1996］1996年1月27日、2月4日、2月17日等。

あり、そのために何をなすべきかに力点を置いた発言が多い。

　このように、自宅軟禁以降の発言内容には、大筋においては大きな変化は見られない。そのことは、自宅軟禁以降も、アウンサンスーチーの活動の主要目的が、けっして早急な権力の奪取、政治改革にあるのではないことを物語っている。95年12月23日に行なわれた対話集会での「私たちの革命というのは、精神の革命です。何故なら、自分自身の心を変えることができずして、自分の周囲の状況を変えることなどできないからです[27]」といった発言に端的に示されているように、彼女の第一の目的は、やはり民衆の「精神革命」・人間改革を通しての社会改革・政治改革であった。

　但し、1つの重要な変化として、こうした訴えがなされる際、仏典の逸話や仏教的概念を引き合いに出したり、仏教を背景としたミャンマーの伝統の文脈から語られることが多くなった点を見落とすことはできない。

　例えば、週末集会に寄せられたデモクラシーとミャンマー文化の関係についての質問に対して、既に自宅軟禁中に著された「民主主義を求めて[28]」というエッセイで述べられていたような、十王法(ミンヂン・タヤー・セー・バー*)や人々を護る4つの法(ティンガンザー・タヤー・レー・バー*)などを引き合いに出しながら、民主主義や人権概念はミャンマーの伝統や文化とはそぐわないとする一部の人々の考え方を強く否定している[29]。

　こうした喩えは、単に民主主義や人権概念についての政治思想のレベルに留まらず、日常的問題についてもしばしば引き合いに出される。

　週末集会において、ダディンヂュ(安居あけ)の際の年長者に対する寄進行為についての質問に対するアウンサンスーチーの答えは象徴的である。ある役人はテレビやビデオ、洗濯機等を寄進するのに比べ、自分たちはお菓子ぐらいしか差し上げることができないという質問に、彼女は、真の寄進行為について次のように答えている。

　「誰に対して寄進しようと、自分が本当に相手を尊敬し、正しい方法で得たお金を使って、自分ができる限りのものを寄進することが最良のやり方だと私

27　アウンサンスーチー対話集会［1995〜1996］1995年12月23日。
28　Aung San Suu Kyi［1991b］167-179.
29　アウンサンスーチー対話集会［1995〜1996］1995年9月23日、12月24日、1996年2月24日、3月31日等。

は考えます。役人の給料は安いのに、ビデオや洗濯機を寄進できるというのは、どこから得たお金でそれを行なっているのか、考えさせられる問題です。寄進行為というのは自分のために行なっているのではありませんか。功徳を積むために行なっているのです。年長者に寄進するというのは、功徳を積むために行なっているのです。ですから、功徳を積むために行なう行為というのは、戒律に則して行なわれなければなりません。不正な方法で得た物を、寄進したところで、さして功徳を積んだことにはならないと、私は思います。…不正な方法で得た洗濯機を寄進すれば、相手の服は白くなるでしょう。しかし、自分の心が清くなるわけではありません」[30]

　また別の週末集会では、ある1つの組織を作る場合の心構えを説く中で、欲得ずくで結成するべきではないと説き、「欲望（ローバ*）というものはことのほか危険なものです。欲望に駆られると、節操（ティーラ*）もなくなります。…自らの節操を売り渡してはいけません。自ら節操を売り渡したならば、人生もめちゃくちゃなものになり、私たちの国も崩壊することになります。ですから節操を売り渡さないことをお勧めします」[31]と述べている。ここで「節操」と訳出したティーラというビルマ語は、仏教で言う「持戒」「戒め」「宗教的義務」を意味している。

　さらに、翌日の集会における「政治活動を行なってどんないいことがあるのか」という質問に対しても、自分たちは、お金や地位が欲しいために政治活動を行なっているのではないとした上で、次のようにその理由を述べている。

　「（私たちは）心の純粋さ（ティッサ・タマーディ*）のみを望んでいるからです。私たちは僧侶ではありません。しかし、私たちが望んでいるものは心の純粋さです。心の純粋さにつながらないものは望んでおりません。私たちにとって名誉（ゴゥン*）というのは、徳・品性（ゴゥン・テイカ*）のことです。地位が高ければお金が得られます。そういった名誉を私たちは望んでおりません。徳・品性があるといった名誉のみを私たちは望んでいます。欲を持っているのは、私たちが俗人だからです。俗人なればこそ欲もあります。しかし、私たちの欲は、徳・品

30　アウンサンスーチー対話集会［1995～1996］1995年10月1日。なお、同様の発言は、1995年10月8日、12月23日、1996年2月24日にも見られる。
31　アウンサンスーチー対話集会［1995～1996］1995年9月23日。なお、同様の発言は、1995年9月30日にも見られる。

性を得たいというものです。私たちは、自らの徳や品性を傷つけるようなことはしたくありません。だからこそ、私たちは地位を望みません。お金も何も望みません。真理（アフマン・タヤー）のみを望みます。真理…真理を携えて政治活動を行なっていけば、国民の尊敬、親愛を獲得することができます。そうした見返りが得られるのです。他の見返りもあるかもしれません。お金、地位、大邸宅が得られるかもしれません。しかし、そんなものはどうでもよいものです。国民の尊敬、親愛が得られれば、政治をした甲斐があるというものです」[32]

　ここで挙げたのはほんの一例に過ぎないが、自宅軟禁以降、いかにこうした仏教的文脈を用いた発言が増えてきたかを端的に示している。そして、自宅軟禁以前の彼女の主張と自宅軟禁以降の主張の最も鮮明な相違点は、まさしくこの点にある。

第4節　アウンサンスーチーの思想と理想

　以上で見てきたように、アウンサンスーチーがこの民主化運動で目指す最大の目的は、民衆の「精神革命」・人間改革を通じた社会改革・政治改革である。そこで、以下、そのような考え方に立つアウンサンスーチーの思想的バックボーンについて考えて見たい。この点に関しては、既に『アウンサンスーチー演説集』末巻の「解説にかえて：真理を唯一の武器として」で、アウンサンやガンディーの思想的影響を踏まえながら述べてきている。また、そこでは、自宅軟禁以降の演説を取り上げながら、基本的に自宅軟禁以降も変化は見られないと指摘してきている。しかしながら、前節で見た対話集会での人々に対する語り方の変化や The Voice of Hope や Heavenly Abodes and Human Development [33] などその後の資料を詳細に検討していくと、自宅軟禁以降、1つの大きな変化が見られたように思われる。それは、仏教思想からの影響である。そこで以下、上記の論考を出発点としながら、仏教思想が彼女の思想においていかなる意味を持ち、

32　アウンサンスーチー対話集会［1995〜1996］1995年9月24日。なお、同様の発言は、1995年10月7日にも見られる。
33　Aung San Suu Kyi［1997c］.

またアウンサンやガンディーの思想的影響とどのように関連しているのかを明らかにしていく。

(1) アウンサンスーチーの現状分析

アウンサンスーチーの思想のバックボーンを考えるにあたって、これまで、彼女の思想のバックボーンは西欧近代的なものであるとする見解も少なからず提示されてきた。また、父アウンサンの影響も多くの論者によって指摘されてきている。しかし、ここではまず、アウンサンスーチーが行動を起こす際に、ミャンマーの現状をどのように認識していたのかという点を手がかりに考えていきたい。「思想と行動の一致」を目指すアウンサンスーチーにとって、改革への思想は、まさしく彼女自身の現状認識を出発点としていると考えるからである。

アウンサンスーチーは、自宅軟禁中に著したエッセイ「恐れからの自由」の冒頭で次のように語っている。

「人は権力によって堕落するのではなく、恐れによって堕落する。権力を失うことへの恐れは、権力を行使する人を堕落させ、権力による鞭に対する恐れが、その権力下に置かれている人々を堕落させるのである[34]」

この一節から明らかなように、彼女にとって当時のミャンマーは、堕落した権力が支配し、それによって人々も堕落を強いられる状況にあった。そしてこのいずれもが、恐れという人間の感情によって根本的にもたらされている。その結果現在のミャンマー国・国民の尊厳は著しく失墜した状況にあると彼女は見た。

さらにアウンサンスーチーは、ネーウィン体制、SLORC体制を、権威主義的・全体主義的体制と規定した上で、「民主主義を求めて」の中では、次のように指摘している。

「彼ら（独裁者）こそが正式に、また唯一、何がわが国固有の文化的規範かを決める権利があると主張しているのです[35]」

つまり第2に、独裁者は、伝統・文化・価値までも独占・支配しているという状況認識である。特にSLORCは、仏教を政治的に利用・悪用しているし、ま

34　Aung San Suu Kyi[1991b]180.
35　Aung San Suu Kyi[1991b]167.

た経済的利益追求を煽ることで政治的矛盾を隠蔽しようとしていると、彼女は捉えた。

そして第3に、SLORCがネーウィンを「国軍の第二の父」と呼んでいることに象徴されるように、独裁者はナショナリズムを悪用しているという認識である。国軍の果たしてきた歴史的役割を利用し、国民のための国軍すら自らの私兵にしてしまうような狭猥なナショナリズム。外国のものはすべて拒否するような極端な排外思想。ネーウィンやSLORCはそうした意識を国民に植え付けてきたし、今後も植え付けていくことで、自らの権力の正当化を図ろうとしているとアウンサンスーチーは考えた。

こうした恐れの蔓延とそれによる権力および民衆の堕落、独裁者による伝統・文化・価値の独占、独裁者が鼓舞する狭隘なナショナリズと闘いながらそれを克服していかなければ、ミャンマー国・国民の尊厳を回復することはできない。彼女は、民主化運動を「第2の独立闘争」と呼んでいる。植民地支配からの独立運動とは、単に国家主権を回復する運動ではなく、彼女にとっては国家・国民の尊厳を回復する運動でもあった。そのように考える彼女にとって、現在の運動は、人権・民主主義を確立するためだけの運動なのではなく、その運動を通じて国家・国民の尊厳を再び回復するための運動でもあったのである。

ここで見られるアウンサンスーチーの現状認識は、通常考えられるものとは大きく異なる。政治・経済の在り方や制度・政策などを問題にしているわけではない。しかし、こういった現状認識自体が、アウンサンスーチーの思想の1つの特徴を表しており、彼女が運動の目的・方法を設定する際の最も重要な出発点となった。

(2) 変革への思想

1. アウンサンの道

それでは、そのような現状を改革していくためには、どのような方法が取られるべきか。彼女が、人々にまず訴えたのは「アウンサンの道を歩め」ということであった。

アウンサンスーチーが、父アウンサンから様々な影響を受けたことは、これまでも多くの文献で語られている。例えば、「(彼女は) 父アウンサンが『最大多数

の最大幸福』という言葉で表現した独立ビルマの夢を、独立後40年たった1988年から、父に代わって実現していこうとしている」「ビルマに住むすべての人々に対する『平等なまなざし』だけは、しっかりと時代を越えて引き継がれている」[36]といった意味で、アウンサンスーチーが父から受けた影響を指摘している研究も存在する。また、既に指摘したようにアウンサンスーチーは「政治とは何か」といった点を含めて父の思想から多くの影響を受けていることも事実である。それ故、彼女の訴える「アウンサンの道」の内容を、そうしたいわば政治思想レベルで説明することも可能であろう。しかし、それだけで十分なのであろうか。

　アウンサンスーチーが父から受けた最も大きな影響は、政治思想というよりも人間としての父の生き方、考え方であったと言えよう。そのことは、父アウンサンに対するアウンサンスーチーの見方を考えてみれば明らかになる。彼女は民主化運動に関与する以前に著した父の伝記の中で、次のように父を褒め称えている。

① 幼年時代は、明朗で、心底正直で、不幸な人々に哀れみを抱く愛すべき性格であった。勉強熱心で、品行も良く、成績はクラスで常にトップの類い稀な生徒であった。学問に果敢に取り組む姿勢を堅持した。何かに取り組む際には、信念と徹底さを貫いた[37]。

② 大学生時代は、洗練された同僚たちの非難と嘲りを気にもとめなかった。いかなる事であれ、一度やりかけたら、批判にさらされたからといって、投げ出すような人間ではなかった。政治と宗教を混同することは、宗教の精神そのものに反すると主張する反面、宗教に深い関心は寄せていた[38]。

③ 学生リーダーとしての彼は、誠実さ、二心のなさ、仕事をこなす能力において、同僚から絶大な尊敬を得ていた。派閥や嫉妬を超越していた。共産主義や他の厳格なイデオロギーに狂信的にのめり込むことはなかった。真に求めていたものは常に祖国に自由と統一をもたらす思想と戦術であった[39]。

④ 反英闘争時代には、民族闘争に人々を参加させるという最も大きな仕事は、ビ

36　根本[1996]238。
37　Aung San Suu Kyi [1991a] 2-4. なお、本書の初版は1984年に出版されている。また、本書は、Aung San Suu Kyi[1991b]3-38にも掲載されている。
38　Aung San Suu Kyi[1991a]6-7.
39　Aung San Suu Kyi[1991a]11-13.

ルマ国内で実行しなければならないと考えていた。援助の手を差し伸べてくれる所からはどこであれ援助を受け入れ、状況の推移を見守るべきだという現実的な考え方を持っていた。優れた能力と勇気を兼ね備えた兵士として、多くの困難に耐え抜いた。心身共に弱り果てた部下を元気づけ、特に若い者たちに心を配った。自らの立場や祖国の窮状についていかなる幻想も抱いていなかった。ビルマ独立義勇軍を、党派政治や行政問題から遠ざけ、政治に介入させないように常に努力した。[40]

⑤キンチーと結婚したアウンサンは、愛すべき夫となり父親となった。[41]

⑥抗日運動期には、ビルマにおいては、異民族間の関係を良好に保つことが、国家統一にとって不可欠であることを知っており、この問題を常にとても重視していた。大胆かつ誠実であった。[42]

⑦軍籍を離れたのちは、国民から愛され信頼される確固とした指導者、有能な政治家(statesman)となった。大勢の聴衆を静かにさせて統制することができた。率直で素朴であった。政治家にふさわしく、ビルマ国民が本当に望んでいる、実のある内容を受け入れた。少数民族や他のマイノリティーから全幅の信頼を得た。常に独立と統一という問題を解決するためのアイデアと方策を模索し、その模索に国民も参加させようとした。必要ならば自分の考えを変えることも恐れなかった。民衆に自分の考えや動機を隠さず説明し、協力を求めた。安易な勝利や理想的な将来展望を軽々しく約束せず、国民が結束した意志の力を持って支えてくれれば、ビルマの統一と自由のために全力を尽くすのみと約束した。生来の能力と責任感があった。現実的で柔軟性のある方法の必要性を強調した。国民に対しては、真実を話した。誠実さと自己批判能力を持っていた。独立が達成されたら政治から離れ、家族との生活や著作に専念したいと考えていた。[43]

⑧全体的人物像は、ひたむきで強い目的意識を持って祖国を独立に導いた、きわめて高潔で剛健な人格を備えた若者。判断を下すとき、ムードや感情に流されなかった。身近な政治仲間と相談し、正しい批判は受け入れ、職務を委任する必要があるときは委任した。独立という大義を脅かすような利己主義、無責任な行

40　Aung San Suu Kyi[1991a]15-22.
41　Aung San Suu Kyi[1991a]26.
42　Aung San Suu Kyi[1991a]28-31.
43　Aung San Suu Kyi[1991a]35-50.

為、義務怠慢を許さなかった。正義と民主主義の原則を信奉していた。自分の意見を他人に押しつけるようなことはなく、自由で十分な話し合いの後に決定を下した。主張には極端に走ったものはなく、一般国民にとっても分かりやすいものだった。自分の利益よりも国の利益を優先し、権力の頂点にいながらつつましく謙虚であった。特権を追い求めることなく指導者の責任を受け入れた。政治手腕と政治権力があるにもかかわらず、人間としての彼の存在の中核には深い純真さを保っていた。その人生は国民に国家の威信と名誉を鼓舞してくれる源であり、ビルマ国民の政治的良心の守り神である[44]。

これだけ見ても、アウンサンスーチーの父親への賞賛の度合いがいかに高いものであったかよく分かる。アウンサンスーチーは、ナショナリストの典型として国民から慕われているアウンサンを道しるべとすることにより、ネーウィンやSLORCの主張する狭隘なナショナリズムに対抗し、それを克服していこうと試みたのであった。

では、こうした理想的人間と見なされているアウンサンの歩んだ道とは何か。数々の讃辞で語られるアウンサンの生き方の心髄は何か。アウンサンスーチーは、それを、真理の追究であり、私利私欲を棄て、国家、国民のために、誠実さと忍耐、そして勇気を持って自らの使命を果たすことであったと考えた[45]。彼女が「アウンサンの道を歩め」と言うとき、それは、単に客観的研究から導き出されたアウンサンという人物の思想と行動を見習えということを意味しているにとどまらない。父アウンサンに対するアウンサンスーチーの賞賛の言辞には、実は彼女自身の理想的人間像が反映されているからである。アウンサンスーチーが国民に対してアウンサンを引き合いに出すとき、アウンサンスーチー自身が考える、あるべき人間像を、いわば父親を媒介にして伝えているとも言える。

アウンサンスーチーは、運動を通じて、国民1人1人に、彼女が考えるアウンサンの精神の心髄を浸透させ、それを実践させる方法を模索したのである。それでは、国家の要となる国民1人1人の人間形成、人間としての成長を促すためにはどのような方法が採られるべきであるのか、極言すれば「恐れ」によって堕

44　Aung San Suu Kyi[1991a]53-55.
45　Aung San Suu Kyi[1991a]7およびアウンサンスーチー[1996a]235-236。

落した国民をどのように目覚めさせるか、そこにアウンサンスーチー思想の心髄が現れてくるのである。

2. ガンディーの影響

　この時、彼女に強く影響を与えたのがガンディーの思想であった。
　「非暴力の偉大な使徒ガンディーと国軍の創設者アウンサンとは、その個性において大きな相違があったにもかかわらず、いついかなるところにおいても権威主義的体制に挑戦した点においては全く同じであった」[46]
　この一節で、彼女が賞賛する父親とガンディーが対比されていることに象徴されているように、アウンサンスーチーの思想においてガンディーの影響が大きかったことは、記者会見やインタビュー等でも彼女自身が認めているし、その影響を論じた文献も少なからずある[47]。また、彼女は、1960～64年の4年間、当時在インド大使であった母とともにインドに暮らした。彼女が14歳から18歳までの期間である。何点かの文献で指摘されているように、インド首相ネルー一家との交流を通じて、彼女の得たものはけっして少なくなかったと思われる。
　さらに興味深いのは、インドを離れ学究生活に入った彼女が、研究テーマとして選んだのが、植民地下のインドとビルマの知的活動に関する比較研究であったことである。民主化運動へ身を投じる直前に書かれ、90年に出版された *Burma and India : Some Aspects of Intellectual Life Under Colonialism*[48]では、引用文献の中に、ガンディーの『自叙伝――真理への私の実験――』『ヒンドゥ・スワラージ（インドの自治）』『教育問題』、タゴールの『故郷と世界』、ネルーの『インドの発見』などが挙げられ[49]、彼女の思想遍歴がうかがわれる。この研究で彼女は、

46　Aung San Suu Kyi[1991b]184.
47　特にこの点で参考になるのは、Kreager[1991]284-325とKanbawza Win[1994?]の議論である。両者の指摘は多くの有益な示唆を含んではいるが、両者とも、いかなる面でガンディーの影響があったのかという点に関しては、十分な議論が展開されているとは思えない。また、アウンサンとガンディーの影響の相互関係、ガンディー思想のアウンサンスーチーなりの受容の仕方に関する言及に物足りなさを感じる。
48　Aung San Suu Kyi[1990].なお本書は、Aung San Suu Kyi[1991b]82-139にも掲載されている。
49　Gandhi, *Autobiography My Experiments With Truth*, M.K.Gandhi, *Hind Swaraj*, Ahmedabad, 1938、M.K.Gandhi, *The Problems of Education*, Ahmedabad, 1962、Jawaharlal Nehru, *Discovery of India*, New Delhi, 1947、Surendranath Tagore(trans.), *The Home and the World*, London, 1928などが引用されている。

インドにおける「ベンガル・ルネサンス」運動に特に強い関心を示し、ビルマにおけるそうした運動の欠如を指摘し、「ビルマは、その真に秘められた力の実現を待ち望んでいる状況のままである[50]」と述べている。彼女は、「ベンガル・ルネサンス」運動を「東洋と西洋の融合、思想と行動の一致が、インドにおけるルネサンスの最も重要な伝統を構成した[51]」と評価し、インドのその後の民族主義運動に与えた影響を重視する。その上で、タゴール（Surendranath Tagore）とガンディーに注目し、両者を比較している。彼女は、ネルーの「タゴールは本来思索する人であったのに対し、ガンディーは精神を集中し、たゆまず行動する人であった。方法は異なっていても両者とも世界的な視野の持ち主であるとともにインド人そのものであった[52]」という両者に対する共感に満ちた評価を認める。しかし他方で、民族主義運動との関連では「ガンディーが民衆の愛国的熱情を体現したのに対して、タゴールの国際主義者としての理想はしばしば彼を民衆から遊離させた[53]」とガンディーを高く評価するのである。自宅軟禁以前の運動の過程での彼女の行動、彼女が民衆に説いた演説などを丹念に見ていくと、アウンサンスーチーは、このガンディーから少なくとも次の3点で深い影響を受けていたと言わざるを得ない。

①民衆にとって一番大切なことは、自らの心の内にある「恐れ」から自らを解放することである。自らを自らが律する「自治の精神」を把持することである。
②政治の基礎に倫理を置くこと。
③目的と手段は分かちがたく結びついていること。

　まず、Kreager、Kanbawza Win、Houtmanも強調している「恐れからの解放」という点をあげることができる[54]。アウンサンスーチーは「恐れからの解放」とい

50　Aung San Suu Kyi［1990］75.
51　Aung San Suu Kyi［1990］41.
52　 Aung San Suu Kyi［1990］51.
53　Aung San Suu Kyi［1990］51.
54　Kreager［1991］297, Kanbawza Win［1994?］52-53.Kanbawza Winの議論では'Freedom from Fear'という言葉が、Franklin D. Rooseveltの4つの自由というスローガンの中から取られたとされているが（Kanbawza Win［1994?］60）、Rooseveltの言う「恐怖からの自由」は、国際社会における戦争等の恐怖からの自由を指すのであって、この解釈は当てはまらない。むしろ、アウンサンの演説の言葉（Aung San［1974］65［英語文］）から引用したと考える方が自然ではある。しかし、そ

第2章　アウンサンスーチーの理想

うエッセイの中で、J・ネルーの『インドの発見』でのガンディー業績についての評価を引用している。彼女が引用した部分およびその前後でネルーは、次のようにガンディーについて語っている。

「多くのことを彼は教えてくれたが、われわれの身についたのはそのほんの一部だったり、時にはまるでだめなこともあった。しかし重要なのはそんなことではなかった。彼の教えの核心は、恐れないことと真理、そしてこれらに関連した常に大衆の福祉を念頭においた行動であった。個々人にとっても国家全体にとっても最大の贈り物は、古くから教えられているアバヤ、すなわち恐れないことであり、単に肉体的な勇気ばかりでなく、心の中に恐れという気持ちを宿さないということであった。…軍隊、警察、広く網を張った秘密警察に対する恐れ、官吏に対する恐れ、弾圧法と監獄に対する恐れ、地主の差配に対する恐れ、高利貸しに対する恐れ、またいつも間近にある失業と飢えに対する恐れであった。ガンディーの静かな、決意のこもった声があげられたのは、このようなあまねくゆきわたった恐れに反対してであった。恐れるな[55]」

もちろんこの「恐れからの解放」というエッセイは、彼女が自宅軟禁になった後に対外向けに発表されたもので、ここでネルーのガンディー評価が引用されているからといって、運動の当初から彼女が「恐れからの解放」を説いていたことにはならない。しかし、『アウンサンスーチー演説集』を一読すれば分かるように、「恐れないこと」「勇気を持つこと」は、自宅軟禁以前に行なわれた遊説活動における最も基本的なテーマであった[56]。

長い外国生活から帰ったアウンサンスーチーがミャンマーで実際に見たものは、まぎれもなく人々の心に深く浸透している「恐れ」であったのではなかろ

の場合でも、アウンサンは、僧侶の果たすべき役割について言及する中でこの言葉を使用していることを考えるならば、内容的には、ニュアンスの違いがある。アウンサンスーチーの 'Freedom from Fear' の意味を考えるならば、ガンディーやネルーの著作における 'fearlessness' からの影響が大きかったと考えられる。この点に関しては、Houtman [1999] 296-299で筆者とほぼ共通した見解が提示されている。但しアウンサンの思想からの影響については筆者とHoutmanの間には見解の相違が見られる。

55　Nehru[1959]275.但し、訳文は、辻他訳[1956]下巻502-503を基本とし、一部手を加えた。なお、アウンサンスーチーの引用箇所は、Aung San Suu Kyi[1991b]183-184。

56　アウンサンスーチー[1996a]94-98、101-102、111、119、122-123、128、133、139-141、143、151、156-157、161-165、167-168、173-175、179、181-187、193-195、201、207-208、213、232、242-244、254、256-257等。

うか。その時、彼女は、ガンディーの自叙伝の一節を思い浮かべたに違いない。ガンディーは1917年インドのビハール州の農民争議の解決に乗り出したとき、そこでの現状を見て次のように言っている。

「農民たちがこれほどうちひしがれ、また恐れている場合には、法廷は無用ですね。彼らのためになる真の救済は、恐れから解放してやることです」[57]

「恐れからの解放」は、ガンディーの「われわれが自分自身を支配することを学ぶとき、それが自治というものです。ですから自治はわれわれの掌中にあります」[58]と言う一節に表れた「自治の精神」でもあった。

アウンサンスーチーが遊説の際、時間を守る等の自己管理の重要性を常に訴えてきたのは、そうした日常生活の些細なレベルですら自己をコントロールできない者が、自らの心をコントロールできるはずがないと考えたからであろう。

アウンサンスーチーは、自宅軟禁後の対話集会においても、「独裁者が、自分に対してどのように接してこようと、自分は奴隷ではないという信念を自分が抱いている限り、その人は奴隷ではないのです」[59]とも説く。このように自宅軟禁解放後も、『アウンサンスーチー演説集』の各所で見られた主張を訴え続けた[60]。これらの人々に対する一貫したアウンサンスーチーの発言を考えると、そこにはまさしくガンディーの主張との共通点が見られる。

こうして、アウンサンスーチーの第1の行動目標が設定されたのであろう。

では、人々から恐れを取り除くとともに、求め目指すものは何か。それは、真理の追究であり、現下の課題は民主主義、人権の確立であった。しかしながら、民主主義や人権を求める闘いにおいて、求めている民主主義や人権の基盤は何か。民主主義や人権という概念は西欧のものであるとする独裁者の伝統・文化・

57　M.K. Gandhi, *Gandhi's Autobiography : The Story of My Experiments with Truth*, Washington, D.C., 1948, p.499. 但し、訳文は、蠟山責任編集[1979]298を基本とし、一部手を加えた。この箇所で、'free from fear' という言葉が使われている。なお、ガンディーの思想の理解に際しては、注記の他の箇所で挙げた文献の他に、以下のような文献を参照した。
　ガンディー[1971]、フィッシャー[1968]、坂本[1969]、エリクソン[1973]、ロラン[1983]、クニパラーニ[1983]、ナンブーディリッパドゥ[1985]、長崎[1992]160-172、長崎[1996]。
58　Gandhi[1938]58-59. なお、訳文は、森本訳[1981]170を用いた。
59　アウンサンスーチー対話集会[1995〜1996]1996年1月7日。また同様の発言は、1996年3月10日にも見られる。
60　アウンサンスーチー[1996a]167-168、182-183等。

価値の規定に対抗する思想は何に求めればよいのか。ここにおいてもガンディーの思想の影響を見て取ることができる。真理の実践としての政治。つまり政治における倫理的なもの、宗教の再評価である。

アウンサンスーチーの父アウンサンは、政治に僧侶が介入することを批判した[61]。その点に注目するとアウンサンの目指した政治はセキュラーなものであったことは明らかである。アウンサンスーチーもそのことは理解していた。しかし、アウンサンスーチーは、自宅軟禁以前の遊説において、人々に対し「政治というのは、結局、社会生活に関連した問題なのです。社会生活の問題ならば誰もが知っていることです。私たち仏教徒は、社会生活の問題はよく理解しています[62]」と訴えている。また、自宅軟禁後のアラン・クレメンツとの対話でも次のように語っている。

「ある人たちは、精神的な生活と政治的な生活が1つであるとの考えは人を当惑させるし、またそれは実際的ではないと思うでしょう。でも私は両者を別々のものとは見なしません。民主主義諸国では精神的なものと世俗的なものを分離しようとしますが、実際両者を分ける必要はありません。一方、独裁国の多くでは、政治と宗教を分離させておく政策を公式的に採用しています。それは、たぶん、宗教が現存の支配体制を覆すのに利用されがちだからです[63]」

こうした発言を見ると、父アウンサンの発言を受け売りしているわけではないことがよく分かる。そこには、むしろガンディーの次のような思想との共通点を見出さざるを得ない。ガンディーは、政治と宗教を混同したという批判に対して次のように答えている。

「普遍的な、そしてすべてに内在する真理の精神に直面するためには、人は最も微々たる創造物をも、同一のものとして愛することが可能でなければならない。しかも、それを追求する人は、あらゆる生活の分野から離れてはならないのである。これが、真理に対するわたしの献身が、わたしを政治運動の分野の中に引き込んだ理由である。しかもわたしは、なんのためらいもなしに、またきわめて謙虚な気持ちで、宗教は政治とはなんら関係がないと言明する者は宗

61　アウンサン[1971]58-60等参照。
62　アウンサンスーチー[1996a]108。
63　Aung San Suu Kyi[1997b]7-8.

教の何であるかを知らない者である、と言うことができる[64]」

　上記の例からも、いかに両者の主張に共通したものがあるかが分かる。そして、アウンサンスーチーは、ミャンマーの伝統である仏教の「真理（アフマン・タヤー）」の実践を人々に説き、民主主義、人権概念の基盤として「慈悲（ミッター*）」の心を強調するのである。それはまた、ミャンマーの伝統には、西欧近代的な民主主義や人権思想はそぐわないとする一部の人々の主張に対する、彼女なりの反論でもあった。

　では、そのような政治、「真理」に則した政治の実現のためには、どのような方法が取られるべきなのであろうか。

　ここにおいて、彼女の運動の特徴とも言える「目的と手段の相関関係」つまり非暴力が採用される。彼女は、演説において、しばしば「手段」「方法」の重要性を訴える。誤った「手段」「方法」によっては、けっして「目的」に達することはできない。「目的」が正しいものであればあるほど、それを達成する手段も正しいものでなければならない[65]。このアウンサンスーチーの考え方の背景には、ガンディーの次のような主張の影響を見て取ることができよう。

　「彼らが暴力を使ったということと、そしてわれわれだって同じような行動をとることができるというのは、まさにそのとおりです。けれども、同じような手段を用いていたのでは、われわれも彼らが得たのと同じものしか得られません。われわれはそんなものを望んでいるのではないことは、あなたも認めていられるでしょう。あなたは手段と目的との間になんら相関関係はないと信じていられるようだが、それは思い違いもはなはだしい。…手段を種にたとえ、目的を樹にたとえることもできます。目的と手段のあいだには、種と樹のあいだにあるのと同じ冒しがたい相関関係があるのです[66]」

　アウンサンスーチーは、民主化闘争において、非暴力と不服従を選んだ。確かに、後者を意味する「不当な権力への反抗」という言葉は、アウンサンの演説から取られた言葉であり、その意味ではガンディーの影響のみで、この方法採用の背景を説明することはできない。しかし、アウンサンが最終的にはイギリ

64　Gandhi［1948］615. 訳文は、蠟山責任編訳［1979］378を基本として、一部手を加えた。
65　アウンサンスーチー［1996a］100-106、181-182、199等。
66　Gandhi［1938］64. 訳文は、森本訳［1981］175-176を用いた。

スの植民地支配に対して武力闘争も辞さないという立場を表明したのに対して、アウンサンスーチーは、あくまで非暴力を主張し続けている。その理由の1つとして、現在の民主化運動が同じ民族どうしの闘いである点が大きな理由として指摘できよう。この点については、彼女自身もしばしば指摘している。しかし、より重要なのは、目的と手段は分かち難く結びついているのだとする考え方にあろう。民主主義・人権と暴力は全く相容れない。ましてや民主主義や人権の倫理的基盤である「慈悲」の心と暴力は水と油の関係でしかない。

　この目的と手段の一致は、自宅軟禁以降のアウンサンスーチーの基本的姿勢にも明確に示されていると言ってよい。それは、90年総選挙結果に対する彼女の反応を考えてみれば分かる。彼女は、現在の状況を打開するために、軍事政権と話し合い、合意を求めていくことには賛成している。しかし、総選挙結果を反故にする形での妥協は拒んでいた。それは、国民の意思を無にするような悪しき慣行を打ち立てたくないという理由による。しかし、さらに一歩踏み込んでこの発言の意味を考えてみれば、たとえ総選挙結果を反故にすることで民主体制移行へ進展が見られたとしても、それは表面的なものに過ぎず、方法を誤った際には目的をも歪める結果になるという確信が存在していたからであろう。一見頑なに見えた姿勢の背後には、目的と手段の一致といった基本的思想が見えるのである。

　さらに重要な点は、非暴力・不服従、「目的と手段の一致」という特徴が、単なる戦術ではなく、人間鍛錬の方法であった点である。そのことは「不当な権力への反抗」と簡単に言われているスローガンの真の意味を考えてみれば明白になる。自宅軟禁直前彼女が採用した「不当な権力への反抗」つまり「大多数の国民が同意しない命令・権力すべてに対して、義務として反抗せよ」というスローガンには、わざわざ「義務として」という言葉が組み込まれている。つまり不当な権力へ反抗することは、やらなければならない、またやって当たり前のことだということである。やって当然のことで、やったからといって褒められるべきことではないという意味が込められていたのである。一般の国民にとっては、とてつもなく重い課題である。しかし、アウンサンスーチーはそれを国民に課している。「不当な権力への反抗」は、単に権力に対する反抗なのではなく、国民1人1人に自己変革をもたらす1つの手段でもあったのである。

こうして、アウンサンやガンディーの思想を取り入れながら、民衆を「恐れ」から解放し、独裁者の伝統・文化・価値の独占と悪用、独裁者の鼓舞する狭隘なナショナリズムに対抗する新たな思想的基盤が一応確立されたかに見えた。それは、同時にミャンマー国民1人1人の人間変革をもたらす思想でもあった。

しかし彼女の思想はここにとどまらず、さらに深みを増していく。アウンサンやガンディーの思想、生き方から導き出してきた思想的基盤をより独自のものとするために、彼女は第1次自宅軟禁中に自らの思想を練り上げていった。その際、特に問題となったのは、これまで具体的にあまり語られなかった、人々から恐れを取り除き、自らの足によって立つ自治の精神を植え付ける思想と方法の模索であったにちがいない。アウンサンスーチーは、このきわめて困難な課題を、具体的にどのように達成していくのか。彼女は、その答えを人々の多くが信仰する仏教思想の中に求めた。

3. 思想の核心としての「仏教」

1989年からの現軍事政権による6年間に及ぶ自宅軟禁から解放された後、彼女の思想と行動を特徴づけるものは、仏教思想であると考えられる。極論すれば、この仏教思想を核として、既にあげたアウンサンやガンディーの思想も取り入れながら、彼女独自の思想が形成されたと言うことができる。それは、具体的には、自宅軟禁以前に、ガンディーの言う「真理」「正義」の核心を「慈悲」という言葉に置き換えたことにその萌芽が見られるように仏教思想の再評価という形で表れた。

ところで、アウンサンスーチーの思想における仏教の影響は、自宅軟禁中に著されたエッセイ「民主主義を求めて」の中でも、既に示されている。例えば、仏教思想に裏付けられた王の果たさなければならない十の義務(十王法)を引き合いに出しながら、あるべき統治形態を論じている[67]。また、社会契約説的考え方や人権概念が仏教思想の中に既に内在されていることなどを明らかにしている[68]。しかし、以下で問題とするのは、社会に変革をもたらす人々の行動と仏教の関係についてのアウンサンスーチーの思想である。彼女の政治理論的な思想

---

67 Aung San Suu Kyi[1991b]260.
68 Aung San Suu Kyi[1991b]255, 262.

における仏教思想の影響を考えることも重要ではあるが、本章で特に問題としているのは、人々の人間変革、行動変革を導くための彼女の思想的バックボーンである。両者は密接に関連しつつも、本章の問題関心は後者にある。その点を念頭に置きながら彼女が仏教から受けた影響を考えてみると以下の点を指摘できる。

①社会に積極的に関わっていく仏教：Engaged Buddhism
「私はengaged Buddhismを信奉しております[69]」
これらは、彼女が最初の自宅軟禁から解放された直後の1995年10月から翌年の6月までの9ヵ月間に行なわれたクレメンツとの対話の一節である[70]。この2名の対話は、その後1冊の本にまとめられた。これら一連の対話は、アウンサンスーチーと仏教思想との関連を考える上で、きわめて重要である。

その中で、まず注目しなければならない考え方は、上に掲げた一節に見られるEngaged Buddhismという概念であろう。

Engaged Buddhismとは、日本語で「関与する仏教」「社会派仏教」「行動する仏教」などと訳され、いまだ定訳らしきものはない。こうした言葉あるいは活動が生まれたのは、1960年代半ば、ベトナム戦争が激化する中、戦闘地区で孤立した民間人を非暴力的かつ非党派的方法によって救出した、ベトナム人僧侶と尼僧による活動がその起源とされている[71]。その後、カンボジアにおける平和・人権・開発・環境問題など様々な問題に取り組んできたマハ・ゴサナンダ（Maha Ghosananda）僧侶の活動やタイにおける開発僧と言われる僧侶たちの活動などによって、注目を集めた言葉であり活動である[72]。つまり、Engaged Buddhismとは、これまで特に上座部仏教圏で顕著であったように、僧侶が社会とは一線を画し修行に専念することを基本とする考え方を改め、僧侶なればこそ、独自の方法

69　Aung San Suu Kyi[1997b]8.
70　対話の相手であるアラン・クレメンツは、1977年に7日間の滞在ビザを持って、仏教僧になるために最初にミャンマーを訪れ、その後79年には「僧侶ビザ」を取得して、8年間ヤンゴンの寺院で修行を積んだ人物である。彼は、サンフランシスコを拠点とするジャーナリスト・著作家で、仏教心理学や人権、社会的精神活動に関する講演活動を展開している（Aung San Suu Kyi［1997b］i-ii）。
71　Kraft[1996]64.
72　野田[1997]137-161。

をもって、「社会とそこに発生する様々な問題に積極的に関わっていく[73]」べきだとする思想と行動を意味している。それはまた、「仏教の2500年にわたる遺産を再評価したとき、engaged Buddhismの基本原理といくつかのやり方は、その創始者の時代から受け継がれたものであることが分かる[74]」と言われるように、仏教思想の「再」解釈の運動でもある。

また、他方で、Engaged Buddhismというのは、「engaged Buddhismの要石は、相互依存の発想であり、すべての『部分』は他の『部分』に影響を及ぼす有機的全体としての世界であるとする考え方である[75]」と指摘されているように、仏教思想を現代社会の諸問題の解決に積極的に取り入れていく思想運動としても位置づけることもできる。タイの社会活動家であるシワラック（Sulak Sivaraksa）が「この多様化する世界において、仏陀の智慧とあわれみの心から学ぶべきものはきわめて多い[76]」と述べ、ダライ・ラマ14世が「慈しみの心が欠けているために、人類社会は非常に難しい状況におちいっています。慈しみの心なくしては、未来においてもまた、深刻な問題に直面することになるでしょう。愛は、慈しみの心は、まさに人間生活の中心なのです[77]」と訴えているように、現代と未来を見据えた思想的運動でもある。

アウンサンスーチーが、「私はengaged Buddhismを信奉しております」と言うとき、それは、民主化問題を含むミャンマーの抱える諸問題に対して、仏教や僧侶がなんらかの積極的役割を果たすべきだということを意味しているのみならず、彼女が民主化運動を通じて人々に訴える「精神の革命」を成し遂げるための拠って立つ思想的基盤をそこに求めているということも意味している。そして、その中心をなすのが、仏教における「カルマ」の法則の「再」解釈と真理・慈悲の実践である。

②「カルマ」の法則の「再」解釈

「そうですね…私は仏教徒ですからね。ですから『運命』というのは私にとって、たいして意味のある言葉ではありません。なぜなら私はカルマを信じているか

73　Kraft[1996]65.
74　Kraft[1996]65.
75　Kraft[1996]66.
76　Sivaraksa[1996]78.
77　The Fourteenth Dalai Lama[1997]64.

らです。そのことは行為することを意味しています。人は自分のカルマを作り出します。もし私が運命を信じているとすれば、それはある意味で私が自分のために作ることを意味します。それが仏教徒的な考え方です」[78]

　この一節は、アウンサンスーチーとクレメンツとの対話の中で、クレメンツが「ビルマの運命の女性（Burma's Woman of Destiny）」と呼ばれていることについての彼女の感想を聞いた時の答えの一部である。単なる謙遜とも受け取れるこの一節には、実は、彼女が仏教思想から受けた大きな影響の一部を読み取ることができる。

　そもそもここで言われている「カルマ」とは仏教の「業」のことである。岩本裕の『日常佛教語』には、「業」の説明として次の3点が挙げられている[79]。
（イ）梵語カルマン「行為」の訳。身・口・意による（前世および今生における）善悪の所行。
（ロ）前世における所行によって今生において受ける果報。
（ハ）「前世から定められた運命」の意。宿命。

　クレメンツの質問が、上記の（ハ）の意味でなされたのか否かは分からないが、それに対するアウンサンスーチーの返答は、明らかに「カルマ」の意味を（イ）（ロ）の使い方で使用している。

　そのことを踏まえた上で、ミャンマー人仏教徒の一般的な「カルマ」に関する理解について触れておく。まず、一般的な「カルマ」に対する理解としては、（イ）の意味よりも、（ロ）（ハ）をイメージするとして誤りはない。

　周知のように、仏教では、生きとし生けるものすべては、輪廻という生まれ変わりを繰り返す。そして、仏教における究極の救いは、この輪廻の輪から抜け出すこと、つまり解脱することによってもたらされる。そのために、特に上座部仏教文化圏では、出家しゴータマ・ブッダの生活を見習い修行に励む。しかしながら、多くの人々にとって一生僧侶として生き、修行に励むことは不可能に近い。そのため民衆レベルでの救いは、解脱より、より良き再生を果たすことにある。業思想は、その論理的裏付けを提供しているのである。日々、托鉢の僧侶に寄進をするのは、来世におけるより良き再生を願って徳を積むこと

78　Aung San Suu Kyi［1997b］140.同様の内容は自宅軟禁後の週末対話集会でも語られている。例えば、アウンサンスーチー対話集会［1995～1996］1996年1月20日、1月27日、3月2日、4月21日等。
79　岩本［1982］83。

を意味する。息子を僧侶にするのも同じ目的であり、資財をなげうってパゴダ（仏塔）や寺院に寄進する行為も積徳行為である。人々は、より良き再生を願って日夜、積徳行為に励む。業思想は、民衆レベルでの救いの根幹をなす考え方である。

　ところが、それが政治に利用されると、体制擁護・現状肯定的発想につながっていく。

　「善業善果、悪業悪果」「因果応報」として知られる業思想は、前世で自らがしてきた行ないの結果が、現世における自らの状況を決定しているとする。よって、現世の存在は、自らの前世の行ないの結果としてあるのであって、もはや変えることができないとする考え方につながる。現状肯定論、宿命論、換言すれば「あきらめ」といった考え方につながっていくのである。ミャンマーでは、上座部仏教は、王朝時代に国王によって上から導入された。政治的には、この民衆が受容した仏教の根幹である業思想は、王権が自らの権力を正当化する有力な論拠を提供した。国王が国王たるのは、国王の積んだ前世の功徳によるもので、現世において奴隷の地位にあるものは、前世の悪業の結果であるとされた。それ故、社会の現状変革の論理にはつながりにくい諦観を人々にもたらした。そのことは、王朝時代に限らず、現代においても当てはまる。仏教信仰は、軍事政権という当時の強権的な政治体制のもとでは、なおさら人々の現状に対する諦めにつながっていく危険性を孕んだものであった。

　にもかかわらず、この業思想は、いわば民衆が受容した仏教の核をなす思想であり、それを否定することは仏教、ひいては救われることを否定しろと言うに等しい。

　アウンサンスーチーが、カルマの法則について語るのは、この諦観から解放され、その真の意味を人々に理解してもらうという大きな意味を持っていたのである。

　「働くこと、行動すること、そして自分に頼ること。働くことと行動することは、カルマを決定します。カルマとは、行動すること、何かをすることです。そしてもちろん自分に頼ることは、とても仏教徒的です。『結局、頼れるのは自分だけ』と言われているではないですか」[80]

　アウンサンスーチーは、人々が信仰する仏教の根幹であるカルマの思想の強

80　Aung San Suu Kyi[1997b]134.

調点を変えているのである。岩本の説明で言えば、(ハ)の宿命論を打破して、(イ)(ロ)を強調することにより、自己変革のために行動する思想として業思想を捉えなおしているのである。確かに、カルマの思想自体は、現状を直接的に変革するものではない。

「…すべては過ぎ去るが、自分の行為とその結果は自分に残るのだと感じます。それで、富と権力のすべての飾りは消え去りますが、私の行為の結果はそれが完全に輪廻を一巡するまで私のもとに止まります[81]」

アウンサンスーチーがこう語るのは、そのことを理解しているということを端的に物語っている。しかしながら、それが、諦めにつながり何も現状に対して働きかけないという発想につながることを批判しているのである。そして、行為すること、働きかけることが、結果的には現状変革へつながるのだということを訴えていたのである。

アウンサンスーチーが「私はengaged Buddhismの信奉者です」と言うとき、そこにはミャンマーの変革への1つの思想的バックグランドを仏教に求めようとする姿勢が如実に反映されているのである。

③真理と慈悲の実践

アウンサンスーチーは上述したように、仏教の「カルマ」の思想を、自らが社会に対して積極的に働きかけていく論拠として強調しているが、では、その社会に対する働きかけの内容はいかなるものであろうか。彼女のこの点についての考え方は、既に、自宅軟禁になる以前から明確に表れていた。1988年12月3日、民族記念日に国民民主連盟本部での党員に対する演説の中でアウンサンスーチーは次のように語っている。

「努力すれば普通の人間であっても仏陀にさえなれるのです。尊き仏陀も普通の人間だったのです。尊き仏陀のように、仏陀のように修行に励めば、人間は高い見識を持つことができるのです。一生真理に則して行動するということは、できない話ではありません。できうることなのです。ある人は、人間なのだから誤りもある、凡人なのだからとあきらめています。私は、そういうことは認めません。凡人なればこそ、努力して、真理に則して、生活しなければならない

---

81 Aung San Suu Kyi[1997b]153.

のです」[82]

　ここで強調されている「真理」という言葉は、ビルマ語で「アフマン・タヤー」と言う。もちろん仏教で使用する真理と同じ言葉である。自宅軟禁前の各地での遊説でしばしば使われたこの言葉は、自宅軟禁解放後の対話集会でもしばしば用いられ[83]、さらに、クレメンツとの対話の中でも、truthとして、次のように繰り返し語られている。

　「真理の力は実に偉大です。…真理は強力な武器です。人々はそう思わないかもしれませんが、それはたいへん強力です」[84]

　「真理の側に立とうと願う私たちは、真理を既に保持しているというのではなく、真理を得るために努力しているのだと思います。真理は私たちがその獲得に向かって日々努力する到達目標です」[85]

　こうした一連の発言を見ると、既に指摘したように、彼女が運動を通じて目指しているものが、鮮明に浮かび上がってくる。彼女にとって、政治とはまさしく真理の実現の場なのである[86]。では、真理とは具体的には何を意味するのであろうか。

　「真理というのは、結局、誠実さや善意から本当に切り離すことができません。どんな状況のもとでも、私は真理を見ることができると言うつもりはありません。しかし全力を尽くして誠実に状況を評価し、正しいこととそうでないことを正直に区別しようとします。そうするならば、私たちは真理の側に立っていることになるのです。しかし、真理は大きな概念です。純粋な真理つまり絶対的な真理は、私たちのような凡人の手の届くところにはありません。なぜなら、私たちはものごとを絶対的、かつ全体として見ることはできないからです。しかし、それでも全力を尽くします」[87]

　かなり哲学的な議論ではあるが、とにかく真理を自らのものとするために努

82　アウンサンスーチー[1996a]71。
83　アウンサンスーチー対話集会［1995～1996］1995年9月23日、12月30日、1996年1月6日、1月20日、4月21日等。
84　Aung San Suu Kyi[1997b]29.
85　Aung San Suu Kyi[1997b]30.
86　伊野[1996]285-286、伊野[1997]10。
87　Aung San Suu Kyi[1997b]30.

力し、行動していくことが強調されている。そして、次の一節からも分かるように、その努力・行動の核心は、ミッターの実践にあるとしている。

　「Engaged Buddhismは、行動を伴うあわれみ、つまり行動を伴うミッターです。それはただ座して、『人々がかわいそうです』と言うのとは違います。自分の置かれている状況に対して、いかなる救済であれ、それを最も必要とする人々に差し伸べること、彼らの世話を見ること、他の人々を助けるために自分にできることをすることなど、何かを行なうことを意味しています[88]」

　ここで言われている「ミッター」とは、仏教用語ではあるが、翻訳は難しい。原文ではcompassionと言う単語があてられている。しかし、同様の箇所で、loving-kindnessという単語も使われている[89]。通常、compassionはあわれみ（悲）、loving-kindnessは慈愛（慈）と訳され、仏教では、仏・菩薩が衆生に楽を与えるのを「慈」、苦しみを除いてやるのを「悲」と説明し、この2つが合わさったものを「慈悲」としている[90]。「慈」と「悲」は本来、全く同じ意味ではない。例えばアウンサンスーチー自身も、経済開発と心の在り方について論じた別の講演の中では明確にこの2つを使い分けている。この講演では、人間の発展にとって最も大切な心の状態について触れている。

　その中でアウンサンスーチーは、心の神聖な状態として、ミッター（loving-kindness）、ガユナー＊（compassion）、ムディタ＊（sympathetic joy）、そしてウペカ＊（equqnamity）を挙げているが、最後のウペカ（平静心）は、常人にはほとんど至ることのできないものであり、それ故他の3要素の実践を重用視している。その中でもミッターが人間の発展（human development）の過程において決定的に重要な役割を果たすと述べている。キリスト教で言えば、「キリストの愛」にあたるものであるとしている。つまり、得たり要求するのではなく、与え、救うことを望む私欲のない愛である。完全なミッターは敗れることはなく、本質的な精神のバランスを意味し、自他の別なく生きとし生けるものすべてに等しく向けられる[91]。他方、ガユナーつまりあわれみは、智慧によって制御されなければならないものである。両者はバランスが保たれねばならず、このバランスによって、人々

88　Aung San Suu Kyi［1997b］17.
89　Aung San Suu Kyi［1997b］17.
90　岩本［1982］125。
91　Aung San Suu Kyi［1997c］2-5.

は正しい方向に導かれる。ムディタ（ともに喜ぶ心）は、このミッターとガユナーがあれば、自然にわきおこってくるものであるとしている[92]。その上で、アウンサンスーチーは、この講演において、人生の質を向上させる類の開発にとって本質的に大切なものは、公正さであるとし、その公正さは、生きとし生けるものすべてを慈しむべきものと見なす真のloving-kindnessと、智慧によってバランスを保たれたcompassionがあれば失われることはないと訴えている[93]。

このように、その時々によって、アウンサンスーチー自身の用法にも多少の相違は見られるものの、第一義的には、ミッターは慈愛、つまり「ミッター・スートラ（慈経：経典の1つ）には、『ひとり子を慈しむ母のような』という一節があります。これが真のミッターです」[94]といった意味での慈しみの心を意味していると言える。但し、それはしばしば、より広い意味、つまりcompassionも含む慈悲という意味合いを持って使われていると考えてよいであろう。

アウンサンスーチーは、運動を通じて、人々にこの慈愛・慈悲の実践を訴えているのである。そして、それは、彼女にとって、単なる理想主義を超えた実践的意味合いを持っている。

「政治においてミッターについて語ることは、理想主義的、あるいは純真すぎると考えている人もいるかもしれません。しかし、私にとっては、それは多くの実践的な意味を持ちます[95]」

それは、アウンサンスーチーがこの民主化運動を通じて目指す大きな目的を達成するための1つの方法でもあった。その大きな目的とは「恐れからの解放（freedom from fear）」である。彼女がサハロフ賞受賞に際して著したエッセイ"Freedom from fear"には、人々や社会が堕落する原因は、人々が自らの心の中に宿す「恐れ」という感情であることが述べられている[96]。「真の革命とは精神の革命です」[97]とするアウンサンスーチーにとって、民主化への最大の障害が、人々が抱く恐れという感情であった。NLDと書かれた紙片を持つことにさえ怯える

92　Aung San Suu Kyi［1997c］6.
93　Aung San Suu Kyi［1997c］8.
94　Aung San Suu Kyi［1997b］18.
95　Aung San Suu Kyi［1997b］19.
96　Aung San Suu Kyi［1991b］180-185.
97　Aung San Suu Kyi［1991b］66.

第2章　アウンサンスーチーの理想

人々を例に取りながら、「恐れが習慣」になっている人々からどうすれば恐れが取り除けるのかというクレメンツの質問に対して、彼女は、次のように答えている。

「そういうことが起こるというのは、行動するあわれみが十分にないからです。愛と恐れとのあいだにはきわめて直接的な関係があります[98]」

「自分の抱く恐れという気持ちを克服するためには、まず他者へのあわれみを示すことから始めなければなりません。あわれみ、親切、理解する心で人々と接しはじめると、恐れは消えてなくなります[99]」

マキャベリ的な現代政治の中では、こうした主張は、やはり理想論とも受け取られがちであることは確かである。しかしながら、アウンサンスーチーは、それを軍事政権下で様々な困難に直面している人々に説いている。例えば、自宅軟禁解放後の週末対話集会で、「人を愛せば制度を正せ、人を憎めば制度を利用せよ」という考え方についてどのように思うかという質問に、彼女は次のように答えている。

「これは、私たちが抱えている問題ですね。先ほど言ったように、私たち国民は、いい面もあれば悪い面も持っています。例えば、人に左右されることです。しかし、人に左右されることよりもっと悪いのは、恐れから従ってしまうということです。人を愛するが故に制度を正すのではなく、恐れから従ってしまうというのは、とても残念なことです。そうした恐れという感情をどうしたらぬぐい去ることができるのか分かりません。私が解放されたとき、田舎から１人のおじさんがやってきました。連盟とは無関係な人です。私が解放されたのを耳にして、急いでかけつけたそうです。私の演説などを聞くと、恐れという感情が消え失せると言っていました。でもあとになって、また怖くなってしまうとのことでした。だとすると私たちはどうしたらよいのでしょうか。お互い励まし合ってください。…死というものは誰も避けることができません。私たちは、どう考えているかというと、例えばある人が亡くなったとします。刃物で刺されて亡くなった、銃で撃たれて亡くなった、車にひかれて亡くなった、どうであろうと、私はその人が亡くなった本質的な理由は、無情の理（アネイサー・タヤー*）に

98　Aung San Suu Kyi［1997b］37.
99　Aung San Suu Kyi［1997b］135.

あると考えています。…無情の理は、いかなる者も避けて通ることはできません。こんな風に言っているからといって、私たちが、注意を怠っていいと言っているのではありません。注意することは必要です。しかし、やみくもに恐れていたところで、この無情の理を避けて通ることはできないのです。恐れていては疲れます。精神的にもくたびれます。どうして自分自身を疲れさすようなことをするために恐れているのでしょう。恐れれば、そんなことは起きないというのであれば、話は別です。…どんな利益があるというのでしょうか、考えてみてください。熟考してみてください。熟考の利（スィンヂントウン・タヤー*）というのはこのことです。…問題を、熟考によって、解決してください。…こうなるかもああなるかも、やっかいなことになるかもしれないなどと考えて怖がっていないで下さい。熟考によって、状況に立ち向かってください。勇気というのは、死ぬことができることを言うのではありません。殴られるのを我慢できることを言うのでもありません。投獄されるのが平気であることを言うのでもありません。勇気というのは、状況に立ち向かっていけることを言うのです。ですから、状況に立ち向かっていく勇気を育んでください。自分が正しいことをしているのならば、何が起ころうとそれに立ち向かっていける勇気を育んでください。…智慧をつけるというのはそのためです。智慧があるというのは、状況に立ち向かう勇気があるということを意味しているのです。…状況に立ち向かっていくために智慧を求めているのです。…憎しみの心、恐れの心を抱かず、慈愛の心を抱くように促すということは、勇気を持つことを促していることになるのです。憎しみの心と恐れの心は表裏一体のものです。自分が恐れているから憎しみが沸いてくるのです。それは当然のことです。考えてみてください。…恐れてもいない人間をどうして憎む必要などありますか。…本当に恐れの感情を抱いていないのであったならば、憎むことなどできません。…慈愛の心を育んで下さいというのは、言い換えれば、勇気を持って下さいというのと同じです。慈愛の心を育めば、勇気も沸いてくるのです」[100]

　長文の引用になったが、特に最後の指摘が象徴的である。また、アウンサンスーチーは、別の週末対話集会では次のようなことも訴えている。

「自らが行なうべき事を正しく行なっていれば、自然に心の強さ（セイダッ・タ

100　アウンサンスーチー対話集会［1995～1996］1995年9月30日。

ッティ*）が生まれてきます。何故なら、苦難に直面した際、例えば死に直面した際に、自分は何ら悪業を働いていない、一生正しいことのみを行なってきた、自分は何も恐れる必要がないといった気持ちが持てるならば、死に直面した場合においてさえ、非常に心の支えになります。…そのようにできる限り正しく行動するように努力すれば、多くの困難を克服する勇気が自然に生まれてくるのです」[101]

こうした例からも分かるように、アウンサンスーチーが「私たちの国を慈愛の心で満ちあふれたものとするために行動して下さい」[102]と人々に訴えたのは、まずもって、ミッター（慈愛・慈悲）の実践こそが、人々を「恐れから解放」し、真理に則した政治を実現する最良の手段だと確信していたからである。そしてまた、このmitta approachこそ、軍事政権と和解する最良の方法であるとアウンサンスーチーは信じて疑わなかった[103]。

4.思想と行動の一致

彼女の思想の特徴として、最後に、1点指摘しておかなければならないことがある。それは、「思想と行動の一致」を重んじているということである。

「彼（アウンサン）は、親しい友人の1人に、自らの『真理と自己完成を目指す遍歴』について手紙を書いている。それは、『思想と言葉と行動における誠実さ』を求める精神の闘いについて書かれたものであった[104]」

「彼（ガンディー）にとっての理想は、思想からけっして遊離しない行動であり、しかも絶えず思想から生み出される行動だった。

思想と行動の一致こそが、マハトマ・ガンディーの生涯の大部分を特徴づけ

---

101 アウンサンスーチー対話集会［1995～1996］1995年10月14日。また、アウンサンスーチーは「憎しみは習慣です。慈愛の心も習慣です」（アウンサンスーチー対話集会［1995～1996］1995年12月23日）として、慈愛の心は日々の生活の中で育むものであるとしている。こうした発言との関連では、アウンサンスーチー対話集会［1995～1996］1996年3月3日、3月30日の対話集会での発言も参考になる。
102 アウンサンスーチー対話集会［1995～1996］1996年3月2日。
103 Aung San Suu Kyi［1997b］143-144. 紛争解決へのアプローチといった問題関心からアウンサンスーチー思想を取り上げた研究として、Oishi［1997］をあげることができる。
104 Aung San Suu Kyi［1991a］7.

たテーマだった」[105]

「理念を伴わない行動は、状況がそれを必要としなくなったとたん、その有効性を失ってしまう。一貫した展望に欠ける実利主義的な行動の繰り返しでは、長期的な運動を支えることは期待できない」[106]

　最初の引用は、彼女が著した父アウンサンの伝記からのもので、次の2つの引用は、彼女の論文Burma and India : Some Aspects of Intellectual Life under Colonialism からのものである。これらの引用から2つのことが指摘できよう。第1は、彼女の尊敬する2人の人物に対する共通した讃辞として「思想と行動の一致」が挙げられていることである。第2は、理念つまり思想が伴わない行動は、無意味に等しいということである。

　これまで、アウンサンスーチーの思想の特徴について述べてきたが、最後にこの特徴を忘れてはなるまい。行動の伴わない思想は空虚であり、思想の裏付けのない行動は無意味である。アウンサンスーチーが、活動の中心を遊説においたのもそのためである。彼女は、自宅軟禁以前の遊説では、軍事政権に真っ向から立ち向かい、「恐れるな」「勇気を持て」と人々を励まし、民主主義・人権を真に望むならば、自らが行動しなければならないと説いた。目的が正しいものであればあるほど、それを達成するための手段も正しいものでなければならないとし、人々に、日常生活での品行・行ないを正すという自己コントロール（自己支配）から始め、「非暴力」による規律と結束のある闘いの重要性を諭した。また、真理に即して行動することは「アウンサンの道」を進む国民1人1人の責任・義務・務めであると訴えた。訴えただけではない。自らも銃口の前に立ち、6年間の自宅軟禁にも耐えた。

　自宅軟禁以降、軍事政権は折りにふれて彼女がミャンマー国内に留まらず国外へ出るならば許可すると言い続けてきた。しかし、アウンサンスーチーは、この申し入れを断り続けた。海外からの軍事政権に対する圧力が、民主化を促進し、ミャンマーを変えるのに決定的に重要であると考えたならば、国外へ出て、ノーベル平和賞受賞者として世界中を駆けめぐり民主化勢力への支援を要請し

105　Aung San Suu Kyi [1990] 39-40. なお、前半部分はNehruの*Discovery of India* からの引用である。
106　Aung San Suu Kyi [1990] 66.

たであろう。そしてそれは軍事政権に対してかなり効果的な圧力となり得たであろう。しかし、アウンサンスーチーは、自由を拘束されながらも国内に留まり続けた。自宅軟禁から解放されてからも国内に留まった。夫が危篤状態になった際ですら、国内を出ることを拒んだ。

そして、恐れから自らを解放するように説き、日々の生活における「慈悲の実践」、「慈悲による社会変革」、「慈悲の政治の確立」を訴えた。訴えだけではなく、軍事政権の科する不当な行動制限に抗議した車内籠城に典型的に見られるように、自らも行動でその模範を示した。

この「思想と行動の一致」もまた、アウンサンスーチーの思想・生き方を考える重要な鍵となっているのである。

おわりに

以上、アウンサンスーチーの「精神の革命」についてその特徴を明らかにしてきたが、その中で彼女が「思想と行動の一致」を目指していたことの意味は重い。そのことによって、本章で明らかにしてきた彼女の思想は、民主化運動で目指すべき到達点、つまり理想という意味合いを帯びることになった。そしてそれは、軍事政権に対する非妥協的な姿勢につながっていった。国民の民意が示された90年総選挙結果の尊重という彼女の一貫した主張によって、結果的に軍政との妥協点は生まれず、軍政の存続をもたらしたとも言える。彼女にとっては、民意をないがしろにした漸進的民主化は、目的と手段を取り違えたものであり、民主主義の根幹である民意の尊重をないがしろにしての民主化など考えられなかったのである。

そうした彼女の姿勢を変える大きな要因となったのがテインセイン政権の成立であった。テインセイン大統領は、就任後、彼女を3度目の自宅軟禁から解放したのみならず、「和解」への妥協案を行動で示した。直接対話である。直接対話による政治的問題の解決は、90年総選挙結果の尊重とともに、彼女が終始訴え続けてきた要求事項の1つであった。2010年総選挙が実施されたことによって、もう1つの民意が登場し、90年総選挙の民意の尊重という主張の正当性が

揺らぐ状況において、直接対話による政治的問題解決の道が開けたことは、いわば振り上げたこぶしを下ろす機会が提示されたことになり、「和解」が成立し、現在に至った。しかし、彼女が「信念の人」であったがために、それに要した時間は四半世紀を超えた。そして、体制としては、民主化が達成されたかに見えるが、彼女が真に目指した「精神の革命」が国民の間にどの程度浸透したかに関しては、いまだ未知数の状態にある。

第3章
民のこころ

写真36 「スーが勝ってこそ幸せになれる」総選挙直前のNLD機関紙

第2部第1〜2章において、モーティーズンとアウンサンスーチーの民主化に対する考え方の違いを明らかにしてきたが、その方向性は異なるものの、両者の認識にはある共通点を見出すこがとができる。両者の民衆観、民に対する見方である。「人々は民主主義の内容を十分理解して行動しているのではない」という、民主化を支持する人々にとっては受け入れ難い現実である。本章では、その現実の背景となる民衆の論理、「民のこころ」を明らかにする。同時にそれは、軍事政権が主張したクーデタ介入の正当化論に真っ向から疑問を投じるものであったことも示していく。

　民主化運動は、ミャンマー史上最大の大衆運動に発展したのであるが、学生の反政府運動に、当初は傍観の姿勢を見せていた民衆が、突如目覚めて運動に参加していったのではない。民衆の運動への関わり方はきわめて慎重であった。しかしながら、戒厳令、集会禁止令、外出禁止令解除以降、運動は急速に大衆化していった。多くの民衆は、「デモクラシーの獲得」をスローガンとして、整然とデモに参加した。他方、政府による刑事犯の釈放、長引くストによる物価の急騰もあいまって、治安状況は悪化していく。政府所有の工場、倉庫を対象にした「略奪・破壊」行為、政府・軍に雇われた破壊分子に対する「リンチ・処刑」行為が多発し、およそ民主化運動にはそぐわない事態が生じ、軍のクーデタ介入に格好の口実を与えることになる。軍の政治介入後は、反クーデタ運動が盛り上がるかに見えたが、民衆は「抵抗」を貫徹することはできず、急速に日常生活に戻っていった。にもかかわらず、90年総選挙では、NLDつまりアウンサンスーチーに1票を投じることにより、ある意味では抵抗を貫徹した。

　こうした一連の行動を、その場しのぎのものであったと見ることもできよう。しかしながら、本章では、民衆には民衆なりの論理があったという立場に立ち、彼らの世界観（意識構造）まで立ち入りながら、民主化運動に見られる一連の行動を意味づけしていくことで、民衆の論理、「民のこころ」を描きだしている。その上で、民衆にとってのアウンサンスーチーとは何か、なぜ彼女は支持されるのかという問題にも触れることで、アウンサンスーチーの理想が民衆の論理の中に溶解していくメカニズムを明らかにしている。

はじめに

❖ 1989年1月7日（土）

　今朝、日本時間の6時33分、昭和が終わった。

　今日の国営テレビ放送では、タ―ク［クーデタ後タイ国境の反政府武装集団に合流した学生の帰還者受け入れキャンプがあったタイの町］からの帰還学生の話を、映像をまじえて放映していた。その放送の中で「デモクラシーを、首をはねたり、略奪したりしていいと取り違えている人々が一部にいる」といった内容のことを言っていた。こうした論理を考えると、今回の一連の運動を西欧近代的「デモクラシー」という言葉を基準にして単純に評価することは、反面、支配体制側の論理を補強することにつながる危険性があると感じる。…

　支配体制側は、反政府側の主張が「デモクラシーの獲得」であったことをよい口実として、民衆の願望＝西欧近代的デモクラシーの獲得という、都合のいい図式を創りあげ、首切り、略奪等は、それとは全くかけ離れ、世情を乱す行為であると説明し、それ故、軍がそのようなふとどき者たちを罰するために、やむを得ず乗り出したとするストーリーを創ろうとしているわけである。

　この「奸計」、トリックに騙されるのは、民衆自身というよりも、むしろ知識人、特に研究者に多いのではなかろうか。

　今回の一連の運動を「デモクラシー」という概念や言葉を基準にして考えると、こうした体制側の思惑にはまるか、あるいは、民衆のとった行動を全く理解することができず、首切りや略奪行為は、またしても一時的オージー［狂騒、狂乱］として処理されてしまうのではないだろうか。それをゴリ押しして「デモクラシー」で評価しようとすると、感情的には共感できるが、論理性に欠く、説得力のない議論となってしまう。そして、さらに怖いのは、事実を客観的に示されれば、今日のテレビの解釈のように、軍事政権側の「論理」、トリックに対して、根本的批判を不可能にしてしまう点だ。

❖ 1989年9月18日（月）

　クーデタから1年がたつ。全くもって今のムードときたら「沈滞」の一語、いや「抑圧」の一語に尽きる。

　当局は、国営放送の夜の特別番組で、首切りの現場を映す。ただデモを行なっているだけの人々、一般市民に対し、自分たちが発砲、殺戮を繰り返したことなど一言も触れない。確かに略奪や首切りはあった。しかし、そのことに触れるとき、そこには

常に「何故」という疑問が伴わなければならない。何故そのような事態に至ったのかということが問われなければならない。…国民に常に恐怖心を抱かせ、それによって統治しようとするその発想は、歴史的に形成されてきた支配のための技術、支配のためのイデオロギーなのかもしれない。国民が力によって表面的にでも静かになり、いつわりの秩序がまがりなりにも保たれればよいという発想なのか。だとしたらやはり反社会性を感じざるを得ない。

『ラングーン日記抄』より

　これまで、民主化運動に見られる学生たちの苦悩、アウンサンスーチーの理想について見てきた。その中で、両者の民主化へ向けての戦術には大きな隔たりがあったことを指摘した。モーティーズンら学生たちは、民衆を、いわばあるがままの姿で運動に動員・参加させようとしたのに対し、アウンサンスーチーは、民衆の「精神の革命」を通じて民主化を目指した。モーティーズンは、その現実を受け入れ、とにかく軍政を打倒し、民主的な体制、制度を先に導入することで変革を目指したのに対し、アウンサンスーチーは、民主主義のイロハを人々に説くことから始めた。

　一見両者の考え方は大きく異なっているかに見えるが、ミャンマーの現実をどのように見るか、言い換えれば民衆観については、実はある共通点があったと思われる。少なくとも当時の民衆レベルでは、西欧近代的な民主主義のイロハは理解されておらず、人々は民主主義の理念を十分に理解して運動に参加したのではないという点である。

　本章では、その彼ら、彼女らが目にした現実、つまり民衆[1]の姿を浮き彫りにしていく。運動に参加した民衆の論理、「民のこころ」を明らかにしていくのであるが、この作業は、実は、別の意味でも重要となる。

　本書で扱っている一連の運動は、発生当初より日本でも「民主化運動」として大々的に報じられた。1980年代より世界的に顕著になってきた政治的「民主化」の流れの中で、その一事例として取り上げられる傾向が強かった。そうした認識は、1991年に、民主化運動指導者の1人であるアウンサンスーチーが、ノーベル平和賞を受賞することにより、一層固定化し、人々のイメージに定着する

---

[1] 以下「民衆」とは、狭義の意味でのビルマ族・ビルマ人民衆を指し、少数民族等は含まない。民衆の世界観を論じる際にも、基本的には多数はビルマ人の世界観を意味している。

ことになった。ミャンマー研究者の多くも、この創られた運動像に対して、表立って疑義を唱えることはしなかったばかりか、直接的にせよ間接的にせよ、そうしたイメージ形成に関わってきた。[2] 少なからぬ研究者が、運動の実態を把握する以前に、西欧近代民主主義・人権概念を基軸にした「民主主義」・「政治的自由」・「人権」獲得のための運動というイメージを、無批判に、あるいは苦々しく受け入れてきたと言えよう。

確かに、アウンサンスーチーや学生指導者等知識人を見ると、運動自体に西欧近代的「民主主義」・「政治的自由」・「人権」の獲得を目的とした側面があったことは否定できない。しかしながら、その面のみを強調すれば、我々のこの運動に対する認識、ひいてはミャンマーの人々や社会に対する認識は、非常に偏ったものになる可能性がある。運動に参加していった民衆の「血肉」すら見えてこないかもしれない。

さらに、そうした一面的な見方は、奇異に思われるかもしれないが、「民主化」の流れを逆流させた国軍のクーデタ介入正当化の論理を容認する危険性さえ生み出しかねない。国軍は、「民主化」運動を銃によって押さえ込んだ際、自らのクーデタ介入を、大意次のような論理で正当化した。[3]

当初、国民は誠実に民主主義の実現を要求した。しかし、一部の国民は、民主主義の何たるかを知らず、破壊・略奪・リンチ・処刑等およそ好き勝手な行動に走った。国内の治安は乱れ、誠実に民主主義の実現を望む人々の生命・財産は脅かされるに至った。それ故、国軍は、国民大多数が望む民主主義の導入のために、国家の全権を引き受けざるを得なかった。

このような論理は、軍事政権（SLORC）側の詭弁に過ぎないとしてかたづけることもできよう。また実際に、そうした性格の強いものであったとも言える。しかしながら、こうした理解のみに終わってしまうならば、我々は運動の実情をかなり歪曲したことになる。

88年8月8日に始まり、その後約1ヵ月半にわたって続いたデモ・ストは、ミ

---

[2] 但し、筆者の知る限り唯一、当時の日本における運動の取り上げられ方に対して疑問を提示したものとして、伊東［1988］を挙げることができる。

[3] Saw Maung［1988a］29-30、Saw Maung［1988b］47-50等を参照。なお、後者についてはAsiaweekに掲載されたインタビュー記事をPyankyayei Wunkyithana（情報省）［1990a］に転載したものである。

ャンマー全土をマヒ状態にした。整然としたデモ、集会、ストが続けられる一方で、物価は高騰し、火事場泥棒的な略奪等も懸念された。地区ごとに自警団も組織された。民衆による政府所有の工場・倉庫を対象とした「破壊・略奪」が横行した。また、デモ隊が飲む水瓶に毒を入れた容疑等で、当局側が雇ったとされる破壊分子への民衆による「リンチ・首切り」が多発した。こうした、民衆による「破壊・略奪・リンチ・処刑」行為があったという事実は否定できない。我々は「こうあるべきである」という願望と、「実際にこうあった」という事実を混同してはならない。

　ところで、ここで挙げた軍事政権の詭弁は、自由の意味をはき違えた民衆の民主主義的成熟度の低さを指摘したものであり、正統な裁判も行なわず容疑者を処刑した民衆の人権意識の欠如を非難したものである。つまり、軍事政権は自らのクーデタ介入を、西欧近代な民主主義の理念と民衆の行為（ミャンマーの現実）とを対比し、その大きな隔たりを強調することによって、正当化しようとしたのであった。民主主義など云々する資格のない者が、民主主義を要求しても与えられるはずがない、というのが軍事政権の論理である。この論理の欺瞞性を指摘することはある意味で容易である。[4] しかし、この論理に孕まれている問題を、我々はこれまであまりにも軽視しすぎてきたのではないだろうか。たとえSLORCの論理が意図的に西欧近代の民主主義理念で粉飾されたものであったにせよ、我々がこれまで民主化運動と言ってきた時の「民主化」の意味と、SLORCがここで言う「民主主義」の意味内容に大差はなく、同一の価値前提の上に語られたものであろう。だとするならば、民衆の「破壊・略奪・リンチ・処刑」行為を黙殺してのSLORC批判は、本質的なものになり得ないのではないか。極論すれば、裁判にもかけずに民衆に殺された人々の人権はどうなるのか、というSLORCの反論に答える術を、おそらく我々はいまだ持ち得ていない。

　後に、SLORCが態度を豹変し、「ミャンマーの論理」を前面に掲げて、ミャンマーにはミャンマーの置かれた状況があり、先進国の価値基準をそのまま適用することはできない、と欧米諸国、人権団体の軍事政権批判に反論した際にも、[5]

4　SLORCの欺瞞性については、とりあえず伊野[1991b]、[1992a]を参照。
5　こうした反論の典型的な例としては、1990年1月9日のソーマウン演説（*Working People's Daily*, 10 January, 1990）、90年2月21日のソーマウン演説（Pyankyayei Wunkyithana（情報省）[1990a]）、90年4月1日のソーマウン訓示（Pyankyayei Wunkyithana（情報省）[1990a]）等が

我々はやはりそれを単なるSLORCの詭弁としてかたづけてしまったように思う。

我々は、結局、西欧近代的価値を基準にして運動を観るといった陥穽に陥り、地域の内在的理解を忘れていた。

本章で、民衆の論理、「民のこころ」を明らかにすることは、軍事政権の論理の欺瞞性を根源的に明らかにすることにもつながっていくと考える。

以下、第1節では、運動に見られた民衆行動の諸特徴を明らかにする。次に第2節では、そうした行動の背景となったビルマ人の世界観（意識構造）を措定する。その上で第3節では、そうして措定された世界観と民衆の諸観念、具体的行動との関連を分析しながら、1つの民衆像を提示してみる。そして第4節では、第3節を補足する意味合いも込めて、民衆にとってアウンサンスーチーがいかなる存在であったのかを考えてみる。こうした一連の作業を通じて、民衆の論理、「民のこころ」に迫っていきたい。

第1節　民衆行動の諸特徴

運動に参加した民衆行動の諸特徴を明らかにする際にも様々な観点から考察することができるが、筆者の現地体験からここでは、まず(1)で、民衆が何時から、どのように運動に関わっていったかという点を中心に、民衆参加の様態において見られる何点かの特徴を明らかにする。次に(2)では、運動の「結集様式」、(3)では民衆による「破壊・略奪・リンチ・処刑」行為に関する特徴について触れてみたい。

(1) 民衆参加の様態

民衆の論理を考える際、1つの手がかりとなるのが、民衆が何時から、どのように運動に関わっていったかという点であろう。ここでは、この点を中心に、時系列的にまとめ直し（表4）、何点かの特徴を指摘する。

挙げられる。

表4　運動の参加主体・要求(スローガン)の変遷

事件	参加主体	主な要求(スローガン)
1988年		
3月事件	大学生	虚偽の国営報道への抗議 学生に対する発砲・逮捕への抗議 ネーウィン政権打倒
5月14日：3月事件調査委員会報告		
6月8日：「アウンヂー書簡」流布		
6月事件	大学生 一部高校生 一部民衆	3月事件の真相究明 逮捕者の釈放と学生の処分取り消し ネーウィン政権打倒
7月23日：ネーウィン演説(議長職辞任、国民投票実施提案)		
7月27日：セインルイン政権成立		
8月8日〜12日	学生 民衆	「セインルインをくびにしろ」
8月12日：セインルイン辞任		
8月12日〜19日	同上	複数政党制民主主義導入 「デモクラシーの獲得」
8月19日：マウンマウン政権成立・演説、世論調査委員会の設置		
8月19日〜24日	同上	同上
8月24日：戒厳令等解除、世論調査委員会の解散、複数政党制の是非を問う国民投票の実施		
8月24日〜9月1日	民衆(大衆化) 学生 アウンヂー ティンウー アウンサンスーチー等	即時複数政党制の導入・総選挙の実施 暫定政権下での選挙実施 「デモクラシーの獲得」
9月1日：マウンマウン演説、国民投票の必要性を訴える(「もう、待てないのですか」)、学生連盟の結成許可、デモ・スト参加に対する処罰はしない。		
9月1日〜10日	大衆 学生 アウンヂー ティンウー アウンサンスーチー 一部国軍兵士	同上
9月10日：BSPP党大会：複数政党制の導入、3ヵ月以内の総選挙の実施決定		
9月10日〜18日	同上	暫定政権下での総選挙実施 「デモクラシーの獲得」

9月18日：国軍、クーデタで全権掌握、複数政党制総選挙実施を約束		
9月30日〜	学生連盟 NLD（アウンサンスーチー） 諸政党	暫定政権下での総選挙実施 SLORCと政党との対話 自由な選挙活動（集会禁止令等の撤廃） 政治犯の釈放
1989年		
6月〜7月	アウンサンスーチー（NLD） 学生連盟 諸政党	自由な選挙活動（集会禁止令等の撤廃） SLORCとアウンサンスーチーの対話 政治犯の釈放 「権力への反抗」
7月20日：アウンサンスーチー自宅軟禁		
7月〜	NLD 学生連盟 一部政党	アウンサンスーチー等政治犯の釈放 NLDとSLORCとの対話 「スーが勝ってこそ幸せになれる」
1990年		
5月27日：総選挙実施、NLD圧勝		
5月27日〜	NLD 学生連盟 少数民族政党	アウンサンスーチー等政治犯の釈放 選挙で勝利した政党とSLORCの対話 即時政権移譲

［出所］筆者作成。

1.「3月事件」と「アウンヂー書簡（6月8日付）」

　既に述べてきたように一連の運動の直接的な切っ掛けとなったのは、1988年3月に発生した学生運動であった。しかし、この時点における運動の参加主体は学生（特に大学生）で、18日の市街地でのデモに若干の市民参加はあったものの、一般民衆の参加はごく限られたものであった。また、地域的にもヤンゴンに限られていた。しかし、大学の閉鎖によって故郷に帰ることになった学生たちは、ヤンゴンでの事件を人々に伝えた。そのこともあって、この事件は、発生当初より民衆の強い関心を引いた。事件の真相については、正確な情報は伝わっておらず、各人が思い思いの憶測を巡らしているような状況であったが、その憶測の大半は、政府に対して批判的なものであった。こうした雰囲気の中、当局は、5月14日付国営紙で、3月事件調査報告を発表した。報告書では、学生たちの騒動に対して、治安警察の発砲による死者は、僅か2名であったとされた。[6]

　この当局の発表に反論する形で、アウンヂー元准将が、ビルマ社会主義計画

6　*Working People's Daily*, 14 May, 1988.

党（BSPP）の議長ネーウィンに、6月8日付で書簡を発した[7]。この書簡のコピーは、公然と市中に出回った。書簡では、3月事件での死亡者は、40名を超えるものであったと指摘し、再調査を要求した。さらに、3月事件の際、当局によって行なわれた蛮行が詳細に語られた。

「アウンヂー書簡」で語られた当局の蛮行は、民衆に大きな衝撃を与え、人々はそこで明らかにされた「事実」を信じた。学生に対する同情と、当局への憎悪の感情が、広範な人々に醸成されていった。

2.「6月事件」と「ネーウィン辞任劇」

その後、5月30日に大学が新学年を迎え、予定通り再開されると、学生運動は再び表面に表れてきた。6月上旬には「学生連盟」[8]の発した反政府声明文（ビラ）が、ヤンゴン市中に出回るようになった。これらの一連のビラは、3月事件にあたっての当局の対応を非難したものであり、国民各層に闘争への参加を呼びかけたものであったが、かなり広範に流布し、多くの人々に読まれた。しかし、この時点ではまだ、多くの人々にとって、学生の組織や指導者に関しては不明な点が多かった。

6月15日からはヤンゴン大学構内で反政府集会も始まった。集会は、16日、17日と規模を増し、20日になると4000〜5000名ほどの学生が参加した。但し、この時点でも、17日には一部の高校生が、20日には高校生のほか、何人かの僧侶、一部の労働者が参加したことを除いては、あくまで学生の抗議行動に過ぎなかった。

しかしながら当局側は、この学生運動の盛り上がりに対し、大学を閉鎖するという対応に出た。翌21日、集会場所を失った学生たちは、大学沿いのピィー街道に集結し、デモ行動に出た。このデモには、大学生のほかに、青年、労働者風の市民も加わり、その規模は2万〜3万に達した。また、規制にあたっていた治安部隊に対して、青年層を中心とする付近住民さえもが、後ろから投石するなどして、学生を中心とした反政府デモへの共感と協力・支援の機運が高ま

---

7 アウンヂー[1988]。
8 「学生連盟」といっても運動の当初から統一された組織があったわけではない。「学生連盟」あるいは学生組織の詳細については、伊野[1992b]31-39および本書第2部第1章参照。

っていった。しかし、運動への直接的な関与・参加をめぐっては、民衆の広範な意思統一ができていたとは言い難い。例えば、郊外で発生した学生と当局の衝突の知らせがヤンゴンの繁華街に流れると、商店が急に店じまいしたことなど、状況の推移に当惑している民衆の姿を端的に表していたと言えよう。

　当局側は、学生指導者の逮捕、午後6時から午前6時までの12時間にわたる外出禁止令の発令によって、事態の沈静化を図った。しかし、この12時間の外出禁止令の発令は、ヤンゴンで起きている異様な事態に全国民が関心を寄せることにつながり、人々は、BBCのビルマ語短波放送や口伝情報を通じて、ヤンゴンの動向を注視した[9]。

　また、学生指導者に対する徹底的な弾圧にもかかわらず、7月に入るとビラやカセット・テープによる、「学生連盟」の声明が頻繁に出されるようになる。その内容は、一連の事件に対する政府の対応への具体的な批判、政府打倒に向けての国民全階層、全民族の団結を呼びかけたものであり、反政府ストライキ・デモの組織化を促したものであった[10]。このように立て続けに声明が発せられること自体、これまで情報メディアを政府に独占されてきた民衆にとって、驚愕すべき事柄であった。この時点でも、民衆自らが反政府運動に積極的に関与していこうと考えたわけではないが、学生たちの運動に対しての漠然とした期待感は高まっていった。

　こうした状況下、7月20日、政府は「3月事件」での死者は41名であったとする、異例の修正発表を行なった。発砲による死ではなく、逮捕後の護送中に詰め込みすぎによる窒息死であったとの弁明も付された[11]。内務・宗務大臣がこの責任をとって辞任したが、この発表は、かえって「アウンヂー書簡」や「学生連盟」声明で明らかにされていた政府の暴挙を、民衆が確認するといった結果をもたらした。

　こうした状況下、政府（ネーウィン）に対する不信感を一層高めたのが、いわゆる「ネーウィン辞任劇」であった。7月23日〜25日、ビルマ社会主義計画党は臨時党大会を開催した。この党大会の冒頭、ネーウィンは、国民の批判に応え

9　「6月事件」に関しては、伊野［1992b］18-20および本書第1部第1章参照。
10　ビラやカセット・テープの詳細については、伊野［1992b］21-22および本書第1部第1章参照。
11　*Working People's Daily*, 20 July, 1988.

る形で、1党制を続けるか多党制に移行するかを問う国民投票実施の提案を行なうとともに、自らは議長職を辞任すると発表した。[12]しかし大会は、ネーウィン党議長、サンユ大統領の辞任は認めたものの、国民投票は不要であると決定した。これまでネーウィン提案が否決されることはなかっただけに、国民投票実施提案の否決は、民衆の党主脳部に対する不信感を一気に高めたとともに、一連の出来事が実はネーウィンによって巧妙に仕組まれた茶番劇であるのではないか、という深い疑念を抱かせることになった。

その民衆の疑念をより確かなものとしたのが、27日の党議長・大統領の選出である。ネーウィンに代わって選出されたのは、「3月事件」鎮圧に際して、直接指揮をとっていたとされるセインルインであった。ネーウィンの辞任、国民投票実施提案に極度の期待を寄せた民衆にとって、失望感は大きかった。人々の目には、ネーウィン支配は依然として続いており、しかもより邪悪さを増したものとして映った。

3.「学生連盟」のアピールと「8888学生決起」

政府のこうした強硬姿勢にもかかわらず、学生は、7月末になると断続的に反政府集会・デモを行ない、8月3日には、ヤンゴン市中心部でも、学生、青年を中心とした1万人規模のデモが発生した。同日ヤンゴンには戒厳令がしかれた。

BBCのビルマ語短波放送は連日ヤンゴンの状況を報じ、8月3日には、8月8日からゼネストを決行するというビラがヤンゴン市内で出回っていると伝えた。[13]また、8月6日の同放送は、BBC特派員と学生との会見内容を詳細に報じ、インタビューに応じた学生たちは、「3月事件」、「6月事件」の模様、逮捕された学生たちが受けた虐待を生々しく語った。[14]

翌7日のBBC放送は、学生たちが8日より平和的デモを決行する予定であると再度伝えた。[15]BBCの報道に対する人々の信頼感は厚く、民衆の間に88年8月8日(8888)学生決起への期待感が一挙に高まっていった。

---

12 ネーウィン演説およびエーコーの経済改革案の全文は、*Working People's Daily*, 24 July, 1988.
13 情報省［1989］。この資料は、クーデタ後軍事政権が出版したもので、BBC、VOAのビルマ語放送の内容をモニターし、それに対する軍事政権側の批判、反論が掲載されている。
14 情報省［1989］35-41。
15 情報省［1989］45。

こうして、8月8日、学生を中心とするデモは予告通り始まった。デモには一般市民も徐々に加わり、夕刻には市庁舎前で学生、僧侶、一般市民10万人ほどの大反政府集会も開かれた。集まった人々は市庁舎の軍の動きに一喜一憂しながら演説に耳を傾けた。参加年齢層は未だ限られたものであり、青年層が中心であったが、状況は瞬く間に伝わり、一般民衆に対して大きなインパクトを与えた。

　翌9日も、朝からより大規模なデモが行なわれた。デモ隊の叫ぶスローガンは、「セインルインをくびにしろ」であった。また要所を警備する軍人に対しては「国軍は、我らが軍」と訴えた。沿道でデモ行進を見る民衆の数も増え、デモ隊は拍手をもって迎えられた。しかし、当局は、無差別発砲でデモ隊の鎮圧にかかった。「3月事件」、「6月事件」が、民衆の目前でより大規模に再現された。人々は、自ら街路樹を切り倒すなどしていたところにバリケードを構築し、軍の動きを封じようとした。

　翌10日にも、参加者は多少減ったものの、学生を中心とするデモは続けられた。当局は再び発砲で応えた。ヤンゴン市内、郊外とも騒然とした雰囲気に包まれた。午後になって、軍の発砲によって看護師等負傷する「ヤンゴン総合病院事件」が発生した。このニュースは、瞬く間にヤンゴン中に知れ渡り、これまで傍観していた人々も反政府運動支援に傾き、民衆が構築したバリケードは一層強化された。いたるところの塀や壁には、「セインルインをくびにしろ」のスローガンが書き込まれた。この時点で、各地区の民衆を指導していたのは、ほとんど無名の学生たちであったが、民衆は彼らの指示に従った。南北オカラッパ等のヤンゴン郊外においても、状況は同じか、より緊迫したものであった。

　こうした状況下、後に詳しく見るが、民衆によるいわゆる「破壊・略奪」行為、「リンチ・処刑」行為も発生し出した。当局はサンガ（僧団）を利用し、8月10日付で、サンガ大長老委員会による声明が出された。[16] 声明は、政府には十王法に則った対応、民衆には法律の枠内における平和的な要求と忍耐を説いていた。しかし、このサンガの長老たちの呼び掛けに人々は反応しなかった。軍と民衆のにらみ合い、民衆による政府の工場・倉庫を対象にした「破壊・略奪」行為は続いた。

　当局は、こうした事態に至り、12日夜、セインルインの党議長、大統領職か

16　*Working People's Daily*, 11 August, 1988.

らの辞任を発表した。「セインルインをくびにしろ」という要求が実現したのであった。翌日、バリケードは民衆によって自発的に撤去された。運動は終息するかに見えた。大規模なデモも姿を消した。しかしながら政府所有の工場等ではストライキが続いていたし、官庁も実質的には機能していなかった。8月19日のマウンマウン政権発足まで、ヤンゴン総合病院を拠点として運動は展開した。病院敷地内では、数千人規模の反政府集会が連日行なわれた。遺体安置所は、市民に開放され、軍の発砲によって亡くなった人々の遺体、それにすがりついて泣き叫ぶ遺族の姿が見られた。病院の壁にはポスター、風刺画、声明文が貼りめぐらされ、多くの人々がやってきて真剣に読み入り、ある者は、ノートの切れ端等に内容を写して持ち帰った。セインルインの辞任で一応の目的を達したと考えていた多くの民衆に、闘争継続の明確な指針を与えたのは当時この病院に拠点を置いていた学生連盟であった。[17]「デモクラシーの獲得」、「複数政党制民主主義の導入」というスローガンが前面に掲げられ始めた。

19日に向けて、政府当局、学生・市民側双方による宣伝合戦は続いた。学生・市民側は、アウンサンスーチー、法律家等の反政府・民主化要求声明を市中で配った。[18] 政府側は、国営放送を利用し、北オカラッパの騒動の逮捕者をテレビ出演させ、実は学生の身分を偽って民衆を煽動したのだと本人に語らせた。[19] そして、経済自由化へ向けて何点かの具体的政策を発表し、国民の目を経済改革に向けようと試みた。しかし、政府のこうした懐柔策を民衆は無視した。

このように「8888学生決起」は、多くの民衆の支援を得た。デモ隊への民衆の参加も急激に増えた。しかし、その後の状況と比較するならば、この時点での民衆参加の様態は、バリケードの構築や職場放棄といったいわば「銃後」的形態であった。このような状況に至ってさえ、一般民衆にとって、銃口の前でデモに参加することは容易なことではなかった。

4. 民衆参加の変容

マウンマウン政権が19日に誕生すると、一転して「民主化勢力」に対する譲

17　伊野[1992b]23も参照。
18　アウンサンスーチーや法律家の声明・ビラの内容に関しては、伊野[1992b]54-55、注(21)、(22)を参照。
19　*Working People's Daily*, 17 August, 1988.

歩の姿勢を見せ、国民の意見を問う世論調査委員会を発足させた。[20]委員長は、BSPP幹部の中では、国民の信望も厚かったティンアウンヘイン（Tin Aung Hein）であった。しかし、この譲歩に対する民衆の反応は当局側の予想を裏切った。20日から再び始まったデモは、当局側が特に規制をしなかったため、22日午後にはヤンゴン市街地に人々が繰り出し、デモ隊と群集の区別がつかないような状況にまでなった。デモ隊のメイン・スローガンは、「デモクラシーの獲得」、「複数政党制民主主義の導入」であった。戒厳令は維持されていたが、翌23日、24日と大規模なデモは続き、ヤンゴンのデモ隊のみで数十万という規模になっていった。市街地には「平和的にデモを行なっている人を銃で撃つな」と書かれた横断幕や、逆さまにされた国旗が掲げられた。デモ隊には、沿道の市民から氷水等の差し入れがよせられたし、商店の多くも「6月事件」当時とは異なり、店を開けたままであった。

24日正午、マウンマウン政権は、2度目の譲歩を行なった。戒厳令、外出禁止令、集会禁止令の解除である。この知らせが市内に伝わると、人々はあらゆる沿道に繰り出し、道という道が人々で埋め尽くされた。いたるところで演説会が開かれ、「お祭り騒ぎ」的状況となった。同日夜の国営放送では、複数政党制導入の是非を問う国民投票を行なうとの発表があった。民衆側のさらなる勝利であったが、この発表後の市内の状況は、セインルイン辞任発表の時とは異なり、静まりかえっていた。多くの民衆は、国民投票実施に即座には反応しなかった。

翌25日から28日にかけては、民衆にとっても大きな転換点を迎えることになる。すなわち、25日の「アウンヂー集会」、26日の「アウンサンスーチー集会」、27日の「ティンウー集会」、そして28日の「学生連盟結成大会」の開催である。[21]

7月末に逮捕されていたアウンヂーは、マウンマウン政権の譲歩策によって、

---

20 マウンマウン政権は、クーデタまでに、「民主化勢力」に対し次のような譲歩を行なっている。
　①8月19日：世論調査委員会の発足。
　②8月24日：戒厳令、夜間外出禁止令、集会禁止令の解除。複数政党制導入の是非を問う国民投票の実施。
　③9月1日：学生連盟設立の承認。
　④9月10日：複数政党制による3ヵ月以内の総選挙実施。公正な選挙実施のための学生の監視・立ち会い許可。
21 これらの集会に関しては、伊野［1992b］24-26および本書第1部第2章参照。

25日の朝に釈放された。すると市中では、午後4時より郊外にあるサッカー場にて集会を行なうという報せが口コミで伝えられた。数時間後に開催された集会には、5万人以上の民衆が集まった。翌日の「アウンサンスーチー集会」は、シュエダゴン・パゴダ西側の境内で開催されたが、30万人を超える規模のものであった。27日の「ティンウー集会」はヤンゴン総合病院の狭い敷地内で行なわれたにもかかわらず、2万人程の規模となった。3者の演説で共通していたのは、民主化勢力の団結・規律の重要性、平和的闘争、そして暫定政権下での複数政党制総選挙の実施であった。また特にアウンサンスーチーに関しては、夫がイギリス人である点、海外生活が長くミャンマーの現実、政治には素人であるといった批判を寄せる者もいたが、この集会は、そうした彼女に対する批判が民衆にとってはほとんど意味を持たないものであることを明らかにした。会場は、マイク等の準備が十分でなく、彼女の演説を直接聞くことができた者は千人にも満たなかったが、そこに集まった者にとっても、その状況を人づてに耳にした者にとっても、新たな指導者の登場と受けとめられた。
　しかし、この時点で実際に運動の主導権を握っていたのは、アウンサンスーチーではなく、学生たちであった。28日の「学生連盟結成大会」は、その意味で重要であった。大会は、ヤンゴン大学構内で行なわれ、大会自体は学生のみが参加するものであったが、大会終了後、大々的な市中パレードが行なわれた。これまでビラ等で名前は知られていたが、民衆にとってはいまひとつ実態のはっきりしない存在であった「学生連盟」やミンコーナイン等の学生指導者が、衆前に姿を現したのである。
　翌日からは、所属団体の名前を書いたプラカードを掲げたデモが連日整然と繰り広げられた。デモ隊の要求は「暫定政権の設立」に集約されていった。8月24日から休刊となっていた国営新聞は、28日には、記事内容を一変して再刊された。半分以上の記事に「自主取材記事」、「当社の通信員より」といった説明が付され、運動の模様を伝えた。8月30日に、デモの模様を写した写真、各団体が出した声明を中心に構成された民間新聞2紙が、ヤンゴン市内で発刊されたのを皮切りに、9月18日のクーデタまでに発刊された民間紙は50紙を超えた。ネーウィン体制維持に大きな役割を果たしてきた政府による情報統制が一気に崩れていった。

こうした運動の大衆化に伴って、付和雷同的参加者も増えていった。また、8月末から始まる当局による相当数の刑事犯の釈放が、人々の治安に対する不安をかきたてた。服役者の食事も準備できないほど機能していなかった当時の政府は、8月27日より、服役態度が良いという口実のもとに、刑務所から服役者を随時釈放しだし、8月31日までに全国で釈放者数は8381人に昇った。[22] 民衆はこの事態にほとんど条件反射的とも言える反応を示し、地区ごとに自警団を組織した上で、柵等をめぐらし、見張りを置いた。[23] ヤンゴン市内は、柵だらけの様相を呈するほどであった。

そしてこれとほとんど時を同じくして、後に詳しく見る、民衆による「破壊・略奪・リンチ・処刑」行為が急増していったのである。

ところが「暫定政権」樹立への動きは、いっこうに進展を見せず、政治的閉塞状況は続いた。8月末よりウー・ヌ、アウンジー、ティンウー、アウンサンスーチー等が、政治の表舞台に登場してきたが、「学生連盟」の努力にもかかわらず、こうしたいわば「大物」政治指導者たちの足並みは揃わなかった。[24] 民衆の我慢も限界に達し、一部の青年たちに、ジンガリーやダーで「武装」し、軍と直接対決する動きが見られるようになっていった。

5. クーデタ後

結局、9月7日の一部国軍兵士のデモ隊合流、16日の「国防省事件」、翌17日の「貿易省事件」[25]が、直接的な切っかけとなって、18日、国軍がクーデタ介入し、再び発砲という強硬手段で、反政府・民主化勢力を押さえ込むことになった。

クーデタに対抗して、学生・青年層を中心としたデモ隊が結成されたが、当局の発砲により多大の犠牲者を出した。民衆は、一時は再びバリケードを構築し、軍のクーデタ介入に反対の意思表示をしたが、大規模なデモは発生しなかった。バリケードも数日のうちに撤去された。政府の工場、官公庁におけるストは続いていたが、9月末の給与の支払いにかけて、職場復帰者も増え、10月初旬には、

---

22 *Working People's Daily*, 29 August, 30 August, 31 August, 1 September, 1988.
23 こうした状況は、*Working People's Daily*, 29 August, 1988に、既に"People Maintain own Security"という見出しで、柵の写真が掲載されていることからも分かる。
24 この事情に関しては、伊野[1992b]27-28および本書第1部第2章を参照。
25 「国防省事件」、「貿易省事件」に関しては、伊野[1992b]28および本書第1部第2章を参照。

ほぼ平常に復帰した[26]。結果的に民衆は、抵抗を「貫徹」することはできず、生活者としての日常に急速に戻っていった。

　その後、政党結成が許可されると、後に詳しく見るように、235党もの政党が登録することになった。その中で、特に民衆の人気を集めたのが、アウンヂー、ティンウー、アウンサンスーチーの率いる国民民主連盟（NLD）であった。党員数は全国で60万人を超えると言われた[27]。88年8月末以降、アウンサンスーチーの人気は、衆人の認めるところであったが、彼女が自宅軟禁になる直前に「（不当な）権力への反抗」路線を打ち出し、SLORC、ネーウィンを正面から批判しだしてからは、彼女の人気、集会での民衆の動員力は、他のいかなる指導者の追随を許さないほどのものになっていった。この人気、動員力にもかかわらず、アウンサンスーチーが89年7月に自宅軟禁措置になった時には、大規模な大衆運動は発生しなかった。表面的には、SLORCの弾圧に「民主化」勢力が抗しきれず、運動は徐々に勢いを失っていくかに見えた。ところが、90年5月に実施された総選挙では、NLDが485議席中392議席を獲得し圧勝した[28]。NLDが選挙直前に掲げたスローガンは、「スー（アウンサンスーチー）が勝ってこそ、幸せになれる」であり、民衆は、デモ・スト・集会への参加という形態とは異なるが、投票という形で自らのNLD支持、アウンサンスーチー支持の意志を表明したのである。

　しかし、この結果を見てSLORCは、態度を一層硬化させ、NLDを中心とする「民主化」勢力に対する弾圧を強化した。民衆の表立った不満の表明、政治的活動は、再び姿を消した。総選挙結果は結果的に反故にされ、憲法制定を口実に政権移譲は引き伸ばされ、SLORCの敷いた「民主化」の路線に沿って、ミャンマー政治は展開していくことになった[29]。

　以上、時系列的に運動への民衆参加の様態をまとめてきたが、こうした民衆

26　国営紙（*Working People's Daily*, 4 October, 1988）に掲載された10月3日時点での各省の出勤率は以下の通り。鉱業省（98.54%）、建設省（99.94%）、運輸省（97.12%）、情報省（96.00%）、内務・宗務省（96.86%）、文化省（97.06%）、計画・財務省（98.50%）、協同組合省（96.02%）、漁業・畜産省（95.78%）、農林省（93.70%）、エネルギー省（93.00%）、第1工業省（97.00%）、第2工業省（97.00%）、外務省（95.00%）、保険省（99.13%）、教育省（100%）、社会労働省（100%）。
27　伊野［1992b］58の注（42）を参照。
28　選挙結果の詳細に関しては、伊野［1992d］14-41参照。
29　この事情に関しては、伊野［1991b］65-78、［1992a］63-71および本書第1部第3〜4章を参照。

の一連の行動から、次のような点を特徴としてあげることができよう。

　第1に、運動が大衆化する際には、88年8月9日以降のデモ隊に対する当局の無差別発砲と「ヤンゴン総合病院事件」が、重要な契機となった。但し、民衆の参加形態は、バリケードの構築、職場放棄といった、いわば「銃後」的参加であり、デモ・集会への参加という形態をとるのは、8月24日の「戒厳令の解除」以降であった。

　第2に、「戒厳令の解除」以降、運動が本格的に大衆化していくと、運動の性格に変化が見られ、整然としたデモ・スト・集会が行なわれる一方で、付和雷同的分子の参加も増え、「お祭り騒ぎ」的様相をも帯びてきた。また当局による「治安攪乱工作」もあいまって、「破壊・略奪・リンチ・処刑」行為が多発しだした。

　第3に、クーデタ直前、体制と反体制勢力との政治的閉塞状況の中で、民衆の我慢は限界に達し、一部の民衆（青年・若年層を中心とする）が「武装」して、軍と直接対決姿勢をとるようになっていった。

　第4に、クーデタが起こると、民衆は、再びバリケードを構築するなど対決姿勢をとるが、その姿勢は長期間は続かず、急速に日常生活に戻っていった。

　第5に、日常生活者としての存在を抱え、積極的には行動に出なかったものの、総選挙ではアウンサンスーチー支持の明確な意思表示を行なった。しかし、その後の当局の強硬姿勢の前には、再び日常生活者としての存在に戻っていった。

(2)「結集様式」に関する特徴

　民衆運動に見られる民衆の論理を把握するためには、結集の様式も1つの重要な手掛かりとなる。ここで言う「結集様式」とは、いかなる組織を母体として運動が形成され、どのようにその組織が発展、拡大していったかといった問題や、存在する組織がいかに統一されていくかといった問題、つまり「組織化」の問題のみを意味しているのではない。「結集様式」とは、こうした問題も含めながら、より一歩踏み込んで諸組織がどのような編成原理によって結成されたのかといった問題をも含む。「結集様式」には、その集団を構成する人々の「あるべき集団形成についての観念、考え方」が反映されると考えるからである。

　しかしながら、この運動に言及してきたこれまでの報告・研究等においては、この点は十分に論じられてきたとは言い難い。その最大の理由は、当時の情報・

資料の不足である。88年3月から9月まで運動を指導してきた諸学生連盟についてさえ、その諸組織が、いかなる編成原理、「結集様式」によって成り立っていたものなのかに関しては、不明な点が少なくなかった。運動の大衆化に伴って登場した諸連盟、諸団体に関しては、この問題の解明はより困難な状況にある。こうした限界はあるものの、この問題はやはり看過することのできない問題であり、以下、少しでもこの問題に迫ってみたい。

そこで、ここでは、こうした問題を考えていく素材を提供し、参考となると思われる2つの時期を取り上げ、「結集様式」と関連する事実を再検討し、可能な限りその諸特徴について考えてみることにする。2つの時期とは、88年8月〜9月にかけて多くの連盟・団体が結成された時期、およびクーデタ後の政党結成の時期である。なお、第1部での記述からも分かるように、運動は当初学生を主体とするものであったが、学生の諸組織に関しては、既に第2部第1章で触れているので、ここでは必要に応じて言及するにとどめる。

1. 諸連盟・団体の「結集様式」

運動が、学生を主体とするものから本格的に大衆化したのは「戒厳令の解除（88年8月24日）」以降であった。これ以降、多くの連盟、団体が結成された。こうした諸組織が、自発的に結成されたのか、あるいはSLORC政権が主張するように、ビルマ共産党の地下組織によって組織化されたのか、それとも既に結成されていた諸学生連盟によって組織化されたものなのかといった点に関しては、いまだ明確に断言することはできない。しかし、SLORC政権が主張するいわば「共産党暗躍説」に関して言うならば、既に別稿でも明らかにしたように[30]、その可能性はまずあり得ないと言える。問題は、自発的に結成されたものなのか、あるいは諸学生連盟（特に「全ビルマ学生連盟連合」）によって組織化されたものなのかという点にある。当時のスト決行状況やデモへの参加の状況を見ると、その指令は、ヤンゴン総合病院に拠点を置いていた「全ビルマ学生連盟連合」を中心とする組織が発している場合が多く、それ故、こうした諸組織は、同学生連合によって組織化されたものであるとも考えられる。しかしながら、こうした捉え方にも以下のような疑問が残る。

---

30 伊野[1992a] 63-65、68（注4）。

第3章　民のこころ

　第1に、同学生連合は、諸学生連盟の中で最も影響力を有していたにもかかわらず、こうした学生諸組織すら実質的に一本化することができなかった。[31]

　第2に、8月19日から始まる人民議会の討議において、多くの議員が複数政党制の弊害について指摘し、[32]暗に「民主化勢力」の統一の欠如を批判しているにもかかわらず、クーデタ直前まで、各連盟・団体署名のもとに声明等が発せられた。当時、諸学生連盟は、組織・運動の統一化を志向していた点を考えると、こうした声明の発出形態は、多くの諸連盟・団体が結成されているのだという事実を政府にアピールするための単なる方便であったとは考えられない。

　第3に、クーデタ後に政党が結成された際、諸学生連盟は、それぞれ単独で学生を中心とする政党を結成し、他の諸組織・団体を取り込むようなことはなかった。[33]

　以上のような点を考えると、「全ビルマ学生連盟連合」の働きかけが有効に作用した点は否定できないものの、基本的には、諸連盟・団体の結成は、自発的なものであったと言うことができよう。

　では、そうした諸連盟・団体は、どのような母体をもとに結成されたのであろうか。この問題を考えていく際には、88年8月29日から9月18日までの国営紙の記事がある程度参考になる。[34]この時期の国営紙には、自主取材記事として「…連盟」、「…団体」が結成されたという報道が見られる。また、同時期に、諸組織が出した声明等に関する記事も掲載された（勿論この場合、その組織の正確な結成年月日は判定することができず、声明発出以前に結成されたとしか言えない）。こうした記事に登場する諸組織は、必ずしも全体をフォローしているわけではなく、記事として取り上げられていない組織も少なくなかったと考えられる。にもかかわらず、掲載された組織数は185組織に上った。この185組織を、組織名を手がかりにして、以下のような分類基準でまとめたのが**表5**である。

（イ）「学生」：組織名に「学生」という言葉が付されている19組織。うち、大学別に組織されたものが12組織であり、ある地区名の付されている組織（例えば「タームエー郡

31　伊野［1992b］31-36および本書第2部第1章参照。
32　人民議会での討論に関しては、*Working People's Daily*, 20 August, 21 August, 22 August, 23 August, 1988。
33　伊野［1992b］36-39および本書第2部第1章参照。
34　ここでは、*Working People's Daily*を用いた。

表5 諸連盟・団体の分類

区分	実数(団体)	パーセンテージ(%)
(イ)学生	19	10.3
(ロ)教職員(学生)	12	6.5
(ハ)官公庁・公社・協同組合・工場(公務員)	71	38.4
(ニ)職種別	29	15.7
(ホ)宗教別	10	5.4
(ヘ)少数民族	7	3.8
(ト)その他	37	20.2
合計	185	100.1

［注］(1)パーセンテージは、四捨五入しているので、合計は100％になっていない。
　　　(2)(イ)：組織名に「学生」という言葉が付されている組織。
　　　　　(ロ)：組織名に「教員」、「教職員」、「教職員・学生」等の言葉が付された組織。
　　　　　(ハ)：ビルマ式社会主義体制下での公務員が中心になって結成された組織。
　　　　　(ニ)：上記(ロ)(ハ)を除き、職種別(例えば「弁護士協会」、「漫画家協会」等)に
　　　　　　　結成された組織。
　　　　　(ホ)：組織名に宗教名が付された組織。
　　　　　(ヘ)：組織名に少数民族名が付された組織。
　　　　　(ト)：BSPP1党支配体制以前に存在した政党の政治家たちによる組織や不明な組織。
［出所］*Working People's Daily*, 29 August, 1988-18 September, 1988 より筆者作成。

　学生連盟」)が2組織。

(ロ)「教職員(学生)」：組織名に、「教員」、「教職員」、「教職員・学生」等の言葉が付された12組織。うち、大学別に組織されたものが6組織で、ある地区名が付されているものが2組織。

(ハ)「官公庁・公社・協同組合・工場(公務員)」：ビルマ式社会主義体制下での公務員が中心に結成されたもの71組織。

(ニ)「職種別」：上記(ロ)、(ハ)を除き、職種別(例えば「弁護士協会」、「漫画家協会」等)に組織された29組織。

(ホ)「宗教別」：宗教名が付されたもの10組織。うち、「仏教」が付されたもの6組織、「ムスリム」が付されたもの3組織、その他1組織。「仏教」の場合、「青年僧(ヤハンビョー)」という言葉が付されたもの3組織。

(ヘ)「少数民族」：少数民族名が付されたもの7組織。

(ト)　その他：ウー・ヌを中心として結成された「民主平和連盟」のような、BSPP1党支

配体制以前に存在した政党の政治家たちによる組織や不明な組織を含む37組織。

　この表と国営紙の記載を中心に「結集様式」に関連する事実を見ていくと、次のような特徴が指摘できる。
　第1に、組織基盤としては、（ハ）のようにある職場を基盤としたものが多いが、全体の状況から考えると、諸連盟・団体は、職場、職種、宗教、少数民族、旧政治家仲間等、およそあらゆる関係を基にして結成されていたと言える。
　第2に、この表では表れてこないが、こうした連盟・団体は、「地区名」を冠されて結成されている場合も少なくない。例えば（イ）であげた例の他に、（ハ）では「フレーグー郡保険省職員連盟（暫定）」、（ニ）では「北オカラッパ画家・漫画家協会」等がある。
　第3に、国営紙の記載からは、こうした組織がどの程度の組織状況にあったのかという点に関しては明確に把握できない。（ハ）の場合を例に国営紙の記載を見ていくと、9月1日に「石油化学公社の労働者」、「税関職員」、「気象庁職員」の署名のもとに、声明文が発出されたのが最初の事例となっている。その後、9月5日頃からは、「…連盟」といった署名が付された声明文が発出されるようになっていった。しかし、多くの場合、こうした連盟名には、「暫定」といった限定を示す言葉が付されているし、「本庁」といった1つの職場に限ったもの、「ヤンゴン」といった地域限定を付したものも少なくない。（ハ）の場合、行政組織という既存の組織基盤が、他の事例に比べてより確立されていたにもかかわらず、「…省」、「…公社」といった単位で組織化されたというよりも、各職場といったかなり限定された「場」における「親しい」関係を基盤にして組織化が進んだと考えられる。同様のことは、（イ）の「学生」、（ロ）の「教職員（学生）」の場合もある程度当てはまると言えよう。
　第4に、（ニ）の「職種別」は、弁護士、芸術家、マスメディア、技術者、医療関係者等のいわばホワイト・カラー的職種であり、ミャンマーにおいては就業者人口がきわめて限られている職種を中心に結成されたものが多い。
　第5に、（ト）その他に分類したものの中に、少なからずネーウィン体制確立以前の旧政党関係者による政党が見られるが、それらの団体は、旧政党における人間関係を引き継いだ傾向が見られた。

2. 政党の「結集様式」

次に、クーデタ後の政党結成を取りあげ、「結集様式」に関する諸事実の特徴を指摘してみたい。

政党結成許可を得た政党は235党に上ったが、これらの政党を政党名および筆者の調査から、次のような一応の基準で分類したのが**表6**である[35][36]（勿論、政党名からすれば「学生・青年」の項目に属さないものでも、筆者の調査等から、明らかに学生・青年層が中心となって組織された正当に関しては「学生・青年」の項目に分類している）。

(イ)「旧政党」：BSPP1党支配体制以前に存在した政党関係者が中心となって結成された政党。ここでは17党をこの項目に分類したが、「学生・青年」、「農民」、「労働者」、「女性」と重複している8政党は、すべて「旧政党」の項目に分類したいくつかの政党の下部組織的な政党である。

(ロ)「マイノリティー」：政党名に少数民族名が含まれている政党、およびヤカイン州のムスリム等の人種・宗教的背景を基盤にして結成された政党、61党。

(ハ)「学生・青年」：政党名に「学生」、「青年」という言葉あるいはその双方が含まれている政党、39党。

(ニ)「農民」：政党名に「農民」という言葉が含まれている政党、9党。

(ホ)「労働者」：政党名に「労働者」という言葉が含まれている政党、7党。

(ヘ)「職業・職種」：(ニ)、(ホ)を除き、ある職業名や職種名が付されている政党、9党。

(チ)「NLD」：NLDおよびその姉妹政党、計3党。

(リ)「NUP」：BSPPの改名政党である国民統一党（National Unity Party:NUP）およびその下部政党、計4党。

(ヌ)「連合」：複数政党が連合した政党、11党。

(ル)「その他」：上記以外の政党および不明な政党。

なお、政党名には、例えば「北シャン州青年統一発展機構（Northern Shan Youth Unity and Development Organisation）」といったように分類項目の重複があるため、上記の政党数および表の (a) は、そうした重複を二重にカウントした数値であり、(b) は重複をカウントした261党に対するパーセンテージを示したものである。筆者の調査は全政党を対象としたものではないため、この表はあくまでおおよ

---

35 筆者が実際に政党本部を訪問して調査したのは65党である。
36 ここで分類した政党に関しては、伊野［1992d］17-22も参照。

表6　政党の分類

	(イ)	(ロ)	(ハ)	(ニ)	(ホ)	(ヘ)	(ト)	(チ)	(リ)	(ヌ)	(ル)	合計
(イ)旧政党	9	—	—	—	—	—	—	—	—	—	—	—
(ロ)マイノリティー		51	—	—	—	—	—	—	—	—	—	—
(ハ)学生・青年	3	7	27	—	—	—	—	—	—	—	—	—
(ニ)農民	2			4	—	—	—	—	—	—	—	—
(ホ)労働者	2		2	2		—	—	—	—	—	—	—
(ヘ)職業・職種						8	—	—	—	—	—	—
(ト)女性	1						2	—	—	—	—	—
(チ)NLD					1			1	—	—	—	—
(リ)NUP			1	1	1				1	—	—	—
(ヌ)連合		3	1							7	—	—
(ル)その他								1			97	—
(a)合計政党数(党)	17	61	39	9	7	9	3	3	4	11	98	261
(b)(%)パーセンテージ	6.5	23.4	14.9	3.4	2.7	3.4	1.1	1.1	1.5	4.2	37.5	99.7

[注](1)パーセンテージは、四捨五入しているので、合計は100%になっていない。
　　(2)　(イ)：BSPP1党支配体制以前に存在した政党関係者が中心となって結成された政党。
　　　　(ロ)：政党名に少数民族名が含まれている政党。
　　　　(ハ)：政党名に「学生」、「青年」という言葉あるいはその双方が含まれている政党。
　　　　(ニ)：政党名に「農民」という言葉が含まれている政党。
　　　　(ホ)：政党名に「労働者」という言葉が含まれている政党。
　　　　(ヘ)：(ニ)、(ホ)を除き、ある職業名や職種名が含まれている政党。
　　　　(ト)：政党名に「女性」という言葉が含まれている政党。
　　　　(チ)：NLDおよびその姉妹政党。
　　　　(リ)：NUPおよびその下部政党。
　　　　(ヌ)：複数政党が連合した政党。
　　　　(ル)：上記以外の政党および不明な政党。
[出所]筆者作成。

その傾向を表しているに過ぎないが、この表と他の関連資料から、次のような点が指摘できる。

　第1に、政党数が235党と相当数に上っているわけであるが、実際の選挙における国民の支持率は別にして、この表を見る限り、「マイノリティー」、「学生・青年」、「旧政党」を組織基盤にしたものが多いと言える。「農民」、「労働者」等の階層を基盤にした政党や「職業・職種」を基盤にしたものはきわめて限られている。この点から政党結成時においては、階層、職業の相違といった側面が、ほとんど重視されていなかったと言うことができる。

　第2に、連日国営紙に発表された各政党の綱領・政策を見る限り、各政党の主張には大きな相違はない。勿論、少数民族政党に関して言えば、少数民族の権利をより主張する形となっているが、その他の政党に関しては、民主化、人権の確立、連邦の統一と少数民族の権利の尊重等が主要内容となっている。つまり、この点から言えば、各政党は主義主張やイデオロギーの相違によって結成されていたとも言い難い。

　第3に、ネーウィン政権以前の政党の復活が見られるが、例えば「反ファシスト人民自由連合（AFPFL）」に「主流」とか「元祖」とかいった名称を付した複数の政党が見られるように、（イ）に分類された政党の中では、BSPP以外、かつての指導部またはその後継者（家族）を核として結成されており、旧来の人間関係、派閥を反映する形となった。

　第4に、従来のいわば「顔見知り」的見解と関連する問題が挙げられる。これまでの観察・研究等においては、これほど多くの政党が結成されたことについて、クーデタ後の軍事政権の弾圧から身を守るためとりあえず合法政党として登録したのではないかといった味方がある。そして、当時、極度の人間不信が人々の心理状況としてあったため、多くの政党は、信頼のおける「顔見知り」的関係において結成されたとされる。こうした見解は、ある意味で説得力を持っているように思われるが、この解釈だけでは、何故、その後も諸政党間の統合・統一が進まず、多党乱立状況が続いたのかを説明することができない。「連合」政

37　主要政党の支持率に関しては、伊野［1992d］16-34参照。
38　藤田［1989］336-339。但し、藤田は、「とりあえず型」、「隠れ蓑型」、「便乗型」の3つに分類している。

党は11党できたが、筆者の調査によれば、「連合」に所属する諸政党が同等の権利を持って結びついている。その点は、国営紙に掲載されたこれらの政党の幹部・役員リスト等からも推察できる。[39] これらの記事を見ると6党の政党幹部は、「政治指導委員会」、「中央執行委員会」、「顧問委員会 (Committee of Patrons)」、「議長団」、「顧問」、「書記」の役職名のもと各政党から、同人数選出されているし、他の5党に関しても名目的には議長職があったりするが、「中央執行委員会」、「議長団」、「指導部」、「書記」といった執行機関等は、各党が同人数になるように構成されている。こうした点を考えると、「連合」は統合・統一という形で行なわれたのではないと言える。同じことは、NLD等の主要政党と他の政党との連携・共闘関係についても指摘できる。選挙運動の過程で、多くの政党がNLDと同盟関係を結んだり、協同歩調をとったりしたものの、NLDに統合していった政党はなかった。結局「連合」、「提携」といった関係は、自らの政党を維持した形での共闘関係であって、統合あるいは統一とはなり得なかった。

　第5に、こうして多くの政党ができたにもかかわらず、選挙結果から見れば、結局NLD、NUP、少数民族政党で票を分け合うといった状況となり、連合政党等は実質的な勢力とはなり得なかった。[40] 人々は、ある意味では、NLD、NUP、少数民族政党に「結集」していったと言える。

　以上、諸連盟・団体および政党の結成のあり方について別個に見てきたが、両者の間で共通していたのは、政治的混乱状況において、「場」を媒介としてヨコに連なる「親しい」関係を軸にして、集団が結成されたという点であり、それゆえ組織が乱立する状況となったことである。またこの種の団体の場合、核となる指導部を欠いている場合が少なくなく、組織力といった観点からはきわめて脆弱であり、自ら積極的に活動を展開した形跡は見られなかった。

　他方、ネーウィン政権登場以前に存在した政党は、かつての指導者またはその後継者のもとに、タテにつながる集団として登場したが、指導部が持つかつての影響力は既になく、各種「声明」や「パンフレット」は出すものの、これに

39　11政党の幹部・役員リストは、*Working People's Daily*, 3 December,1988, 3 January, 2 March, 3 March, 10 March, 12 March, 20 May, 1989を参照。

40　伊野［1992d］18。

従っていく追従者（党員）数は、きわめて限られていた。

　こうした影響力を持たない組織の乱立状況を解消したのは、「学生連盟」「学生政党」という組織ではなく、アウンサンスーチーという1人の人物であった。すなわち人々は、組織に結集したというよりも、ある特定の人物に結集していったと言うことができる。

(3)「破壊・略奪・リンチ・処刑」行為の特徴

　この運動の展開過程において、いわば「民主化運動」のイメージにはそぐわない民衆による「破壊・略奪・リンチ・処刑」行為が発生している。こうした行為は、一般的に、民衆運動の「バンダリズム（破壊・野蛮行為）」あるいは「オージー（乱痴気騒ぎ）」として捉えられるか、事実自体が看過されがちになる。しかしここでは、SLORCのクーデタ介入正当化論との関連からも[41]、こうした行為を民衆意識の1つの発露と見る立場に立って、ひとまず、この民衆による「破壊・略奪・リンチ・処刑」行為の実態およびその特徴を指摘してみたい。

　この問題を検討するにあたって作成したのが**表7**(a、b)、**表8**(a、b)である。これらの表は、「略奪・破壊（襲撃も含む）」行為、「リンチ・処刑」行為の各々につき、本節(1)での記述をもとに、民衆の行動の変化を考える上で、特に重要だと思われる出来事を目安にして、次のような時期区分を設定し、国営紙[42]に発表された事件の発生件数・被害者数を、対象別に比較したものである。

　第1期：1988年8月8日〜8月12日。大規模デモの発生からセインルインの辞任まで。

　第2期：1988年8月13日〜8月19日。セインルインの辞任からマウンマウン政権の成立まで。

　第3期：1988年8月20日〜8月26日。マウンマウン政権の成立から、24日の「戒厳令」の解除を経て、マウンマウン政権が全国の刑務所から刑事犯を釈放しだすまで。

　第4期：1988年8月27日〜9月1日。刑事犯の大量釈放を経て、マウンマウン

41　SLORCのクーデタ介入正当化の論理に関しては、伊野[1991a]に簡潔にまとめられている。
42　*Working People's Daily*を用いた。

演説(「もう、待てないのですか[43]」)まで。

第5期:1988年9月2日から9月18日。マウンマウンの「もう、待てないのですか」演説から、9月10日のBSPP党大会の複数政党制下での3ヵ月以内の総選挙実施決議を経て、国軍によるクーデタ介入まで。

第6期:1988年9月19日〜10月3日:クーデタから、公務員の職場復帰期限まで。

なお、表の上段は、その期間に発生した事件の総件数・総被害者数を示したもので、下段は、その期間の1日あたり平均発生件数(総件数/期間日数)・平均被害者数(総被害者数/期間日数)を示している。以下、これらの表を中心としながら、(1)「破壊・略奪」行為、(2)「リンチ・処刑」行為に分けて、見ていくことにする。

1「破壊・略奪」行為の特徴

表7 (a)は全国、(b)はヤンゴンについて、「略奪・破壊」発生件数を、対象別にまとめたものである[44]。国営紙上では、「破壊・略奪」行為を行なった者を、「トラブル・メーカー」、「デモ隊」、「不穏分子」、「破壊分子」、「強盗」、「盗賊」等の名称を用いて記載しているため、民衆の行動と断定できない事件も含まれているが、おおよその傾向はこれらの表から読み取ることができる。また、表の第5期に関しては、国営紙報道が、9月6日〜7日にかけてヤンゴン市開発地区で38ヵ所とあるだけで、対象が特定できなかったため、それらはすべて「その他」の項目に分類した[45]。但し、筆者の現地体験および第4期の各項目の増減傾向から判断すると、その多くは、「米倉庫・精米所」、「官公庁・協同組合所有の事務所・

---

43 マウンマウンが9月1日に行なった国営放送を通じての演説では、学生連盟の設立を許可するといった譲歩のほか、演説全体のトーンは、手続き(国民投票)さえ踏ませてくれれば複数政党制への移行は止むを得ないといった内容のものであった。テレビ放送では、事態の「沈静化」、社会の「平常化」を、涙ながらに訴えていたが、「もう、待てないのですか」とは、そのような文脈で語られた。これまで一般的には、マウンマウンを単なるネーウィンの「操り人形」として捉えている場合が多いが、この演説は、ある意味で軍部のクーデタ介入の可能性を国民に対して示唆したものとも受け取れる。この点に関しては、今後検討の余地が残るが、いずれにしても、この演説は、社会秩序が急激に悪化し始めたことを反映している。演説全文はWorking People's Daily, 2 September, 1988参照。

44 ここでは、Working People's Daily, 9 August, 1988から7 October, 1988までをまとめた。

45 Working People's Daily, 8 September, 1988.また、同紙上では、1988年8月初旬から9月7日までに略奪された国有財産の総額は、2億6000万チャット以上であったとされている。

表7(a) 「破壊・略奪」行為の対象別発生件数(全国)

	期	第1	第2	第3	第4	第5	小計	第6	合計
軍・治安部隊	件数(件)	0	0	0	0	0	0	3	3
	1日あたりの平均発生件数(件)	0	0	0	0	0	0	0.20	0.05
警察署・警察官住居	件数(件)	10	0	0	0	0	10	6	16
	1日あたりの平均発生件数(件)	2.00	0	0	0	0	0.24	0.40	0.28
BSPP関係者	件数(件)	1	0	0	0	0	1	1	2
	1日あたりの平均発生件数(件)	0.20	0	0	0	0	0.02	0.07	0.04
人民評議会関係	件数(件)	4	0	1	0	0	5	5	10
	1日あたりの平均発生件数(件)	0.80	0	0.14	0	0	0.12	0.33	0.18
小計	件数(件)	15	0	1	0	0	16	15	31
	1日あたりの平均発生件数(件)	3.00	0	0.14	0	0	0.38	1.00	0.54
米倉庫・精米所	件数(件)	8	3	4	3	0	18	3	21
	1日あたりの平均発生件数(件)	1.60	0.43	0.57	0.50	0	0.43	0.20	0.37
官公庁・協同組合所有の事務所・倉庫等	件数(件)	4	4	1	19	5	33	23	56
	1日あたりの平均発生件数(件)	0.80	0.57	0.14	3.17	0.29	0.79	1.53	0.98
工場	件数(件)	0	0	0	3	4	7	7	14
	1日あたりの平均発生件数(件)	0	0	0	0.50	0.24	0.17	0.47	0.25
小計	件数(件)	12	7	5	25	9	58	33	91
	1日あたりの平均発生件数(件)	2.40	1.00	0.71	4.17	0.53	1.38	2.20	1.60
駅・鉄道	件数(件)	3	0	0	3	3	9	1	10
	1日あたりの平均発生件数(件)	0.60	0	0	0.50	0.18	0.21	0.07	0.18
その他	件数(件)	4	0	2	7	39	52	16	68
	1日あたりの平均発生件数(件)	0.80	0	0.29	1.17	2.29	1.24	1.07	1.19
合計	件数(件)	34	7	8	35	51	135	65	200
	1日あたりの平均発生件数(件)	6.80	1.00	1.14	5.83	3.00	3.21	4.33	3.51

[注] 第1期:1988年8月8日～8月12日。
　　 第2期:1988年8月13日～8月19日。
　　 第3期:1988年8月20日～8月26日。
　　 第4期:1988年8月27日～9月1日。
　　 第5期:1988年9月2日～9月18日。
　　 第6期:1988年9月19日～10月3日。
[出所] *Working People's Daily*より筆者作成。

表7(b) 「破壊・略奪」行為の対象別発生件数(ヤンゴン)

	期	第1	第2	第3	第4	第5	小計	第6	合計
軍・治安部隊	件数(件)	0	0	0	0	0	0	0	0
	1日あたりの平均発生件数(件)	0	0	0	0	0	0	0	0
警察署・警察官住居	件数(件)	8	0	0	0	0	8	2	10
	1日あたりの平均発生件数(件)	1.60	0	0	0	0	0.19	0.13	0.18
BSPP関係者	件数(件)	1	0	0	0	0	1	1	2
	1日あたりの平均発生件数(件)	0.20	0	0	0	0	0.02	0.07	0.04
人民評議会関係	件数(件)	4	0	0	0	0	4	2	6
	1日あたりの平均発生件数(件)	0.80	0	0	0	0	0.10	0.13	0.11
小計	件数(件)	13	0	0	0	0	13	5	18
	1日あたりの平均発生件数(件)	2.60	0	0	0	0	0.31	0.33	0.32
米倉庫・精米所	件数(件)	8	3	4	1	0	16	0	16
	1日あたりの平均発生件数(件)	1.60	0.43	0.57	0.17	0	0.38	0	0.28
官公庁・協同組合所有の事務所・倉庫等	件数(件)	4	4	0	7	5	20	21	41
	1日あたりの平均発生件数(件)	0.80	0.57	0	1.17	0.29	0.48	1.40	0.72
工場	件数(件)	0	0	0	2	4	6	7	13
	1日あたりの平均発生件数(件)	0	0	0	0.33	0.24	0.14	0.47	0.23
小計	件数(件)	12	7	4	10	9	42	28	70
	1日あたりの平均発生件数(件)	2.40	1.00	0.57	1.67	0.53	1.00	1.87	1.23
駅・鉄道	件数(件)	3	0	0	1	3	7	0	7
	1日あたりの平均発生件数(件)	0.60	0	0	0.17	0.18	0.17	0	0.12
その他	件数(件)	4	0	2	3	39	48	4	52
	1日あたりの平均発生件数(件)	0.80	0	0.29	0.50	2.29	1.14	0.27	0.91
合計	件数(件)	32	7	6	14	51	110	37	147
	1日あたりの平均発生件数(件)	6.40	1.00	0.86	2.33	3.00	2.62	2.47	2.58

[注] 第1期:1988年8月8日～8月12日。
　　 第2期:1988年8月13日～8月19日。
　　 第3期:1988年8月20日～8月26日。
　　 第4期:1988年8月27日～9月1日。
　　 第5期:1988年9月2日～9月18日。
　　 第6期:1988年9月19日～10月3日。
[出所] *Working People's Daily* より筆者作成。

倉庫等」、「工場」を対象としたものであると考えられる。

　これらの表と関連諸事実から、次のような点を指摘できよう。

　第1に、「略奪・破壊」行為が運動期間中、平均して発生しているのではない点である。セインルインの辞任から刑事犯等の釈放までの期間（第2期、第3期）には、「略奪・破壊」行為はほとんど発生していない。「略奪・破壊」行為は、セインルイン政権下の第1期に最も多く、次に刑事犯等の大量釈放以降増加する。また、クーデタ直前（第5期）と直後（第6期）を比較すると、興味深いことに、クーデタによって、ヤンゴンでは、若干の発生件数の減少は見られるものの、急激な変化はない。全国レベルでは、逆に増加している。

　第2に、「破壊・略奪」の対象を見ると、そこにもある特徴が見出せる。警察署や警察官の住居および人民評議会関係といったある地域社会における権力の末端への「破壊・略奪」行為は、セインルイン政権下の第1期に集中している。しかもこれらは、国営紙での記載から読み取れるように、どちらかと言えば略奪が目的ではなく、破壊・放火を目的としたものである。「略奪・破壊」行為の発生は、第1期が最も多いが、それは、こうした警察関係者、人民評議会関係者を対象とした行為がこの期間に集中しているためであり、「米倉庫・精米所」、「官公庁・協同組合所有の事務所・倉庫」、「工場」を対象とした「略奪」主体の行為が第4期〜第5期に比べ多かったからではない。このようにセインルイン政権下の「破壊・略奪」行為の1つの特徴として、いわば権力の末端への攻撃があげられるが、クーデタ以降の第6期には、時の権力である軍や軍人に対しては、こうした行為は行なわれなかった点も注目される。

　第3に、第1期におけるこうした特長を除けば、「破壊・略奪」の対象は、「米倉庫・精米所」、「官公庁・協同組合所有の事務所・倉庫」、「工場」が主要なものとなっており、国有・公共施設への「略奪」を主体とした行為であると言ってよい。そして、こうした対象への「破壊・略奪」行為が行なわれる一方で、その現場に近接している一般の商店・市場は、ほとんどその対象から外されていた点である。

　第4に、この表には示されていないが、略奪品目は、米（籾米も含む）のほか、トタン板、釘、塗料、木材、家畜、ニンニク、タマネギ、機械類、事務用品等々、およそあらゆる品目に及んでいる。こうした略奪品は、多くの場合、「タコー・ゼー＊（泥棒市場）」と呼ばれる特設の市場が市中に堂々と設けられ、一般市民に

安価な価格で転売された。

2「リンチ・処刑」行為の特徴

次に「リンチ・処刑」行為の被害者数を、対象別にまとめたものが、表8（a、b）である。この表と関連資料から、次の点が指摘できる。[46]

第1に、被害者数の推移を見る限り、「リンチ・処刑」行為も「略奪・破壊」行為と同様、運動の全期間を通じて平均して発生しているわけではない。発生件数（被害者数）が多いのは、第1期、第4期、第5期である。その点では、「略奪・破壊」行為と同様な増減傾向が見られる。しかし、第6期つまりクーデタ後は、「リンチ・処刑」行為が激減している点で異なる。また、第4期、第5期に関してより詳細に傾向を見ていくと、「リンチ・処刑」行為は、クーデタ直前、つまり体制側と「民主化」勢力側の政治的閉塞状況下で急激に増えた点が特徴として指摘できる。

第2に、「リンチ・処刑」行為の平均被害者数を見ると、「略奪・破壊」行為と同様に、第1期が、クーデタ前の第4期、第5期を上回っているが、この時期には「リンチ・処刑」の対象に顕著な特徴が見られる。第1期に対象となったのは、権力の末端である「警察官」が圧倒的に多い。他方、第4期、第5期の対象は、「一般人」である。これらの人々の処刑理由は、国営紙での記載を見る限り、「一般居住区への放火」、「公共物への破壊、放火」、「水瓶への投毒」等の容疑が記されている。この他、例えば「恐喝事件に端を発する喧嘩」によるものといった記述も見られるが、当時発効されていた民間新聞の記載なども参考にすると、治安攪乱工作、民主化運動湮滅を狙った「放火」、「投毒」行為を理由に処刑されている場合が多い。[47] つまり、当局が送り込んだ民衆にとっての「破壊分子」が対象とされたのである。

第3に、「リンチ・処刑」を行なった行為者は、国営紙の記載では、実際に手

46　ここでは、*Working People's Daily*, 9 August, 1988から7 February, 1989までをまとめた。
47　『我らが時代』1988年9月7日、9月9日、『今日』1988年9月6日、9月7日、『デモクラシー』第1巻、第10号、『新たな勝利の宴ニュース』第5号、『自由』第1巻、第3号、『金剛』1988年9月11日、『人民革命』第1巻、第5号、『新前衛』1988年9月8日、『人民法廷』第1号、『金曜の星』1988年9月7日、『サーチライト』1988年9月9日等を参照。なお、発効年月日が付されていないものも多いが、いずれも88年8月末から9月初旬に発効されている。

表8(a)　「リンチ・処刑」行為の対象別被害者数(全国)

	期	第1	第2	第3	第4	第5	小計	第6	合計
軍・治安部隊死亡	死亡者数(人)	5	0	0	0	0	5	0	5
	1日あたりの平均死亡者数(人)	1.00	0	0	0	0	0.12	0	0.09
警察官死亡	死亡者数(人)	17	0	0	0	0	17	0	17
	1日あたりの平均死亡者数(人)	3.40	0	0	0	0	0.40	0	0.30
偽僧侶死亡	死亡者数(人)	0	0	0	0	0	0	1	1
	1日あたりの平均死亡者数(人)	0	0	0	0	0	0	0.07	0.02
その他死亡	死亡者数(人)	4	0	3	10	53	70	3	73
	1日あたりの平均死亡者数(人)	0.80	0	0.43	1.67	3.12	1.67	0.20	1.28
小計	死亡者数(人)	26	0	3	10	53	92	4	96
	1日あたりの平均死亡者数(人)	5.20	0	0.43	1.67	3.12	2.19	0.27	1.68
軍・治安部隊負傷	負傷者数(人)	0	0	0	0	0	0	0	0
	1日あたりの平均負傷者数(人)	0	0	0	0	0	0	0	0
警察官負傷	負傷者数(人)	0	0	0	0	0	0	0	0
	1日あたりの平均負傷者数(人)	0	0	0	0	0	0	0	0
偽僧侶負傷	負傷者数(人)	0	0	0	0	0	0	2	2
	1日あたりの平均負傷者数(人)	0	0	0	0	0	0	0.13	0.04
その他負傷	負傷者数(人)	0	3	0	0	0	3	0	3
	1日あたりの平均負傷者数(人)	0	0.43	0	0	0	0.07	0	0.05
小計	負傷者数(人)	0	3	0	0	0	3	2	5
	1日あたりの平均負傷者数(人)	0	0.43	0	0	0	0.07	0.13	0.09
合計	死傷者数(人)	26	3	3	10	53	95	6	101
	1日あたりの平均負傷者数(人)	5.20	0.43	0.43	1.67	3.12	2.26	0.10	1.77

[注] 第1期：1988年8月8日～8月12日。
　　 第2期：1988年8月13日～8月19日。
　　 第3期：1988年8月20日～8月26日。
　　 第4期：1988年8月27日～9月1日。
　　 第5期：1988年9月2日～9月18日。
　　 第6期：1988年9月19日～10月3日。
[出所] *Working People's Daily* より筆者作成。

表8(b) 「リンチ・処刑」行為の対象別被害者数(ヤンゴン)

	期	第1	第2	第3	第4	第5	小計	第6	合計
軍・治安部隊死亡	死亡者数(人)	2	0	0	0	0	2	0	2
	1日あたりの平均死亡者数(人)	0.40	0	0	0	0	0.05	0	0.04
警察官死亡	死亡者数(人)	16	0	0	0	0	16	0	16
	1日あたりの平均死亡者数(人)	3.20	0	0	0	0	0.38	0	0.28
偽僧侶死亡	死亡者数(人)	0	0	0	0	0	0	0	0
	1日あたりの平均死亡者数(人)	0	0	0	0	0	0	0	0
その他死亡	死亡者数(人)	3	0	3	10	52	68	2	70
	1日あたりの平均死亡者数(人)	0.60	0	0.43	1.67	3.06	1.62	0.13	1.23
小計	死亡者数(人)	21	0	3	10	52	86	2	88
	1日あたりの平均死亡者数(人)	4.20	0	0.43	1.67	3.06	2.05	0.13	1.54
軍・治安部隊負傷	負傷者数(人)	0	0	0	0	0	0	0	0
	1日あたりの平均負傷者数(人)	0	0	0	0	0	0	0	0
警察官負傷	負傷者数(人)	0	0	0	0	0	0	0	0
	1日あたりの平均負傷者数(人)	0	0	0	0	0	0	0	0
偽僧侶負傷	負傷者数(人)	0	0	0	0	0	0	0	0
	1日あたりの平均負傷者数(人)	0	0	0	0	0	0	0	0
その他負傷	負傷者数(人)	0	0	0	0	0	0	0	0
	1日あたりの平均負傷者数(人)	0	0	0	0	0	0	0	0
小計	負傷者数(人)	0	0	0	0	0	0	0	0
	1日あたりの平均負傷者数(人)	0	0	0	0	0	0	0	0
合計	死傷者数(人)	21	0	3	10	52	86	2	88
	1日あたりの平均負傷者数(人)	4.20	0	0.43	1.67	3.06	2.05	0.13	1.54

[注] 第1期:1988年8月8日〜8月12日。
　　第2期:1988年8月13日〜8月19日。
　　第3期:1988年8月20日〜8月26日。
　　第4期:1988年8月27日〜9月1日。
　　第5期:1988年9月2日〜9月18日。
　　第6期:1988年9月19日〜10月3日。
[出所] *Working People's Daily* より筆者作成。

を下した「犯人」しかあげられていない場合が多く、断定はできないが、筆者の現地体験、民間新聞の記載などから判断すると、その地区に居住する人々であったと言えよう。また、「リンチ・処刑」に際しては、仏教僧の立ち会いのもと、「人民」裁判が行なわれた例もある。ある事例では、処刑に際してさえ、仏教僧が立ち会っている。

第4に、「処刑」方法は、ダー（刀）による斬首の場合が多く、斬られた首は衆目に曝されたり、火焙りにされたりすることもあった。かなり「残忍」な方法が取られた点に特徴がある。

以上、民主化運動の過程で見られた、民衆による「破壊・略奪」行為、「リンチ・処刑」行為について、その特徴を指摘してきた。ここで特に確認しておきたいのは、その時々の政治状況や社会状況によって、発生の頻度や対象が明らかに異なっていたという点である。そこには、単なる「バンダリズム」や「オージー」としては括れない、何らかの論理が働いていたと考えられる。またそれは、「盗むなかれ」とか「殺すなかれ」といった仏教に由来する社会通念をも超えた行為でもあった。以下本章では、こうした社会通念をも超えた行為がどのような論理でなされたのかをも含め民衆の論理を明らかにしていきたい。

第2節　民衆の世界観

一般的に、現実社会での民衆の行為は、願望や欲求、利害や打算で決定されていると言えよう。しかし、彼らが自らの行為を正当化するのは、社会通念であると言える。社会通念とは、ある社会に一般に受け入れられている観念と言い換えても良い。ビルマ人社会の場合、例えば、仏教の「業・輪廻思想」といっ

48　註47で掲げた各紙を参照。
49　例えば『デモクラシー』第1巻、第7号に掲載された写真や、クーデタ1周年を記念して軍事政権側が作成し、国営テレビ放送で、1989年9月18日に「昨年の歴史的騒乱に関する真実」と題され放映された番組および基本的には9月18日の再放送であったが、民衆による「リンチ」場面等が強調された9月26日放映の番組等を参照。なお、テレビ番組に関しては、筆者の手元にビデオ・テープがある。
50　註47、49であげた各紙および国営放送番組を参照。

た宗教的に意味付けられた思想から、「五戒は守らなければならない」[51]といった日常的仏教道徳、「年長者を敬うべきである」といった社会規範的な考え方、あるいは日常生活における処世術的な常識と言えるものまで、かなり広範な諸観念を指摘できる。さらには、「平穏な日々への願望」といった精神的雰囲気等をあげることもできる。そして、民衆は、自らが置かれた利害状況を、こうした諸観念のプリズムを通して認識、把握する。民衆の具体的行動は、直接的にはこうした認識、把握を通じて理解され、彼らが取り結ぶ人間関係を反映しながら、決定される。民衆が個々の行動を意味付け、説明、正当化するのは、多くの場合ここで言う諸社会通念であると言える。

しかし、この社会通念レベルで、民主化運動における民衆の行動に意味を考えた場合、そこには理解困難な問題が少なからず残る。一見不可解に思われる個々の行動に、一貫した論理があるのか否かという問題が生じるのであるが、本書は、そこに何らかの論理があるという考え方に立っている。そこで、以下、そうした諸社会通念に有機的連関を与え、いわば諸社会通念を体系化していると思われるビルマ人民衆の世界観（意識構造）を措定してみることにする。

ビルマ人民衆の宗教、世界観等に関しては、これまでにも観察や調査に基づいた少なからぬ研究がある。初期の研究としては、イギリス植民地下で主としてイギリス人によって報告されたものとして、テンプル（R.C. Temple）[52]、J.G.スコット（J.G. Scott）[53]、ブラウン（G. Brown）[54]等の研究をまず挙げることができる。彼らの研究に共通して見られる問題関心は、ビルマ人大衆の宗教や世界観を考える上で、上座部仏教とバラモン教やアニミズム（特にナッ*[Nat]信仰）といったその他の宗教的要素の関連性の把握にあった。こうした問題関心は、その後の人類学的、宗教学的研究においても、中心的課題の1つとして論じられてきた。[55]また、ビルマに限らず、上座部仏教が伝播した地域（例えばスリランカやタイ）を対象とし

---

51 「五戒」とは、「殺すなかれ（不殺生戒）」、「盗むなかれ（不偸盗戒）」、「淫らなことをするなかれ（不邪淫戒）」、「嘘をつくなかれ（不妄語戒）」、「酒を飲むなかれ（不飲酒戒）」を指す。
52 Temple[1906]。
53 Shway Yoe（J.G. Scott）[1910]231-242、Scott[1921]367-418等。
54 Brown[1921]、Brown[1926]102-118等。
55 こうした研究史の紹介については、田村[1987a]、また、ウエイザー信仰の研究ではあるが土佐[2000]が参考になる。

た同様の研究とも、比較検討され、より広い比較研究的視座をもって、諸説が提示されている。

その中でビルマを対象とする研究を整理してみると、次の3つの捉え方が示されてきたように思われる。

第1は、ビルマ人の信仰形態、世界観の基礎としてアニミズム（ナッ信仰）の重要性を指摘し、仏教はいわば「薄いベニヤ板」に過ぎないとする「アニミズム優位説」である。[56]

第2は、逆に人々の生活を律する道徳、行動規範、価値としての仏教の優位を主張する「仏教優位説」である。[57]

第3の説は、上記の2つの説は、いずれも「混淆説」であると批判し、仏教とナッ信仰は、体系的に並存し、両者の役割には分業が存在していると捉える。その上で、仏教の優位性が主張される。いわば「2体系並存・仏教優位説」とも言えるものである。

以上3つの中で、これまで最も詳細な議論が提示されてきたのは第3の「2体系並存・仏教優位説」である。そこで、代表的なスパイロー（Spiro）の説を見

---

[56] 代表的なものとして、テンプルとスコットを挙げることができる。
例えばテンプルは、「…ナッは、全ビルマに広まり、全ての現地人によって、形こそ異なれ畏敬の念を抱かれている。…ビルマにおいては、仏教は、けっして人々のアニミズムを打破することに成功しなかった。…すべての観察者は、純粋な形態での仏教を、古くから公的に受容してきたにもかかわらず、ビルマ人は、長い戦いを経たあとでも、その心底においてはアニミストであり、彼らが公の場で表明する信仰は、『アニミスト的信仰の主要構造の上にかけられた、哲学的な薄いベニヤ板』に過ぎない、ということに同意している。（Temple[1906]1)」
またスコットも、「…（仏教の）教義上の分裂問題は、人々の大多数が、実際には、純粋かつ単純なアニミストであり、仏教は単に外見的なラベルとしての宗教に過ぎないという明白な事実に比べた時、重要なものではない」とか、「僧侶自身でさえも、しばしばアニミズム的宗教の強固な基盤から、大きな影響を受けている。…それ（ナッ信仰）は、太古からの遺産であり、民衆信仰の核である。（Scott[1921]389-390)」と捉えている。
さらに同様の見解は、同時期のセンサス・レポート等でも見られる。例えば、Lowis［1902］35、Webb［1912］94。ただし、後者は前者の記述の引用である。

[57] 代表的なものとして、ブラウンの研究を挙げることができる。ブラウンは、「しばしば、ビルマ人の仏教は、彼らの真の宗教であるアニミズムの上にかけられたベニヤ板であると言われている。これが、キリスト教または他の国々における仏教よりも、より大きな度合いで、彼らの仏教が表面的なものであるということを意味するならば、そのような見解は誤りであると考える。ビルマ人仏教徒は、少なくとも、普通のキリスト教徒と同じぐらい、日常生活において仏教の影響を受けている」と述べ、仏教倫理は、道徳的力として、大衆に深い影響を与えていると捉えている。（Brown[1921]80）

第3章 民のこころ

表9 理念型的に比較した仏教とナッ信仰

	仏教	ナッ信仰
道徳性	道徳的	超道徳的
禁欲性	禁欲的	自由主義的
合理性	合理的	非合理的
個性	平穏	厄介
社会性	超俗的	世俗的

[出所]Spiro[1974]258.

ておくことにする。[58]スパイローは、表9に示すごとく、理念型として見た場合の仏教とナッ信仰の特質を比較している。そして、ある種の機能において重なりは見られるものの、「仏教は、世俗の目的達成のために使われることもあるが、ナッ信仰はけっして超俗的な目的達成には使われない[59]」こと等を考えれば、基本的には両者は体系として並存しており、各々の役割には、明白な分業関係が成り立っているとしている。しかしながら、以下の5点の側面から見たとき仏教は明らかに優位に立っていると捉える。[60]

①救済という側面。
②それに費やされる人的エネルギー・物質的財の多寡という側面。
③理念・価値の神聖性：文化や個人の価値体系における重み。
④価値や行動を評価する規範としての側面。
⑤それが有する「威力（power）」という側面。

このスパイローの二元論的理解は示唆に富む。しかしながら、こうした世界観とその世界観を共有する人々の行為の場である現実社会・政治との関連性を考えたときスパイロー的理解には物足りなさを感じる。勿論スパイローもこうした世界観と現実社会・政治との関連性を見落としているわけではない。例えば、アニミズム（特にナッ信仰）を中心に論じた研究では「ナッの信仰体系：政治的説明」等の節を立てて取り上げているし、[61]仏教を中心に論じた研究では「サンガと

---

58 Spiro[1974].
59 Spiro[1974]269.
60 Spiro[1974]264-278.
61 Spiro[1974]131-139.

国家」「仏教と社会」等の箇所で扱っている[62]。しかし、例えばビルマ人が抱く権力観や支配の正当性に関する観念等の捉え方は、仏教優位説が反映されて、ナッ信仰との関連では「37柱のナッ」が仏教的世界観に取り込まれたことが主として論じられるだけでしかない。その意味で、スパイローの研究は、分析的枠組みとしては評価に値するが、現実世界の解釈に援用するにはあまりにも単純化されすぎているように思えてならない。

現実の社会・政治と世界観の関連を考えていく上では、スパイローの研究が登場する前に出されたブローム（J. Brohm）の次のような指摘の意味をいま一度考え直してみる必要がある。

「ビルマ人によって実践されている宗教は、『ビルマ教』という用語をもってのみ的確に表現することができる、1つの宗教に過ぎない」[63]

「ビルマ人は、農民であろうと首相であろうと、仏教徒である。そして彼らはまた、アニミスト（アニマティスト）でもあり、呪術師でもある。しかし、宗教的行為全体という観点から見れば、我々は、彼らをビルマ人であると言うことができるに過ぎない」[64]

つまり、ブロームは、ビルマ人の宗教を、上座部仏教、バラモン教、アニミズム等といった要素を基準として捉えるのではなく、あくまで個々の人間の実践的行為を生み出している1つの総体として捉えようとするのである。しかしながら、ブロームの研究では問題提起にとどまり、具体的に1つの総体を提示するまでには至っていない[65]。

そこで、筆者が、参照・援用したのが、上座部仏教的要素、バラモン教的要素、アニミズム的要素を、タイ人の1つの世界観を措定し、その中に位置付けた、ムルダー（N. Mulder）の研究である[66]。彼の提示した世界観の枠組みを、ビルマ人

62　Spiro[1980]378-395, 438-477.
63　Brohm[1963]167.
64　Brohm[1963]156.
65　この点に関し、やや視点を異にするものの、次のような問題関心に立つ研究が提示されてきている。「重要なのは、シンクレティックか否かではなく、どのようにシンクレティックかそうでないかという視点である。（高谷[1988] 42）」また、ガインで実践されているウェイザー信仰の分析から、ビルマの実践宗教の解明を試みようとする土佐の以下の研究も貴重な示唆を与えてくれる。土佐[1996]〔2000〕。
66　Mulder [1979] 111-131. なお、ムルダーの示す世界観のおよび研究の説明、解説については田

に援用するに際しては、若干の違和感を抱くかもしれないが、ムルダー自身も、広く上座部仏教圏における人々の世界観を視野に入れて、タイ人の世界観を記述していることを考えれば、無理な援用とは言えないであろう。しかし、彼の提示した世界観の枠組みを援用するのは、あくまでその世界観によって、これまで析出してきた事実を、最も体系的、論理的に説明できると考えたからであり、彼が提示した人類学上の枠組みの検証を目的としているのではないことは明記しておきたい。

以下、まず、ムルダーによるタイ人の世界観の分析を簡単に紹介し、次に、それを援用しながら、ビルマ人農民の世界観を措定してみたい。

ムルダーは、タイ人の世界観は、普遍的原理（仏教）とアニミズム的世界観（ピィー［phi］信仰）の二元性を、統合しようとは考えず、それらを、あるがままにしておく点に特徴があると指摘する。そして彼は、この二元性をより広く解釈し、クナ（khuna：道徳的善）の領域とデーチャ（decha：威力）の領域として設定するのである。こうした二元的枠組みは、スパイローの研究と共通しているが、スパイローは「仏教的信仰体系」と「ナッ信仰体系」といったようにあくまで「仏教信仰」や「ナッ信仰」という既存の宗教体系を基準に考えているのに対して、既存の宗教体系を出発点にしているのではなく、いわば人々が重要視する「徳目」、「属性」に注目している点で発想を異にしている。彼の捉える世界観を、簡単に図示すれば、**表10**のようになる。

クナ領域・デーチャ領域と2つに分けられた領域は、さらに人間に操作可能な（手なずけられる）領域と、操作不可能な（手なずけられない）領域に二分される。つ

中［1988］90-101、田中［1993］116-117, 120-123、北原［1993］180-200、伊野［1988］81-88、伊野［1994］213-216等も参照。

67　Mulder［1979］112, 124.

68　ムルダーは、「世界観」という用語を次のように捉えている。世界観とは、現実の生活がどのように組み立てられ、それがより広く一般的な原理といかに関係しているのかを説明するものである。それは高度に抽象化された場合には宗教に、思索的に追究された場合には形而上学に、政治的に用いられた場合には政治イデオロギーに具現される。そして現代のある世界観は科学的であるとさえ見做されている。だが通常、世界観は人間の生き方を規定している宗教的な信仰や訓戒に具現されている。この意味で、世界観はその社会のエートス、称賛される行動の指針を示し、社会のモデルをも提供している。さらに世界観というものは、人間経験の基本的二元性（例えば、内と外、敵と味方、善と悪、男性と女性等）を、いかに理解するかという課題と、究極的には取り組んで、これらの二元性に、象徴的な意味を付与しているものである。

表10　二元的世界観の基本構造

道徳的善の領域		威力の領域	
人間に不操作可能(a)	人間に操作可能(b)	人間に操作可能(c)	人間に不操作可能(d)

［出所］ムルダーの研究より筆者作成。

まり、この世界観は、4つのサブ領域からなる。各領域は、以下のような特徴を持つ。

　(a) は、超人間的な秩序を持つと考えられ、仏陀、仏法、サンガ（僧団）等によって象徴されるような、純粋な善徳が支配する領域である。

　(b) は、善の秩序を有すると考えられ、母、親、教師等によって象徴されるような、深い道徳性を持つ領域である。この領域における人間関係は、信頼、思いやり、愛、保護、感謝、尊敬等の感情に基づいて成り立っている。

　(c) は、あいまいな秩序を持つと考えられ、サックシット（sakshit：親霊力）によって象徴されるような超道徳的な領域である。この領域に属する威力は、相手の意図、ことの善悪にかかわりなく、目に見える操作、敬意の表示、正しい儀礼に、機械的に反応する。人間とこれらの威力は、一種の契約関係を取り結ぶことができ、人間はその威力を操作し、操ることができる。この種の威力が人間にとって危険なものになるか否かは、こうした契約が正しく履行されているか否かに拠っており、この領域に属す威力を導くより高次の道徳的原理は存在しない。

　(d) は、混沌（とした秩序）であると考えられ、悪霊によって象徴されるような不道徳の支配する領域である。この領域に属する威力は、本質的に人間に対し悪意を持っている。人間は、こうした悪霊的威力から身を護るため、仏教僧や精霊医等が持つ威力に頼る。

　このようにムルダーは各領域の特質を示した上で、人間個々人の日常的行動を考えたとき、彼らは、それぞれの領域に、それぞれ適切な方法で対応していると捉える。また、こうした世界観においては、仏教は主に「道徳的善」の領域を代表するものとして位置付けられ（ただし、「道徳的善」の領域＝仏教信仰ではない）、他方、アニミズム信仰は「威力」の領域と関連したものとして位置付けられる。つまり、仏教とアニミズムの2つの信仰は、対立・矛盾するものではなく、むしろこの世界観においては相補的な関係として位置付けられているのである。

さらにムルダーの研究で参考になるのは、こうした個々人の世界観が、彼らの社会集団形成、あるべき支配のあり方とどのように関わりあってくるかという問題に取り組んでいる点である。こうした問題関心は、**表11**のように、「媒介」領域を設定することに表れている。

　家族から国家まで、ある社会集団（共同体）は、上に述べた二元的世界観に照らし合わせて考えた場合、その成員にとっては内部集団として認識される。内部集団では、基本的に「道徳的善」の原理によって人間関係（社会関係）は規定される。しかし、この世界観は、アニミズム的土台（歴史的背景）の上に築かれたものであるため、人々には、その集団が、「外部世界」からの威力によって、常に危険にさらされ、集団の安全、安定、持続を脅かされていると捉えられる。こうした「威力」の領域からの脅威に対抗するためには、それに対抗し得る威力を持った存在が必要となってくる。つまり、集団の安全、安定、持続を図る存在は、「内部世界」に対しては「道徳的善」の原理で対応でき、「外部世界」に対しては「威力」の原理で対抗できる存在がなければならない。そこで、「媒介」領域（e）が必要となってくるのである。

　「媒介」領域は、共同体の秩序として考えられる。そして、現実の社会においては、その秩序を維持する存在として、父や国王といった「良き指導者」「良き支配者」が挙げられる。「良き指導者」は、「道徳的善」の領域および「威力」の領域双方の性格を併せ持つが、「媒介」はあくまで媒介であって、どちらか一方の領域の代表ではない。どちらか一方の資質を持つだけでは、「良き指導者」とは見做されない。

　以上が、ムルダーの措定したタイ人の世界観の基本的な捉え方である。これを援用しながら、ビルマ人の世界観を措定したとき、**表12**のようになる。以下、具体的な説明を補っておきたい。

　まず、ビルマ人の場合も「人間に操作不可能な道徳的善」の領域の象徴としては、「仏陀」「サンガ」「仏僧」等があげられ、「ポゥン*（徳）」を有したものとして捉えられている。また同様に、「人間に操作可能な道徳的善」の領域の象徴としては、「母」に代表され、「無償の慈愛」「セーダナー*（真心、無償の慈愛）」といった属性を有していると捉えることができる。しかしながら、ムルダーがあげた「クナ」のように、こうした2領域を象徴する一語を見出すことは難しい。「道徳的

表11 ムルダーの提示したタイ人の世界観の構造と基本的特質

	クナ(道徳的善)の領域		「媒介」領域	デーチャ(威力)の領域	
	(a)	(b)	(e)	(c)	(d)
秩序	超人間的秩序	善の秩序	共同体の秩序	曖昧な秩序	混沌
象徴	仏陀	母	「良き指導者」、父、正法王	サクシット(神霊力)	悪霊
質	真の道徳	深い道徳性	安全、互恵、安定性	超道徳	不道徳
	安　　全			危　険	
違反者への制裁	業による応報、罪意識		社会的制裁、面目の喪失等	復讐、攻撃	
		<·········人間に操作可能な領域·········>			
<······>		人間に操作不可能な領域		<······>	

[出所]ムルダーの研究より筆者作成。

善」を表す言葉としては、「ポゥン」「ゴゥン」といった言葉は考えられる。例えば、ナッシュ(M.Nash)は、「ゴゥン」という言葉を、立派な人格、特別な宗教的教養や敬虔さ、あるいは議論などでの公明正大さを表す道徳的な概念であるとしている。また、勤勉さ、鋭敏さ、慈悲心、忍耐力、判断力、先見の明からなる「ナーヤカ・ゴゥン・チャウ・パー*(指導者が持たなければならない6つの美徳)」をあげ、村落での理想的指導者の資質としている。[69]スパイローの研究でも、僧侶に付随する高度な威信を「ゴゥン」という言葉を用いて表現している場合がある。[70]しかし、「ゴゥン」は、どちらかと言えば具体的道徳特性を総称する概念であり、道徳的善の領域を包括的に象徴する概念として適当か否かは疑問が残る。また、「ポゥン(徳)」の場合は、主に仏教関係(特に僧侶)に対して用いられる。それ故、「人間に操作不可能な道徳的善」の領域を象徴する概念として有効であっても、これを「道徳的善」の領域を包括する概念と見做すことはできない。

あえて包括的かつ象徴的な概念をあげるならば「ミッター(慈悲)」であろう。もちろんこの言葉自体は仏教的な概念であるが、現実生活において多用な意味

69　Nash[1965]76-77, 271-272.
70　Spiro[1978]260.

表12　ビルマ人の世界観

	「道徳的善」の領域		「媒介」領域	「威力」の領域	
秩序	超人間的秩序	善の秩序	共同体（社会集団）の秩序	曖昧な秩序	混沌
象徴	仏陀	母	「良き指導者」、「良き支配者」仏教王、転輪聖王、未来王、父	ナッ（神霊力）	悪霊
質	真の道徳	深い道徳性	安全、互恵、安定性、永続性	超道徳	不道徳
	安　全			危　険	
違反者への制裁	業による応報、罪意識		威力や業による制裁、社会的制裁	威力による復讐、攻撃	
			<‥‥‥‥人間に操作可能な領域‥‥‥‥>		
	<‥‥‥>		人間に操作不可能な領域	<‥‥‥>	

[出所]筆者作成。

　合いを持ち得るという点で包括的・象徴的な概念としてふさわしい。しかしながら、ムルダーの図式は、分析枠組みとして理念型的に提示されていることを考えれば、あえて1つの言葉に象徴させる必要もないと考え、ここでは「道徳的善」の領域とした。[71]

　同様のことは、「威力」の領域を象徴する言葉についても当てはまる。ビルマ語では、「ポゥン」「ダゴー*」「テイディ*」等様々な言葉が「力」を表すものとして用いられる。[72]「ポゥン」には、上にあげた仏教の徳という意味もあるが、この場合その徳から発する力を意味している。[73]「ダゴー」は、人や物に対して「ダゴー・ヂー・デー*」つまり「威力がある」「霊験あらたかな」といった意味合いで頻繁に使われている。[74] 僧侶、パゴダ（仏塔）等仏教を象徴する存在の持つ力を表す場

71　この点に関しては、土佐桂子氏から貴重なアドヴァイスを頂いた。
72　土佐[1995]210-213、249注(1)、田村[1995]149、注(9)等参照。
73　「ポゥン」概念の分析としては、森[1991]18-20、土佐[1995]210-212が参考になる。
74　ここで挙げた例は、現在における用法であるが、筆者がかつて取り組んだ植民地下の農民反乱に関する政庁の最終報告書である The Government of Burma [1934]の英語版とビルマ語版（植民地政庁[1934]）の比較も参考になる。英語版のsupernatural powerあるいはpowerに当たるビルマ語として、ダゴーまたはタゴー・タッティ*という言葉が使われている。例えば英語版12〜13

合にも用いられる。また「テイディ」は、土佐によれば特に呪術などによって得られた超能力を指す[75]。いずれにしてもビルマ人は、「威力」というものに対し一種の畏怖・畏敬の念を抱いているということを理解することが重要であり[76]、各々の威力を表す名称は、基本的にはその力を発する存在を人々がどのように認識するかによって、使い分けられていると言えよう。ある力を「ポゥン」や「ダゴー」といった言葉で表すとき、その言葉を用いる者が、力を発する存在を威光を持った尊いものと見做しているのである。

「道徳的善」の領域や「威力」の領域全体を象徴する言葉をあえて捜そうとすれば、「仏教信仰」や「アニミズム信仰」といった宗教的要素を出発点にしなかったムルダーの意図を誤解することにもつながりかねない。

「人間に操作可能な威力」の領域を象徴するものとしては、神霊力を持つ「ナッ」をあげることができる。ナッは、木・石・水などの自然物にすむとされるものから、固有名詞を持ち伝説が付随するものまで多種多様である[77]。スパイローは、こうした種々のナッを「デーヴァー*（仏教の守護神）」「自然物に宿るナッ」「37柱のナッ」「個人の守護ナッ」「その他のナッ」の5種類に分類し、田村は、「自然物に宿るナッ」「デーヴァー」「37柱のナッ」の3種類に分類している[78]。これらの分類の中で「デーヴァー（デーワ）」を除くものが「人間に操作可能な威力」の領域を象徴するナッであるが、その原型となっているのは、人間にとって潜在的には危険な存在である「自然物に宿るナッ」であると言えよう[79]。スパイローの指摘にもあるように、ビルマ人にとって、自然界は、潜在的に危険に満ちた世界である。洪水によって溺死したり、道を歩いている人が落ちてきた木の枝に当たって死んだりするといった事件は、ビルマ人からすれば、もちろんその人の持つ業によると考えられる場合もあるが、通常多くのナッの1つによってもたらされたものと捉えられる。こうした事件は、ナッが自分の支配領域を侵されたとか、き

ページとビルマ語版14ページ、英語版14ページとビルマ語版15ページ、英語版22ページとビルマ語版25ページ、英語版36ページとビルマ語版39ページ等。また、この他、ダゴー・エイディパ*という語も、英語版37ページとビルマ語版40ページの対比において見られる。

75 土佐[1995]255。
76 この点に関しては、田村[1991b]21-48が参考になる。
77 田村[1983]100。
78 Spiro[1978]40-55。
79 田村[1984]153、田村[1991b]32-41。

ちんと供え物をしないと認めた場合に起こる。自然物に宿るナッは、その領域の嫉妬深い支配者であり、その支配権に対して正しい知識を持たない者に対しては危害を加える。他方、正しい供犠を行なえば保護を与えてくれる[80]。つまりナッは、超道徳的な存在である[81]。こうしたナッの持つ威力によって代表されるのが、「人間に操作可能な威力」の領域と言える。

「人間に操作不可能な威力」の領域を象徴するものは、スパイローの分類に拠るところの「ソウン*」に代表される妖怪(witches)、「タイェー*」に代表される死霊(ghost)、「バルー*」に代表される悪鬼(demons)等のいわゆる悪霊をあげることができる[82]。これらの特性は、人間に対して、明らかに危害、危険をもたらす点にある。ビルマ人は、こうした危害、危険から逃れるために、いわゆる「アテッ・ラン・サヤー*(白呪術師)の力に頼ったり、仏教僧に「護術経典」を唱えてもらったりする。また、身体に護身用の刺青を施したり、高僧などが錬金した「ダッ・ロウン*」と呼ばれる金属の小球を身につけたりする。

この主要な2領域 (4つのサブ領域) の間には、「媒介」領域が存在する。「媒介」領域は、共同体の秩序を形成するものである。マイケル・アウントゥインは (M. Aung-Thwin) によれば、ビルマ人は個人の自由より社会秩序の安定を優先するが[83]、この領域はその意味においてもきわめて重要な領域となっている。この領域の具体的象徴は、「ダンマ・ヤーザー*(正法王)」「セッチャー・ミン*(転輪聖王)」「ボゥダ・ヤーザー*(仏教王)」の用語をもって表される伝説上の理想的支配者から、村落のルーヂー(有力者、大物)」に至まで、時代、社会集団のレベルの違いによって、様々な名称で呼ばれてきたが、一般的には「良き指導者」「良き支配者」と言うことができよう[84]。こうした「良き指導者」の資質としては、通常、既にあげた「ナーヤカ・ゴゥン・チャウ・パー」や「十王法」等[85]、いわば「道徳的善」の領

80　Spiro[1978]47.
81　Spiro[1978]251.
82　Spiro[1978]21-39.
83　Aung-Thwin[1984]226-227, Aung-Thwin[1985]75-79.
84　こうした伝説上の王権概念を論じた代表的研究として、Sarkisyanz [1965]、Smith [1985]、Aung-Thwin[1985]、奥平[1990]、奥平[1993]、岩城[1994]等を参照。
85　「十王法」とは、「国を統治する王が果たさなければならない10項目の義務」で、「布施、持戒、喜捨、温厚、精進、寛容、人民の意に反しないこと、人民を慈しむこと、忍耐、実直」を指す(ビルマ社会主義共和国連邦教育省ビルマ語委員会編[1979]160)。

域に属す資質のみを指摘する場合が多い。しかしこれらの資質を指摘するだけでは、不十分と言わざるを得ない。ビルマ人の世界観からすれば、こうした資質の他に、「良き指導者」は「威力」を有することが必要となってくる。[86]

「良き支配者」とは、一方では「ポゥン（徳）」や「ミッター（慈悲）」を持ち、他方では「ポゥン（徳から生ずる力）」や「ダゴー（聖なるものから生ずる力）」を有する人物を指す。そして、この両方の資質を兼ね備えているが故に社会的影響力・威徳（オーザー*）を獲得するのである。[87]「オーザー」は、単なる権力（アーナー*）とは異なる。「アーナー（権力）」は、二元的世界観においては、「威力」の領域を用いるだけでも獲得できる。しかしそれは、ビルマ人からすれば「不当な（マ・タヤー*）」支配でしかあり得ない。ビルマ人においては、図1で示したごとく、内（ある社会集団）に対しては、徳や慈悲によって治め、外から加えられる威力による攻撃に対しては、威力によって対抗し、内を護ることのできる資質を兼ね備えた人物こそが理想的な支配者として認められるのである。

重要な点はある集団の秩序（社会秩序）は、こうした両領域の資質を兼ね備えた指導者という人間の存在によって安全なものとなり、安定し、維持される点である。[88]民衆の側からすれば、「エーエーセーゼー・ネー・ヂン・デー*（平穏に暮らしたい）」という願望を満たしてくれる人間が「良き指導者」となる。それ故、民衆の生活が困窮するといった、社会秩序の混乱状況が生ずること自体、時の

---

86 「威力」「力」と政治の関係を論じた研究として、Nash［1965］、田村［1987b］、田村［1991a］、田村［1995］、土佐［1995］、伊野［1988］、伊野［1994］等がある。
　ナッシュの研究では、ポゥン、ゴゥン、オーザーという個人の威力を表す3つの概念が、上ビルマの村落における政治的機構を理解する鍵概念であるとされている。そして、ポゥンは、世俗的な意味においては、計画を実行する力、他人を自らの意に従わせる力、自らに幸運をもたらす力であるとされる。ある人物がポゥンを有していることは、当然の結果として、その人物には、オーザーがあることになる。オーザーとは、他人に命令する権威である。ポゥンを有した人間のオーザーは、彼の個人的能力、現世において成功するための際立った能力からもたらされる。ポゥンとオーザーは、社会関係の威力の領域に属し、ゴゥンは道徳的内容を持っている。このようにナッシュは、3つの概念を規定している。個々の語の概念規定は別にして、基本的に威力の領域と道徳的善の領域を区別するナッシュの分析視角は示唆に富む（Nash［1965］76-77, 271-271）。
87 「オーザー」の概念に関しては、Pye［1962］146-150が参考になる。
88 やや異なった観点からであるが、マウンマウンヂーは「ビルマ人にとって、オーザー（権威）、ゴゥン（威光、威信）、アーナー（権力）は、ある個人に存するのであって、法にあるのではない」と指摘している（Maung Maung Gyi［1983］174）。この指摘を本書との関連で捉えなおせば、支配における「人間」の重要性を指摘している点で大変興味深い。

図1　ビルマ人の世界観における内と外の基本的認識略図

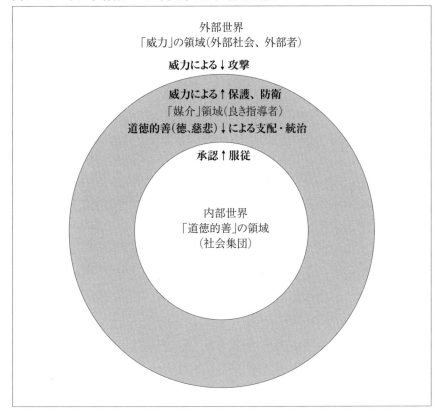

[出所]筆者作成。

支配者が、「良き指導者」としての資質、つまり「ポゥン（徳）」「ミッター（慈悲）」と「ポゥン（徳から生ずる威力）」「ダゴー（聖なるものから生ずる威力）」の双方あるいはそのいずれかを欠いているためであると見做される。また社会の安全、安定、維持が、「媒介」としての「良き支配者」の存在に依っているだけに、そうした支配者に逆らい、社会秩序を乱すものには、往々にして「良き支配者」の有する威力によって制裁が下される。こうした制裁に関する観念は、既に触れた自然界は潜在的に人間にとって危険な世界であるという観念から由来しているだけに、ビルマ人の行動を律する上で、特に重要な意味を持つ。

　こうした「良き指導者」や「良き支配者」に関する観念は、日常生活レベルに

おいては、サヤー・ダベー（パトロン・クライアント）関係という人間関係のあり方に反映される。

　パトロン・クライアント関係とは、J.C.スコットの定義によれば次のような関係を指す。

　「この関係は、社会的、経済的に地位のより高い者（パトロン）と、より低い者（クライアント）の間の一対一（二者間）の特別な紐帯である。パトロンは、自らの影響力や資財を用いて、クライアントに対して保護や恩恵をもたらす。他方、クライアントは、様々な奉仕や協力をパトロンに提供する。パトロン・クライアント関係とは、このような互酬的関係を意味する」[89]

　スコットの研究を出発点にしながら、筆者なりにサヤー・ダベー関係の特徴を示せば、以下のようになる。まず、図2に示したごとくタテに房状に連なった、個人と個人（一対一）の人間関係である。図では、P1とC1、P2とC2といった、個々の2名の関係のことを指し、この個々の関係がタテに連なっていく。その個々を結び付けているのはサヤーとダベーの一種の互恵関係・役割の交換関係とも言える特徴を持つ、暗黙の契約関係である。サヤーは、ダベーに対して、経済的のみならず生活全般の安全・安寧を可能な限り保障し、恩恵を施す。他方、ダベーは、様々なサービスをサヤーに提供する。その様々なサービスは、極端な場合、人格的従属に至る。その交換内容の度合いは、その時々のサヤーとダベーの需給関係で決まる。サヤーとなる人物が多く、ダベーとなる人物が少なければ、相対的にダベーの地位が優位なものとなる。逆に、サヤーとなれる人物が少なく、ダベーが多ければ、サヤーの地位が優位になる。

　一見すると、日本でも見られる親分・子分関係や主従関係、中根千枝が提唱した「タテ社会の人間関係」に、きわめてよく似た関係である[90]。例えば、こうした人間関係で動く社会にあっては、政治的・社会的対立は、派閥争いのような展開を見せる。しかしながら、大きく異なる点は、「タテ社会の人間関係」では、いわば二君に交わらないことを是とする「温情」に支えられているのに対し、

89　Scott[1972a] 92. なおスコットのパトロン・クライアント関係に関する定義についてはScott[1972b]も参照。また、ビルマにおける「親しい関係」とパトロン・クライアント関係の相関を論じたものとしてTamura[1983]が、こうした人間関係からミャンマー現代史を概観したものとして伊野[2011a]がある。

90　中根[1977]参照。

図2　パトロン・クライアント関係概念図

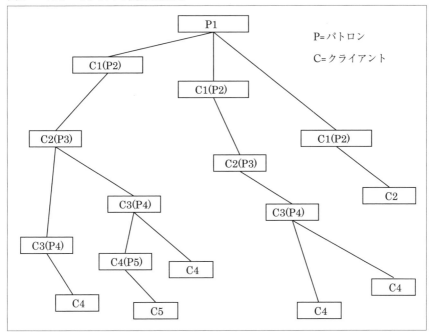

[出所]筆者作成。

サヤー・ダベー関係は、非常にクールな、両者の打算によって支えられているという点にある。サヤーであってもダベーであっても、いずれかが契約不履行、つまり見合わないと相手を判断した場合、関係性の解消には道義的責任は生じない。その意味で両者は対等である。

　人々は社会生活にあたって、常に「良きパトロン」を捜し求める。「良きパトロン」と関係を取り結ぶことによって生活の安寧を確保しようとする。また、社会的混乱が生じた場合、人々は、法律や制度等に頼るのではなく、信頼できるサヤーを求め、その保護下に入り身の安全を確保するのである。

91　パトロン・クライアント関係という用語は使用されていないが、ミャンマーの村落においては、自己を中心とする二者関係の間柄の論理で作られるネットワークが生きており、その関係は「いつでも止められる」という「絶縁」の自由さに特徴があるとする高橋の指摘は参考になる（高橋［2012］、特に176-182参照）。

第3節　民衆の論理、「民のこころ」——運動下の民衆像

　ここでは、前節で措定した民衆の世界観(意識構造)[92]を念頭に置きながら、民衆運動の発生、展開、終息の過程に見られる民衆意識の変遷と彼らの具体的行動との関連を明らかにし、運動下の民衆像を示すことで、民衆の論理、「民のこころ」を明らかにしていく。

(1) 民衆の不満
　いわゆる「民主化」運動発生の背景として、これまで多くの論者は、次のような点を指摘している。
① 1987年の「後発発展途上国(LLDC)認定を含む「ビルマ式社会主義」体制における経済的破綻。
② ネーウィン体制下における特権階層(主に軍部高官)の出現とそれによる経済的富、社会的恩典の独占。
③ 1987年9月5日の廃貨措置に対する不満。

　また、こうした要因のほかにも、世界的な民主化の動き、影響等を指摘することができるかもしれない。いずれにしても、こうした状況が、程度の差こそあれ広汎な民衆の置かれた状況に「受動的な統一性」を与えていたことは、大衆運動発生の背景として見落とされてはならない。しかしながら、こうした客観的状況と、民衆がその状況をいかに捉えたかといった主観的状況認識とは、密接に関連しつつも、区別して考えなければならない。そして、運動に参加していった民衆の論理を明らかにするといった本章の問題関心からすれば、より重要となってくるのは、後者であろう。
　ところで日常生活者[93]としての民衆は、上記のような状況が生じた原因を、信

92　ここでの民衆とは、狭義のビルマ族民衆を指す。よって以下明らかにする世界観は、ビルマ人の世界観を指す。
93　「日常生活者」概念の捉え方に関しては、安丸[1974]192-194を特に参照。

頼できる資料の裏付けをもって、いわゆる客観的に分析するわけではない。民衆は、自らの「手持ちの知識」を拠りどころとして、こうした状況を把握し、その状況がもたらされた原因を、民衆なりの論理をもって追求する。もちろん、すべての民衆が諸状況を客観的に分析する目を持っていなかったなどと言うつもりはない。しかし大多数の民衆にとって、状況把握の方向性はけっしてそのようなものではなかった。しかも極度の情報統制・操作を民衆支配の有効な装置としてきたネーウィン体制下にあっては、民衆が生活状況の悪化、社会不安等を、政府の具体的政策云々といったレベルで自由に議論・思索することは不可能に近い。ネーウィン体制は、民衆の目を塞ぐことによって、結果的に民衆に対し、様々な問題を彼らの持つ独自の論理で認識・把握することを迫ったのである。

　それ故、大衆運動を組織化しようとする「目覚めた」知識人（学生等）は、民衆の支持・支援を獲得し、彼らを運動に動員するために、民衆の意識に直接訴えるような、要求・スローガンを前面に押し出してくる。「3月事件」以降、「学生連盟」によって、民衆に直接訴えられた声明文の内容等は、その辺の事情をよく物語っている。例えば、再引用になるが、1988年6月に、ヤンゴン市中に出回った「ヤンゴン大学学生連盟」および「マンダレー大学学生連盟」連著の「抑圧された国民、労働者、兵士、学生」宛ての声明文（ビラ）では、大意次のような内容が示されている。[94]

① 26年に及ぶ現政権の支配下で、経済、社会、政治は最悪の状態となった。物価は上昇し、国民は生活苦に喘ぐ一方、一部の権力者は社会主義支配体制の下で、甘い汁を吸っている。
② ネーウィンは、国民から収奪した金を外国の銀行に預金し、その総額は4億ドル以上にのぼり、世界的な大富豪の仲間入りをしている。他方、かつては東南アジアで最も豊かな国が、今では世界で最も貧しい国の1つとなってしまった。
③ 軍の独裁支配体制のため、労働者の意識と能力は低下している一方、殺人政府の御用組合である労働者評議会は労働者のために何もしていない。
④ 経済的に行き詰った政府は、農民を欺き、ひどい目にあわせている。ネーウィン政権の下では、農民の生活は何ら改善されておらず、植民地時代と全く変わらない。
⑤ 国民から生まれた国軍は、いまやネーウィンの私兵となっており、少数の特権階

94　ヤンゴン大学学生連盟、マンダレー大学学生連盟［1988］。

層の権力を永続させるために働いているにすぎない。国家財産の多くが、ネーウィンの軍隊のために浪費されている。

⑥このようなひどい状況下、労働者、農民、兵士、学生は、団結して革命を組織すべきである。国民の政府を樹立するため、我々はあらゆる方法を用いて闘わなければならない。戦いに既に身を投じている学生たちに合流せよ。1988年は我々の闘争元年だ。ファシスト政府に反旗を翻せ。国民を抑圧することは火に油を注ぐようなものだ。

　この声明文で特に注目したいのは、民衆の抱える諸問題、諸悪の根源が、「ネーウィンによる支配」に措定されている点である。ビルマ社会主義計画党（BSPP）政権の具体的政策や対応が問題とされているのではなく、支配者にすべての責任が帰されている。そこには、生活苦を含む社会秩序の混乱状況に対する民衆的認識が反映されている。先に措定したビルマ人の世界観（意識構造）に照らし合わせてこの事実を捉え直せば、社会秩序の混乱は、秩序を維持する支配者の資質の問題と直結してくる。つまり、民衆の世界観においては、社会秩序の安定、人々の安穏な生活は、支配者の持つ「徳」、「慈愛」、「慈悲心」といった「道徳的善」の領域に属す資質と、「威力」の領域に属す資質によって、保たれているものである。それ故、民衆の生活苦や社会秩序の混乱が生じること自体、民衆にとっては、時の支配者に「内部世界」に対して「道徳的善」の原理をもって統治する資質、または「外部世界の威力」から加えられる脅威に対して「威力」をもって「内部世界」を護る資質、あるいはその双方が欠如しているためであると認識される。

　今回の場合、民衆は、社会秩序の混乱の原因を「外部世界の威力」から加えられる脅威とは考えなかったであろう。ネーウィン支配は、その当初より、東西両陣営からの脅威や国内の共産党勢力、少数民族の反政府武装組織といった、いわばビルマ人の「内部世界」に対する「外部世界」から加えられる「威力」の脅威から、人々を保護することを約束して登場した。そして、民衆に対して、一方では、「外部世界」からの脅威を常に強調し、人々を洗脳することによって、また他方では実際に国内の共産党勢力や少数民族反乱軍の鎮圧というある程度の実績によって、自らの権力の維持を正当化してきた。しかし、80年代後半になると、東西冷戦の終結によって国際環境も変化し、大国からの脅威も薄れ

し、国内の反乱組織の勢力も衰えていった。さらに世代交代によって、ネーウィンが権力を掌握した当時の内戦状況を実感として記憶している人々が相対的に減少した。つまり、この時点においては既に、多くの人々にとって、「外部世界」からの脅威による混乱という当局側の説明は、ほとんど意味をなさない状況になっていた。

　それ故、民衆は、生活状況の悪化、社会秩序の混乱の原因を、「内部世界」に対するネーウィン支配の在り方に求めた。

　そのことは、88年6月8日付で出された『アウンヂー書簡』[95]に対する民衆の反応からもうかがい知ることができる。この書簡では、「3月事件」に際して行なわれた政府の学生に対する暴挙が徹底的に暴かれている。アウンヂー自身は、ネーウィンに対して、「3月事件」に直接関与した責任者を処罰することを要求したのだが、民衆は、民衆なりにこの書簡を解釈し、この書簡で暴かれた政府（ネーウィン）の残虐性、不当性を特に問題とした。民衆にとって、この書簡は、ネーウィンの「理想的支配者」としての資質である「徳」、「慈愛」、「慈悲心」の欠如を訴えたものとして受け取られた。

　同様に、88年7月19日の「3月事件」に関する政府の異例の発表、8月6日のBBCを通じての学生の訴え等々も、民衆にとっては、ネーウィンの支配者としての資質を問うものとなった。[96]「3月事件」の死亡者が42人であったとする、7月19日の政府発表は、「アウンヂー書簡」の内容を政府自ら認める結果となった。8月6日のBBC放送では、治安警察に暴行を受けた女子学生が自らの体験を生々しく語った。これらを通じて、民衆は、支配者ネーウィンの残虐さ、無慈悲さ、「徳」の欠如を確認した。そして、ネーウィンに「道徳的善」という「理想的支配者」の資質が欠けているが故に、人々は生活苦を味わわなければならず、社会秩序も混乱がもたらされているのだと民衆は捉えた。

　さらに重要なのは、民衆にとって、ネーウィンは、単に「道徳的善」という資質を欠いた存在だけではなかった点である。民衆の目からすれば、彼が権力を握っているのは、「理想的支配者」としての資質を備えているからでなく、国軍という1つの強力な「威力」を保持しているためであった。民衆的理想や願望か

95　アウンヂー[1988]。
96　この辺の事情については、伊野[1993]114-115および本書第1部第1章参照。

ら言えば、本来「外部の威力」から「内部世界」を護るために使われるべき「威力」を、ネーウィンは自らの権力を保持するために、「内部世界」そのものに向けたのであった。上に掲げた声明文では、国軍は「ネーウィンの私兵」であるとされているが、これは、そのような民衆感情を見事に表している。7月23日～27日に行なわれたBSPP臨時党大会でのネーウィン演説と後継者セインルインの党議長・大統領選出は、民衆のこうした感情を逆撫でした。ネーウィンは演説の中で、今後騒動が起こった場合は、「国軍というものは、撃つ時は狙いを定めて撃つのであって、威嚇射撃などするものではない」と言明した。自らの党議長辞任にあたって、後継者として選んだのは、「3月事件」にあたって直接指揮をとっていたとされるセインルインであった。「威力」の誇示、恫喝によって、国民を支配しようとするネーウィン支配の本質が、如実に示されたといえる。民衆からすれば、ネーウィンは「内部世界」に対し、「道徳的善」をもって統治するのではなく、「威力」によって支配する存在でしかなかった。

　こうした観方に対しては、あまりにも問題を単純化して捉えていると反論することもできよう。しかし、こうした単純化があって初めて、ほとんどあらゆる階層を含む大衆運動が成立したのである。例えば、治安警察に暴行を加えられたといった問題は、米の値段が上がって「粥しか飲めない」という問題とは、当事者の立場に立ってみれば、異なった次元の問題ではある。しかし「学生連盟」の訴えが、そのすべての原因をネーウィンの支配に帰すことによって、各人の抱く様々な違和感、不安、不満、憤り、怒りが、民衆一般の共有する支配者の資質の問題に還元され、集約されていったのである。そのことは、運動発生当初デモ隊のメイン・スローガンが、「デモクラシーの獲得」、「複数政党制の導入」といったものではなく「セインルインをやめさせろ」であったことからも理解できる。セインルインとは、即ちネーウィンの「飼い犬」であり、セインルインの打倒とは、ネーウィンの打倒を意味した。

　大衆運動の発生という側面から捉えるならば、歴史上のある時点で、広汎な人々が、共通の諸悪の根源を認識するということは、前提条件として当然のこ

97　臨時党大会については、伊野［1993］115-117および本書第1部第1章参照。
98　ミャンマー人の間では「粥しか飲めない（飲むという言葉を使う）」という表現は、赤貧状態を意味する。
99　デモ隊のメイン・スローガンの変遷については本書**表4**(274ページ)を参照。

とかもしれない。しかしながら、諸悪の根源を措定する論理やメカニズムにおいては、ビルマ人民衆の世界観が反映されていたと言えよう。

(2) 運動参加への「跳躍台」

　広汎な民衆に、上で述べたような、支配者に対する不満が存在し、かつそれが意識化されていたとしても、それだけで必然的に民主化運動が発生するわけではない。民衆が諸悪の根源をネーウィンの支配者としての資質の問題に措定する論理においては、問題のレベルが民衆の世界観に密接に関連し、それによって規定されているがゆえに、その不当な支配への民衆的な抵抗の論理も、彼らの世界観と切り離して考えられないものとなってくる。その際、民衆運動発生の第一の規制力となっているのは、ネーウィンが、依然として「威力」を持っているという民衆自身の認識である。この認識は「3月事件」、「6月事件[100]」を経験したところで、容易に変り得るものではなかった。「3月事件」にしろ「6月事件」にしろ、結果的には、反政府勢力は、当局の「無慈悲」な弾圧の前に押さえ込まれた。民衆からすれば、こうした一連の事件は、ネーウィンの「威力」の若干の動揺として受け取られることはあっても、やはり彼の持つ「威力」への畏怖の感情は、彼らの行動を大きく規制するものであった。そして、「威力」の領域から加えられる様々な災厄から身を守るためには、「ナッ」や「悪霊」に対処するが如く、「威力」を適切な方法で操り無害なものにするか、あるいは宥めすかすことによって、災いを回避することが、民衆的処世知からすれば、最良の選択肢であった。それ故、ネーウィンの持つ「威力」の絶対性がなんらかの形で崩れない限り、あるいはネーウィンの持つ「威力」に対抗できる「威力」を有する指導者が出現し、その「威力」の加護の下に属して行動を起こさない限り、人々は正面切って反抗運動へ身を投じるような危険を冒しはしない。

　民衆を動員する側にあっては、民衆のこうしたネーウィンの「威力」に対する畏怖の感情をまずもって取り除くことが必要となってくる。日常生活者としての民衆を権力への反抗運動に駆り立てる「跳躍台」は、ビルマ人の場合、対抗する「威力」への畏怖感を、いかに除去するかにかかっている。

　その場合、今回の運動では、植民地時代の農民蜂起に見られたごとく「威力」

100　6月事件に関しては、伊野[1992b]18-20、伊野[1993]115-116および本書第1部第1章参照。

を持った指導者が出現し、彼の持つ「威力」の加護下に行動を起こすといった形態はとられなかった。「学生連盟」の指導者が、「ミンコーナイン（王を打ち倒す者）」と名乗った点等を考えると、植民地時代の農民蜂起とある意味で共通点を見出すこともできるし、こうした署名のもとに、立て続けに発せられた声明文等によって、少なからぬ民衆が、社会変革への漠然とした期待感を募らせたことは否定できない。しかしながら、その点を強調することは、あまりにも単純に植民地時代の農民蜂起と今回の運動を結びつけることになろう。「ミンコーナイン」の存在は、民衆の想像力を掻き立てた点では、重要な意味を持っていたが、この時点ではいまだ、民衆が生活者としての存在を超えて、運動に直接的に関わっていく「跳躍台」とはなり得なかった。当時「ミンコーナイン」の存在は、民衆にとって、あまりにも実態、実感を欠いていた。8月から始まる大衆運動が、1人の指導者の下に統制されたものではなく、ある意味では「烏合の衆」的集団が自発的に結成されていったという事実は、こうした事情をよく物語っていると言えよう。今回の運動の場合、民衆はネーウィンの持つ「威力」に対抗できる「威力」を持った1人の強力な指導者に付き従っていったというよりも、まずネーウィンの持つ「威力」そのものの無効性を自ら認識することから始まったと言えよう。その際、この「跳躍台」となったのが、無名の学生たち（「学生連盟」）であり、「8888学生決起」であった。

　1988年8月8日に始まる反政府デモは、当初から広汎な民衆の参加があったわけではない。「3月事件」、「6月事件」当時に比べれば、確かに一般民衆の参加は増えていたが、それでもデモ隊の主体は学生、青年層であった。当初デモ隊に対し、当局はこれまで同様、発砲という強硬手段で応じ、デモ隊からは、多くの死傷者が出た。8月10日には、ヤンゴン総合病院へ向けての発砲事件すら発生した。今回の事件は、「3月事件」や「6月事件」とは異なり、多くの民衆が直接の目撃者であった。セインルインは、サンガの長老たちを利用して事態の

101　ここで比較の対象としている農民蜂起に関しては伊野[1998]参照。
102　伊野[1993]127-130および本書第1部第2章参照。
103　「8888学生決起」以降、国軍によるクーデタ介入までの運動の推移に関しては、伊野[1992b]23-28、伊野[1993]118-124および本書第1部第2章参照。
104　88年の反政府・民主化運動における民衆参加の様態に関しては、本章第1節のほかに、伊野[1993]112-126も参照。

第3章　民のこころ

収拾を図ろうとした。長老たちは、当局に対しては、伝統的な「十王法」（つまり「道徳的善」による統治）を守るように助言を与える一方で、民衆に対しては、行動の自制を呼びかけた。しかし、民衆はこの懐柔策に応じなかった。民衆がデモ隊の先頭に立つ僧侶の言に耳を傾けても、サンガの長老たちの呼びかけに応じなかったという事実は、彼らがいかに通常の仏教的価値を超えた独自の論理で自らの行動を決定していたかを示している。いずれにしても民衆の道徳感情からすれば、病院に向けてすら発砲するというような当局の対応は、決定的に残虐で無慈悲なものであり、ネーウィン支配に対する不当性、欺瞞性の認識は極限に達したであろう。しかし、この時点では、人々の間に、不当な支配打倒の推進主体は民衆自身であるといった認識は、一般化していなかった。運動発生当初から民衆自身に民主化へ向けての明確な目的意識や使命感があったと考えることは、感情的には理解できるが、民衆の置かれた状況、民衆自身の意識の変遷を安易に単純化するものであると言わざるを得ない。ネーウィン支配下で発生したこれまでの反政府運動の経験に基づいた当時の民衆の状況認識からすれば、当局の発砲によって、この運動は収束するはずであった。その結果として、民衆は、やり場のない不満を押し殺して、ネーウィンの持つ「威力」の絶対性を再確認し、彼の不当な支配を甘受するしかないものと考えたであろう。ところが、今回の場合、多大な犠牲者が出たにもかかわらず、反政府デモは続けられた。

　この点が、民衆が運動に参加した要因としてきわめて重要である。つまり、発砲というネーウィン自らの「威力」を誇示する最終手段をもってしても、事態が収まらないということを、人々は、ネーウィンの「威力」の急激な低下と見なした。

　ここにおいて初めて、民衆は、自らの明確な意思を示すことが可能になったと言えよう。その意思表示の具体的な表れとしては、デモに直接合流するというものではなく、デモ隊を護り、軍の動きを封じるためにバリケードをめぐらすといった、いわば「銃後的」形態であったが、ネーウィンの支配者としての絶対的不当性を、民衆なりに主張したものであった。しかし、やはりそれは、自らデモに参加し、反政府スローガンを叫ぶレベルまでには至っていなかった。生活者としての民衆は、彼らなりの論理をもって、きわめて慎重に運動に加わっていったのである。

その後数日間ヤンゴン市内は、民衆の構築したバリケードでかためられ、軍と反政府勢力との睨み合いが続き、結局、8月12日、セインルインは辞任に追い込まれた。彼の辞任が発表された直後のヤンゴン市内の状況は、当時の民衆意識を知る上で、大変興味深い。発表直後、ヤンゴン市内では、民衆の大歓声が上がった。翌日になると、民衆によって築かれたバリケードは、きれいに撤去された。民衆はセインルインの辞任により、目的が達成されたと考えているようであった。そのようなある種の充足感の反面、民衆心理にはそれだけでは割り切れない複雑なものがあったと言えよう。特にセインルインの辞任は、ネーウィンの「威力」のさらなる低下と民衆の目には映った。また、たとえ数日のことであったにせよ、ヤンゴン市内が民衆の「解放区」となったことも、民衆のこうした意識に拍車をかけた。しかしながら、他方で、セインルインの辞任で満足してしまった感もあった。こうした民衆に再び反政府感情を呼び戻したのが、学生たちが掲げた「デモカラシーの獲得」という新たなスローガンであった。「デモカラシー」という言葉は、当時の民衆には馴染みの薄いものであっただけに、民衆各人が抱く不満はそれぞれ異なっていたとしても、それらをすべて解消してくれる魔法の言葉となったのである。
　8月19日に、穏健派と見られたマウンマウン政権が発足すると、同政権は、反政府勢力の掲げる要求に対して、譲歩に次ぐ譲歩を重ねていった。しかし、人々はマウンマウンをネーウィンの「操り人形」としか見做さなかった。再び大規模なデモ・ストが組織され、軍による発砲が抑えられていたこともあって、日増しにデモ隊への参加者も増えていった。そうした状況下、民衆の運動への参加形態を決定的に変えたのは、8月24日の戒厳令・外出禁止・集会禁止令の解除である。運動は、これ以降本格的に、全国、全階層の人々が直接デモに参加する大衆運動となっていった。戒厳令・外出禁止・集会禁止令の解除は、民衆にとって、単に民衆行動を規制する法令の解除のみを意味したのではない。それは、当面の事態の収拾に責任を負っているマウンマウンの「威力」の欠如をも意味した。そしてマウンマウンの「威力」の欠如は、彼を操るネーウィンの「威力」の絶対性が崩れたということを意味した。ネーウィンの持つ「威力」の脅威からこのようにして完全に解放されることによって、多くの人々は、初めて直接行動（デモへの参加）が可能になったのである。

(3) 民衆意識の展開と「デモカラシー」の意味

　大衆運動が創出され、マウンマウン政権が反政府勢力の要求に対して譲歩に次ぐ譲歩を重ね、実質的な統治能力を失っていく過程で、8月後半頃からは、ネーウィン体制下で特権を享受していた人々の中には、自ら安全な場所に身を隠す者さえ現れ、「学生連盟」と民衆が地域社会の権威と権力を掌握し、「小秩序」を形成するといった状況が生まれた。民衆は、ネーウィンの「威力」に対する畏怖感から解放され、その「小秩序」の中で、一時的にせよ意識の自由な羽ばたきを自らのものとした。

　こうした民衆の精神的解放感は、当然のことながら彼らの行動にも反映されていった。8月末頃から、小学生までもデモ隊を結成したり、公務員が制服姿で所属団体名を書いたプラカードを掲げて行進するといった行動も、こうした精神状況下で可能となったと言えよう。もちろん小学生が明確な政治意識、目的意識を持って、デモ隊に加わったとは考えられない。「お祭り騒ぎ」的雰囲気の中、参加したのであろう。しかし、そうした雰囲気が社会に広まっていたという事実は、広汎な民衆に精神的解放感があったということを裏付けるものである。また、それ以前は私服で参加していた公務員が、集団かつ制服を着て、つまり所属を明確にしてデモに加わったということは、「何者をも恐れない」といった民衆の意識が反映されていると言える。

　ただし、こうした解放感をすぐに民衆のいわゆる近代的自我の目覚めと捉えることについては、若干の疑問が残る。また、民衆意識の方向性が、西欧近代的民主主義、人権の獲得といった方向を示していたと安易に結論を下すこともできない。そのことは、9月1日のマウンマウンの演説[105]に対する、ザーガナの反論[106]からもうかがい知ることができる。ザーガナは民衆に絶大な人気のあった漫

105　マウンマウン演説では、学生連盟の設立許可や学生連盟会館の再建が約束されたが、演説全体のトーンは、手続き（国民投票）さえ踏ませてくれれば複数政党制への移行は止むを得ないといった内容であった。他方で、マウンマウンは、国民に対して民主主義とは何かを諭し、事態の沈静化、社会の平常化を訴えた。しかし、多くの人々は、当時、このマウンマウン演説を、当局側の時間稼ぎと見做していた。マウンマウン演説全文は、*Working People's Daily*, 2 September, 1988.

106　ザーガナ［1988］。ザーガナとは、芸名で「ピンセット」の意味。彼はBSPP体制下にあって、得意の皮肉で、政府批判を行なってきた人物としても有名であり、国軍によるクーデタ後は、NLD等の主要政党には入党せず、独自の民主化活動を行なった。この演説で彼は、マウンマウン政

談師で、彼の反論は、肉声でカセット・テープに吹き込まれ、当時多くのラペイェー・ザイン（茶店）で流された。その中で彼は、次のように反論した。

「…我々が欲しているデモクラシーとは何か、我々は知る術もない。我々はそれが何か本当に知らないのだ。何故ならば、26年に及ぶマ・サ・ラ（BSPP）1党独裁体制の下、我々のように目を塞がれ、耳を塞がれ、口を塞がれてきた人々、可能性というものをすべて奪われてきた人々にとって、デモクラシーとは、夢のようなものでしかなかったからだ」

確かにこの一節は、マウンマウンの発言に対するザーガナ得意の皮肉であるが、民衆の置かれてきた状況の一面を表しているとも言える。また、同様のことは、クーデタ後に行なわれたアウンサンスーチーの地方遊説における演説内容からも推察できる。[107]彼女は、人々に、いわゆる「民主主義」とは何かを分かりやすい言葉で説いて廻った。この事実は、民衆の間にそのような認識・思想がいかに馴染みの薄いものであったかを示している。こうした事実を考えると、この時点における民衆意識の内容は、主にネーウィンの「威力」に対する畏怖、脅威からの解放感であり、これまで自らの行動を規制してきた権力の自己意識内における否定という側面が強かったと言うことができよう。

こうした既存の権力（秩序）の崩壊とそれに伴う民衆の精神的解放感、地域社会における民衆的権力（小秩序）の出現は、民衆の整然とした運動への参加といった行動をもたらしたが、他方で、8月末から始まる刑事犯の大量釈放等に見られる当局側の治安攪乱工作も相俟って、民衆の「破壊・略奪」行為および「リンチ・処刑」行為といった、いわゆる「民主化運動」とも、一般に言われているビルマ人の道徳規範（例えば仏教の「五戒」の遵守）ともそぐわない行動をももたらした。[108]

確かに、SLORC政権が主張するように、こうした行為は、事実問題として存

　権を批判するとともに、国民に対しては、民主主義とは何かを説き、①規律、②結束、③行動、④国軍と国民の協力の必要性を訴えた。この演説は、当時の運動や民衆の実情を知る上でも貴重な資料と言える。

107　国民民主連盟ビデオ記録［1988a］、［1988b］、［1989a］、［1989b］、［1989c］、［1989d］、［1989e］、［1989f］、［1989g］、［1989h］、［1989i］、在日ビルマ人協会［1993］、アウンサンスーチー［1996］等を参照。また遊説中の演説内容の分析については、伊野［1996］、［2001a］および本書第2部第2章を参照。

108　民衆による「破壊・略奪」、「リンチ・処刑」行為の詳細については、本章第1節および伊野［1993］134-142を参照。

在した。しかし、SLORCが批判するように、彼らの行為を、西欧近代的な「民主主義」や「人権思想」を基準にして、安易に評価することには疑問が残る。民衆による「破壊・略奪」の対象は、民衆的な暗黙の了解で限定されていたし、「リンチ・処刑」行為にも彼らなりの理屈はあった。

　「破壊・略奪」行為は、運動期間中平均して発生していたわけではなく、セインルイン政権下とマウンマウン政権の大量刑事犯釈放以降に集中している。また、その対象は、セインルイン政権下においては、警察署、警察官住居、および人民評議会事務所といった、権力の末端に対する「襲撃」行為に近いものであり、マウンマウン政権下にあっては、政府所有の倉庫、工場等を対象としたものであって、民間の倉庫、工場等は、対象から外されていた。さらに、「破壊・略奪」行為はクーデタ後も多発している。こうした事実を考えれば、民衆の「破壊・略奪」行為は、民衆なりの抵抗形態の一種であり、そこには彼らなりの明確な論理があったと言うことができよう。警察署、警察官住居、人民評議会事務所といった対象は、ネーウィン権力の末端ではあるが、ある地域社会に生活する人々にとっては、ネーウィンの権力を象徴した存在であり、民衆の行動を律する直接の規制力であった。セインルイン政権下のこうした「破壊・略奪」行為は、民衆のこれまでのネーウィン支配に対する怨恨感情の発露であったと考えられる。しかしながら、マウンマウン政権下の「破壊・略奪」行為を単なる怨恨感情の発露と見做すことはできない。対象は、いわば政府の所有物に向けられており、民間の財は除外された。また略奪品は、多くの場合市中に堂々と設けられた「泥棒市場」で、安価な価格で人々に売られた。略奪を行なった者にとっては、政府所有の財はネーウィンの個人的財産であった。そうした財は、彼が「理想的支配者」であるならば、困窮した民衆に本来与えられて然るべきものであった。民衆の世界観においては、「理想的支配者」には、民衆が困った際、彼の持つ「道徳的善」によって、「慈悲」を垂れ、民衆を保護する義務があった。政府所有の財とは、すなわちネーウィンがこれまで民衆に「慈悲」を垂れず、与えるべきものを与えずに、自分とその取り巻きのためだけに蓄えてきたものであった。それ故、政府所有の財を「略奪」し、民衆に利益を還元する行為は、ネーウィンになりかわって、「正義」を行なったのであり、民衆の論理からすればけっして「盗み」ではなかった。民衆にとって、それは「盗むなかれ」といった仏教的道徳規

範を超えた行為であった。

　また、「リンチ・処刑」行為に関しても、単なる「バンダリズム（破壊・野蛮行為）」、「オーヂー（乱痴気騒ぎ）」として片付けられない、民衆の論理があったと言える。「リンチ・処刑」行為も、発生件数の推移を見ると、クーデタ以前は、「破壊・略奪」行為と同様の傾向が見られる。また、セインルイン政権下での対象は、警察官が圧倒的に多いのも、「破壊・略奪」行為で述べた理由からであろう。ところが、マウンマウン政権下で発生した「リンチ・処刑」行為に関しては、説明を要する。この時期対象となったのは、治安攪乱工作、民主化運動殲滅を狙った「放火」、「投毒」行為を行なった、あるいは行なおうとしたと見做された、民衆にとっての「アピェッ・ダマー＊（破壊分子）」であった。つまり、民衆の世界観からすれば、地域社会に成立しつつあった「小秩序」・「内部秩序」を乱そうとする「外部の威力」からの攻撃を担った人々であった。そうした外部からの攻撃に対して、民衆は、彼らなりの論理で対応したのである。ここでも、仏教の「五戒」の1つである「殺すなかれ」といった道徳規範が破られた。「人民」裁判が行なわれたり、処刑に際しては仏教僧が立ち会った場合すらあった。通常のビルマ人からは思いもよらない行為が可能になったのである。そうした行為が可能になったのは、「外部世界」に対しては、「内部世界」の倫理・道徳規範は適用する必要がない、という論理があったからである。「処刑」方法がきわめて残忍であったのも、「威力」に対しては、徹底的に「威力」でもって応えるといった観念によるものであり、「内部世界」の制裁観念とは異なった次元の問題であった。

　このように、一見見過ごされがちな「破壊・略奪」行為、「リンチ・処刑」行為にも彼らの世界観に規定された民衆なりの論理があったと言えよう。

(4) 新たな秩序の模索と「妥協」

　既存の秩序の崩壊によって、民衆は精神的解放感を味わい、日常生活者からは思いもよらない行為が可能となったのであるが、他方でこうした状況は、民衆に新たな安定した秩序到来への期待、願望を抱かせる結果となった。マウンマウン政権が有名無実的存在となり、反政府勢力が地域社会の実質的権力を握ったとしても、多くの人々にとって、「学生連盟」による指導体制は、強力な中心、象徴を欠くものであった。諸「学生連盟」間でも、はっきりとした統一組織は結

成されていなかったし、8月末から政治の表舞台に登場してきた、ウー・ヌ、ボー・ヤンナイン、アウンヂー、ティンウー、アウンサンスーチー等のいわゆる「大物（ルーヂー）」指導者たちにしても足並みが必ずしも揃っているとは言えなかった。当局による治安攪乱工作、民主化運動殲滅工作が行なわれ、「破壊・略奪」行為、「リンチ・処刑」行為が激増していく一方で、マウンマウン政権と民主化勢力の間では、政治的閉塞状況が続いた。[109]こうした状況下、人々の間には、社会秩序に対する極度の不安感が高まっていった。8月末より、不振な人物・「破壊分子」の進入から地域社会を護るため、地区ごとに竹の防御柵が巡らされ、見張り番が置かれたことなど、その辺の事情を物語っている。[110]

　こうした極度の不安感を抱く民衆は、その不安感を取り除き、自分たちに安定した秩序、生活をもたらしてくれる強力な指導者、パトロンの登場を渇望した。8月末のアウンサンスーチーの登場は、そうした民衆意識に直接訴えかけ、応えるものであった。多くの「大物」指導者が登場してくる中で、なぜアウンサンスーチーが人々の期待を一身に担ったかといった点に関しては、後に詳しく考えて見るが、とにかく彼女の人気は群を抜いていた。

　このように民衆の新たな秩序創出への期待は、理想的なパトロンとしてのアウンサンスーチーへの期待となっていったが、8月末から雨後の竹の子のように次々に作られていった諸学生連盟の存在、「大物」指導者間の個人的思惑の相違等によって、依然、民主化勢力側の足並みは揃わなかった。民主化勢力の統一の欠如は、実際問題として、マウンマウン政権と具体的な対話、駆け引きに支障をきたし、政治的交渉を難しくしていた。デモ・ストによって、ミャンマー全土が経済的マヒ状態になることによって、民衆生活は日に日に圧迫されていった。[111]当局側の治安攪乱工作への不安感も相俟って、民衆、特に血気盛んな青年層（特に若年層）の間に焦燥感が高まっていった。

　事態の解決には、国軍が、ネーウィンの私兵であることをやめ、民主化勢力

109　伊野［1992b］26-28、35-36および本書第1部第2章参照。
110　伊野［1993］123および本書第1部第2章参照。
111　民衆生活を圧迫した最大の要因は米の小売価格の高騰であった。ヤンゴンのこの年（88年）の米価の推移を見ると、「3月事件」の頃より穏やかな上昇傾向を示してはいるが、8月末から9月始めにかけて急激な変化を見せ、3月当時の価格の2倍ほどに跳ね上がっている。ヤンゴンにおける米の小売価格の推移については、山田［1989］145、図1、図2を参照。

側に付くことが期待された。国軍は、当時ネーウィンの私兵であると見做されていたのだが、その「本来の役割」を担うことを期待されたのである。国軍の「本来の役割」とは、自らの身を犠牲にしても、あらゆる脅威から国民を護ることであり、ネーウィン体制が支配のためのイデオロギーとして形成、宣伝してきたものである。そうした支配のためのイデオロギーが民衆にある程度浸透していたがため、民衆は、政治的閉塞状況、生活不安に直面して、国軍への期待感を高めていったと言えよう。さらにその期待感を一層高めたのが、9月7日の一部の軍人によるデモへの参加であったが、国軍の主要部隊は、沈黙を守った。

　こうした国軍への期待感と国軍の実際の対応との齟齬が、9月16日の「国防省事件」、17日の「貿易省事件」という民衆と軍の直接対決につながっていった。[112] そして「貿易省事件」では、国軍兵士が武器ごと民衆側に投降するといった事態にまで発展した。この2つの事件が引き金となって、翌18日に国軍がクーデタによって全権を掌握した。新たに登場したSLORC政権は、民衆の期待とは裏腹に、発砲という手段で反政府・民主化運動の鎮圧を図った。当初、民衆側もバリケードを築くなどして、反クーデタの意思表示をしたが、2～3日後には、バリケードも撤去され、表立った抵抗は見られなくなっていった。民主化勢力側は、ストの継続を呼び掛けたが、9月末日の公務員の給与支払いに向けて出勤者も増え、10月はじめには、ほぼ平常に復した。民衆は、抵抗を貫徹することはできず、急速に日常生活者としての存在に引き戻されていった。

　急速な日常化の背景には、民主化勢力側の組織的基盤の問題等様々な要因が考えられるが、民衆の行動様式といった観点からすれば、彼らの行動には、「威力」についての民衆的認識が色濃く反映されていたと言えよう。民衆にとって、国軍のクーデタ介入は、ネーウィンの「威力」による巻き返しを意味した。結局、民主化勢力側には、ネーウィンの「威力」に対抗できるだけの「威力」が備わっていなかった。民主化勢力側にいくら「道徳的善」があったとしても、その「道徳的善」より発する「威力」は、いまだネーウィンの「威力」の前には無効であったのである。そうした現実に直面した時、人々は、これまで経験的に摑んできた処世知から、自らの生活を護る最良の方法を選択する。その最良の方法とは、ネーウィンの「威力」と真っ向から対決し、政治的主義主張のために殉死するこ

112　これら一連の事件に関しては、伊野［1992b］28および本書第1部第2章参照。

とではない。彼らの選択は、強力な「威力」からの脅威に対しては、その「威力」に対抗できる「道徳的善」と「威力」を兼ね備えた人物が現れるまで、その「威力」には逆らわず宥めすかすことによって、災いを極力回避することであり、そのことによって、自らの生活を維持していくというものであった。こうした民衆的抵抗は、確かにある意味では、1つの敗北、妥協ではあるが、それは、民衆的「敗北」、「妥協」であって、単なる銃口への恐怖から行なわれたと見たり、民衆の政治意識の欠如と見做すのは、あまりにも一面的な捉え方である。そうした捉え方では、民衆の内面的世界を理解することはできない。再確立された秩序は、ネーウィンの「威力」のみによって創り出されたものであり、その限りにおいて民衆的正当性は持ち得ないものであった。民衆は、表面的にはネーウィン、軍事政権に対し恭順の姿勢はとるが、それは、必ずしも彼らの本音を表すものではなかった。条件さえ整えば、民衆は、彼らなりに抵抗の機会を狙っていた。

　そのような形態での民衆の抵抗は、1990年5月に実施された総選挙において典型的に表れたと言えよう。[113] SLORCによるアウンサンスーチーの自宅軟禁および被選挙権の剥奪、度重なる民主化勢力への弾圧にもかかわらず、選挙において秘密投票が守られることが明らかとなると、人々は、この機にと投票所へ詰めかけ、自由な1票を投じた。選挙結果は、NLDの圧倒的勝利に終わった。ただし、NLDの勝利は、人々がNLDという近代的政党組織を選択したということを必ずしも意味しない点が重要である。キャンペーンの一環として制作されたビデオ・テープは、アウンサンスーチーの活動を中心に編集されていたし、[114]彼女のポスターやブロマイド、顔写真入りのバッジ、状差し等々のいわゆる「スーチー・グッズ」が販売され、NLDの活動資金となった。さらにNLDが選挙直前に採用したキャンペーン・スローガンは、彼女が立候補していなかったにもかかわらず、「スー（アウンサンスーチー）が勝ってこそ幸せになれる」[115]であった。

　SLORC政権は、こうした民衆の選択に対して、ありとあらゆる詭弁を弄して

113　総選挙結果に関しては、伊野［1992d］参照。
114　国民民主連盟ビデオ記録［1988a］、［1988b］、［1989a］、［1989b］、［1989c］、［1989d］、［1989e］、［1989f］、［1989g］、［1989h］、［1989i］等参照。
115　このスローガンは、当時政党本部の看板に堂々と掲げられた。また、全国的に使用された。例えば筆者が入手した限りでも以下のようなパンフレットに掲げられている。国民民主連盟［1990a］、国民民主連盟サンヂャン郡支部［1990］、国民民主連盟マンダレー管区支部［1990］。

応えようとせず、ひたすら民主化陣営への弾圧をもって対応した[116]。民衆の期待、願望は、ネーウィン・SLORCの「威力」の前に、再び内向せざるを得なくなった。しかしながら、これまでに見てきた民衆の世界観、論理に照らし合わせて考えるならば、民衆は、ネーウィン・SLORC支配に全く正当性を見出していないことは確かであった。ネーウィン・SLORC支配は、民衆の考える理想的な支配とは、かけ離れたものである。こうした「素朴」な民衆感情が、彼らの意識内にある仏教的「諦観」に包摂されることなく生き続けるならば、民衆なりの抵抗も消えることはない。

例えば、1990年8月に起こった、「仏像異変事件」[117]もそうした文脈から理解することができる。この事件は、SLORCの民主化勢力に対する弾圧が強化された時期に起きた。寺院や一般家庭に安置されている仏像の胸が突然膨らみ出したり、仏像が目から涙を流したという事件で、民衆の間にその噂が広まり、多くの人々がその仏像を参拝に行くといった事態にまで発展した。興味深いのは、そうした仏像の異変の原因は、SLORCが仏教を自らの権力正当化のために利用したことに仏陀が怒ったためであり、SLORC政権崩壊の兆しであるという噂が広まったことである。この仏像異変の噂の政治的重要性は、SLORC政権がこの噂を否定する論説記事[118]を国営紙上にわざわざ掲載したことからも分かる。仏像が異変を来したこと自体の真偽はどうであれ、こうした噂が広汎な民衆に広まり、多くの人々によって信じられたことは、噂に民衆の願望が如実に投影されていたからである。そこには、厳しい状況下に置かれた民衆の抵抗形態の1つを読み取ることができる。

その際、こうした民衆の抵抗が、仏教的「諦観」によって、その勢いと強さを失っていく歯止めとなったのは、アウンサンスーチーの存在であった。アウンサンスーチーが自宅軟禁状態にあったとしても、ミャンマー国内に踏み止まる限り、民衆の脳裏から、ネーウィン支配、軍政支配の不当性、民衆的抵抗の記憶は忘れ去られることはなかった。SLORC政権が、アウンサンスーチーの国外脱出を願ったのも[119]、彼女さえミャンマーにいなければ、情報統制・操作を含む

---

116 SLORCの対応については、伊野[1991b]、[1992a]を参照。
117 「仏像異変事件」に関しては、根本[1991a]、[1992a]も参照。
118 マウンフマッチャウ[1990]。
119 例えば、1990年12月19日付の外務省記者会見での発表。この発表全文は、*Working People's*

あらゆる手段を用いて、民衆を仏教的「諦観」の罠に導けると踏んでいたためであろう。

第4節　民にとってのアウンサンスーチー

　前節では、この運動に見られる民衆の論理を把握するため、民衆の意識と行動の関係を中心に、運動下の民衆像を明らかにしてきたが、ここで示した民衆像を補う意味で、以下、民衆における「アウンサンスーチー人気」の内容を検討してみたい。

　アウンサンスーチーが政治の表舞台に登場したのは、1988年8月末のことであり、運動が既に大衆化していた時期であった。だから、この運動自体が彼女の指導のもとに発生・展開したとは言えない。しかし、彼女の存在が、その後の運動の展開において、きわめて重要な意味を持ったということは言えよう。

　彼女が登場した時期は、既に述べたように、民衆が強力な指導者の出現を切望している時期であった。それと同時に、ウー・ヌ、ボー・ヤンナイン、アウンヂー、ティンウー等の「大物」政治指導者が、政治の前面に躍り出てきた時期でもあった。こうした指導者達の政治的主義主張は大差なかったにもかかわらず、これらの指導者のうち当初から民衆に最も人気のあったのはアウンサンスーチーであった。そのことは、8月末に立て続けに開かれた各指導者の政治集会に集まった民衆の人数を見れば明らかである。

　登場当初のアウンサンスーチー人気の背景としては、様々な要因が考えられる。例えば、ウー・ヌは、ネーウィン政権成立の経緯を知っている者にとっては、過去における彼の政治的失敗の記憶が新しかったし、その事情を知らない若い世代の人々にとっては、過去の亡霊に過ぎなかった。また、アウンヂー、ティンウーに関して言えば、いずれも元はネーウィンの側近を務め、ネーウィン体制を担ってきた人物であるため、今ひとつ信用度に欠ける存在であった。こうした事情から、少なからぬ人々が、消去法的にアウンサンスーチーを選択した

　Daily, 20 December, 1990に掲載されている。

と考えることもできよう。

　また、より重要な要因としては、一般に指摘されてきたように、アウンサンスーチーが、「独立の父」アウンサンの遺児であった点が挙げられよう。アウンサンは、ネーウィン政権下にあっても、イギリス植民地支配、日本軍政から独立を勝ち取った民族的英雄として位置付けられてきた。ネーウィンは、民族主義を自らの権力正当化のための重要なイデオロギー的装置として利用してきたため、独立後40年余りたった当時においても、民衆の間にアウンサンの存在が生き続けただけでなく、理想化された「アウンサン神話」のようなものが形成されていた。そのアウンサンの遺児であるアウンサンスーチーの登場は、「遺児である」ということのゆえに、他の指導者とは、スタート・ラインが全く異なっていた。

　しかしながら、アウンサンスーチーの人気をこの要因のみに還元することはできない。例えば、彼女の夫が英国人であるといったことは、民衆の民族主義的感情がアウンサンスーチーを選択したとする説明とは矛盾するものであるが、このことは当時民衆レベルではほとんど問題にされなかった。また、同様にアウンサンの遺児である彼女の兄アウンサンウー（Aung San Oo）が、クーデタ後の民主化勢力とSLORCが緊張関係にあった時期に、ミャンマーを訪問しているが、この時民衆は、彼に対してほとんど関心を示さなかった。こうした点を考えるならば、アウンサンスーチーのカリスマ性の根拠を、「アウンサンの遺児」、「民族的英雄の遺児」という背景のみで説明することには無理がある。

　アウンサンスーチー人気の背景には、彼女自身の指導者としての資質、彼女の持つ指導者としてのイメージが、密接に関係していたように思われる。彼女の資質、イメージと言っても、そのことは、彼女の政治哲学や主義主張に民衆が共感したことを意味するものではない。自宅軟禁後の1991年に、彼女がノーベル平和賞を受賞し、彼女の政治的主義主張が世界中の多くの人々に知られるようになったが、留意しなければならない点は、彼女の政治的主義主張のゆえに彼女が民衆の人気を勝ち得たとは、必ずしも言い切れないことである。もし仮に主義主張を問題にするならば、ほとんど同様の主張をしてきた他の民主化運動指導者と彼女の存在の相違も見えてこない。ここで言う彼女の資質、イメージとは、民衆的世界観に規定された「理想的指導者」「良きパトロン」としての

資質、イメージである。

　88年8月末に政治の表舞台に登場した時、民衆は、「無償の慈愛」を持って人々を護る「母」の姿を彼女に見た。このイメージは、「威力」によって民衆を支配してきたネーウィンのイメージと対極をなすものであった。同年9月のクーデタ後に行なわれた彼女の地方遊説でも、こうした彼女のイメージが人々に印象付けられた。彼女の地方遊説の模様は、NLDによってビデオ化され、多くの人々に見られたが、それらのテープでは、NLD側や彼女自身の戦術であったか否かは別にして、「慈愛」を持って民衆に接する「母」、人々を力付け、彼らに勇気を持つことを諭す「教師」といったアウンサンスーチー像が描かれている。[120]

　こうした「道徳的善」を象徴するイメージとともに、彼女の人気を一層高めたのが、SLORC政権、ネーウィン支配に対して、何はばかることなく発言し、銃をかまえる軍人の前でも堂々と行進してみせる彼女の姿であった。そのような姿は、地方遊説中もしばしば見られたが、特に約半年間にわたる遊説が終わった後、彼女が「(不当な)権力への反抗」路線を採用するようになって、民衆に強烈に印象付けられた。[121]ヤンゴン市内の集会等で、ネーウィン、国軍、SLORCを真っ向から批判しだして以降、彼女の人気は他の追随を許さないものになっていった。民衆は銃口の前に立っても怯まず、怖れることなく、ネーウィン、国軍、SLORCに楯をつく彼女の姿を見て、彼女の持つ「威力」を感じ取ったのである。こうして民衆の意識内では、「道徳的善」と「威力」を兼ね備えた「理想的指導者」としてのアウンサンスーチー像が形成されていった。もしこの時、彼女が決断すれば、彼女の呼びかけに応じて、再び大規模な民衆運動が発生する可能性はあった。89年6月～7月のヤンゴンの状況は、そうした一触即発の状況であった。彼女の決断次第によっては、流血、民主的手続きの問題は別にして、民衆にとって理想的な新秩序が生まれた可能性は否定できなかった。しかし、事態はそ

120　地方遊説の模様に関しては、国民民主連盟ビデオ記録［1988a］、［1988b］、［1989a］、［1989b］、［1989c］、［1989d］、［1989e］、［1989f］、［1989g］、［1989h］、［1989i］参照。こうしたビデオ・テープは市中のビデオ・レンタル店などを通じて流布し、多くの人々が彼女の地方遊説の模様を知ることができた。

121　「(不当な)権力への反抗」路線採用前後の政治状況に関しては、伊野［1991b］67-68および本書第1部第3章参照。また、こうした彼女の姿勢を写した記録として国民民主連盟ビデオ記録［1989d］、［1989h］、［1989i］等が特に参考になる。

のように展開しなかった。こうした民衆の心情を敏感に読み取ったSLORCは、7月20日、アウンサンスーチーを自宅軟禁措置にした。民衆のエネルギーは再爆発の直前で火種を摘み取られてしまったのである。民衆にとっては、アウンサンスーチーに代わる「道徳的善」と「威力」を持って、ネーウィン・SLORCの「威力」に対抗できる指導者はいなかった。その後民衆は、既に見てきたように、再び彼らなりの「弱者の武器」で抵抗を続けることになったのである。

ところで、アウンサンスーチーの人気の背景として、彼女の指導者としての資質を挙げる際、特に問題となってくるのは、彼女の持つ「道徳的善」の内容であろう。

彼女の持つ「女性的」なイメージは、植民地期の農民反乱等の指導者とは、明らかに異なっているし、農民反乱に限らず、ミャンマー史を通じても、女性が政治指導者として運動のトップになるということは希有のことであった。その意味では、ミャンマーのいわゆる「伝統的支配の正当性」原理[122]が崩れたと見ることもできる。しかしながら、そうした考え方は、「支配者の正当性」を仏教的な「ポゥン(徳)」、「カン*(業、運命)」概念と関連させ、女性は基本的に男性に比べこうした資質に欠けるはずだ、という前提の上に立った議論である。アウンサンスーチーには、確かに仏教的意味でのそうした属性は欠けていたかもしれないが、ここで述べてきた民衆の世界観からすれば、そのことが即ち「道徳的善」の欠如を意味するものではない。アウンサンスーチーが「母」として民衆にイメージされることによって、「道徳的善」という「理想的指導者」の資質の1つが満たされることになったのである。民衆が抱く「支配者の正当性」についての観念が、仏教的価値観のみに規定されているとする発想から解放されて、民衆の世界観によって規定されているとする考え方に立てば、女性が指導者になるといったことは、何らビルマ人の伝統と矛盾するものではない。アウンサンスーチーが女性であることにこだわるのは、反対勢力の中傷か、仏教的価値のみをビルマ人の価値であるとする奇妙な偏見にすぎない。民衆の意識からすれば、指導者が女性であるか否かは、その人物が持つ資質の問題と比べれば、深刻な矛盾を来すものではなかった。

---

122 いわゆる「伝統的支配の正当性」については、Maung Maung Gyi[1983]196、Aung-Twin[1985]47-68、田村[1987b]95-97、奥平[1990]174-181、田村[1991a]179-187等を参照。

このように、民衆にとってのアウンサンスーチーは、民衆が彼らの持つ論理の文脈で創りあげた指導者であって、第三者が、彼女の行動、政治哲学、主義主張から描きだすアウンサンスーチー像と必ずしも一致しているとは言い難い。もちろん地方遊説行で見られたような彼女の政治的啓蒙活動が、民衆の意識変革を導く契機となる可能性は否定できない。しかし、当時、彼女の活動は地域的、時間的にきわめて限定されたものであり、それを過大評価することはできない。アウンサンスーチーのノーベル平和賞受賞以降、彼女の主張が世界的に知れ渡るようになり、2016年の実質的アウンサンスーチー政権の誕生によって、アウンサンスーチーの主張即ちミャンマー民衆の政治意識といった図式が出来上がったように思われる。しかしながら、こうした捉え方は、やはり問題の表層を見ているだけのものであって、民衆の現実の姿、民衆の論理への洞察に欠けるものと言わざるを得ない。民衆の論理からすれば、90年選挙直前NLDが採用した「スーが勝ってこそ幸せになれる」といったスローガンは、「NLD」ではなく「スー」でなければならなかったように、民衆は、現在でも、彼らの世界観、論理から導き出された「理想的支配者」「良きパトロン」を求め、その人物によって創り出される安穏な秩序の到来を願っているように思えてならない。

補章1
軍の論理（ミャンマー国軍政治介入の論理
——「国民政治」概念を中心として）

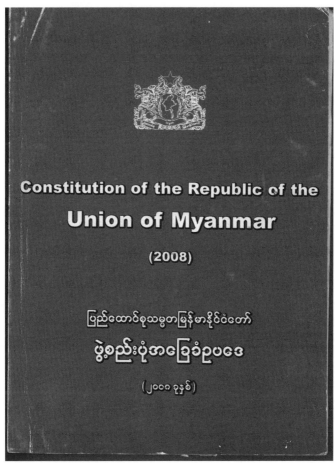

写真37　2008年憲法表紙

通常、民主化運動を論じる際には、権力と民主化勢力の対抗関係の分析に焦点が置かれる。しかし、本書においては、その点については本格的に触れられてこなかった。本格的に論じるには、別の一書を必要と考えたからである。ただ、筆者がこれまでこの点について全く触れてこなかったわけではない。ミャンマーから帰国後、大学院に復帰し初めて書いた現地報告（伊野 [1991b] [1992a]）は、SLORC の政治介入正当化論が、欺瞞に満ちた論理で粉飾されたものにすぎないことを明らかにしたものであった。そして、筆者にとっては、そうした欺瞞に満ちた論理は、遠からず破綻するもののように思えた。

　その軍政が、20年以上にわたって存続した大きな理由は、2000年代以降、天然ガス開発による収益の増加による経済の再建・発展であった。天然ガス田の発見は、いわば偶然がもたらした、軍政側にしてみれば天の恵みであった。その一方で、経済発展は、軍高官の権益拡大、既得権益確保につながり、軍人の権力への執着を一層強めていった（この辺の大きな流れに関しては、工藤 [2012a] 3-39 参照）。こうした流れを見てくると、軍の行動は利害とか打算によって単純に決定されていると考えることもできる。しかしながら筆者には、それでだけでは割り切れない何かが残った。「軍は、アミョーダーイェー（民族・国民・国家の大義）を、いついかなるときでも裏切らない」という軍の掲げるスローガンを聞いたとき、それがいかに支配のために作り出されたイデオロギー、欺瞞的政治姿勢を粉飾するためのものであったとしても、軍が自ら政治に介入する場合の論理は、少なくとも明らかにしておく必要性を強く感じたのである。

　本章は、その取り掛かりとして、人々にも広く根付いている「政治」を「国民政治」と「政党（党派）政治」に分類して捉える考え方を紹介し、その枠内で、軍のみが「国民政治」の唯一の体現者であるとする軍側の認識が、軍の政治介入正当化の論拠となっている点を明らかにしている。その上で、そうしたいわば政治概念の二分法的認識が、その場しのぎで考え出されたものではなく、ネーウィン第1次軍政時代から、綿密に練りあげられてきたものである点を指摘しているのであるが、本章は、あくまで軍の政治介入正当化の論理の一端を明らかにしたにすぎない。

はじめに

❖ **1990年7月11日（水）**

　今日になっても、NLDとナ・ワ・タとの話し合いが行なわれるといった情報は何も入ってこない。NLDは2度目の書簡を出すつもりのようだ。
　ところで昨日、国営放送の7時からの歌謡番組を見ていると、歌の中で「国軍は、いつ いかなるときも、アミョーダーイェーを裏切らない」という一節があった。「アミョーダーイェー」という言葉は、これまでもしばしば使われてきているが、「民族」と訳すよりも「国民」「国家」あるいは「国体」と訳す方が適切かもしれない。とにかく「アミョーダーイェー」の意味、そしてそれが独立後いかに神話化され、支配のための通俗的イデオロギー装置として成立してきたのか、その歴史と機能については、1つの研究テーマとして今後常に頭の隅に置いておかなければならないような気がする。独立闘争時代の解放へのイデオロギーが、ネーウィン時代、SLORC時代には、まさしく支配のためのイデオロギーとして利用されているという現実は重要である。

❖ **1990年7月19日（木）**

　今日は殉難者の日であったが、何故かSLORCは一般人の霊廟への参拝を許した。ここで騒動でも起これば、NLDつぶしの良いチャンスとなると考えたのかもしれないが、民主化勢力側はその辺はお見通しで、結局何事も起こらず平和裏に一日が終わった。NLDも我慢のしどころといったところか。
　それにしても、今日の国営放送の最後の番組は何だ。学校のまね事で、女子生徒を集め、先生と称する人がSLORCの宣伝歌を歌い、男性教師が、それを聞いて学ぶように生徒たちに説く。歌では、アウンサンをモチーフとして用いているが、利用しているだけといったことが見え見えの番組であった。これでは、国民の反感を買うだけだ。アウンサン将軍の愚劣な利用、生徒の愚劣な政治的動員。全く絶望的だ。この前のキンニュン記者会見にしろ国民はただあきれかえっているだけだ。おまけに3日間にわたって、夫からスーチーに送られてきた品物の写真を新聞2ページにわたって掲載するなど、最近大使館内で使われる言葉を借りれば、常軌を失っている。常軌を失っているのは、最近に限ったことではなくSLORC政権発足当初からのことではあるが。それにしてもナ・ワ・タは何を考えているのか。常識の通用しない世界だけに恐ろしい。今回のアウンサン、女子生徒の利用の仕方は、あまりにも露骨で、あまりにも偽りで固められており、あまりにも稚拙であった。

ただ、SLORCの言う3つの責務は、言ってみればタイにおける「ラック・タイ［国体神話］」のようなもので、支配者側がそれを国民に伝えたいという意図を持った番組であったことは、考えてみる必要がある。

「ラングーン日記抄」より

　ミャンマーでは、1988年9月18日、民主化運動が盛りあがりを見せる中、国軍がクーデタによって国家の全権を掌握し、国家法秩序回復評議会（SLORC：後の国家平和発展評議会［SPDC］）を最高権力機関とする軍事政権が登場した。独立以来、1958年、1962年に次ぐ3度目の軍による政治介入であった。現軍事政権は、発足当初、複数政党制民主主義体制への移行を円滑に推進するための暫定的政権であると主張した。[1]にもかかわらず、既に10年以上にわたって軍政がしかれている（本章の初出は2000年）。過去3度の軍による政治介入の現代史的位置付けについては、様々な評価がある。しかし、軍の存在が、現代ミャンマー政治の動向を大きく左右してきたという事実は否定できない。[2]

　本稿の課題は、ミャンマー国軍が政治に介入する場合の論理の一端を明らかにすることにある。

　軍が政治介入を試みる場合の論理に関しては、通常、外的要因（国際情勢）と内的要因の双方から検討が加えられる。さらに内的要因としてCrouchは、①軍の歴史的経験に影響された志向性（orientation）と②利害とに分けて分析を加える必要性があるとしている。そしてミャンマーの場合、①に関して、独立時からナショナリストとして、伝統的に政治的志向性を持った軍である点が強調されている。他方②に関しては、集団的利害（給与と装備への不満）をあげるだけで、軍幹部個人の物質的利害という要因に関してはあまり重要視されていない。[3]国軍幹部や軍の行動様式を考える上で、こうした軍幹部の持つ意識レベルでの分析の重要性は、これまでTaylorやTin Maung Maung Thanによっても指摘されてきた。[4]

1　軍事政権の登場から、90年総選挙を経て、政権移譲拒否に至る政治過程については、伊野［1991b］、［1992a］を参照。
2　本稿執筆後に出されたものであるが、ミャンマー国軍をテーマとした研究として、中西［2009］［2012］［2015］等が参考になる。
3　この議論に関してはCrouch［1985］288-299参照。
4　Taylor［1985］、Tin Maung Maung Than［1993］など。

ところで、ミャンマー国軍の政治的志向性を語るとき、Crouchの指摘にもあるように、通常はそれが独立闘争に起源を持つ組織であった点が注目される。そもそも軍創設の目的が独立という政治目的を達成することにあり、当然のことながら軍の機能は政治的・軍事的の両面の性格を有す。そして軍はナショナリスト集団としての伝統を持つのだ、といった説明がなされる。その上で多くの場合、軍幹部が有するナショナリストとしての使命感が、その時々の状況の中で、いかに発現してきたのかが分析されてきた。ところが、これまで、ここで言われるナショナリストとしての使命感を生み出す意識構造を射程に置いた研究はほとんど見られない。

この意識構造の解明を念頭に置いて、過去の軍による政治介入の事例を検討していくと、そこでは軍と政治の関わり方について、少なからぬイデオロギー的思索が重ねられてきた点が注目される。

現軍事政権は、自らの権力掌握を正当化する際に、政治には「国民（民族）政治（アミョーダー・ナインガンイェー*= National Politics）と「政党（党派）政治（パーティー・ナインガンイェー*= Party Politics）の2つがあり、軍は前者を忠実に実践する組織であるという点を強調している。この認識も、軍が独立闘争後の歴史的過程の中で創り上げてきた1つの言説としてあげることができる。

そこで、本章では、この政治概念の二分法に焦点を絞り[5]、まず第1節において、SLORCによって使用された「国民政治」と「政党政治」といった政治概念の二分法的解釈の内容、および「国民政治」の中核概念をなす「国民（民族）の大義（アミョーダーイェー*）」といった概念の内容を明らかにする。次に第2節において、そうした諸概念・認識が、独立以降いかにして創り出され、練り上げられてきたものであるか、その歴史的生成過程を検討する。このような分析を通じて、軍幹部がどのような認識枠組みで軍の政治的・社会的役割を考え、政治介入を正当化しているのかを明らかにしていきたい。

---

5 本章とは視角は異なるものの、軍が「国民政治」と「政党政治」という概念を使い分けている点を指摘した論考としてTin Maung Maung Than[1993]、Silverstein[1996]をあげることができる。

第1節　政治概念の二分法的枠組み

　1999年8月11日、ミャンマー関連の総合情報ネットであるBurma Net上に"From Party Politics to National Politics"と題された英文メールが寄せられた。その中には次のような興味深い指摘があった。
　「すべての選挙区民のために、party politicsを棄て、national politicsに専心し、選挙区民と積極的に協力していくことが、私の心からの願望である」
　発信者は、1990年総選挙に、国民民主連盟（NLD）から出馬し、マグエー管区、ミンブー・サグー第2選挙区で当選したフラソー（Hla Soe）である。メールではまず、フラソーが、制憲国民会議ボイコット問題を巡って、アウンサンスーチーら党中央執行委員会と意見が対立し、結局党から追放処分を受けた経緯が語られている。そして、それでも自分としては制憲国民会議に参加し、引き続き憲法制定作業に協力していくといった意思表明がなされている。その上で、最後に上記のような一文が掲げられている。
　内容的には、アウンサンスーチー・NLD批判の一環と位置付けることができよう。NLDに代表される制憲国民会議ボイコット派はparty politicsの実践者であり、制憲国民会議への協力者はnational politicsの実践者であるとする、軍事政権寄りの人物による典型的な2つの言葉の使用例である。
　ここであげた使用例は、ほんの一例に過ぎず、このparty politics、national politicsといった言葉は、1988年のクーデタ以降、軍事政権側、民主化勢力側の双方で、頻繁に使用されてきた。ビルマ語では、それぞれ「パーティー・ナインガンイェー」、「アミョーダー・ナインガンイェー」という言葉に相当する。ビルマ語で「パーティー」が、「政党」「党派」を意味するのに対し、「アミョーダー」は、「国民」「民族」を意味する。つまりparty politics／パーティー・ナインガンイェーとは「政党政治」もしくは「党派政治」という意味合いになり、national politics／アミョーダー・ナインガンイェーは「国民政治」あるいは「民族政治」というこ

6　制憲国民会議については本書第1部第4～5章を参照。

とになる。しかしながら、その具体的意味内容については、これまで明確に定義されてきたとは言い難い。そこで、ここでは、SLORCがどのような文脈と意味合いでこの2つの言葉を使用しているのかを見ていくことにする。

軍事政権側による具体的使用例としては、軍首脳による演説などが参考になる。例えば、1989年7月5日、アウンサンスーチー・NLDと軍事政権の緊張関係が高まる中、SLORC議長ソーマウンが行なったテレビを通じての演説の中には、以下のような指摘が見られる。

「我々は、政治家ではない。我々は、アミョーダー・ナインガンイェー・ロウガン*（国民政治にかかわる任務）を果たしているのである。我々は、party politics（政党政治）を行なっているのではない。国家を護るといった責務を遂行する政治は、ナインガンドー・イェ・アイェー*（国家の抱える問題）を遂行する政治に携わっているのである。それはアミョーダーイェー（国家の大義）を遂行していることを意味するのであって、party politics（政党政治）に関わっていることを意味するのではない」[7]

また、ソーマウンは、同年11月10日に行われた参謀大学校の研修終了式における演説の中では、次のようにも述べている。

「私は権力を掌握したその日から、パーティー・ナインガンイェー（政党政治）を行なってきてはいない。こんなことを言うと、私には、政治ができないのかと問う者がいる。この問いに対して、私としては、できないと言えば嘘になるから、できると答えざるを得ない。正直に言ってそうだ。しかし、私はパーティー・ナインガンイェー（政党政治）には携わらない」[8]

「パーティー・ナインガンイェー（政党政治）とは、簡潔に言えば、選挙で自分の政党が勝利するための活動を意味する。政党は選挙で勝利した場合、既に明示している綱領や行動計画に沿って、国家が発展するように努める。そういうものである。彼らが公約通りきちんと行動したか否かは、その政党が政治に責任を負ったとき初めて明らかになる。その際、よく注意しておかなければならないのは、彼ら自身の利害と他者の利害のバランスである。国民は、彼らが彼ら自身の利益のために行動しているのか、国家の利益のために行動しているの

7　情報省［1990a］108。
8　情報省［1990a］189。

かということを見極めなければならない。

　1つだけ言えることは、もし仮に彼らが自分たちだけの利益を追求しすぎて、国家を欺いたならば、その時は国家が彼らを罰するということである」[9]

　これらの発言から明らかなように、ソーマウンは自らが行なっている政治を、パーティー・ナインガンイェー（政党政治）とは明確に区別し、アミョーダーイェー（国民の大義）の遂行であるとし、自らをその実践者と位置付けている。こうした政治の二重概念とも言える認識方法、さらにはアミョーダー・ナインガンイェー（国民政治）の実践者として自らを位置付ける捉え方は、タンシュエー（Than Shwe）政権になっても、基本的に変わらないばかりか、これらの用語に対してより緻密な定義がなされるようになった[10]。そのことは、1993年1月9日に開催された制憲国民会議の開会演説において、ミョーニュン（Myo Nyunt）少将が述べた次の一節からも分かる。

　「我が国軍は、単なる職業軍人ではない。真に国民的闘いであった反帝国主義闘争や反ファシスト革命、そして現在では国家の独立の護持という責務を、幾多の生命を犠牲にして遂行してきた愛国的軍人である。このことは周知のことである。

　国軍は、尊敬すべき政治家をその核として登場した。アミョーダー・ナインガンイェー（国民政治）の成立と時を同じくして結成され、発展してきた組織である。それ故、国軍はアミョーダーイェー（国民の大義）に関して豊富な経験を有し、熟知しているのである。

　パーティー・ナインガンイェー（政党政治）は、自らの政策、イデオロギー、行動計画を公にし、被選挙民から最大限の支持を得るために行なう政党や団体の活動を指す。政党がパーティー・ナインガンイェー（政党政治）に携わっていくこ

9　情報省[1990a]192。
10　こうした認識は、ソーマウン演説以外でも、国営紙『労働者人民日報』の論説記事などを通じて国民に伝えられていった。その代表的なものとしては、「1948年から1988年のミャンマー略史と国軍の役割」と題し、1990年4月2日から連載された「ある軍人研究者」による論説をあげることができる。この論説は、後に3巻本として政府情報省から出版されてもいる。その中で、著者は「国軍に対して現在行なわれている攻撃は、国軍に対してというよりも、アミョーダー・ナインガンイェー（国民政治）に対する全面的な攻撃である。もし国軍がそのような攻撃を放置しておけば、国軍の役割は誤って記録されることになる。国軍はそのようなことを容認できない」（ある軍人研究者[1990]20）と記している。

とは、至極もっともなことである。

　他方、アミョーダー・ナインガンイェー（国民政治）は、国家全体、国民全体にふりかかるすべての脅威や危険から国家や国民を護っていくことを意味している。実際に危険がふりかかった場合には、それに立ち向かい、危険を取り除く。全国民の利益になるような行動計画、指針が策定され、実行に移される。特に、国家の独立と国家主権の確保・永続を保障する前提条件を整える努力が払われるのである。諸民族間の凝集力ある結束・団結も打ち立てられ維持されなければならない。既にすべての者が承知しているように、私がここで言っているような問題は、ある特定の政党のみに関連する問題ではない。またいずれか1つの政党でうまく解決できる問題でもない。国家全体、国民全体の利益に鑑みて、アミョーダー・ナインガンイェー（国民政治）の最善最良の道は、すばらしき歴史的伝統と結束力、能力を有する組織である国軍の代表者と親密な関係を保ちながら、政策や法律を検討・制定し、実り多き計画を共に手を携えて実行していくことにある[11]」

　このようにSLORCは、パーティー・ナインガンイェー（政党政治）をいわば個々の政党や団体の利益の追求、利害対立の場と見なし、それと対比する形で、国家全体・国民全体の利益、すなわちアミョーダーイェー（国家の大義）を実現するアミョーダー・ナインガンイェー（国民政治）という概念に対峙させている。その上で、アミョーダー・ナインガンイェー（国民政治）の唯一の体現者は国軍以外にはあり得ないことを強調している。さらに何がアミョーダーイェー（国家の大義）か、その内容を最も熟知しているのは国軍であるといった認識が示されている。SLORCは、発足当初から民主主義の導入を課題の1つに掲げてきているが、この場合も、アウンサンスーチーの言葉を借りれば「ミャンマー式民主主義への道[12]」が軍によって敷かれているのであって、その道からの逸脱は許されないのである。国軍幹部の発想では、いわばパーティー・ナインガンイェー（政党政治）

11　『労働者人民日報』1993年1月10日。
12　アウンサンスーチーが最初の自宅軟禁になる直前の1988年7月3日に、ヤンゴン市バベーダンNLD支部から行なった野外演説での発言（『国民民主連盟ビデオ記録』[1989i]）。アウンサンスーチーはこの演説の中で、軍事政権が「ミャンマーに見合ったデモクラシー」という言葉を使い出していることなどを問題にし、BSPP時代の「ビルマ式社会主義への道」と同様に、「ミャンマー式民主主義への道」を国民に強制しようとしていると軍事政権の姿勢を批判した。

が世俗の政治であるのに対して、アミョーダー・ナインガンイェー（国民政治）は超俗の政治なのであり、ソーマウン演説に見られる「国家が彼らを罰する」といった場合の「国家」とは、まさしく軍自体を意味する。しばしば、SLORCの発想は、インドネシア型の「軍の二重機能論」を拠り所として説明されるが、ここで見られる発想は、軍が二重機能を持つというのではなく、2つの政治が存在するといった「政治の二重概念」の主張である。軍はそもそも軍事とアミョーダーイェー（国家の大義）の確定・実践、すなわちアミョーダー・ナインガンイェー（国民政治）を、その責務としているのであって、両者は分かち難く結びついているという考え方である。

第2節　「国民政治」「国民の大義」概念の生成過程

　以上、第1節で見てきたように、SLORCは、自らの権力を正当化するための論拠として、アミョーダー・ナインガンイェー（国民政治）とパーティー・ナインガンイェー（政党政治）といったように政治概念を二分し、自らをアミョーダー・ナインガンイェー（国民政治）の最も忠実な実践者・体現者として位置付けている。そこで、以下、こうした軍事政権の考え方が、国際的な批判にさらされた軍のいわば苦し紛れ的な方便として打ち出されたものなのか、それとも軍内部で綿密に練り上げられてきた国軍の行動の根幹を規定する考え方であるのか、という点について考えてみたい。さらに、もし後者であるとすれば、それは何時の時点から、どのような歴史的経緯を経て形成されてきたのか、またアミョーダー・ナインガンイェー（国民政治）を規定する中核概念としてのアミョーダーイェー（国民の大義）という概念の生成過程・内容の変遷についてもあわせて検討してみたい。

　こうした点を検討していくにあたって、重要な資料となるのは、過去3度にわたって政権を掌握した際に、軍自身が行なった様々な宣伝活動である。その中でも特に、政権自らが作成する業績略史とも言える文献は、分析にあたっての格好の素材を提供してくれる。そこには、軍自身の歴史解釈、歴史における軍の役割についての記述が盛り込まれているからである。ここでは、そうした資料を中心としながら、他の関連資料と共に分析を進めていく。

(1) 独立運動期（～1948年）

　現ミャンマー国軍の前身は、周知のごとく1941年に結成されたビルマ独立軍 (Burma Independence Army : BIA) にさかのぼる。その後この組織は、ビルマ防衛軍 (Burma Defence Army : BDA)、ビルマ国民軍 (Burma National Army : BNA)、愛国ビルマ軍 (Patorioctic Burmese Forces : PBF) と名称を変えながら、1948年の独立に至っている。創設当初の軍の機能は、単に軍事のみに専念する組織ではなく、きわめて政治性を帯びた組織であったことは否定できない。しかし、1945年9月のキャンディ協定によって、PBFと植民地ビルマ軍（正規ビルマ軍）が合体し、アウンサン (Aung San) も軍服を脱いで、政治活動に専念するようになって以降は、軍は政治と一線を画すことになる。[13]

　ところで、この期間に、国軍内で自らの政治的役割に関して積極的に議論された形跡は見られない。また、上述したような軍自身がまとめた業績略史のような資料も存在していない。そこで、当時、国軍の方向性を決定するのに最も影響力を持ったアウンサンの演説を一瞥し、軍と政治の関係についてどのような認識が主流であったのかを考えてみたい。

　アウンサンの一貫した考え方は、国家の独立に向けての前衛として国軍を位置付けている点にある。そして国軍は、ビルマ語で言えばナインガンドゥー・ナンガンダーミャー・イ・アイェー＊（国民の抱える課題）、ナインガン・イ・アイェー＊（国家の課題）、バマー・ピィー・イェ・アイェー＊（ビルマ国の抱える課題）[14] などを遂行する組織であり、英語で言えばnational tasks, national objectives[15] を遂行する組織という表現で言い表されている。しかしながら、こうした言葉の意味合いに関して、アウンサン自身が明確に定義している箇所はほとんどない。入手できる彼の演説の中で、1946年1月20日に反ファシスト人民自由連合 (AFPFL) の第1回大会席上で行なった演説が参考になる程度である。この演説の原稿は英語で書かれているが、その中で、アウンサンは、政治は汚いものだという考え方に対して、「政治とは日常生活の問題なのだ」「政治が取り扱うのは、いかに食べ、働き、生きるかという問題なのだ」[16] と述べた上で、来るべき総選挙を念頭

13　この辺の事情については、根本[1996]142-143参照。
14　アウンサン[1971]17, 33-34, 273。
15　Aung San[1974]84, 101。
16　Aung San[1974]60-61。

に置きながら、次のように聴衆に訴えている。

「それ故、我々共通のnatioal objectives（国家の目標）を達成するために、全国民を組織し動員するという任務が私に与えられているのである。まず大切なのは、国民の団結である。…この団結を達成するためには、すべてのparties（政党）が、国民的組織（national organization）と完全に一体となるべきであるという見解もある。そうした見解を持っている人々は、parties（政党）の存在が国民的運動（national movement）の力を侵食するものだと単純に考えている。しかし、我々はこの問題に対して現実的に向き合わなければならない。もし仮にparties（政党）という言葉が、その時代の問題に対して多かれ少なかれ同じ見解を有し、それが労働者の利益であろうと、農民の利益であろうと、はたまたその他の者の利益であろうと、ある集団の利益を代表する団体を意味するならば、partiesは、それがいかに法律的に廃止されようとも存続するものである。重要なのは国民的利益（national interests）を侵すような党派的活動（partisan activities）を行なわないことである。すべての国民的問題（national questions）に関して、彼らは、いかなる党派主義もかなぐり捨てて、共に歩み行動すべきであり、そうしなければならない。政党の役割は、大きな代表母体としての国民的組織に対して、ちょうどこの大会がしているように、自分たちの考え方を主張し、理解してもらうことに限定すべきである。言い換えるならば、それらの役割は、党派主義的なものではなく、教育的なものであるべきである。もしそうであるならば、政党の存在は、我々の組織の弱点にはならない。このようにして、我々はより高いレベルでの団結へと発展することが可能になる。これが我々の第1の責務である[17]」

独立達成のため、諸勢力の団結が喫緊の課題になっていた当時のアウンサンの考え方が示されているが、ここでアウンサンが使っているnational objectives（国家の目標）という言葉は、個々の政党・団体の利害を超越した国民的課題を指している。その意味では、現軍事政権が使うアミョーダーイェー / national causes（国民の大義）という言葉と意味内容において共通性が見られる。しかしながら、この時点では、アミョーダー・ナインガンイェー（国民政治）とパーティー・ナインガンイェー（政党政治）の区別は、それほど明確ではない。

さらに、独立が最重要課題の時期にあって、アウンサンの言うnational

17　Aung San［1974］101-102。

objectives（国家目標）の意味合いはすべての国民にとってきわめて理解しやすいものであり、その内容の厳密な定義は不要とも言えるだけの共通認識が存在していた。また国軍の創設者はアウンサンであり、軍も当初強い政治性を帯びた集団であったが、AFPFLという国民的組織が他方では存在しており、特に1945年9月のキャンディ協定以降、軍は政治から離れた存在となっていた。それ故、この時期には、軍のみがnational objectives（国家の目標）の内容を決定し、その最も忠実な遂行者であるといった認識も存在しなかったと言えよう。[18]

(2) 独立〜1959年

独立および1947年憲法に基づく政治体制の導入により、軍の法律・制度上の役割は、より一層明確になる。軍は、AFPFLという政党とは一線を画した、いわば軍事に専念する組織として位置付けられた。しかしながら、この時期の政治情勢が、軍自身に、軍と政治との関係はいかにあるべきかという課題を突きつけた。

独立直後の1948年3月には、AFPFLからの政治権力奪取を目指し、ビルマ共産党（Burma Communist Party）が武装蜂起した。6月には人民義勇軍（Peoples' Volunteer Organization）[19]の一部が、土地改革を主張しながら地下へ潜行し、中央政府に対して蜂起に転じた。また8月には、共産党蜂起に呼応する形で、国軍内部でも、第1・第3ビルマ・ライフル隊が蜂起に参加する事態となった。さらに12月には、カイン民族の連邦からの離脱を目指す武装蜂起が発生している。50年代に入ると、中国国民党（Kuomintang）の残党軍によるミャンマー領内への侵攻があり、58年には、シャン独立軍（Shan State Independence Army）が結成されるに至る[20]。ところが、政府は、与党AFPFLの分裂問題などで、迅速かつ有効な対策を講ずることができなかった。

18　AFPFLが独立闘争の中核にあったという認識は、独立直後に政府が出版したGovernment of Union of Burma［1948？］に明確に表れている。当時の政府が記した独立闘争史とも言える本書では、アウンサン、AFPFLの活動を中心に記述されている。
19　人民義勇軍は、1945年9月のキャンディ協定で、PBFと植民地ビルマ軍が合体された際、PBFメンバーで採用されなかった者の受け皿として、アウンサンによって結成された。AFPFLの私兵団と言われている（根本［1996］142-144）。
20　この時代の混乱状況に関しては、Government of the Union of Burma［1949］、Government of the Union of Burma［1953］、Taylor［1973］、Silverstein［1980］を参照。

こうした状況下、国軍は、蜂起への対応に追われ、政治家への不信感、連邦崩壊への極度の危機感を募らせていった。その結果、軍部内から、軍の政治的・社会的役割について積極的に考えていこうとする動きが現れる。そのことは、1958年から60年のネーウィン選挙管理内閣時代の業績を、自ら記した『国事：信頼回復への歴史的記録』[21]の付録を見るとよく分かる。ビルマ語版では「国家イデオロギーと国軍の行動指針」（ナインガンドー・ワーダ・フニン・タッマドー・ロゥガンズィン*）」[22]、英語版では The National Ideology and the Role of the Defence Services と題された付録には[23]、まず国軍の抱くイデオロギーとその生成過程について、以下のように時系列的にまとめられている。

B.I.A.、B.D.A. 期	独立―第1、独立―第2、独立―第3
B.N.A.、P.B.F. 期	独立―第1、民主主義―第2、社会主義―第3
1948－1955	特になし（ただし英語版では「イデオロギー的懐胎期[24]」とされている）
1956－1957	国軍イデオロギーの模索・思考期
1958：国軍大会	（イデオロギーの発展第1段階）国家イデオロギー（ナインガンドー・ワーダ*）の提示・採択
1959	（イデオロギーの発展第2段階）国軍の思想と行動指針の確定

　このようにまとめた上で次には、イデオロギーの発展第1段階として、1958年10月21日メイティラーで開催された国軍大会で、以下のような「国家イデオロギー」が採択されたと記されている。

　「正義、自由、平等、公正さが確立した政治・社会体制ができて初めて、衣食住の憂いから解放され、人間の高貴さ、尊厳を確立できる世の中を作り出すことができる。これが我々の信念である。我々はこの信念を棄てるくらいならば死を選ぶ。我々は、独立主権国家であるミャンマー連邦において、この信念を尊重し、抱き続けることを決意した。我々は一致団結して、この決意に従っていくことを誓う」

21　ビルマ連邦政府［1960 ?］。
22　ビルマ連邦政府［1960 ?］555-563。
23　The Government of the Union of Burma［1960］。
24　The Government of the Union of Burma［1960］533。

さらに、同付録の中核部分であり、「国家イデオロギーと国軍の行動指針」と改めて題された文書が続く。この文書は、58年の国軍大会で採択された上記の国家イデオロギーと国軍の信念の不備を補うものとされ、国軍が自らのイデオロギーを明確にする目的で作成されたとされている。そして、その序文には、アミョーダー・パンダイン*（国民の目標）が、次のように示されている。

平和と法による支配の確立—第1

民主主義の導入—第2

社会主義経済の確立—第3

その後に、第1部、第2部、第3部と、上にあげた個々の目標についての説明が加えられ、結論として再度次のようにまとめられている。

「国軍は、パーティー・ナインガンイェー（政党政治）から距離をおき、ナインガンドー・アイェー*（国家の大義）を追求する際に、以下の点を国軍の役割・姿勢として採用することをここに誓う。平和と法による支配の確立—第1、民主主義の導入—第2、社会主義経済の確立—第3」

以上が、『国事』の付録「国家イデオロギーと国軍の行動指針」の内容である。

この文書を見ると、58〜59年にかけて、2点ほど注目すべき変化が見られる。

第1は、ビルマ語版では未だアミョーダー・ナインガンイェー（国民政治）という言葉は見られないが、英語版ではナインガンドー・アイェー（国家の大義）に当たる部分の訳語として the aim of national politics という言葉が使われ[25]、それが party politics と対比する形で使用されだした点にある。そうした政治概念の二分化が図られた上で、国軍は、「国家の大義」の推進者であることが明確にされている。つまり、SLORCによって使用されている、政治を「国民政治」と「政党政治」に分ける二分法的解釈、また国軍は「国民政治」の忠実な実践者であるとする認識は、この時点で国軍によって創り出されたと考えることができる。

第2は、アミョーダーイェー（国民の大義）という言葉は使用されていないものの、ナインガンドー・ワーダ（国家イデオロギー）や、アミョーダー・パンダイン（国民の目標）、ナインガンドー・アイェー（国家の大義）といった、いわば「国民政治」の中核概念を国軍が規定した点にある。

確かに、ナインガンドー・ワーダ（国家イデオロギー）に類似した言葉は、1947

25　The Government of the Union of Burma［1960］541。

年憲法の中にも既に見られる。しかしそれは基本的人権の保障など、いわば立法・行政における原則を定める章で国家の基本方針（ナインガンドー・イ・ワーダ・イーニュンチェッ・ムーミャー*）という使い方で使用されており、英語訳ではdirective principles of state policyと訳されている。[26] ここで使用されている意味合いとは明らかに異なる。またアミョーダー・パンダイン（国民の目標）やナインガンドー・アイェー（国家の大義）に近い言葉は、アウンサンの演説にも見られるように、独立運動期や独立直後の時期にも使用されていた。しかし、その時期は政治組織としてのAFPFLが存在しており、軍自身が単独で、「国民の目標」や「国家の大義」を定めることができるのだという認識は存在していなかったと言える。

つまりこの時点で、軍は、軍自身の社会的・政治的役割を考える段階から、一歩踏み込んで、国家の進むべき方向性とも言えるナインガンドー・ワーダ（国家イデオロギー）という言葉を新たに創り出し、その内容を単独で規定しだしたのである。この点からも、58〜59年という時期は、アミョーダーイェー（国民の大義）を定義する任に最もふさわしいのは軍であるとするSLORCの考え方の出発点として、きわめて重要な意味を持つ。

(3) 1960年〜1988年

1960年に総選挙を実施したネーウィン選挙管理内閣は、同年4月にウー・ヌ（U Nu）に制憲を移譲し、軍は、一応政治の表舞台から退くことになる。しかしながらわずか2年後の1962年3月、仏教の国教化による少数民族問題の悪化、与党の分裂等による、国内の分裂回避、国家の独立保持を理由に、[27]ネーウィン大将率いる国軍が、クーデタによって国家の全権を掌握し、革命評議会（Revolutionary Council）が設立される。軍事政権は独自の社会主義路線を採択し、同年4月30日にはビルマ社会主義計画党（BSPP）を設立するが、その後12年にわたって軍政は続くことになる。1974年、BSPPに政権を移譲することで形式的には軍政は終了するに至るが、実態としては、軍人が軍服を脱いだだけで、ネーウィンを頂点とする政治体制に大きな変化は見られなかった。しかしながら、彼らが軍服を脱ぐことによって、組織・制度上は、軍は政治権力（党）の下部組織と位置

26　ビルマ国制憲議会[1947]7-9。この資料は、ビルマ語と英語の対訳形式となっている。
27　ビルマ連邦革命政府[1974]2-5参照。

付けられることになった。一面では、軍に対するシビリアン・コントロールの拡大であり、軍の権限の縮小と見られる変化であった。

この変化に伴い、軍と政治の関係についての軍自身の考え方には、変化が見られたのであろうか。

ネーウィン軍事政権は、権力掌握直後から、自らの基本姿勢、政治的方向性を積極的に公表している。「革命評議会の信念」と副題のついた『ビルマ式社会主義への道』[28]（64年4月）、ビルマ社会主義計画党創設の趣旨、党の組織概容等を記した『ビルマ社会主義計画党創設期の党基本綱領』[29]（同年7月）、そしてビルマ社会主義計画党の哲学とうたわれた『人間と環境の相互関係システム』[30]（63年1月）等がそれに当たる。ところがこうしたネーウィン政権の政治的方向性を定めた文献を見ても、軍と政治の関係についての考え方は、ほとんど示されていない。唯一『ビルマ式社会主義への道』の中で、「現存する国軍は、社会主義経済体制を擁護するアミョーダー・タッマドー＊（国民軍）へと発展させなければならない[31]」と記されるのみである。

この時点では、これまで重ねられてきた議論に終止符を打ち、軍が自ら考える「国民政治」の実践段階に入ったのだから当然のことであると考えることもできる。しかし、「国民政治」と「政党政治」の二分法的観点から見れば、別の見方も成り立つ。BSPPという政党は設立したが、それは革命評議会を最高意思決定機関とする政党であったわけで、いわば「国民政治」と「政党政治」が一体化した状況が生じた。それ故、あえて「国民政治」と「政党政治」の区分、またその区分における軍の位置付けを明確化する必要もなかったし、事実上できなかったのである。

この一体化状況を軍自身がどのように評価していたかに関しては、『ビルマ社会主義計画党創設期の党基本綱領』に記された政党創設の趣旨の中に、次のような興味深い指摘がある。

「歴史の特殊な状況によって登場した革命評議会は、実態としては、革命を遂行してきた軍事評議会である。

28　ビルマ社会主義計画党［1963］79-96に掲載。
29　ビルマ社会主義計画党［1963］97-130に掲載。
30　ビルマ社会主義計画党［1963］1-75に掲載。
31　ビルマ社会主義計画党［1963］91。

こうした状況を革命評議会は欲していない。

革命遂行を担う政治政党によって社会主義革命は遂行されることが、あるべき姿であると信じる[32]」

以上の見解については、軍政のマイナス・イメージを払拭する単なる言い訳に過ぎず、重要視する必要はないとする見方も成り立つ。また、前衛政党の重要性を指摘した、マルクス・レーニン主義的理解の単なる反映と受け取ることも可能であろう。しかしながら、軍が直接政権を掌握し続けることへの懸念が全くなかったと言い切ることもできない。

実際にはその後12年にわたって軍政が続くことになるが、1974年の民政移管直後に出版された『革命評議会業績略史』には、政治的業績として、次の7点が指摘されている[33]。

①ビルマ革命評議会の創設。
②国家権力の分散化。
③国内和平達成への努力、諸民族統合達成。
④ビルマ社会主義計画党の創設。
⑤各階層組織の創設。
⑥人民政党の創設。
⑦国家権力の人民への返還。

この中で④⑥⑦は、民政移管に関連するもので、BSPPが幹部政党から人民政党へと成長した経緯、その人民政党への権力の移譲が強調されている。

以上で挙げたような資料の記述を見ると、単に形式的なものであっても、民政への移管は好ましいものであるという認識を、軍事政権は登場当初から持っていたとは言えよう。こうした軍の認識を、58〜59年に軍が作りあげた政治の二重概念的考え方から捉え直してみると、「国民政治」と「政党政治」が、渾然一体化したことへの軍のとまどい、懸念として理解することも可能である。

そして、その文脈からすれば、74年の民政移管は、実態に関する他者からの評価は別にして、軍にとって、「国民政治」と「政党政治」の明確な分離として、

32　ビルマ社会主義計画党[1963]101-102。
33　ビルマ連邦革命評議会[1974]1-35。

きわめて大きな意味を持った。すなわち、民政移管によって、再び政治には「国民政治」と「政党政治」の2つの区分があり、軍は常に「国民政治」の模範的な体現者なのであるという解釈を許す素地が形成された。BSPPへの権力移譲によって、何かことが起こった場合には、軍はまさに「国民政治」の体現者として政治介入できる余地を残したのである。

(4) 1988年以降

　1988年、いわゆる民主化運動によってBSPP体制が動揺を見せる中、9月16日すべての軍人が社会主義計画党の党籍を離脱した。その2日後、ソーマウン大将率いる国軍は、①治安と国内和平の回復、②交通手段の安全の確保、③国民の衣食住の確保への支援、④国民が望む複数政党制民主主義のための総選挙の実施、という4つの課題を掲げ、クーデタにより国家の全権を掌握した。そして同年10月頃からは、「我が責務三箇条（ドー・ターウン・アイェー・トゥンバー*）」というスローガンを打ち出す。「連邦崩壊の阻止」「諸民族の分裂阻止」「国家主権の確保」の3箇条からなるこのスローガンは、その後あらゆる機会を通じて、軍事政権の基本姿勢、「国民の大義」の中核概念として国民に伝えられていく。[34]

　このクーデタの政治的意味付けに関して、大方の見方は、民主化に逆行するもので、ネーウィン体制の存続と捉えた。実態としては、それに近いものであった点は否めない。しかしながら、翌89年6月～7月、アウンサンスーチーがヤンゴン市内の街頭演説でネーウィン批判、国軍批判を繰り返し、軍との緊張関係が高まる中、7月5日に国営テレビ放送を通じて行なったソーマウン大将の演説にある次の一節は注目に値する。

　「1988年9月18日、国軍は権力を掌握した。すべての者が、このことを分かっているはずで、いまさら繰り返すまでもあるまい。しかしながら、若干つけ加えておきたいことがある。それは、1988年9月18日から国軍の役割は異なったということである。この点に関して、混乱があるのかもしれない。はっきりさせておきたいことは、それ以降、国軍はもはやいかなる政党や組織の代表者でも

34　例えば、国家法秩序回復評議会の歴史的業績史1991年～1995年出版小委員会［1995］4には、「我が責務三箇条」が1ページを割いて掲げられている。これを見ても、軍事政権がいかに「我が責務三箇条」をキー・スローガンとしているかが分かる。ちなみに、「我が責務三箇条」は英語では、Our three main national causesと訳されている。

ないということである。この点がきわめて重要なのである」[35]

　BSPPの実態は、軍人が実権を握っていた党であることを考えれば、BSPP政権から軍事政権に移行したところで、一体どのような本質的相違があるのかという疑問が沸いてくるのは当然のことである。しかしながら、軍事政権は政権掌握後あらゆるメディア・機会を通じて、前政権との連続性を否定しようとしてきた。その点に関する軍側の最も公式的な見解は、1991年末に過去3年間の軍事政権の業績を自らまとめた『国家への貢献』という出版物に明確に表れている。初版部数1万6000部、517ページにわたる重厚な出版物の最初には「国家法秩序回復評議会創設略史」が記され、まず民主化運動発生の背景について国軍側の見解が、大意以下のように述べられている。[36]

　1988年の事件は、BSPPの弱体化につけ込んだ、国内外・左右あらゆる勢力による煽動によって引き起こされたものであり、連邦は崩壊し、国家の独立と主権は喪失するかもしれないような危機的状況に陥った。それ故、国軍が国家の全権を掌握しなければならなかったのである。国軍は、国家のために新たな時代を切り開いたのである。そもそもこのような大事件に発展した主要背景は、経済的問題と政治的問題に分けて考えることができる。経済的な主要問題は、経済の悪化が日に日に深刻化するなか、公務員や国民の間に、不正堕落、個人的利益のみの追求といった行為が横行するが、責任ある人々に、その状況を改善するだけの力が無かったことによる。外貨の不足、原油不足、生産力の減退、LLDCへの転落、物価高、生活費の上昇、インフレ、廃貨によって、国民の不満が増大していったのである。政治的問題としては、当時の党や各評議会においてデモクラシーが機能していなかった点が指摘できる。中央組織に始まり各レベルの組織において、上意下達方式で物事が実行され、労働者国民のおかれた状況に十分に対応できなかった。国民のおかれた状況に、耳を傾け関心を示すことをしなかったのである。あらゆるレベルにおける人民評議会は、国民の願望に反し、実行力とモラルを欠く人々を責任ある地位につかせたため、国民は、不正、横暴等を甘受しなければならなくなった。それ故、国民との間に溝が深まり、国民の不満も高まったのである。こうした状況下、地上・地下のあらゆ

35　情報省［1990a］97。
36　国家法秩序回復評議会の歴史的業績史1988年〜1991年出版小委員会［1991］25-26。

る邪悪な勢力、海外のマスコミが煽動したために大きな事件に発展したのである。

　以上のように発生原因を分析し、3月事件、6月事件、7月～9月の事件に関する国軍側の事実認識が示された上で、次のような軍の政治介入理由が記されている。

　「国家法秩序回復評議会を設立したのは、国軍が権力欲にかられて、国家の全権を掌握したかったからではない。収拾のつかないような混乱した状況で、当時それに動じない唯一の国民的組織（アミョーダー・アプェアスィー*）であった国軍が、事態収拾に乗り出さなければ、紛れもなく国家の独立、主権は喪失していたに違いない。だからこそ、現在国軍は、良き伝統に従って、国民の大義（アミョーダーイェー）を誠実に遂行しているのである。このことを誰も否定できない。」[37]

　ここで挙げた軍事政権の公式見解で、特に注目される点は、前政権やBSPPの政治をかなり辛辣に批判している点である。軍とそれまでの政治の実践者を明確に区別し、党による政治の失敗を強調している。その上で、軍は自らを唯一の国民的組織と位置付け、「国民の大義」を遂行したとしている。一党制であろうが、複数政党制であろうが、政党が行なう政治と軍の遂行する政治的任務とは、質的に異なるという論理が明確に示されている。軍の論理からすれば、軍人が党籍を離脱した時点で、軍は「国民政治」の実践者という本来の姿に復帰したということを意味した。

　こうした見方には当然ながら反論もあろう。『国家への貢献』は、91年に出版されたものであり、権力掌握時に果たしてこのような認識が存在したのかという問題は残る。しかしながら、軍事政権は、権力掌握直後から「我が責務三箇条」を掲げ、翌89年4月には、あえて「国民の大義掲示板設置推進委員会」を政府[38]

37　国家法秩序回復評議会の歴史的業績史1988年～1991年出版小委員会［1991］35。
38　『国家への貢献』によれば、88年9月18日のクーデタの時点で既に、「我が責務三箇条」を掲げていたとある（国家法秩序回復評議会の歴史的業績史1988年～1991年出版小委員会［1991］35）。しかし、実際には、9月18日の時点では「4つの課題」は示されていたが、「我が責務三箇条」は公にされていなかった。「我が責務三箇条」が現在使われている用語で初めて印刷物に登場したのは、10月11日付の国営紙に掲載されたマウン・ヤターブータの論説からである（ヤターブータ［1988］）。そしてこの論説以降、現在の用語が定着し、軍事政権によってしばしば使用されるようになっていった。それ故、『国家への貢献』の記述は、厳密に言えば事実との食い違いがある。にもかかわらず、現軍事政権は、権力掌握直後より、『我が責務三箇条』というスロー

内部に設置し、「国軍はいかなるときもアミョーダーイェー（国民の大義）を裏切らない」といった標語に代表される数々のスローガンを創り出してきた。[39] こうした事実を含めて『国家への貢献』の記述の意味を考えれば、少なくともクーデタ直後から、自らの政治介入を、「国民政治」や「国民の大義」という概念を用いて正当化しようとしていたことは否めない。

その後、1990年に行なわれた総選挙でNLDが圧勝すると、軍は権力の移譲を拒否し、少数民族問題の存在を主たる理由として、少数民族や国民各階層の納得する憲法制定を政権移譲の前提とした。1993年に開催された、制憲国民会議の構成は、当選議員や政党代表者のほかに、軍側が指名した代表者が加えられ、実質的には軍主導で新憲法制定作業が続けられた。この憲法制定作業は遅々として進まず、その結果、軍が政権を維持する状況が続いていた。62年から74年の民政移管までのネーウィン軍事政権時代と同じような状況が出現していた。

軍が権力を手放さない理由は、一般に考えられているように、政治的・経済的権益の確保であったことは否定できない。実際、6項目からなる憲法制定の基本原則の中には「国軍が、国家の政治指導力を発揮できること」という1項が含まれ、現段階（2000年現在）の議論では、立法府における構成員の4分の1が、軍人によって占められるという条項等も盛り込まれている。[40] つまり、軍の積極的政治関与、軍の組織としての独自性が保障されたものとなっている。

しかしながら、注意しなければならないのは、憲法制定の基本原則の6に記され一般的には「国家の政治的指導力」と訳される部分のビルマ語原文を見ると、「国家の国民政治の指導（ナイガンドー・イ・アミョーダー・ナインガンイェー・ウーサウンフム*）」[41] という言葉が使用されている点である。政治に関与はするものの、「政党政治」に関与するのではなく、あくまで「国民政治」に関与していくのだと

　　ガンを掲げ出していた点は重要である。
39　この委員会の活動の詳細については、国家法秩序回復評議会の歴史的業績史1988年〜1991年出版小委員会［1991］129-132を参照。そこでは、同委員会の業績として、看板掲示するために創り出してきた、50種類すべてのスローガンが列挙されている。なお、市中に掲げられた看板の内容の一部について分析を加えた研究として、根本［1990］14-15をあげることができる。
40　この点に関しては、Kyi Lin[n.d.]、SDOSNC［1994］、CA［1994］、*New Light of Myanmar*, 29-30. 3. 1996等を参照。
41　労働者人民日報』1993年1月10日。なお、こうした軍の位置付け・役割は、2008年憲法の基本原則（第6条）にも明記された（情報省［2009］3）。

いう意思表明と読み取ることもできる。第三者から見れば、この言葉の使用は、軍の権益を保障するための単なる建前、詭弁に過ぎないかもしれない。しかし、たとえ建前、詭弁であったとしても、それが「国民政治」といった概念を用いて行なわれている点は見逃すことはできない。ネーウィン軍政時代渾然一体化したことで混乱した「国民政治」と「政党政治」といった政治概念の二分法的解釈を、今回はあくまで明確に維持していきたいという意図の表れと捉えることもできる。

これまでのいわゆる「国民の大義」の具体的内容を見ると「独立」「民主主義」「社会主義」「平和と法による支配」「我が責務三箇条」と時代状況によって変遷は見られる。しかし、「国民政治」「政党政治」といった政治概念の二分法的枠組、およびその枠組みにおける軍の位置付けに関する考え方は、58〜59年以降現在でも、軍幹部によって頑なまでに維持され、より一層の厚みを加えようとする試みがなされていると言えよう。[42]

おわりに

以上補章1では、SLORCによって使用されている「国民政治」と「政党政治」といった政治概念の二分法的理解の内容を分析し、国軍は自らを「国民政治」の模範的な実践者であると位置付けることによって、自らの政治介入、権力の掌握を正当化してきている点をあきらかにした。また同時に、SLORCは、「国民政治」の中核概念をなす「国民の大義」という言葉の具体的内容を決定するのに最も相応しいのは、国軍であるという認識を持っている点も指摘した。次の補章2では、そうした国軍幹部の持つ認識が、けっして場当たり的に考え出されたものではなく、1958〜59年、つまり独立後軍が初めて政治介入した時期から綿密に練り上げられてきたものであることを明らかにし、SLORCもその認識を維持している点を指摘した。しかし本章では、こうした言説を創り出してきた国軍幹部の意識構造全体の分析まで踏み込むことはできていない。その意味で、本章には多くの残された課題がある。

---

42 ここで言う「現在」とは、本稿が執筆された2000年の時点を指しているが、本稿で論じた軍の基本的論理自体にその後大きな変化はないと考えている。

しかしながら、ここで取り上げてきた「国民政治」「政党政治」「国民の大義」という概念を巡る言説は、軍が政治介入する場合、あるいは権力を掌握し続ける場合の正当性の論拠枠組みとされてきたことの意味は重い。軍が政治介入するときの主たる動機が、権益の確保つまり実利にあるとしても、その正当化をいかにするかという点は、単なる国軍幹部の意識構造分析の域にとどまらず、その後の政治におけるイデオロギー闘争の方向性を決めるという観点からもきわめて重要な意味を持つ。

この政治概念の二分法的解釈に対して、唯一例外的に異議を唱えているのがアウンサンスーチーである。彼女はアミョーダーイェー（国民の大義）という言葉は使用しながらも、それは「国家の利益のため、連邦を堅固なものとするため、連邦に住む大多数の人々の利益のために果たさなければならない事柄」、現下の課題としては「民主化運動」という認識に立ち[43]、最初の自宅軟禁から解放後の1995年11月16日、NLDが開いた第75回民族記念日の記念式典において、次のように言っている。

「政治とは何か。政治とは、簡単に言えばアミョーダーイェー（国民・民族の大義）です。パーティー・ナインガンイェー（政党政治）、アミョーダー・ナインガンイェー（国民・民族政治）といった区別はありません。政治とは、アミョーダーイェー（国民・民族の大義）であり、アミョーダーイェー（国民・民族の大義）とは政治のことです[44]」

これは、軍が自らの政治介入を正当化するために創り上げてきた政治概念の二分法的枠組みへの根本的な批判である。にもかかわらず、アウンサンスーチーがあえてその点を問題にしたことを考えると、政治にはアミョーダー・ナインガンイェー（国民政治）とパーティー・ナインガンイェー（政党政治）の区別があるのだとする言説が、広範な人々の中に浸透している、あるいは浸透しつつあるといった現状認識があった点は否定できない。SLORC（SPDC）による、民主化勢力、特にアウンサンスーチーに対する厳しい批判・弾圧も、軍の権益確保という要因にとどまらず、これまで軍が創り上げてきた言説への挑戦に対する軍幹部の強度の危機感に由来していると考えることもできる。「国民政治」「政党政

43　アウンサンスーチー［1996a］71、144、165、190、264-265等。
44　アウンサンスーチー［1996a］266。

治」「国民の大義」を巡る言説の研究は、民主化闘争の別の側面を浮き彫りにする作業にもつながると言えよう。

補章2
少数民族の悲願
(ミャンマー民主化運動と少数民族問題)

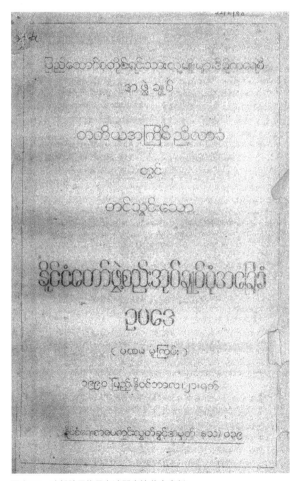

写真38 連邦諸民族民主連盟憲法草案表紙

ミャンマーにおける民主化の問題を語る際、避けて通ることのできない問題として少数民族問題、人種問題、さらには宗教問題などいわゆるエスニシティー問題との関連性をあげることができる。ミャンマーにおいては、政府が認めているだけでも135の少数民族が居住しているほか、インド人、中国人も定住しており、さらには宗教の多様性も存在している。しかしながら、本書ではその点に関しては本格的に論じられていない。本章の冒頭に「ラングーン日記抄」からの引用が無いのも、その点を明確に表している。つまり、民主化運動のただなかにあって、日記を記した筆者のまなざしが、明らかにエスニシティー問題に向いていなかったことを示している。首都ヤンゴンにおいて、中央政治の対立構造の中に身を置くことによって、ある意味では多数派であるビルマ人の目線に筆者自身が無意識に同化していたとも言える。それがまさしくエスニシティー問題の問題たるゆえんなのであるが、当時、関連資料収集は行なってはいたものの、その問題性に目を向けるまなざしを持っていなかった。

　その筆者が、この問題性に自ら気づいたのは、残念ながら帰国後のことであった。大学院に復帰した筆者は、1990年総選挙結果の詳細な分析を行なった（伊野［1992d］）。国民民主連盟（NLD）の圧勝が注目される結果ではあったが、筆者の新たな発見は、少数民族居住区では必ずしもそのことは妥当しないというものであった。少数民族が多数居住する地域では、少数民族政党がNLDをも破って当選者を出す場合が多かったのである。NLDの勝利イコール民主化勢力の勝利とは単純に言い切れない現実があった。現在問題となっているロヒンジャー（ロヒンギャ）問題の存在に気づいたのも、実はその時であった。ヤカイン州、バングラデシュ国境の4つの選挙区においては、ビルマ人でもヤカイン人でもないロヒンジャー人からなる政党が全議席を獲得しており、これまでの筆者の目線のあり方に、強烈な疑問を投げかけた。

　本章は、帰国後に加わったこの新たな問題関心から執筆されたもので、ミャンマーにおける少数民族問題、人種問題、宗教問題の複雑さを、問題提起したにとどまったものであるが、筆者にとっては、ロヒンジャー問題をはじめ民主化政権下でいま起こっている様々なエスニシティー問題を考える出発点となった。

はじめに

　多民族国家[1]であるミャンマーの政治・社会認識にあたっては、避けて通ることのできない問題にエスニシティー問題、特に少数民族問題が挙げられる。
　この問題に関しては、従来少なからぬ研究が蓄積されてきているが[2]、その際、通常、ビルマ人中心の中央政府を一方の主役とし、国境地帯を拠点として活動する少数民族反政府武装組織（少数民族反乱軍）を他方の主役として論じられてきた。その後、1988年に始まる民主化運動以降は、これまでの中央政府対少数民族反乱軍といった認識枠組みに加えて軍事政権の国家法秩序回復評議会（SLORC）対民主化勢力・少数民族反乱軍といった視角も導入されてきている。こうした視角の導入は、88年9月18日の国軍によるクーデタによって、民主化を求める学生・青年たちが、保護と協力を求め少数民族反乱軍に合流したのを契機とし、さらには、90年の総選挙後に、国民民主連盟（NLD）等の一部の当選者が、タイ・ミャンマー国境の少数民族支配地区で、軍事政権に対抗して臨時政府を樹立するといった一連の政治的動向を反映するものであった。それは、ミャンマー政治における少数民族問題の性格の変化に敏感に対応したもので、ミャンマーにおける少数民族問題の現状を把握する上では、きわめて有効な認識視角であると言える。
　しかしながら、少数民族を代表とする勢力として反政府武装組織の動向が分析の中心となり、国内の少数民族の動向等についてはほとんど言及されない点では、これまでの認識枠組みは変わっていない。また、88年以降の特徴として、

1　1983年の人口統計（Socialist Republic of the Union of Burma Ministry of Home and Religious Affairs［1986］）によれば、ミャンマー総人口3530万7913人の主要民族構成は次の通り。ビルマ人69.0%、シャン人8.5%、カイン人6.2%、ヤカイン人4.5%、モン人2.4%、チン人2.2%、カチン人1.4%、カヤー人0.4%。
2　ミャンマーのエスニシティー問題を扱っている主要な研究の中で、本稿との関連では以下の文献を参照。大野［1969］［1970a］［1970b］、飯島［1974］、大野［1977］、加藤［1982］、高根［1991］、高谷［1993］、西山［1994］、Tinker［1957］、Trager［1966］、Lehman［1969］、Silverstein［1977］、Taylor［1979］、Silverstein［1980］、［1981］、Lintner［1984］、Steinberg［1984］、Wiant［1984］、Taylor［1985］、Silverstein［1987］、Ling［1988］、Silverstein［1990a］、Lintner［1990d］、Chao Tzang Yawnghwe［1990］、Falla［1991］、Smith［1991］。

少数民族問題が、軍事政権対民主化勢力という図式で分析され、少数民族勢力がビルマ人中心の民主化勢力と同一視されて語られる傾向が強く、民主化勢力内における少数民族問題が、ほとんど分析されてこなかった。今後、ミャンマーの少数民族問題の現状を民主化運動との関連で包括的に把握しようとする場合、これまでの認識視角・枠組みに加え、こうした国内の少数民族集団の動向、および民主化勢力内における少数民族問題をも考察の対象にしておく必要があろう。

　本章の課題は、筆者が1988年3月より91年2月までの間に、ヤンゴンで収集した資料を中心に、ミャンマーの民主化運動におけるビルマ人中心の民主化勢力と国内の少数民族勢力の関係を分析していくことにある。その際、特に、前者の代表としてアウンサンスーチーらの指導したNLDを、そして後者の代表として少数民族諸政党の連合組織である連邦諸民族民主連盟（United Nationalities League for Democracy：UNLD）[3]を取り上げ、両者の関係を中心に分析を加えることにする。

　そこで以下、まず、国内の少数民族集団がどのように民主化運動に関わっていったか、また、ビルマ人の民主化勢力との関係はいかなるものであったかを整理してみる。次に、1990年5月に行なわれた総選挙の結果を、少数民族問題との関連で分析し、少数民族集団とビルマ人民主化勢力との関係を考えるにあたって、この選挙結果が何を意味するかを考える。最後に、総選挙後に問題となった新憲法起草を取り上げ、少数民族問題との関連を中心に両勢力の憲法草案を比較し、双方の少数民族問題への考え方・姿勢を明らかにする。こうした一連の分析を通じて、ミャンマー社会における少数民族問題の現状の一端を従来とは若干異なった視角から浮き彫りにしてみたい。

3　この政党の英語表記は、連邦民族民主党が使用したものを用いたが、日本語訳は、ビルマ語から直接訳出した。

第1節　政党の結成と少数民族

　1988年3月から始まり同年8〜9月にミャンマー史上最大の大衆運動となった民主化運動は、基本的にはビルマ人が主体となった運動であった。少数民族が集団として表立った活動を展開したのは、運動が高揚期を迎えた時点からである。例えば、筆者の入手した資料では、少数民族集団による初めての声明は、88年9月5日付で発せられている。[4]ヤカイン民族連盟［暫定］ヤンゴン町という団体によって出されたこの声明では、まず民主化闘争のために犠牲となった学生、仏教僧、人民に対し尊敬の念が表され、次に運動への支援、闘争への参加が表明されており、基本的には盛り上がりを見せた運動に賛同、合流するといった形式となっている。また、同声明に掲げられた6項目の具体的な要求を見ても、当時運動の一般的な要求であったデモクラシーや人権の獲得といった項目は挙げられてはいるが、少数民族の権利を特に強調する文言は見られない。さらに、当時国営紙上で取り上げられていた185の民主化を求める諸連盟・団体の中で、少数民族名が付された団体はわずか7団体に過ぎなかったし、少数民族集団が民族衣装をまとってデモに参加したのは、9月10日を過ぎてからのことであった。[5]こうした事実を考えると、少数民族集団が当初から運動に積極的に関わっていたとも、運動において主要な役割を担ったとも言い難い。彼らの政治活動への参加は、きわめて慎重であった。しかし、そのことは、少数民族が非政治化していたことを意味するものではない。むしろ、それは、これまでのビルマ社会主義体制・ネーウィン体制の下で、いかに少数民族が抑圧されてきたかを間接的に物語っている。SLORC政権が成立し、制限付きながら合法政党の存在が許されて以降の少数民族集団の活動は、これまでけっして少数民族が自らの境遇に満足していたのではないことを端的に示している。

　SLORC政権は治安の回復と複数政党制による民主主義の導入という旗印を掲げ、88年9月18日にクーデタによって全権を掌握した。そして、強硬手段に

4　ヤカイン民族連盟（暫定）ヤンゴン町［1988］。
5　*Working People's Daily* 参照。

よって運動の沈静化を図るとともに、他方では9月27日付で法律を発布し政党の登録を許可した。民主化勢力は、この法律の発布によって、合法政党としての活動を中心にして運動を展開していくことになる。連日新たな政党が結成され、最終的に登録政党数は235党に上った。その際、この結党数の多さとともに注目されたのが、少数民族政党の出現である。政党名になんらかの形で少数民族としてのアイデンティティーを示す言葉が付された政党は、61党を数えた。[6]
そして、複数政党制の導入は、SLORCの意図は別にして、少数民族が自らの主張を、制約はあるものの、合法的に示す機会を与えることになった。例えば、SLORC政権は、国営紙を通じて、結成された政党の目的、活動計画等を公表する場を提供したが、後の総選挙でシャン州において第1党となったシャン民族民主連盟（Shan Nationalities League for Democracy：SNLD）は、88年11月7日の国営紙上に7項目の結党目的を発表した。その最初の5項目は次のようになっている。[7]

① ミャンマー連邦内に居住するシャン人の団結統一を促進し、真の民主主義制度に基づく民主的な国家を建設する。
② ミャンマー連邦を堅固なものとし、少数民族集団間(national groups)の友好と団結を確保するために最大限の努力を払う。
③ ミャンマー連邦に居住するすべての人種(national races)が十分な人権を享受できるように努力する。
④ 平和的手段で国内の和平を回復するよう最大限の努力を払う。
⑤ 各少数民族集団(national groups)の政治、経済、社会、教育、保健、文学・文化面における進歩、発展のため最大限の努力を払う。

ここに示されているようにSNLDの主張は、従来の民主化運動で主張されてきた民主主義や人権の確立といった抽象的な表現ではなく、少数民族の権利を前面に押し出すものとなっている。
もちろん、当時NLD等のいわばビルマ人を中心とする政党でも、その綱領等

---

6 伊野[1993]130-134参照。
7 *Woking People's Daily*, 7 November, 1988参照。

に、少数民族問題は取り上げられていた[8]。88年10月に出されたNLDの政策綱領（草案）では、少数民族政策として、独立以来の多数派であるビルマ人と少数民族との40年にわたる一連の悲劇的な関係が言及され、少数民族問題の解決を優先課題とするとうたわれている。また、諸民族に同等の権利、基本的人権を認め、諸民族の文化・伝統を尊重した上で、問題の解決に当たるとされている。しかし、そこで言及されている少数民族問題は、基本的には民主化や人権問題の延長線上に位置付けられたものであり、少数民族問題そのものが中心的な論点となっていない。少数民族問題が、ある政党の主要な問題関心とされたのは、少数民族政党が結成されてからのことであった。

国内における少数民族政党の結成は、このように各少数民族の主張を人々に広く伝えることになったとともに、新たに少数民族間の関係にも1つの転機をもたらした。すなわち、少数民族政党の連合組織である連邦諸民族民主連盟（UNLD）の結成である。UNLDは、89年2月27日付で政党登録を許可された少数民族政党18党からなる連合政党で、当初の執行部は、各党の代表者16名からなる議長団と7名からなる書記で構成されていた[9]。総選挙においては、この連合に属す政党の当選者は、合計67名に上った。UNLDは、結党目的の最初の6項目を次のように規定している[10]。

①本連合に属すすべての政党は、あらゆる基本的人権、国連憲章等で示された諸権利を尊重、遵守し、真の民主主義の確立のために努力する。
②ミャンマー連邦の永続と安定のために努力する。
③民族的、政治的平等と自決権の獲得のために努力する。
④すべての土着民族(indigenous races)の環境条件に基づいた経済発展のために、すべての少数民族集団(national groups)が協力する。
⑤すべての人種(national races)が、教育、保健、文化および文学、社会面で包括的な発展を遂げるように努力する。
⑥進歩・発展を妨げない限りにおいて、各少数民族集団 (national groups) の慣習、

8　国民民主連盟［1988］11-12。
9　18党および執行部の内訳は、*Working People's Daily*, 3 March, 1989に掲載されている。その後、同連合は勢力を拡大し、1990年6月に開かれた第2回総会では、21党の少数民族政党が参加している。この時の参加政党に関しては、連邦諸民族民主連盟［1989］29-30を参照。
10　*Working People's Daily*, 21 March, 1989.

伝統的司法行政、伝統の維持のために協力する。

　ここでは、既に見たSNLDの結党目的をより敷衍した形で、少数民族一般の諸権利の主張と少数民族間の協力が、明確に主張されている。UNLDの結成は、ミャンマー国内における合法政党政治勢力としての少数民族政党勢力の形成を意味した。

　こうした少数民族勢力の出現と彼らの主張は、ビルマ人を中心とする政党にも少なからぬ影響を与えた。その1つの結果として注目されたのが、UNLDとNLD（アウンサンスーチー）との対話、協議が行なわれたことである。

　この協議が行なわれたのは、SLORCとNLDとの緊張関係が高まりつつあった、89年7月15日であり、アウンサンスーチーが自宅軟禁措置を受ける1週間ほど前のことであった。NLDとしては、民主化勢力の団結が急務の課題であった時期である。[11] 協議が持たれた背景にはそうした事情があった。しかしこの事情の他に、UNLDを中心とした少数民族政党の活動が活発化してきたこと、さらにはアウンサンスーチーが地方遊説を通じて、州レベルにおける少数民族問題の現実をある程度把握したことなどが挙げられる。88年3月に始まる民主化運動において、この時点までこうした話し合いが持たれなかったことは、それまでの民主化運動において、少数民族問題がいかに副次的な問題として扱われてきたかということを如実に示しているとも言える。しかし、それ故にこそ、ネーウィン政権成立以降の少数民族問題を考えるにあたっては、画期的な出来事であった。

　この会合では、まず初めにUNLDを代表してナイン・グエーテインが、同党の主要な政策綱領を説明し、民主主義と少数民族に対する平等な権利の付与とはコインの表裏をなすものである点を強調した。そして、少数民族の平等を求める要求、運動は、独立後に始まったものではなく、独立の達成そのものに、諸民族の団結統一、少数民族に対する平等な権利の付与といった要因が分かち難く結びついていたとの認識が示された。また、少数民族問題解決に向けてのアウンサン将軍の努力やピンロン（パンロン）会議が例に出され、アウンサン将軍暗殺後のウー・ヌ政権時代に、彼の努力やピンロン会議での合意が無に帰され、

11　当時の政治状況については、伊野［1991b］67-68、伊野［1992a］63参照。

補章2　少数民族の悲願（ミャンマー民主化運動と少数民族問題）　　375

問題が解決されぬまま現在に至っているという、UNLD側の少数民族問題に関する経過認識が述べられた。そして、この一連の歴史的経験から教訓を引き出し、少数民族問題の取り扱いが、ある1人の人物の生死によって左右されることのないように、確固とした合意を形成していくことの重要性が指摘された。さらに、来るべき新憲法制定に関して、やや具体的にUNLD側の考え方、基本的立場が明らかにされた。その中で、現在の7管区をビルマ州とし、ミャンマー全土を8州で構成した上で、各州政府の権限を強化する連邦制を採用するといった提案もなされた。UNLDの基本的認識として、現在の民主化運動においては、少数民族に対する平等な権利の付与といった問題が、主要な関心事となっていないという現実は認めつつも、民主化と少数民族への平等の達成は、同時並行的に目標とされるべきものである点が、特に強調された。[12]

こうしたUNLD側の見解に対して、アウンサンスーチーは、民主化と少数民族問題との関連を含め基本的な認識は共有していると答えた上で、むしろ現下の課題は、こうした基本的認識に沿っていかに行動するかという点で両者に合意を形成することである点を強調した。具体的には、早急に、ピンロン（諸民族）会議を招集し、合意を求めて協議してゆくべきであるといった提案がなされ、中心的な協議内容として、いかなる連邦制を採用するのか、つまり中央政府と州政府の権限の関係をどのようにするのかといった問題を挙げた。また、合意を効果的に形成するために、UNLDとNLD代表およびその他の法律家等によって、1つの組織をつくり実際の作業、調整にあたってゆくべきであるといった提案もなされた。[13]

この会合では、結局8州構想を含む連邦の在り方等に関して、具体的な話し合いは行なわれなかったが、双方が話し合いによって問題を解決していこうとする姿勢を持っていること等が確認された点で、問題の打開に向けて1つの大きな成果を見たと言える。

さらに特筆すべき点は、州レベルにおけるNLDと少数民族政党との関係に時として行き違いや誤解が生じている点が、この協議を通じて改めて確認された点である。アウンサンスーチーは、連邦の形態について、話し合いによって

12　連邦諸民族民主連盟[1989]2-9。
13　連邦諸民族民主連盟[1989]9-10。

具体的な作業を進めていくという提案をしたのち、来るべき選挙にNLDとしては今のところ参加するか否か態度を決めかねているという限定を付しながらも、次のように語った。

「この場を借りて、私たちの抱えるもう1つの問題について、率直にお話ししましょう。ここで協議しておく必要がある問題です。それは、州レベルでしばしば発生している問題です。私たちNLDと他の少数民族組織や政党との間に、時として行き違いや誤解が生じていると見受けられます。

これらの行き違いや誤解は、はっきり申しまして、つまるところ議員問題が原因となっていると考えます。選挙の際にどの政党から議員候補者を出すのか、ということが問題なのだと私は考えます[14]」

「また、ある地方では、NLDとUNLDや他の政党の間に、個人的確執によって、見解の相違が生じている場合もあります。…時として少数民族の地方責任者とNLDの地方責任者の間の個人的問題が、政党間の問題に発展してしまいます[15]」

この指摘の中の、選挙へ向けて民主化勢力側で誰を候補者として選ぶのかといった問題や、地方での個人的確執が政党間の問題に発展しているといったことに関しては、それまで、噂としては伝え聞くことはあったが、このように明確な形で問題の指摘がなされたのはこれが初めてであった。そして、アウンサンスーチーは、この点に関しても、事前に1つの委員会を作ってお互いに十分な協議を重ね合意を形成していく必要性、および双方の中央が適切な指導を与えることの重要性を強調した[16]。

こうした問題の指摘は、州（地方）レベルでの民主化運動の現実、少数民族問題の現状の複雑さを端的に示す例である。しかし、この協議会で双方が、そうした問題点をも率直に認め合ったことは、それなりに意味のあることである。協議会は、双方が引き続き話し合いをもって問題を解決し、民主化へ向けて協力していくことが確認されたことで、将来に対する希望を残した。その意味で、議長を務めたUNLDナイン・グエーテインの発言にもあるように「歴史的な会合[17]」となる可能性を秘めた会合であった。しかしながら、その後の展開は、

14　連邦諸民族民主連盟［1989］11。
15　連邦諸民族民主連盟［1989］12。
16　連邦諸民族民主連盟［1989］11-13。
17　連邦諸民族民主連盟［1989］1。

この期待に沿うものであったとは言い難い。そのことは、90年5月の総選挙や、選挙後に問題となった憲法制定に際しての両勢力の作成した草案に明確に表れた。

第2節　総選挙結果の意味

1990年5月27日の総選挙[18]は、複数政党制下の総選挙としては30年ぶりのもので、民主化の行方を占う意味で内外の関心を集めた。当時、人々の関心は、軍事政権と民衆化勢力、より具体的に言えば、ビルマ社会主義計画党（BSPP）の改名政党である国民統一党（NUP）とNLDのいずれが勝利をおさめるのか、またその際に議会内で安定した議席数を確保できるのか、といった点に集中していた。それ故、実際の選挙において、NLDが485議席中、392議席を獲得し、圧倒的勝利をおさめたことによって、選挙結果を包括的に分析するといった作業はほとんど行なわれなかった。ところが、少数民族問題を念頭に置きながら、この総選挙結果を再検討してみると、興味深い結果が得られる[19]。

今回の総選挙で、少数民族諸政党が得た総議席数は71で、チン州で議席を得た無所属議員2名を加えれば73名となる。これは、総議席数の15％程で、この割合のみから判断する限り、議会内では、特に注目に値する政治勢力とは言えない。しかしながら、州レベルで選出される総議員数156名に占める割合は、48％とほぼ半数を占めている。すなわちビルマ人が人口の大半を占める7つの管区では、NLDが圧倒的勝利をおさめているが、州レベルになるとむしろ少数民族政党の健闘が目立ち、無視できない政治勢力となっているということである。

そこでシャン州を例にとって、選挙結果をもう少し詳しく見ることにする（表13、地図3参照）[20]。シャン州では、62の選挙区があるが、治安上の理由によって

18　投票当日18歳以上が投票権を有する普通選挙で、小選挙区制が採用された。
19　90年総選挙結果の概要に関しては、伊野[1992d]参照。
20　シャン州の選挙結果に関しては、伊野[1992d] 21および38の図を参照。シャン人が北方より現在の地に大量に移入してきたのは13世紀頃と言われ、その後18世紀に至るまで、ビルマ人と上ミャンマーをめぐって覇権争いを展開した。18世紀以降は、ビルマ人の間接支配をうけることになるが、ソーボワ（Sawbwa）と呼ばれる在地世襲の支配者（土侯）を置く独自の社会的、政治的機

表13　90年総選挙におけるシャン州での勢力関係

政党名	民族	立候補者数(人)	当選者数(人)	投票得率(%)	有効得率(%)	競争得率(%)
SNLD	シャン	43	23	22.89	27.15	34.71
NLD	ビルマ	35	22	27.85	33.03	46.86
UPNO	パオウ	10	3	3.37	4.00	16.65
TPNLD	タアン・パラウン	7	2	2.85	3.38	22.40
NUP	ビルマ	55	1	14.49	17.19	17.37
LNDP	ラーフー	7	1	1.94	2.30	28.68
UDLDP	ダヌ	4	1	2.84	3.37	25.33
UNDP	ビルマ	3	1	1.50	1.78	14.84
SSKDP	コーカン	2	1	0.76	0.90	21.42
DOKNU	カヤン	1	1	1.54	1.82	76.89

SNLD(シャン民族民主連盟)、NLD(国民民主連盟)、UPNO(連邦パオウ民族機構)、TPNLD(タアン(パラウン)
UNDP(連邦国民民主党)、SSKDP(シャン州コーカン民主党)、DOKNU(カヤン民族統一民主機構)

[注](1)「民族」の欄で「ビルマ」とあるものでも、州レベルにおいては地元から候補者を立てている場合が多いということを意味する。
　　(2)「投票得率」=投票者総数に対する得票率、「有効得率」=有効投票数に対する得票率、「競争得率」
　　(3)表で「競争得率」の右にある欄は、政党間の候補者の競合関係を示している。例えばSNLDは、シャン
[出所]Working People's Daily より筆者作成。

6選挙区で選挙が延期されたため、実際には56選挙区で実施された。この56議席中、シャン民族民主連盟(SNLD)という少数民族政党が、23議席を獲得し、NLDを1議席抜いてトップとなった。第2位はNLDの22議席であり、続いて連邦パオウ民族機構(Union Paoh National Organization：UPNO)の3議席、タアン(パラウン)民族民主連盟(Ta-An [Palaung] National League for Democracy：TPNLD)の2議席、NUPを含むその他6政党が1議席ずつを獲得してい

構が維持された。イギリスも、その植民地支配に際し、ソーボワ制度を温存し、彼らを通じての「間接」支配を目指した。こうしたイギリスによる特別な扱いもあって、1947年憲法の制定や翌年の独立に際しては、少数民族の利害を最も代表するような立場にあった。しかし、その後、ソーボワは徐々に実質的権限を剥奪され、ネーウィン暫定政権下の1959年には特権を完全に奪われた。また、50年末からは、いくつかのシャン人反政府武装組織が結成され活動を展開してきた。なお、83年の人口統計(Socialist Republic of the Union of Burma Ministry of Home and Religious Affairs[1986])によれば、シャン州の総人口は62万6502人で、そのうちシャン人の割合は76.4%となっている。

NLD	UPNO	TPNLD	NUP	LNDP	UDLDP	UNDP	SSKDP	DOKNU
27	6	6	43	5	1	1	1	0
—	7	6	35	5	3	2	1	0
—	—	0	10	0	2	1	0	0
—	—	—	7	0	0	0	0	0
—	—	—	—	7	4	3	1	1
—	—	—	—	—	0	0	0	0
—	—	—	—	—	—	2	0	0
—	—	—	—	—	—	—	0	0
—	—	—	—	—	—	—	—	0
—	—	—	—	—	—	—	—	—

民族民主連盟、NUP(国民統一党)、LNDP(ラーフー民族発展党)、UDLDP(連邦ダヌ民主連盟党)、

で、候補者が必ずしもビルマ人というわけではない。ここでは、政党の指導者、党員を見るとビルマ人が主流を

＝競争選挙区(候補者を立てた選挙区)での有効投票数に対する得票率。いずれも各選挙区の平均である。
州では、NLDと27の選挙区で競合していることを示している。

　る。この結果を得票率の面から見ると、州全体の有効投票数に対する得票率は(「有効得率」)は、NLDの33.03％がトップであり、SNLDの27.15％、NUPの17.19％とNLDとSNLDの順位が入れ代わり、1議席しか獲得しなかったNUPが3位に浮上する。地域的には、NLDは高原部で議席を獲得し、SNLDは山岳部で優勢である。いずれにしても基本的にシャン人は、ビルマ人を中心とする政党を敬遠し、SNLD支持にまわったと見ることができる。この結果から、州全体として政党の勢力を俯瞰した場合、NLDとSNLDが拮抗し、そこにNUPが微妙に影響を及ぼしているかに見える。

　しかしミャンマーにおける少数民族問題の性格を考えると、こうした州を基準として、当選者数、得票率を比較し、各政党の勢力を判断するのみでは不十

21　例えばLehmanは、「ビルマ人対少数民族」といった問題のほか、少数民族間の問題も指摘している(Lehman[1969] 98-101)。

地図3　シャン州の当選状況

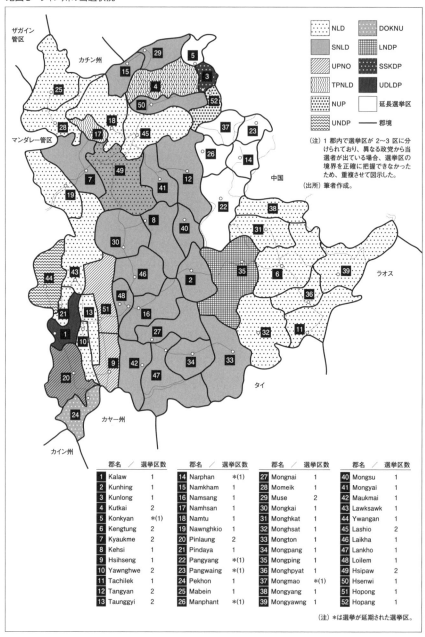

分と言わざるを得ない。周知のごとく、7つの州名に挙げられている少数民族はあくまで主要な少数民族であり、ミャンマー政府が認めているだけでも国内には135の少数民族が居住しているからである。そこで、シャン人以外の少数民族の勢力をも考慮するために、候補者を立てた選挙区（競争選挙区）のみを取り上げて、その選挙区での有効投票数に対する得票率（「競争得率」）を見ると、第1位はカヤン民族統一機構 (Democratic Organization for Kayan National Unity：DOKNU) の76.89％、第2位がNLDの46.86％、第3位SNLDで34.71％、第4位がラーフー民族発展党 (Lafu National Development Party：LNDP) の28.68％、第5位が連邦ダヌ民主連盟党 (Union Danu League for Democracy Party：UDLDP) の25.33％と順位が入れ代わる。ここで順位が浮上してくる政党のシャン州における候補者数を見ると、DOKNUは1選挙区、LNDPは7選挙区、UDLDPは4選挙区で候補者を立てたのみであった。このように候補者数はけっして多くないが、この3党の得票率の高さは、ある限定された地域において居住する民族集団は、ビルマ人やシャン人に代わって当該民族の政党を支持する傾向にあることを示している。こうした要因も加味して、シャン州のおける政治勢力を捉え直してみると、ビルマ人を中心としたNLDおよびNUPと、シャン州の主要少数民族政党としてのSNLD、そして他の地域的に限定された少数民族政党の4つの勢力の関係が問題となってくることが分かる。

　そこで次に、民主化運動との関連で、シャン州におけるこの4勢力の関係を考えてみたい。この問題を、ビルマ人が圧倒的に多数を占める管区レベルと同様に、単に軍事政権（NUP）対民主化勢力（NLD、少数民族諸政党）といった図式のみで捉えてみれば、シャン州においても、明らかに民主化勢力の圧倒的勝利に終わったことになる。NUPは、シャン州ではたった1議席を獲得したのみで、「競争得率」を見ても17.37％でしかなかった。NUPは、56選挙区中55の選挙区に候補者を立てており、資金力、組織網に関しては、他の政党に比べはるかに充実していたにもかかわらず、これだけの得票率しか得られなかったという事実は、同党に対する支持がいかに低かったかを示している。しかし、問題は、管区レベルの選挙結果と同様に、民主化勢力を一括して扱うことができない点にある。民主化勢力あるいは民主化陣営として一括して呼べるような共闘・協力体制が存在していたのか否か、といった問題については、これまでほとんど検

表14 90年総選挙におけるヤカイン州での勢力関係

政党名	民族	立候補者数 (人)	当選者数 (人)	投票得率 (%)	有効得率 (%)	競争得率 (%)
RDL	ヤカイン	25	11	17.20	20.74	21.53
NLD	ビルマ	25	9	24.30	29.31	30.39
NDPHR	ロヒンジャー	8	4	13.70	16.53	41.22
MKNSO	ミョウ(カミ)	3	1	2.30	2.78	22.96
KNLD	カマン	3	1	1.13	1.37	9.96
NUP	ビルマ	26	0	11.54	13.92	13.92

RDL(ヤカイン民主連盟)、NLD(国民民主連盟)、NDPHR(民族人権民主党)、MKNSO(ミョウ(または)カミ
[注]表13に同じ。
[出所]表13に同じ。

討されてきていない。

　この点を考えるにあたって注目したいのは、各選挙区における候補者の競合関係である。まずNLDと少数民族政党との関係を見ると、州全体でNLDは35選挙区に立候補者を立て、SNLDは43選挙区で候補者を立てているが、このうち27選挙区で両党は競合している。NLDにすれば約8割、SNLDにすれば約6割の選挙区で競合したことになる。同様に、州全体で10名の候補者を立てたUPNOは7選挙区で、7名の候補者を立てたLNDPは5選挙区で、NLD候補者と競合している。当選者を出した少数民族政党の中で、唯一NLDとの競合関係が見られないのはDOKNUだけである。しかし、この政党の場合、州全体でも1選挙区でしか候補者を立てておらず、地域的にNLD側の活動が及ばなかったと考えられ、例外的と見做すことができよう。こうしたNLDと少数民族諸政党との候補者の競合関係から判断すると、選挙にあたって、両勢力間に共闘・協力関係が形成されていたとは言い難い。その結果、競合した選挙区では、共通の敵であるNUPが候補者を立てているにもかかわらず、いわば民主化勢力が互いに激しい選挙戦を闘うことになった。

　さらに、NLDと少数民族諸政党との競合関係を見たのと同様な方法で、少数民族政党間の競合関係を見ると、SNLDは、UPNOおよびTPNLDと、それぞれ6選挙区候補者が競合しているし、NLDと同じくDOKNU以外の当選者を出した少数民族政党すべてと競合する選挙区を持っている。またシャン州で3議

補章2　少数民族の悲願（ミャンマー民主化運動と少数民族問題）　　383

NLD	NDPHR	MKNSO	KNLD	NUP
24	8	2	3	25
—	7	3	3	25
—	—	0	1	8
—	—	—	0	3
—	—	—	—	3
—	—	—	—	3

民族連帯機構、KNLD(カマン民族民主連盟)、NUP(国民統一党)

　席を獲得し第3位となったUPNOの場合を見ても、上記のSNLDと6選挙区で競合しているほか、UDLDPと2選挙区で競合している。但し、UPNOの場合その他の少数民族とは競合関係は見られない。これは基本的に居住地区の相違によって競合しなかったものと考えられる。ここであげた少数民族政党すべてはUNLDに属していたが、競合関係から判断する限り、基本的には少数民族間でも明確な選挙協定等は存在しなかったと考えられる。

　以上は、シャン州の例であるが、他の州についても、多少の相違はあるものの基本的には同様な特色、傾向が見られる[22]。但し、ヤカイン州については若干説明を加えておきたい（表14、地図4参照）。

　ヤカイン州では、総議席26議席中、NLDは9議席を得たのみで、ヤカイン民主連盟（Rakhain Demosracy League：RDL）という少数民族政党が11議席を獲得しトップとなった。しかもNLDが当選者を出したのは、州の南半分に集中しており、それらの地域ではNUPと議席を競っている。州の北部では、基本的にRDLがNLDを凌いで優勢であるが、バングラデシュ国境の4選挙区においては、ロヒンジャー人の政党である民族人権民主党（National Democracy Party for Human Rights：NDPHR）が、4議席すべてを獲得している。NLDはこの4選挙区では、ほとんど得票しておらず、NUPの得票率にも及ばない。ここで問題となるのは、ロヒンジャー人の位置付けである。SLORCは、ロヒンジャー人集団を、国内に居住

22　他の州の選挙結果に関しては、伊野［1992d］20-22および図表を参照。

地図4　ヤカイン州の当選状況

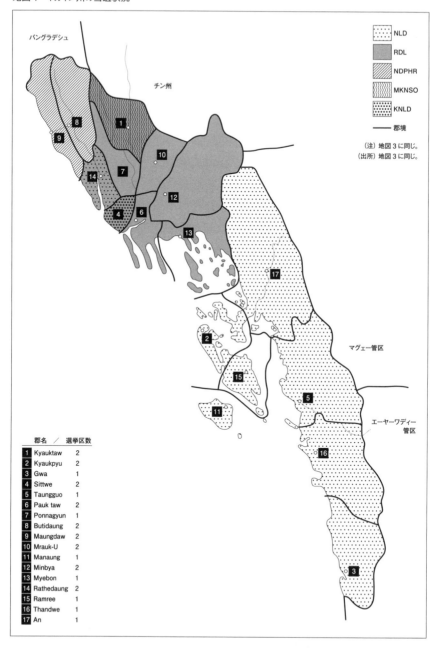

する135の少数民族の1つとして認めていない。しかし、ロヒンジャー人自身は、自らを古くから国境一帯に居住し、独自の文化、政治体制（王国）を有した民族集団であると主張している[23]（写真39）。SLORCが少数民族として認めない背景には、彼らがイスラーム教徒であること、また人種的にインド系であるといった要因があると考えられる。しかしながら、彼らを1つの少数民族として認めない積極的理由は存在しない[24]。ロヒンジャー人集団を少数民族と見做すならば、ヤカイン州の選挙結果も共通した傾向を示していると言える。

　以上考察してきたように、少数民族問題との関連から、90年総選挙結果の意味を整理すれば、基本的に3点の特徴を指摘できよう。

　第1に、少数民族が人口の相当程度を占める地域では、基本的に当該民族集団の政党が勢力を有しており、次にビルマ人を中心とした全国政党の中で民主化勢力を代表するNLDが支持を獲得している。つまり、単純に軍事政権対民主化勢力という二分法で考えれば、州レベルでも民主化勢力に支持が集まったと言える。

　第2に、NLDと少数民族政党との関係を見ると、民主化といった点での共通項は指摘できるが、総選挙において共闘・協力関係が成立していたとは言いえない。少数民族側は、ビルマ人一般が当時考えていたNLDの勝利が民主化勢力の勝利とは単純に考えず、あくまで少数民族による少数民族の権利の主張・獲得を優先していたと思われる。また、NLD側も、少数民族のそうした心情を必ずしも十分理解していたとは言い難く、やはり自党の利害を優先していた側面は否定できない。その意味で、前節でアウンサンスーチー（NLD指導部）とUNLD指導部の双方が合意した、総選挙に向けての共闘関係作りは、結果的に実を結ばなかった。

　第3に、少数民族間の問題が挙げられる。選挙以前にUNLDという連合組織をつくり、ある程度の活動を展開していたにもかかわらず、総選挙においては、少数民族集団の間で、共闘関係、選挙協定等が確立していたとは思われない。前節で考察してきたように、少数民族の権利の主張

23　ロヒンジャー人側の主張を展開したものとして、民族人権民主党［1990］をあげることができる。
24　ロヒンジャー（ロヒンギャ）、反イスラーム問題の概況については、本稿執筆後に出されたものであるが、五十嵐［2016］33-36が参考になる。

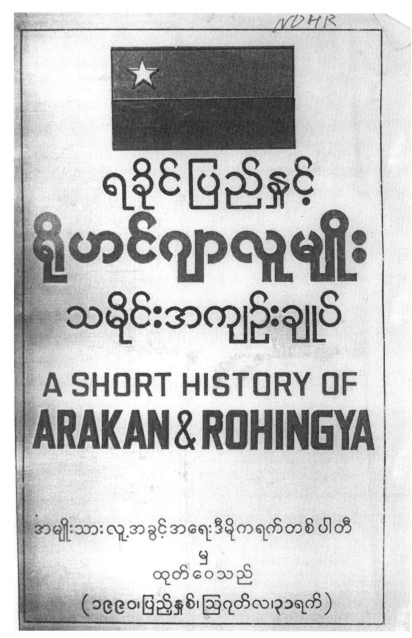

写真39 『ヤカイン州とロヒンジャー民族小史』の表紙

等、ビルマ人に対する関係では、選挙直前まで共同行動をとる姿勢は見られた。しかし、その原則が実際の居住地域の現実に持ち込まれ、いざ選挙となったとき、原則より各少数民族の利害が優先される傾向があったと言えよう。

　以上3点の中で、ビルマ人民主化勢力と少数民族勢力との関係を見る際、特に問題となってくるのは、第1、第2の事実であろう。総選挙は確かに民主化勢力の大勝利に終わった。もし、NLDと少数民族政党の間に、前節で扱った協議に沿って合意が形成されていたならば、この選挙結果は、少数民族問題解決への大きな飛躍となったことであろう。しかし、上にあげた第1、第2の事実を見る限り、協議会以降、お互いの信頼関係を深める努力がどの程度なされたかについては疑問が残る。その点を明確にするために次節では、総選挙後に出された双方の憲法草案の内容を検討してみたい。

第3節　2つの憲法草案

　ここでは、第2節での分析を踏まえながら、民主化勢力内部で、どのような形で少数民族問題が残されたのかを明らかにするために、総選挙後に出されたNLDおよびUNLDの憲法草案の内容を比較検討する。[25]

　90年総選挙で民主化勢力が大勝利をおさめると、SLORC政権は、政権移譲に対する態度を豹変させ、新憲法の制定を政権移譲の前提条件とした。さらに、その憲法は、国内に居住する135の民族が納得し、ミャンマー連邦を堅固で、永続的なものにするものでなければならないといった曖昧な条件を付した。[26] こうしたSLORC側の政権移譲を引き延ばそうとする姿勢に抵抗するため、民主化勢力側、特に総選挙で議席を獲得した政党を中心に、新憲法草案が作成されていった。その中で、ここでは、NLDの草案とUNLDの草案と

25　両草案は、国民民主連盟［1990c］および連邦諸民族民主連盟［1990b］。なお、前者に関して筆者が入手した資料には一部欠落がある。欠落部分は1ページおよび30ページ以降であるが、2ページの国民の定義から始まり、29ページは「その他の諸規定」の章の途中で終わっていることから、主要部分は含まれていると考え、資料として利用した。また、後者には、草案の前に、「憲法起草委員会報告書」が付されている。

26　SLORCの政治姿勢対応に関しては、伊野［1991b］70-74および第2表を参照。

を、少数民族問題を中心にして比較検討してみたい。周知の通り、ミャンマーに限らず途上国において、実際の政治に憲法の理想や理念が忠実に反映するケースは少ないが、草案には、その当時の当該集団の政治状況認識、政治的理想が表れていると言うことはできよう。ここで扱う2つの草案は、対外的な批判にさらされておらず、その意味で粗野な原案ということができるが、それ故にこそ、両政党の基本的認識、姿勢が反映されたものである。

　ところで、2つの草案を比較する前に、それまでミャンマーで制定されてきた憲法について若干触れておきたい。ミャンマーでは、それまで、2つの憲法が存在した。第1は、独立（1948年）に際して作成され、基本的には議会制民主主義体制を指向した1947年憲法である。[27]第2は、62年のネーウィンのクーデタによって成立した軍事政権が民政に移管する際に作成した1974年憲法で、1党制による社会主義体制の確立を目指したものである。[28]NLDにしてもUNLDにしても、これらの憲法を少なからず参照、参考にしたと考えられる。しかし、この2つの憲法は、その内容にかなりの相違が見られる。少数民族問題との関連を中心に2つの憲法の特徴を簡単に整理すると次のようになる。

　47年憲法は、少数民族の自決権、自治権との関連では、一種の連邦制を採用し、ミャンマー全土を、ビルマ人が圧倒的多数を占めるビルマ本土と、少数民族が居住するシャン、カチン、カイン、カインニーの4州およびチン特別区に分けている。そして、これら各州および特別区ごとに連邦（中央）との権限関係を、立法、行政、司法にわたって規定している。また、州に関しては、制限付きながら分離独立権も認めている。[29]州の立法権に関しては、憲法の別表3で、連邦議会と州議会の権限が詳細に区分され、規定の上では、課税権を含む広範な権限が州議会に与えられていた。[30]しかしながら、州議会で可決されたすべての法案に対して、大統領が一種の拒否権を持っていること、連邦議会が国家非常事態宣言[31]

27　1945年憲法については、ビルマ国制憲議会［1947］をテキストとした。
28　1974年憲法に関しては、ミャンマー連邦情報省［1991］を使用した。
29　ビルマ制憲議会［1947］第9～10章。
30　ビルマ制憲議会［1947］別表3。
31　ビルマ制憲議会［1947］第156～157条、第169～170条、第185～186条。州議会を通過した法案は、大統領が署名・公布することになっているが、大統領は、自らの判断で、提出された法案を最高裁判所に違憲審査に付すことができる。最高裁がもし違憲と認めた場合には、当該法案を、州議会に再審議するよう求めることができた。ただし、憲法で州として規定されている

補章2　少数民族の悲願（ミャンマー民主化運動と少数民族問題）　　389

を発した場合には、別表3の規定にかかわりなく、連邦議会が立法権を行使できることなどに見られるように、実質的にはかなりの制限が付されていた。州行政にしても、連邦政府の首相が指名した州大臣が州政府の長となって行政権を行使し、州議会は、州大臣を解任するいかなる権限も有していないといった限界があった。そのような点を考慮すると、「連邦の構成は、実質的なものというよりも、名目上のものに過ぎず、効果的な権力は中央政府に残され、副次的な権力のみが州へ付与された」と言うこともできる。

　さらに、連邦レベルにおける、少数民族の利害を反映するメカニズムについても、多くの制約があった。連邦議会は、人口比で選出される人民院（下院）と州ごとに定員が定められた民族院（上院）の2院から構成され、両院が異なる形で法案を可決した場合には、合同会議が開かれ、そこで審議されることになっていた。しかし、両院の定数を考慮すると、実際上は人民院の優位が明らかであった。行政に関しても、大統領制を採用してはいるが、実質的権力は、人民院から選出され、人民院に対して責任を負う首相の手に握られていた。少数民族の利害を中央政治に反映させるメカニズムも必ずしも十分なものではなかった。

　にもかかわらず、少数民族問題が、憲法の主要なテーマとなっていたことは間違いなく、連邦制、2院制の採用に見られるごとく、少数民族の自決権、自治権、政治的平等に関してある程度の配慮が払われていたと言うことができる。

　　地域の中で、カイン州のみは、住民投票を実施し、その結果によってシャン州と同党の権限を得
　　るか否かが決定されることになっていた（ビルマ制憲議会［1947］第180条）。
32　ビルマ制憲議会［1947］第94条。
33　ビルマ制憲議会［1947］第160〜165条、第173〜179条、第189〜195条。
34　Silverstein［1977］185-205を参照。
35　ビルマ制憲議会［1947］第83条、第87条・別表2、第109条。
36　人民院は定数250名で、地域別の定数は、シャン州25名、カチン州7名、カヤー州2名、チン
　　特別区6名、その他203名であった。民族院は定数125名で、シャン州25名、カチン州12名、
　　カイン州15名、カヤー州3名、チン特別区8名、その他62名であった。Furnivall［1958］37-38
　　参照。
37　憲法では「連邦の行政権限は大統領にある」（ビルマ制憲議会［1947］第59条）、「連邦政府の
　　すべての行政活動は大統領の名において執行されるものとする」（第121条）という規定はあるが、
　　他方で、大統領は「連邦政府の助言に基づいてのみ、憲法で規定された大統領の権限を行使し、
　　職務を遂行する」（第63条）と規定されている。大統領と内閣（首相、閣僚）の権限、両者の関
　　係については、Maung Maung［1959］118-121,134-135、Silverstein［1977］55-56、Taylor［1987］
　　228を参照。

他方、74年憲法は、BSPPへの権力の集中、中央集権化を目指している[38]。それまでのビルマ本土は7つの管区に分けられ、それぞれの管区は、カチン、カヤー、カイン、チン、モン、ヤカイン、シャンの7州と同様に扱われた[39]。州議会は置かれず、1院制の人民議会が、国権の最高機関であるとともに唯一の立法機関となった[40]。人民議会議員は、人口比に基づいて選出されるが、BSPPが指名した候補者への信任投票であった[41]。行政権は、2つの評議会、すなわち国家評議会および閣僚評議会に分けられているが、監督権は国家評議会にあった。国家評議会は29名の人民議会議員からなり、各々管区・州の人民議会議員が互選した代表14名、すべての人民議会議員が互選した代表14名、そして首相で構成されていた。国家評議会のメンバーは議長を互選し、その議長が大統領となる。他方、閣僚評議会のメンバーも、人民議会が選出するのであるが、それは国家評議会が作成した指名リストに対する信任投票という形をとっている。また閣僚評議会は、国家評議会同様、人民議会の会期中は議会に対して責任を負うが、その他の時は、国家評議会に対して責任を負う[42]。つまり、行政権の実質は首相ではなく、国家評議会の長である大統領に握られていた。

　このように、人民議会、国家評議会の構成・位置付けおよび大統領が少数民族出身者からなる可能性の問題を考えると、74年憲法は、「中央の指導下に、地域的自律性を保障する[43]」という規定はあるが、その実態は、強度の中央集権化、ビルマ化を特徴としている。

　2つの憲法に関するこの簡単な記述からも明らかなように、いずれも少数民族の自決権、自治権、政治的平等の保障といった観点からはけっして十分なものであったとは言い難い。しかしながら比較の問題ではあるが[44]、47年憲法の方が

38　Silverstein［1977］122. なお、Taylorは、こうした中央への権力集中を「民主的中央集権化（democratic centralism）として肯定的に評価しているが（Taylor［1979］243)、この評価は別にして、中央集権化を目指したものであるという点では共通した認識を示していると言えよう。
39　ミャンマー連邦情報省［1991］第30〜31条。
40　ミャンマー連邦情報省［1991］第41条、第44条。
41　ミャンマー連邦情報省［1991］第179条。なお、1973年に発布された選挙法では、管区選出議席数が297であるのに対し、州選出議席数は154であった（Silverstein［1977］134-146）。
42　ミャンマー連邦情報省［1991］第64〜94条。なお、首相は、閣僚評議会メンバーが互選する。
43　ミャンマー連邦情報省［1991］第28条。
44　例えば、47年憲法に対しても、カイン人からは強い反発があった。その辺の事情に関しては、Tinker［1957］23-24、Trager［1966］104、Silverstein［1980］93-133を参照。

74年憲法に比べて、より少数民族問題への配慮がなされたものであったとは言えよう。

　この点を踏まえた上で、NLDとUNLDの憲法草案を比較してみると、基本的構成の面で、両草案の相違は明白である。

　UNLD草案は、基本的に47年憲法を基礎に作成されていると考えられる。UNLDは、草案作成にあたって以下の7ヵ条基本方針を掲げている[45]。

① 真の連邦制を創りだす憲法でなければならない。
② 民主主義と人権を十分に保障するものでなければならない。
③ ミャンマー国内に居住する少数民族に対し政治的に平等な権利を付与するものでなければならない。
④ 連邦を構成する州は、地理的条件を基礎とするのではなく、人種を基礎として確定されなければならない。現在、7州とビルマ本土となっているところを、政治情勢を考慮し民族州8州を基礎として、連邦を構成しなければならない。
⑤ 少数民族の民族州には、自決権、政治的権力が十分に付与されなければならない。すなわち、州に立法権、行政権、司法権を付与しなければならない。加えて、執行権については、全国的に執行しなければならない権限を連邦政府に委譲することを除いて、他のすべての権限が州に付与されなければならない。
⑥ 民族州を平等に統合し、連邦政府を構成する場合、連邦政府には、全国的に関連する執行権、すなわち国防権、通貨の発行権、外交権、その他一時的に付与された執行権限を付与する。国家の主権は連邦政府に存する。
⑦ 連邦議会は民族院(上院)と人民院(下院)の2院から構成される。民族院議員は、各民族州から同人数選出される。このことによってこそ、各州が平等な権利を有する連邦の実質が示される。人民院は、人口比に応じて選出された議員によって構成される。

　以上の基本方針からも明らかなように、UNLD草案は、47年憲法を基礎としながらも、少数民族の自決権、自治権、政治的平等を一層保障、強化することを目指している。この点を草案自体の内容から、もう少し具体的に検討する。

　UNLD草案は、47年憲法と同様に、連邦制を採用しているが、大きな相違は、

45　「憲法起草委員会報告書」(連邦諸民族民主連盟[1990b]1-2)。

連邦が8つの対等な州から構成されている点にある。そして、各州は、独自の議会、政府、裁判所を有している。州議会は、州憲法や財政等多岐にわたる立法権を有する。州憲法制定にあたっては、大統領が連邦最高裁判所に違憲審査に付すことはできるが、最高裁が違憲と判断した場合でも、州議会が4分の3以上の多数をもって再議決したときには、州憲法として成立する。州が立法権を有す事柄に関しては、州政府、州裁判所が、それぞれ行政権、司法権を行使することができる。特に重要な点は、州政府が、通常の警察権のほかに、州の治安を維持するための警察軍（武装警察部隊）を編成する権限を持っている点にある[46]。

このように大幅な州自治を認めているほか、連邦レベルにおける各州の利害を反映させるメカニズムとして、連邦議会における2院制の採用を挙げることができる。連邦議会は、民族院（上院）と人民院（下院）から構成され、人民院は人口比によって選出されるが、民族院は、各州9名の同数の議員からなる[47]。また、立法手続きを見ると、財政法案を除く他のすべての法案に関しては、民族院に先議権があり、両院が異なる議決をした場合には、両院の合同会議（連邦議会）で審議する点では、47年憲法と同様である。しかし、重要な相違は、先に民族院が否決した場合には、その法案は連邦法として成立せず、したがって連邦議会で再審議されることはない点にある[48]。さらに、連邦議会が可決した法案はすべて、大統領が法律として署名、公布する点では、47年憲法と同様であるが、その大統領の選出にあたっては、47年憲法の場合、両院合同議会で選出されるのに対し、UNLD草案では、民族院が選出すると明記されている点で異なる[49]。

連邦議会の立法における、こうした少数民族の影響力強化とともに注目されるのが、行政におけるそれである。47年憲法では、大統領制を採用し、すべての執行権は大統領の名において行使されることになってはいたが、実質的な行政権限は首相にあった。UNLD草案でも、首相を長とする連邦政府に対して、非常事態や軍政を敷く権限が付与されている点を考慮すると[50]、やはり実質的行政権は首相が握っているように思われる。しかし、UNLD草案では、上記の文

---

46 連邦諸民族民主連盟[1990b]第162〜170条。
47 連邦諸民族民主連盟[1990b]第70条、第87〜89条、第96条。
48 連邦諸民族民主連盟[1990b]第113〜117条。
49 連邦諸民族民主連盟[1990b]第51条、第118条。
50 連邦諸民族民主連盟[1990b]第128〜129条。

言に関して言えば、「名において」という文言が削除され、「連邦の統治責任に関してはすべて、大統領が責任を負う[51]」と表現が変えられている。さらに、首相、連邦政府、州政府の行為によって国家に危険となる状況がもたらされた場合に、大統領は調査権を有するといった規定がある[52]。したがって、大統領の権限強化の意図がうかがえる。そして、上述したように、その大統領は、民族院によって選出されるのである。

このように具体的条項の上からも、UNLD草案は、従来の47年憲法と比べても、少数民族の権利、自決権、自治権等を明確化し、保障、強化する形となっている。しかし、最後に付言しておかなければならないのは、州の分離独立権は認めていない点である[53]。あくまで、連邦内における自決権、自治権、政治的平等を指向している。

他方、NLD草案は、47年憲法と74年憲法の中間的性格を持っていると言えよう。その点は、UNLDの草案が国名を「ミャンマー連邦」としているのに対しNLD草案は「ミャンマー連邦共和国」としている点からもうかがえる。UNLD草案が、明確な州自治を規定しているのに対し、NLD草案には、第111条および第112条に次のような条項があるのみである[54]。

第111条 （イ）本憲法は、すべての少数民族に対して、政治的、行政的、経済的、社会的等の自決権を付与する。（ロ）州政府は、当該州から選出された人民議会議員が互選した人物によって構成される。（ハ）各州政府の構成員は議長を互選し、その議長が、当該州の議長となる。（ニ）大統領は、その州の議長を閣僚に任命する。

第112条 州政府の議長は、直接にまたは彼が任命した官吏を通じて、当該州の行政権を行使する。

ここで挙げられている「州の議長」とは州議会の議長を意味するものなのかは不明である。またこの点も含め、全体的に見て表現も曖昧であり、UNLD草案に見られるような州の権限についての明確な規定がなされているとは言い難い。

さらに、中央レベルに少数民族の利害を反映させるメカニズムを見ても、同

---

51 連邦諸民族民主連盟［1990b］第126条。
52 連邦諸民族民主連盟［1990b］第63条。
53 UNLD草案には47年憲法の第10章「分離権」にあたる条項は見当たらない。
54 国民民主連盟［1990c］第111～112条。

様な曖昧さが残る。例えば、NLD草案では、人民議会が、法律の制定と憲法起草権限を有する唯一の機関とされているが、その人民議会は一院制で、議員の選出方法に関しては、秘密投票の厳守、および憲法の規定に違反しない選挙の実施とあるだけで、これ以外に明確な規定はない。[55] 行政権限は、大統領と首相にあり、47年憲法や74年憲法と比べ両者の関係は若干異なるが、いずれも人民議会が選出する。[56]

確かに、国民の自由投票によって選出された人民議会議員が立法、行政に大きな権限を持つ点では、議会制民主主義を指向しており、BSPPの候補者リストへの信任投票によって人民議会議員を選出していた74年憲法とは明らかに異なる。しかし、現行の選挙方法を用いれば、第2節で見てきたように、一院制の議会内でビルマ人が絶対的優位に立つことは必至である。このことを考えれば、少数民族の願望、考え方が中央政治に反映する可能性に関しては疑問視せざるを得ない。

筆者の入手日（1990年9月25日）から判断するに、NLD草案は、UNLD草案より先に作成されているため、完成度が低い点を考慮したとしても、UNLD草案と比較したとき、明らかに少数民族問題への配慮が欠落している。

以上2つの草案を少数民族問題を中心に比較したが、ここで特に注目したいのは、両草案の少数民族問題に対する取り組み方、その方向性である。NLDの草案を見る限り、民主化が先決で、少数民族問題は二次的な扱われ方でしかない。他方、UNLDの草案では、少数民族の自決権、自治権、政治的平等に細心の関心が払われている。同じくミャンマーの民主化を指向する勢力にあっても、その民主化の内容、民主化の目的、民主化へ向けての姿勢には、大きな隔たりがあったと言えよう。

---

55 国民民主連盟［1990c］第61～76条。
56 NLD草案では、緊急事態宣言は大統領が布告する（国民民主連盟［1990c］第79条）点、人民議会休会中に、大統領が必要と認めた場合には、大統領が法律の効力を有する緊急法令を発布できる（第80条）点で、47年憲法より大統領の権限を強化しようとする意図がうかがえる。しかし、「大統領は、憲法に規定された職務を除いては、首相の助言に従って、行動しなければならない」（第92条）となっており、その点では47年憲法と同様、首相に大きな権限が付与されていると考えることができる。また大統領、首相とも1院制の人民議会が選出する（第44条、第52条）点では74年憲法に近い。

おわりに

　以上、本章では、ミャンマー国内の民主化勢力であるNLDとUNLDといった2つの政党を取り上げ、民主化運動における両者の関係の分析を中心に、少数民族問題の現状の一端を、従来とはやや異なった視角から明らかにしようと試みた。

　民主化運動の展開に伴って、アウンサンスーチーとUNLDの間で、民主化と少数民族に対する平等な権利の付与とは不可分の関係にあるといった共通認識が形成され、話し合いによって問題を解決していこうという基本姿勢が確認された。これは、少数民族問題打開へ向けての新たな可能性が生まれたことを意味した。しかし、その後SLORC政権によるアウンサンスーチーの自宅軟禁を境に、NLDとUNLDとの話し合いによる合意の形成は期待通りの進展を見せず、1990年5月の総選挙を迎える。総選挙では、NLDと少数民族諸政党の間に明確な共闘関係は見られず、民主化という点では共通した目的を持ちながらも、現実には両者の利害が結果に反映された。アウンサンスーチーとUNLDの協議会でナイン・グーテェインが懸念した「少数民族問題の取り扱いが、ある1人の人物の生死によって左右される」といった指摘が再び現実のものとなった。また、総選挙後に出されたNLDおよびUNLDの2つの憲法草案では、8州構想を含む少数民族（州）への自治権の付与、連邦議会の構成をはじめとする中央政治へ少数民族の利害を反映させるメカニズム等に見られるように、少数民族問題に対する両者の考え方の違いが明白に現れた。NLDにとっては、あくまで民主化が最優先課題であり、少数民族問題は二次的な問題であった。UNLDにとっては、ミャンマー社会全体の民主化は必要・前提条件ではあるが、少数民族の権利保障は、同時並行的に目指されるべきものであり、けっして後回しにされてよいものではなかった。こうした一連の展開を見ると、少数民族問題への取り組み方、姿勢に、同じく民主化を目指す勢力であっても、ビルマ人と少数民族の間には、大きな隔たりがあることを改めて認識させられる。

　そして総選挙後のSLORCによる少数民族勢力を含む民主化勢力へのさらな

る弾圧によって、結果的に民主化運動によって生まれた少数民族問題解決への新たな可能性は、完全に断たれた。現在（1994年12月当時）、少数民族問題は、再び、SLORC（中央政府）と少数民族反乱軍との関係を中心に別の展開を見せている。SLORCは、93年より政策を転換し、少数民族反乱軍との個別「和平」交渉を進めた。軍事政権側のこうした政策転換は、国内の民主化勢力、少数民族勢力の弾圧の後になされたもので、民主化勢力と少数民族勢力の話し合いによる問題解決への可能性を排除した上で行なわれたものである。他方、これに応じた少数民族反乱軍側の事情としては、軍事政権とASEAN、中国との急接近によって、国境地帯における活動が制約されてきた点等が考えられる。こうした点を考慮すると、両者の間で対等な交渉が可能かについては否定的にならざるを得ない。かりに、SLORCと少数民族反乱軍との間に何らかの合意が成立したとしても、本章で明らかにしてきた問題点も含めて、この動きが問題の本質的な解決につながるといった点では疑問が残る。

　本章での分析は、ミャンマーにおける少数民族問題の複雑さ、根深さを再認識したにとどまったが、この問題に対する、民衆化運動への過度の期待・思い入れからもたらされた楽観的認識や、SLORC政権が進める少数民族反乱軍との「宥和」政策の背景にある安易な認識に、若干の疑問を投じることができたのではないかと思う。

あとがき

　はやいもので私が民主化運動さなかのミャンマーに3年間滞在してから既に四半世紀が過ぎた。大学の卒業論文で、植民地下ビルマの農民反乱をテーマとして取上げた頃からも含めれば、30年以上ミャンマーとかかわってきたことになる。その中で、やはり民主化運動の盛り上がり、軍のクーデタ介入、1990年総選挙とその結果の反故といった一連の流れを、現地で目の当たりにしたことの経験とその意味は重い。運動で犠牲になった方々の無念さは測り知れなかったであろう。改めて深く哀悼の意を表したい。しかし、そうした社会と個の絶対状況の中でのたうちまわった人々が、その後の私の研究における師になったことも事実である。そして、それは単なる研究の域にとどまらず、私の生き方自体にも少なからぬ影響を与えてくれたといっても過言ではない。日ごろ仏壇に手を合わせることもない私ではあるが、本書は、そうした方々に心から感謝の意味を込めて手向けた1本のお線香である。

　本書は、これまで私が公表してきた民主化運動に関する研究に加筆訂正を加えたものであるが、その構成の発想は、恩師田中忠治先生（東京外国語大学名誉教授）が1975年に文遊社から出版された『タイのこころ』から強く影響を受けている。『タイのこころ』自体は、タイ社会を支えている精神的基盤（タイのこころ）を、2つの相対立する代表的な歴史観（ククリット・プラモートとチット・プーミサックの歴史観）から析出したものであり、先生のその後のご研究（タイの旧社会の政治支配的イデオロギーと通俗道徳との関連の把握）の出発点となった著作であった。もちろん、本書にそれに匹敵する射程があるとは思えない。しかし、大学に入学して間もない私が触れた『タイのこころ』は、明らかに私自身の研究の出発点であった。先生からは、「まだ、このレベルかよ」とお叱りを受けるような気がしてならないが、本書には、そのような先生の一連ご著作、ご研究から、暗黙のうちに貴重なヒントを頂いている箇所が少なくない。いまでは聞き慣れない言葉になってしまった感があるが、学恩は計り知れない。厚く御礼申し上げたい。

本書出版にあたっては、他にも多くの方々からご協力、ご支援をいただいた。ミャンマーに専門調査員として派遣される際にお世話になった藪司郎先生（大阪外国語大学名誉教授）、また、現地滞在中、私の研究活動に深いご理解とご協力を賜った大鷹弘大使、川村知也大使をはじめとする外務省や大使館員の方々には、改めてお礼申し上げておきたい。中でも、ご本人が当時現地で撮影したビデオを提供いただき、そのキャプション画像の掲載を快諾してくださった元在ビルマ日本国大使館一等書記官、藤田昌宏氏には、画像の提供だけでなく、当時の現場においても教えられることも多かった。藤田氏の画像は、本書の内容の不備を補って余りあるものであり、心より感謝申し上げたい。

　最後になってしまったが、本書の出版は、北九州市立大学の学術出版助成をいただき、株式会社めこんから可能となった。その過程で、大学の担当職員の方々には、多大なご心配とお手数をおかけした、いわば身内であるので敢えてお名前は記さないが、こころよりお詫びとお礼を申し上げておきたい。出版に至る最終段階では、愛知大学伊東利勝先生のご紹介により、めこんの桑原晨氏とめぐり合うことができ、貴重なアドバイスを賜るとともに、考えられないほどのスピードで出版にこぎつけられた。伊東利勝先生、桑原晨氏へ心から感謝の意を表して、あとがきを終えたい。

伊野憲治

参考文献

【日本語文献】

アウンサンスーチー［1996a］（伊野憲治編訳）『アウンサンスーチー演説集』みすず書房．
─────［1996b］『ビルマからの手紙』毎日新聞社．
─────［2011］『絆こそ，希望の道しるべ～命あるかぎり，あきらめない～』K's パブリッシング．
─────［2012］『新ビルマからの手紙─1997～1998／2011─』毎日新聞社．
阿部謹也［1988］『自分のなかに歴史をよむ』筑摩書房．
荒井利明［1989］『ビルマの闇』亜紀書房．
飯島茂［1974］「国民形成と少数民族問題─ビルマにおけるカレン族の悲劇─」『アジア・アフリカ言語文化研究』第8号, 117-135．
五十嵐誠［2015］「少数民族と国内和平」工藤年博編『ポスト軍政のミャンマー─改革の実像─』アジア経済研究所, 157-182．
─────［2016］「アウンサンスーチー政権の挑戦─国民の期待と改革への課題─」永井浩・田辺寿夫・根本敬編著『「アウンサンスーチー政権」のミャンマー』明石書店, 11-45．
池田一人［2000］「ビルマ独立期におけるカレン民族運動─a separate state をめぐる政治─」『アジア・アフリカ言語文化研究』第60号, 37-111．
─────［2009］「ビルマ植民地期末期における仏教徒カレンの歴史叙述─『カイン王統史』と『クゥイン御年代記』の主張と論理─」『東洋文化研究所紀要』第156冊, 359-430．
─────［2012a］『日本占領期ビルマにおけるカレン＝タキン関係─ミャウンミャ事件と抗日蜂起をめぐって─』(Monograph Series No.11) 上智大学アジア文化研究所．
─────［2012b］「ビルマのキリスト教カレンをめぐる民族知識の形成史─カレン知の生成と『プアカニョウの歴史』の位置付けについて─」『東洋文化研究所紀要』第162冊, 154-266．
─────［2017］「ミャンマーにおけるカレン民族問題の起源とタキン史観に関する覚書き」EX ORIENTE, Vol.24, 27-61．
井田郁子［1994］「1993年のミャンマー──政権安定化と経済開放の模索─」『アジア動向年報』アジア経済研究所, 424-447．
伊東利勝［1988］「ビルマ民衆と日本」『毎日新聞』1988年9月10日夕刊．
─────［2006a］「『カレン』の発見─西洋人によるコンバウン朝ミャンマーのカレン像─（一）」『文學論叢』(愛知大學文學會) 第133輯, 17-37．
─────［2006b］「『カレン』の発見─西洋人によるコンバウン朝ミャンマーのカレン像─（二）」『文學論叢』(愛知大學文學會) 第134輯, 23-48．
─────［2015］「前近代ビルマ語における『百一の人種』について」『文學論叢』(愛知大學文學會) 第151輯, 1-33．
伊東利勝編［2011］『ミャンマー概説』めこん．
伊野憲治［1988］「ビルマ農民大反乱(1930-1932年)下の農民像」『地域研究』(東京外国語大学大学院地域研究研究会) 第5号, 80-126．
─────［1991a］「『デモクラシー』と『まなざし』─無限定に使われる『民主主義』の奥に

―」『東京大学新聞』1991 年 5 月 21 日．
―――――[1991b]「ミャンマー軍事政権 (SLORC) の政治姿勢について（Ⅰ）」『アジア経済』第 32 巻，第 12 号，65-78．
―――――[1992a]「ミャンマー軍事政権 (SLORC) の政治姿勢について（Ⅱ）」『アジア経済』第 33 巻，第 1 号，63-71．
―――――[1992b]「ミャンマー反政府・民主化運動における学生の論理―「全ビルマ学生連盟連合」を中心として―」『地域研究』（東京外国語大学大学院地域研究研究会）第 9 号，14-63．
―――――[1992c]「B・リントナー著『憤怒―ビルマ民主化闘争―』」『アジア経済』第 33 巻，第 5 号，95-99．
―――――[1992d]「[資料] 1990 年ミャンマー総選挙の結果」『通信』（東京外国語大学アジア・アフリカ言語文化研究所）第 75 号，14-41．
―――――[1993]「ミャンマー「民主化」運動における民衆行動の諸特徴」『北九州大学法政論集』第 21 巻，第 1 号，111-147．
―――――[1994]「理想的支配者を求めて―ミャンマー「民主化」運動下の民衆像―」田中忠治先生退官記念論文集刊行委員会編『地域学を求めて―田中忠治先生退官記念論文集―』田中忠治先生退官記念論文集刊行委員会，東京，209-251．
―――――[1995]「ミャンマー民主化運動と少数民族問題」『思想』No.850，114-138．
―――――[1996]「解説に代えて：真理を唯一の武器として」アウンサンスーチー（伊野憲治編訳）『アウンサンスーチー演説集』みすず書房，269-290．
―――――[1997]「『アジア復権論』再考―『ポスト・コロニアルの知』をめぐって―」『私学公論』第 217 号，6-12．
―――――[1998]『ビルマ農民大反乱（1930 ～ 1932 年）―反乱下の農民像―』信山社．
―――――[2000]「ミャンマー国軍の政治介入の論理―「国民政治」概念を中心として―」『東南アジア―歴史と文化―』No.29，3-26．
―――――[2001a]『アウンサンスーチーの思想と行動』(財) アジア女性交流・研究フォーラム．
―――――[2001b]「Maung Maung, The 1988 Uprising in Burma.」『アジア経済』第 42 巻，第 7 号，73-77．
―――――[2003a]「民主化運動下のラングーン日記抄（一九八八年六月一九日～八月三一日）」『北九州市立大学法政論集』第 30 巻，第 3・4 合併号，167-196．
―――――[2003b]「民主化運動下のラングーン日記抄（一九八八年九月一日～九月一七日）」『北九州市立大学法政論集』第 31 巻，第 1 号，11-28．
―――――[2004a]「民主化運動下のラングーン日記抄（一九八八年九月一八日～一〇月末日）」『北九州市立大学法政論集』第 31 巻，第 2・3・4 合併号，7-29．
―――――[2004b]「民主化運動下のラングーン日記抄（一九八八年一一月～一九八九年二月）」『北九州市立大学法政論集』第 32 巻，第 1 号，35-56．
―――――[2004c]「民主化運動下のラングーン日記抄（一九八九年三月～四月）」『北九州市立大学法政論集』第 32 巻，第 2・3 合併号，35-57．
―――――[2007]「国内アクターの動向―国軍、USDA、民主化勢力そして人々」笹川平和財団『20 年目の軍事政権―いまミャンマー何が起きているか』(SPF オンデマンドレポート集) 笹川平和財団，14-24．
―――――[2008]「新憲法とミャンマー政治のゆくえ」『アジ研　ワールド・トレンド』

No.155, 4-9.
――――［2010］「中西嘉宏著『軍政ビルマの権力構造――ネーウィン体制下の国家と軍隊1962-1988――』」『アジア経済』第51巻, 第7号, 87-91.
――――［2011a］「ミャンマー――人間関係で動く政治のジレンマ」清水一史・田村慶子・横山豪志編著『東南アジア現代政治入門』ミネルヴァ書房, 190-210.
――――［2011b］「政治」伊東利勝編『ミャンマー概説』めこん, 40-56.
――――［2012］「軍政下の民主化運動と今後の展望」工藤年博編『ミャンマー政治の実像――軍政23年の功罪と新政権のゆくえ――』アジア経済研究所, 101-137.
――――［2013］「民主化運動とアウンサンスーチー――信念と妥協の間で」田村克己・松田正彦編著『ミャンマーを知るための60章』明石書店, 242-245.
――――［2014］「ミャンマー人にとっての「デモクラシ」とは」『アジ研　ワールド・トレンド』No.221, 1.
――――［2015］「民主化運動下のラングーン日記抄（1989年5月～1991年2月）」『基盤教育センター紀要』第23号, 85-176.
――――［2016a］「［資料］2015年ミャンマー総選挙の結果」『基盤教育センター紀要』第24号, 85-133.
――――［2016b］「2008年憲法の概要と憲法改正への動向」阿曽村邦明・奥平龍二編『ミャンマー――国家と民族――』古今書院, 438-449.
――――［2016c］「ミャンマー民主化運動――物語の序幕――」永井浩・田辺寿夫・根本敬編著『「アウンサンスーチー政権」のミャンマー――民主化の行方と新たな発展モデル――』明石書店, 47-79.
今川瑛一［1971］『ネ・ウィン軍政下のビルマ』アジア評論社.
岩城高広［1994］「ビルマ・コンバウン朝の支配構造とミョウダヂー」田中忠治先生退官記念論文集刊行委員会編『地域学を求めて――田中忠治先生退官記念論文集』同委員会, 東京, 253-291.
岩本裕［1982］『日常佛教語』中公新書.
エリクソン, E.H.［1973］（星野美賀子訳）『ガンディーの真理　1,2』みすず書房.
大野徹［1969］「ビルマにおけるカレン民族の独立闘争史（その1）」『東南アジア研究』第7巻, 第3号, 363-390.
――――［1970a］「ビルマにおけるカレン民族の独立闘争史（その2）」『東南アジア研究』第7巻, 第4号, 546-570.
――――［1970b］「ビルマにおけるカレン民族の独立闘争史（その3）」『東南アジア研究』第8巻, 第1号, 64-90.
――――［1977］「少数民族の運動と中ソ対立」浅野幸穂編『中ソ対立とアジア　一九六八―七五』アジア経済研究所, 169-188.
――――［1988］「社会主義ビルマの試練」『経済往来』1988年11月号, 64-73.
――――［1989］「ビルマ―破綻した『ビルマ式社会主義』―」『アジア研究』第35巻, 第3号, 69-88.
大津典子［2012］『アウンサンスーチーへの手紙』毎日新聞社.
荻原弘明・和田久徳・生田滋［1983］『東南アジア現代史Ⅳ　ビルマ・タイ』山川出版社.
奥平龍二［1989］「『バーマ』から『ミャンマー』へ」『東京外国語大学アジア・アフリカ言語文化研究所通信』第67号, 13.

―――［1990］「国民統合の政治思想―『ビルマ的社会主義』論―」土屋健治編集責任『講座東南アジア学　六　東南アジアの思想』弘文堂, 173-205.

―――［1993］「コンバウン王朝ビルマの成立と成文法『マヌヂェ・ダンマタッ』の編纂―第一編「王権神話」の創作をめぐって―」『東洋學報』第74巻, 第1,2号, 1-29.

長田紀之［2014］「植民地期ビルマ・ラングーンにおける華人統治―追放政策の展開を中心に―」『華僑華人研究』11号, 18-37.

長田紀之・中西嘉宏・工藤年博［2016］『ミャンマー2015年総選挙―アウンサンスーチー新政権はいかに誕生したのか―』アジア経済研究所.

加藤博［1982］『地図にない国からの報告』晩聲社.

河田潤一［1990］『比較政治と政治文化』ミネルヴァ書房.

ガンディー, マハトマ［1971］（森本達雄訳）『わたしの非暴力　1,2』みすず書房.

北原淳［1993］「タイ研究における"Loose Structure"概念」『東南アジア―歴史と文化―』第22号, 180-200.

桐生稔［1975］「ビルマ社会主義とその変容過程」大野徹, 桐生稔, 斎藤照子『ビルマ―その社会と価値観―』現代アジア出版会.

―――［1979］『ビルマ式社会主義―自立発展へのひとつの実権―』教育社.

―――［1990］「NLD圧勝と民主化の可能性」『アジアトレンド』第50号, 1990年6月, 10-17.

桐生稔・髙橋昭雄［1989］「1988年のビルマ―『ビルマ式社会主義』体制の崩壊―」『アジア動向年報　1989年版』479-512.

桐生稔・西澤信善［1996］『ミャンマー経済入門―開放市場への胎動―』日本評論社.

草野厚［1996］「スーチー英雄史観には呆れる」『諸君！』第28巻, 第8号, 128-136.

工藤年博［1997］「1996年のミャンマー：動き出す経済―出口の見えない政治状況の中で―」『アジア動向年報』アジア経済研究所, 423-452.

―――［1998］「1997年のミャンマー：軍政の再出発―厳しさ増す国際環境の中で―」『アジア動向年報』アジア経済研究所, 431-456.

―――［1999］「1998年のミャンマー：深める『政治不況』―政治対立と経済不況の悪循環」『アジア動向年報』アジア経済研究所, 427-454.

―――［2012a］「ミャンマー軍政の23年―なにをめざし, なにを実現したか―」工藤年博編『ミャンマー政治の実像―軍政23年の功罪と新政権のゆくえ―』アジア経済研究所, 3-39.

―――［2012b］「2010年ミャンマー総選挙結果を読む」工藤年博編『ミャンマー政治の実像―軍政23年の功罪と新政権のゆくえ―』アジア経済研究所, 41-70.

クニパラーニ, K.［1983］（森本達雄訳）『ガンディーの生涯（上）（下）』第三文明社.

小林正弥［2000］『政治的恩顧主義論―日本政治研究序説―』東京大学出版会.

斎藤紋子［2012］「ミャンマーにおける『バマー・ムスリム』概念の形成―1930年代ナショナリズム高揚期を中心として―」『東南アジア―歴史と文化―』第41号, 5-29.

―――［2015］「ミャンマー社会におけるムスリム―民主化による期待と現状―」工藤年博編『ポスト軍政のミャンマー―改革の実像―』アジア経済研究所, 183-204.

斎藤照子［1988a］「ビルマ式社会主義とは何だったのか」『世界』1988年10月号, 10-14.

―――［1988b］「対ビルマODA（政府開発援助）―『援助』が招いた経済・環境破壊への道と日本の責任―」『現代農業』1988年11月増刊号, 58-67.

―――――［1988c］「ビルマ―逆流の構図―」『世界』1988 年 12 月号 , 161-168.
齋藤瑞枝［2000］「1950 年代におけるアラカン人仏教徒議員の新州設立要求」『東南アジア研究』第 37 巻第 4 号 , 535-555.
在日ビルマ人協会［1993］『アウンサン・スーチー女史スピーチ集』在日ビルマ人協会 .
在ビルマ日本大使館［1987］『ビルマ事情』ヤンゴン .
在ミャンマー日本国大使館［1990］『国民民主連盟（NLD）の組織』ヤンゴン .
佐久間平善［1984］『ビルマ現代政治史』勁草書房 .
―――――［1993］『ビルマ（ミャンマー）現代政治史　増補版』勁草書房 .
早乙女勝元編［1996］『スーチーさんのいる国―ビルマと日本の接点―』草の根出版会 .
坂本德松［1969］『ガンディー』清水書院 .
佐々木潤之介［1982］「民衆史とその課題について」佐々木潤之介 , 石井進編『新編日本史研究入門』東京大学出版会 , 123-142.
スェースェー［2007］「希望を信じる日に向かって」藤目ゆき監修 , タナッカーの会編 , 富田あかり訳『女たちのビルマ―軍事政権下を生きる女たちの声―』明石書店 , 143-151.
髙谷紀夫［1986］「Pwe の世界―ビルマ儀礼論―」『鹿児島大学教養部史学科報告』第 33 号 , 41-54.
―――――［1993］「民族の『仲間』意識と『よそ者』意識―ビルマ世界におけるシャンの視角―」飯島茂編『せめぎあう「民族」と国家』アカデミア出版会 , 59-82.
―――――［2017］「シャン民族知と近代」『アジア社会文化研究』第 18 号 , 35-64.
髙橋昭雄［1988］「"米の国"ビルマに明日はあるか―独自の社会主義を破綻させた農業政策の失敗―」『エコノミスト』1988 年 11 月 15 日号 , 68-73.
―――――［1992］『ビルマ・デルタの米作村―『社会主義』体制下の農村経済―』アジア経済研究所 .
―――――［2012］『ミャンマーの国と民―日緬比較農村社会論の試み―』明石書店 .
高根務［1991］「ミャンマーの民族問題―歴史的構造変化と現状―」『アジアトレンド』第 53 号 , 1991 年 2 月 , 80-98.
田中忠治［1975］『タイのこころ』文遊社（めこん）.
―――――［1981］『新タイ事情（上）（下）』日中出版 .
―――――［1982］「東南アジア像を求めて―新タイ事情余話―（1）～最終回（11）」『アジアと日本』（アジア社会問題研究所）, No.98, 30-31, No.99, 24-25, No.100, 40-41, No.101, 30-31, No.102, 30-31, No.103, 32-33, No.104, 32-33, No.105, 32-33, No.106, 32-33, No.107, 32-33, No.108, 34-35.
―――――［1988］『タイ―歴史と文化―』日中出版 .
―――――［1993］「アジア・太平洋の時代と東南アジア」中嶋嶺雄・清水透編『転換期としての現代世界―地域から何が見えるか―』国際書院 , 114-129.
―――――［2008］『タイ社会の全体像―地域学の試み―』日中出版 .
―――――［2014］『「地域学」の構築を目指して―わがタイ研究―』桂書房 .
田辺寿夫［1989］『ドキュメント・ビルマ民主化運動』梨の木舎 .
田辺寿夫・根本敬［2003］『ビルマ軍事政権とアウンサンスーチー』角川書店 .
田村克己［1983a］「地域研究Ⅱ：東南アジア―ビルマにおける民族問題と国家統合―」『金沢大学文学部論集　行動科学科篇』第 3 号 , 45-56.
―――――［1983b］「宗教と世界観」綾部恒雄・永積昭編『もっと知りたいビルマ』弘文堂 ,

　　　　　　99-136.
―――――［1984］「ビルマのナッ信仰」青木保編集『現代の人類学4　象徴人類学』（現代のエスプリ別冊）至文堂, 153-164.
―――――［1987a］「ビルマの精霊信仰再考序説」『史録』第19号, 39-53.
―――――［1987b］『伝統』の継承と断絶―ビルマ政治のリーダーシップをめぐって―」伊藤亜人・関本照夫・船曳建夫編『現代の社会人類学3　国家と文明への過程』東京大学出版会, 83-106.
―――――［1991a］「王権と『叛逆』―ビルマの王権をめぐって―」松原正毅『王権の位相』弘文堂, 175-93.
―――――［1991b］「基層文化とヒンドゥイズム―和会通釈の論理―」前田成文編集責任『講座東南アジア学五　東南アジアの文化』弘文堂, 21-48.
―――――［1995］「仏教の周縁にて―ビルマのナッとガイン―」田辺繁治編著『アジアにおける宗教の再生―宗教的経験のポリティクス―』京都大学学術出版会, 131-151.
チェーモン・ウー・タウン［1991］（田辺寿夫訳, 在日ビルマ人協会編）『ビルマでいま、何が、起きているのか？』梨の木舎.
土佐桂子［1995］「ビルマにおけるウェイザー（超能力者）信仰の研究」総合大学院大学博士論文.
―――――［1996］「ビルマにおけるウェイザー（超能力者）信仰の一考察―ガインにとってのローキーとローコゥタラー―」『民族学研究』第61巻, 第2号, 215-242.
―――――［2000］『ビルマのウェイザー信仰』勁草書房.
長崎暢子［1992］「ガンディー『ヒンドゥ・スワラージ』」長崎暢子・山内昌之編『現代アジア論の名著』中央公論社, 160-172.
―――――［1996］『ガンディー反近代の実験―』岩波書店.
中西嘉宏［2009］『軍政ビルマの権力構造―ネー・ウィン体制下の国家と軍隊1962 – 1988―』京都大学出版会.
―――――［2012］「国軍―正統性なき統治の屋台骨―」工藤年博編『ミャンマー政治の実像―軍政23年の功罪と新政権のゆくえ―』アジア経済研究所, 71-100.
―――――［2015］「民政移管後のミャンマーにおける新しい政治―大統領・議会・国軍―」工藤年博編『ポスト軍政のミャンマー―改革の実像―』アジア経済研究所, 25-52.
中根千枝［1977］『タテ社会の人間関係―単一社会の理論―』講談社現代新書.
中野亜里［1988］「ビルマ民主化運動の動向」『世界経済』1988年12月号, 16-24.
ナンブーディリッパドゥ［1985］（大形孝平訳）『マハートマとガンディー主義』研文出版.
西澤信善［1989］「破綻したビルマ型社会主義」『世界経済評論』第33巻, 第1号, 60-66.
―――――［2000］『ミャンマーの経済改革と開放政策―軍政10年の総括―』勁草書房.
西山孝純［1994］『カレン民族解放軍のなかで』アジア文化社.
根本敬［1988］「ビルマにおける民族主義と社会主義―民主化闘争の歴史的背景―」『海外事情』（拓殖大学海外事情研究所）1988年11月号, 27-43.
―――――［1990］「ビルマ国軍の論理―迷走する『予言者なき武装集団』―」『東京外国語大学アジア・アフリカ言語文化研究所　通信』第70号, 12-17.
―――――［1991a］「仏像の胸とスー・チー女史」『東京外国語大学アジア・アフリカ言語文化研究所　通信』第71号, 40.
―――――［1991b］「『ビルマ』か『ミャンマー』か」『東京外国語大学アジア・アフリカ言語

　　　　文化研究所　通信』第 73 号 , 22-25.
──── ［1992a］「仏像の左胸がふくらんで、母なるアウン・サン・スー・チーが誕生した！」
　　　　『世界の読み方が変る本』（別冊『宝島』153）167-178.
──── ［1992b］「ビルマ（ミャンマー）」吉川利治編著『近現代史のなかの日本と東南アジ
　　　　ア』東京書籍 , 227-271.
──── ［1996］『アウン・サン―封印された独立ビルマの夢―』岩波書店 .
──── ［2015］『アウンサンスーチーのビルマ―民主化と国民和解への道―』岩波書店 .
野田真里 ［1997］「カンボジアの和平・復興と日本」マハ・ゴサナンダ（馬籠久美子・野田真
　　　　里訳）『微笑みの祈り』春秋社 , 137-161.
フィッシャー , ルイス［1968］（古賀勝郎訳）『二十世紀の大政治家 2　ガンジー』紀伊国屋書店 .
藤田昌宏 ［1989］『誰も知らなかったビルマ』文藝春秋 .
松本亜里 ［1995］「メリー・ソーの記憶　連載①」『思想の科学』第 34 号 , 100-116.
三上義一 ［1991］『アウン・サン・スー・チー―囚われの孔雀―』講談社 .
南田みどり ［1997］「アウンサンスーチー―孔雀は飛翔するか―」山崎朋子編著『アジアの女
　　　　性指導者たち』筑摩書房 , 179-220.
武藤光朗 ［1992］「サン・スー・チーのアジアか , マハティールのアジアか」『諸君！』第 24 巻 ,
　　　　第 5 号 , 40-51.
森茂雄 ［1991］「ビルマにおける『功徳』獲得行為と"Kan"の観念に関する覚書―伝統的政
　　　　治との関わりをめぐって―」『歴史と構造―文化人類学的研究―』第 19 号 , 15-30.
安丸良夫 ［1974］『日本の近代化と民衆思想』青木書店 .
矢野暢 ［1968］『タイ・ビルマ現代政治史研究』京都大学東南アジア研究センター .
藪史郎 ［1990］「ビルマ語―形式ばらないことば」『地理月報』No.382, 9-10.
──── ［1992］「ビルマ語」亀井孝・河野六郎・千野栄一編著『言語学大辞典』第 3 巻 , 三
　　　　省堂 , 567-610.
山田順一 ［1989］「ミャンマー（ビルマ）の経済開放化政策」『基金調査月報』No.63, 138-
　　　　147.
ロラン , ロマン ［1983］（宮本正清訳）『マハトマ・ガンジー』みすず書房 .

（ビデオ記録）
藤田昌宏［1989］『学生たちの無念の涙―ビルマ民主化運動ビデオ報告(1988 〜 89 年)―』東京 .

【英語文献】
A Tatmadaw Resercher ［1991］ *A Concise History of Myanmar and The Tatmadaw's Role 1948-1988*,
　　　Volume (I), Yangon（ある軍人研究者［1990］の英訳）.
Abbott, Gerry ［1990］ *Back to Mandalay － An Inside View of Burma*, Oxford in Asia Paperbacks,
　　　Kent.
Ang Chin Geok ［1998］ *Aung San Suu Kyi : Towards a New Freedom,* Prentice Hall, Sydny.
Aris, Michael ［1991］ "Introduction," Aung San Suu Kyi, ［1991b］, xvii-xxx.
Aung San ［1974］ *Burma's Challenge 1946*, Tathetta Sarpay, South Okkalapa.
Aung San Suu Kyi ［1990］ *Burma and India : Some Aspects of Intellectual Life under Colonialism*,
　　　Shimla.
──── ［1991a］　*Aung San of Burma*, Kiscadale Publications, Edinburgh,

―――― [1991b] Miceal Aris ed., *Freedom from Fear and other writings*, Penguin Books（アウンサン・スーチー［ヤンソン由美子訳］『自由』集英社 , 1991）.

―――― [1997a] *Letters from Burma*, Penguin Books（土佐桂子・永井浩訳『ビルマからの手紙』毎日新聞社 , 1996）.

―――― [1997b] *The Voice of Hope : Conversations with Alan Clements with Contributions by U Kyi Maung and U Tin U*, Penguin Books（大石幹夫訳『希望の声―アラン・クレメンツとの対話―』岩波書店 , 2000）.

―――― [1997c] *Heavenly Abodes and Human Development*, CAFOD, London. Aung-Thwin, Micheal [1985] "Hierarchy and Order in Pre-Colonial Burma," *Journal of Southeast Asian Studies*, Vol.XV, No.2, 224-232.

―――― [1985] *Pagan : The Origin of Modern Burma*, Honolulu.

Brohm, John [1963] "Buddhism and Animism in a Burmese Village," *The Journal of Asian Studies*, Vol.XXII, No.2, 155-167.

Brown, R. Grant [1921] "The Pre-Buddhist Religion of Burmese," *Folk-Lore*, Vol. XXXII, No.II,.77-100.

―――― [1926] *Burma As I Saw It 1887-1917 : With A Chapter on Recent Events*, Methuen & Co. Ltd., London.

Butwell, Richard [1963] *U Nu of Burma*, Stanford University Press, Stanford.

CA [1994] *Clarification by National Convention Working Committee Chairman U Aung Toe at The Plenary Session of The National Convention Prescribing of Self-administered Divisions and Self-administered Zone and Constituting Legislative, Executive and Judicial Affairs(2-9-94)*, Yangon.

Cady, John F. [1958] *A History of Modern Burma*, Cornell Univ. Press.

Chao Tzang Yawnghwe [1990] *The Shan of Burma : Memories of a Shan Exile*, Singapore.

Crouch, Harold [1985] "The Military and politics on South-East Asia," Zakaria Haji Ahmad, Harold Crouch(ed.), *Military-Civilian Relations in South-East Asia*, Oxford University Press, Singapore.

Falla, Jonathan [1991] *True Love and Bartholomew : Rebels on Burmese Border*, Camridge Univ. Press.

Furnivall, J. S. [1958] *The Government of Modern Burma*, New York.

Gandhi, M.K. [1948] *Gandhi's Autobiography : The Story of My Experiments with Truth*, Washington, D.C.,1948（蠟山芳郎責任編集『世界の名著 77 ガンジー ネルー』中央公論社 ,1979）.

―――― [1938] *Hind Swaraj or Indian Home Rule*, Ahmedabad, 1938, 58-59（森本達夫訳『人類の知的遺産 64 ガンディー』講談社 ,1981）.

Government of the Union of Burma [1948?] *Burma's Fight for Freedom : Independence Commemoration*, Rangoon.

―――― [1949] *Burma and Insurrection*, Rangoon.

―――― [1953] *Kuomintang Aggression against Burma*, Rangoon.

―――― [1960] *Is Trust Vindicated? : The Chronicle of a Trust, Striving, & Triumph*, Rangoon.

Gravers, Mikael [1999] *Nationalism as Political Paranoia in Burma*, Curzon Press.

Hidalgo, Cristina Pantoja [1996] *Five Years in a Forgotten Land : A Burmese Notebook*, Revised Edition, University of Philillines Press, Quezon (First Edition 1991).

Houtman, Gustaaf [1999] *Mental Culture in Burmese Crisis Politics : Aung San Suu Kyi and the National League for Democracy*, Institute for the Study of Languages & Cultures of Asia &

Africa, Tokyo.

Kanboza Win [1994？] *Daw Aung San Suu Kyi : The Nobel Laureate*, n.p.n.d.(1994-?).

Keeler, Ward [1997] *Fighting for Democracy on a Heap of Jewels*, Working Paper No.102, Monash Asian Institute Centre of Southeast Asian Studies, Monash University, Clayton.

Kraft, Kenneth [1996] "Engaged Buddhism," Arnokd Kotler(ed.), *Engaged Buddhist Reader*, Parllex Press, Berkeley, 64-69.

Kreager, Philip [1991] "Aung San Suu Kyi and the Peaceful Struggle for Human Rights in Burma," Aung San Suu Kyi [1991b] , 284-325.

Kyi Lin（Maung）[n.d.] *Articles on National Convention*, Yangon.

Lehman F. K. [1969] "Ethnic Categories in Burma and Theory of Social System," Peter Kunstadter(ed.), *Southeast Asian Tribes, Minorities, Nations*, Vol. I, Princeton Univ. Press, 93-124.

Ling, Trever O. [1988] "Religious Minorities in Burma in the Contemporary Period," K. M. de Silva, Pensri Duke, Ellen S. Goldberg & Nathan Katz(ed.) , *Ethnic Conflict in Buddhist Societies : Sri Lanka, Thailand and Burma*, Westview Press, Boulder(Colorado) 172-186.

Lintner, Bertil [1984] "The Shans and the Shan State of Burma," *Contemporary Southeast Asia*, Vol.5, No.4, 403-450.

―――― [1989] *Outrage ‒ Burma's Struggle for Democracy*, Hong Kong.

―――― [1990a] *Outrage ‒ Burma's Struggle for Democracy*, London, 2nd edit.

―――― [1990b] *Aung San Suu Kyi and Burma's Unfinished Renaissance*, Bangkok.

―――― [1990c] *The Rise and Fall of the Communist Party of Burma (CPB)*, Southeast Asia Program, Cornell University, New York.

―――― [1990d] *Land of Jade : A journey Through Insurgent Burma*, Bangkok.

―――― [1994] *Burma in Revolt : Opium and Insurgency Since 1948*, Bangkok.

―――― [2011] *Aung San Suu Kyi and Burma's Struggle for Democracy*, Bangkok.

Lowis, C. C. [1902] *Cencus of India*, 1901, Vol.XII, Burma, Part I, Report, Calcutta.

Maung Maung [1959] *Burma's Constitution*, The Hague.

―――― [1969] *Burma and General Ne Win*, Rangoon.

―――― [1999] *The 1988 Uprising in Burma*, Yale University Southeast Asian Studies, New Haven.

Maung Maung Gyi [1983] *Burmese Political Values : The Socio-Political Roots of Authoritarianism*, Praeger, New York.

Maureen Aung-Twin [1989] "Burmese Days," *Foreign Affairs*, Vol.68, No.2, 143-161.

Ministry of Information of the Government of the Union of Myanmar [1989a] *Burma Communist Party's Conspiracy to Take over State Power*, n.p. [Yangon] .

―――― [1989b] *The Conspiracy of Treasonous Minions within the Myanmar Naingngan and Traitorous Cohorts Abrouad*, Yangon.

Mulder, Niels [1979] "Concepts of Power and Moral Goodness in Contemporary Thai Worldview," *Journal of the Siam Society*, Vol.67, Part 1, 111-131.

Nash, Manning [1965] *The Golden Road to Modernity : Village Life in Contemporary Burma*, John Wiley & Sons, Inc., New York.

Nemoto, Kei [1996] "Aung San Suu Kyi and Burmese Nationalism,"『東京外国語大学アジア・アフリカ言語文化研究所　通信』第 86 号 , 20-31.

Nehru, Jawaharlal [1959]　*The Discovery of India*, New York（辻直四郎他訳『インドの発見　上，下』岩波書店,1956）.

Network for Democracy and Development Documentation and Research Department [2007]　*The White Shirts : How the USDA Will Become the New Face of Burma's Dictatorship*, Mae Sot,Tak.

O'Brien, Harriet [1991]　*Forgotton Land—A Rediscovery of Burma—*, London（田辺希久子訳『忘却の国—ミャンマー再発見の旅—』心交社,1992）.

Oishi, Michio [1997]　*Aung San Suu Kyi's Struggle : Its Principles And Strategy*, Just World Trust, Penang.

Pe Kan Kaung [1996]　"What is Aung SanSuu Kyi? : Whither goest she? 1-65," *New Light of Myanmar*, 21 July, 1996-3 October, 1996.

Popham, Peter [2012]　*The Lady and The Peacock : The Life of Aung San Suu Kyi*, London（First published in 2011）（宮下夏生・森博行・本城悠子訳『アウンサンスーチー—愛と使命—』明石書店,2012）.

Pyankyayei Wunkyithana（情報省）[1990a]　*State Law and Order Restoration Council Chairman Commander-in-Chief of The Defence Services General Saw Maung's Addresses*, n.p. [Yangon].

——— [1990b]　*Scheming and Activites of the Burma Communist Party Politburo to Seize State Power*, n.p. [Yangon].

Pye, Lucian W. [1962]　*Politics, Personality, and Nation Building : Burma's Search for Identity*, Yale University Press, New Haven.

Rangoon University Students' Union [1988]　*Forward Demands of the Union of Students to the Fascist Ne Win's Government*, n.d. [6.1988], n.p. [Yangon].

Sarkisyanz, E. [1965]　*Buddhist Backgrounds of the Burmese Revolution*, Martinus Nijhoff, Hague.

Saw Maung [1988a]　"General Saw Maung addresses the nation on 23 September, 1988," Pyankyayei Wunkyithana（情報省）[1990a] 24-30.

——— [1988b]　"General Saw Maung : 'I Saved Burma'," Pyankyayei Wunkyithana（情報省）[1990a] 47-50.

Scott, James C. [1972a]　"Patron-Client Politics and Political Change in Southeast Asia," *The American Political Science Review*, Vol.LXVI, No.1, 91-113.

——— [1972b]　"The Erosion of Patoron-Client Bonds and Social Change in Rural Southeast Asia," *The Journal of Asian Studies*, Vol.XXXII, No.1, 5-37.

Scott, J. G. [1921]　*Burma : A Handbook of Practical Information*, Daniel O'connor, London.

Selth, Andrew [1989]　*Death of Hero : The U Thant Disturbances in Burma, December 1974*, Rserch Paper No.49, Centre for the Study of Australian-Asian Relations, Griffith University.

SDOSNC [1994]　*Salient Declaralation Orders and Speeches Relating to National Convention of Union of Myanmar*, Yangon.

Sein Win, Guardian [1959]　*The Split Story : An Account of Political Upheaval in Burma*⋯, Rangoon [1989, Rangoon].

Shway Yoe(J. G. Scott) [1910]　*The Burman : His Life and Notions*, Macmillan and Co. Limited, London.

Silverstein, Josef [1977]　*Burma : Military Rule and the Politics of Stagunation*, Cornell Univ. Press.

——— [1980]　*Burmese Politics : The Dilemma of National Unity*, Rutgers University Press, New Brunswick.

―――― [1981] "Minority Problems in Burma since 1962," F. K. Lehman(ed.), *Military Rule in Burma since 1962*, Hong Kong, 51-58.
―――― [1987] "National Unity in Burma : Is It Possible?" KusumaSnitwongse & Sukhumbhand Paribatra(ed.), *Durable Stability in Southeast Asia*, Singapore, 75-95.
―――― [1990a] "Civil War and Rebellion in Burma," *Journal of Southeast Asian Studies*, Vol.XXI, No.1, 14-134.
―――― [1990b] "Aung San Suu Kyi : Is She Burma's Woman of Destiny?" *Asian Survey*, Vol. XXX, No.10, 1007-1019.
―――― [1996] "Burma's Uneven Struggle," *Journal of Democracy*, Vol.7, No.4, 88-102.
Sivaraksa, Sulak [1996] "Buddhism in a World of Change," Arnokd Kotler(ed.), *Engaged Buddhist Reader*, Parllex Press, Berkeley.Arnokd, 70-78.
Smith, Donald Eugene [1965] *Religion and Politics in Burma*, Priceton University Press, Priceton.
Smith, Martin [1991] *Insugency and Politics of Ethnicity*, London.
Socialist Republic of the Union of Burma Ministry of Home and Religious Affairs [1986] *Burma 1983 Population Cencus*, Rangoon.
Spiro, Melford E. [1974] *Burmese Supernaturalism* (Expanded Edition), Philadelphia.
―――― [1980] *Buddhism and Society : A Grate Tradition and Its Burmese Vicissitudes* (Second, Expanded Edition), Barkeley.
Steinberg, David I. [1982] *Burma: A Socialist Nation of Southeast Asia*, Boulder.
―――― [1984] "Constitutional and political bases of minority insurrections in Burma," Limjoo-Jack &Vani S. (ed.), *Armed Separatism in Southeast Asia*, Singapore, 49-80.
―――― [1990] *The Future of Burma-Crisis and Choice in Myanmar*, London.
Stewart, Whitney [1997] *Aung San Suu Kyi : Fearless Voice of Burma*, Lerner Publication Company, Minneapolis.
Tamura, Katsumi [1983] "Intimate Relationships in Burma," *East Asian Cultural Studies*, Vol.XXII, No.1-4,11-36.
Taylor, Robert H. [1978] *Foreign and Domestic Concequences of the KMT Intervention in Burma*, Ithaca.
―――― [1979] "Burma's National Unity Problem and the 1974 Constitution," *Contemporary Southeast Asia*,Vol.1, No.3,232-248.
―――― [1985] "Government resposes to armed communist and separatist movements : Burma," Chandran Jeshurun(ed.), *Government and Rebbellion in Southeast Asia*, Singapore,103-125.
―――― [1987] *The State in Burma*, London.
―――― [1989] "Burma," Zakaria Haji Ahmad, Harold Crouch(ed.), *Military-Civilian Relations in South-East Asia*, Oxford University Press, Singapore.
―――― [1991] "Chainge in Burma, Political Demands and Military Power," *Journal of the Royal Society for Asian Affairs*, Vol.XX Ⅱ, Part Ⅱ, 131-141.
Temple, R. C. [1906] *The Thirty-seven Nats : A Phase of Sprit-Worship prevailing in Burma*, London.
Than E(Ma) [1991] "A Flowering of Sprit : Memories of Suu and Her Family," Aung San Suu Kyi [1991b], 241-257.
Thanmani, Bo [1990a] "Open Letter to Professor Sadako Ogata from United Nation Commission on Human Right-1," *Working People's Daily*, 5 November 1990.

──── [1990b] "Open Letter to Professor Sadako Ogata from United NationCommission on Human Right-2," *Working People's Daily*, 6 November 1990.

──── [1990c] "Massacre at Taunggan Villege by the British Army, 2 May1942," *Working People's Daily*, 9 November 1990.

──── [1990d] "Massacre at Taunggan Villege by the British Army, 2 May 1942," *Working People's Daily*, 10 November 1990.

The Burma Socialist Programme Party [1964] *The System of Correlation of Man and his Enviroment*, Rangoon.

The Fourteenth Dalai Lama [1997] *Kindness, Clarity, and Insight*, Snow Lion Publications, Ithaca (ダライラマ 14 世テェンジン・ギャツォ [三浦順子訳]『ダライ・ラマ　愛と非暴力』春秋社 ,2000).

The Government of Burma [1934] *The Origin and Causes of the Burma Rebellion(1930-32)*, Rangoon (The India Office Library and Records, Political and JudicialCorrespondence File No.7347(1930), Burma Rebellion General File [P&J2020] 所収).

The Revolutionary Council of the Union of Burma [1962] "The Burmese Way to Socialism : The Policy Declaration of the Revolutionary Council," The Burma Socialist Programme Party [1964] 41-52.

The Union Solidarity and Development Association [2007a] *Facts relating to the Union Solidarity and Development Association*, Yangon, 3-9-2007.

──── [2007b] *Successful Implementation of the Seven-Point Road Map*, Yangon, 3-9-2007.

Tinker, Hugh [1957] *The Union of Burma : A Study of the First Year of Independence*, Oxford Univ. Press.

Tin Maung Maung Than [1993] "Neither Inheritance nor Legacy : Leading the Myanmar State since Independence," *Contemporary Southeast Asia*, Vol.15, No.1, 24-63.

Trager, Frank N. [1966] *Burma : From Kingdom to Republic*, New York.

Victor, Barbara [1998] *The Lady : Aung San Suu Kyi Nobel Laureate and Burma's Prisoner*, Faber and Faber, Boston.

Webb, C. Morgan [1912] *Cencus of India*, 1911, Vol.IX, Burma, Part I, Report, Rangoon.

Wiant, Jon A. [1984] "Insugency in the Shan State," Limjoo-Jack &Vani S. (ed.), *Armed Separatism in Southeast Asia*, Singapore, 81-107.

Wintle, Justin [2007] *Perfect Hostage : A Life of Aung San Suu Kyi*, London.

Yitri, Maksha [1989] "The Crisis in Burma—Back from the Heart of Darkness—," *Asian Survey*, Vol.XXIX, No.6, 543-558.

(新聞、雑誌、機関紙)
Dawn
Working People's Daily
New Light of Myanmar

【ビルマ語文献】(※が付されている文献はアウンサンスーチー[1996a]所収の原典)

アウンサン［1971］　『アウンサン将軍演説集［1945 - 1947年］』サーペー・ベイマン、ヤンゴン.

အောင်ဆန်း၊ ဗိုလ်ချုပ်အောင်ဆန်းမိန့်ခွန်းများ ၁၇.၃.၄၅ မှ ၁၉.၇.၄၇ အထိ၊ စာပေဗိမာန်၊ ရန်ကုန်၊ ၁၉၇၁။

アウンサンスーチー［1988a］※　『1988年8月24日ヤンゴン総合病院心臓病科前、作家・芸術家の演壇におけるアウンサンスーチー演説』ヤンゴン（アウンサンスーチー［1996a］42-43).

အောင်ဆန်းစုကြည်၊ ၂၄ဩဂုတ်၁၉၈၈ရန်ကုန်ပြည်သူ့ဆေးရုံကြီးနှလုံးရောဂကဋ္ဌာနရှေ့စာပေ၊ အနုပညာရှင်များ၏စင်မြင့်တွင်....အောင်ဆန်းစုကြည် ဟောပြောသော မိန့်ခွန်း။ (ရန်ကုန်)၊ (၁၉၈၈)။

─── ［1988b］※　『1988年8月26日、シュエダゴン・パゴダ西門で開催された複数政党制民主主義獲得のための国民集会におけるドー・アウンサンスーチー演説』ヤンゴン（アウンサンスー［1996a］44-54).

အောင်ဆန်းစုကြည်၊ ၁၉၈၈ခုနှစ်၊ ဩဂုတ်လ၂၆ရက်နေ့ ရွှေတိဂုံစေတီတော် အနောက်ဘက်မုခ်တွင်ကျင်းပသော ပါတီစုံဒီမိုကရေစီ ရရှိရေး လူထုစည်းဝေးပွဲကြီးတွင်ပြောကြားသော ဒေါ်အောင်ဆန်းစုကြည် ၏ မိန့်ခွန်း။ (ရန်ကုန်)၊ (၁၉၈၈)။

─── ［1988c］※　全ミャンマーG.T.I学生連盟及びA.G.T.I連盟（暫定）『ドー・アウンサンスーチーの発した声明』ヤンゴン、1988年9月12日（アウンサンスーチー［1996a］54-56).

မြန်မာနိုင်ငံလုံးဆိုင်ရာG.T.Iကျောင်းသားများသမဂ နှင့် A.G.T.Iများအဖွဲ့ချုပ်(ယာယီ)၊ ဒေါ်အောင်ဆန်းစုကြည်၏ထုတ်ပြန်ကြေညာချက်၊ (ရန်ကုန်)၊ ၁၂-၉-၁၉၈၈။

─── ［1988d］※　『1988年11月26日、国民民主連盟パベーダン郡支部開所式における議長ウー・ティンウー及び総書記ドー・アウンサンスーチー演説』ヤンゴン（アウンサンスーチー［1996a］62-67).

အမျိုးသားဒီမိုကရေစီအဖွဲ့ချုပ်ပန်းဘဲတန်းမြို့နယ်ဆိုင်ဘုတ်တင်ပွဲအခမ်းဆနားတွင်ဥက္ကဋ္ဌ-ဦးတင်ဦး နှင့် အထွေထွေအတွင်းရေးမှူး-ဒေါ်အောင်ဆန်းစုကြည် ၏ ဟောပြောချက် မိန့်ခွန်း။ (ရန်ကုန်မြို့)၊ ၁၉၈၈။

─── ［1988e］※　『第68回民族記念日説法会における国民民主連盟総書記ドー・アウンサンスーチー演説（1988年12月3日）』ヤンゴン（アウンサンスーチー［1996a］67-72).

ဖေကြိမ်မြောက်အမျိုးသားနေ့အထိမ်းအမှတ်ဩဝါဒခံယူပွဲ၌အမျိုးသားဒီမိုကရေစီအဖွဲ့ချုပ်
အထွေထွေအတွင်းရေးမှူးဒေါ်အောင်ဆန်းစုကြည်ဟောပြောမိန့်ကြားချက်(၃၊၁၂၊၈၈)၊(ရန်
ကုန်မြို့)၊၁၉၈၈။

――――[1988f]※ 『1988年12月3日、国民民主連盟タームエー郡支部開所式における演説』ヤンゴン（アウンサンスーチー [1996a] 72-82).

၃.၁၂.၈၈. အမျိုးသားဒီမိုကရေစီအဖွဲ့ချုပ် တာမွေမြို့နယ်ဆိုင်ဘုတ်တင်ပွဲအခမ်းဆနားတွင်
ပြောကြားချက်များ ၊ (ရန်ကုန်မြို့) ၊ ၁၉၈၈။

――――[1988g]※ 『1988年12月10日、国民民主連盟北オカラッパ郡支部開所式における総書記ドー・アウンサンスーチー演説』ヤンゴン（アウンサンスーチー [1996a] 82-90).

(၁၀.၁၂.၈၈)အမျိုးသားဒီမိုကရေစီအဖွဲ့ချုပ် မြောက်ဥက္ကလာပမြို့နယ်ဆိုင်ဘုတ်တင်ပွဲအခမ်း
အနားတွင်အထွေထွေအတွင်းရေးမှူးဒေါ်အောင်ဆန်းစုကြည်ဟောပြောချက် ၊ (ရန်ကုန်မြို့)၊
၁၉၈၈။

――――[1988h]※ 『国民民主連盟カマユッ郡支部開所式ドー・アウンサンスーチー演説、1988年12月11日』ヤンゴン（アウンサンスーチー [1996a] 91-106).

အမျိုးသားဒီမိုကရေစီအဖွဲ့ချုပ်ကမာရွတ်မြို့နယ် ရုံးခန်းဖွင့်ပွဲနှင့်ဆိုင်ဘုတ်တင်ပွဲအခမ်းအနား
ဒေါ်အောင်ဆန်းစုကြည်ဟောပြောချက်များ ၁၉၈၈၊ဒီဇင်ဘာ(၁၁)ရက် ၊ (ရန်ကုန်မြို့) ၊
၁၉၈၈။

――――[1988i]※ 『国民民主連盟グッドリフ・タウン地区支部1988年12月13日開所式における総書記ドー・アウンサンスーチー演説』ヤンゴン（アウンサンスーチー [1996a] 106-113).

အမျိုးသားဒီမိုကရေစီအဖွဲ့ချုပ်ဥတ္တလစ်တောင်ရပ်ကွက်(၁၃-၁၂-၈၈)နေ့ ဆိုင်ဘုတ်ဖွင့်ပွဲ
အခမ်းဆနား ဒေါ်အောင်ဆန်းစုကြည် ၏ မိန့်ခွန်း ၊ (ရန်ကုန်မြို့) ၊ ၁၉၈၈။

――――[1988j]※ 『国民民主連盟カマユッ郡第3地区支部開所式における総書記ドー・アウンサンスーチー演説』ヤンゴン、1988年12月13日（アウンサンスーチー [1996a] 113-119).

အမျိုးသားဒီမိုကရေစီအဖွဲ့ချုပ်အမှတ်(၃)ရပ်ကွက်၊ကမာရွတ်မြို့နယ်၊ဆိုင်ဘုတ်တင်ပွဲနှင့်ရုံး
ဖွင့်ပွဲ၌အထွေထွေအတွင်းရေးမှူးဒေါ်အောင်ဆန်းစုကြည်ပြောကြားသောမိန့်ခွန်း ၊ (ရန်ကုန်
မြို့) ၊ ၁၃-၁၂-၈၈။

――――[1989a]※ 『1989年1月28日土曜日、国民民主連盟チャウタダー郡支部開所式に

参考文献　　413

におけるドー・アウンサンスーチー演説』ヤンゴン（アウンサンスーチー［1996a］120-129).

(၂၀-၁-၈၉)–စနေနေ့တွင်၊ ကျောက်တံတားမြို့နယ်အမျိုးသားဒီမိုကရေစီအဖွဲ့ချုပ်ဆိုင်းဘုတ်ဖွင့်ပွဲအခမ်းအနားတွင် အထွေထွေအတွင်းရေးမှူး ဒေါ်အောင်ဆန်းစုကြည်၏မိန့်ခွန်း၊၊ (ရန်ကုန်မြို့)　၁၉၈၉၊၊

———［1989b］※　『殉難者コー・ポゥンモー追悼及びミャンマー国人権記念式典（1989年3月13日）』ヤンゴン（アウンサンスーチー［1996a］129-134).

အာဇာနည်ကိုဖုန်းမော်ကျဆုံးခြင်းနှစ်ပတ်လည်နေ့နှင့် မြန်မာနိုင်ငံလူ့အခွင့်အရေးနေ့အထိမ်းအမှတ်(၁၃/၃/၈၉)　(ရန်ကုန်မြို့)　၁၉၈၉၊၊

———［1989c］※　「1989年2月12日、シャン州ピンロン町、ミンガラームェートー僧院での演説」『国民民主連盟シャン州及びカヤー州組織化遊説行記録1989年』ヤンゴン、1989年、8-19（アウンサンスーチー［1996a］136-141).

အမျိုးသားဒီမိုကရေစီအဖွဲ့ချုပ်ရှမ်းပြည်နယ်နှင့် ကယားပြည်နယ်စည်းရုံးရေးခရီးစဉ်မှတ်တမ်း ၁၉၈၉　(ရန်ကုန်မြို့)　၁၉၈၉　၈-၁၉၊၊

———［1989d］※　「1989年2月14日、シャン州タウンヂー町における青年との懇談会席上での発言」国民民主連盟情報局記録委員会『国民民主連盟記録　国民民主連盟総書記ドー・アウンサンスーチー及び一行のシャン州及びカヤー州組織化遊説行記録（3）』ヤンゴン、1989年2月17日、1-7（アウンサンスーチー［1996a］145-152).

မှတ်တမ်းလွှာအဖွဲ့၊ ပြန်ကြားရေးဌာန၊ အမျိုးသားဒီမိုကရေစီအဖွဲ့ချုပ်၊ အမျိုးသားဒီမိုကရေစီအဖွဲ့ချုပ်အထွေထွေအတွင်းရေးမှူး ဒေါ်အောင်ဆန်းစုကြည်နှင့်အဖွဲ့၏ ရှမ်းပြည်နယ်နှင့်ကယားပြည်နယ်စည်းရုံးရေးခရီးစဉ်မှတ်တမ်း သတင်းမှတ်တမ်း–(၃)　(ရန်ကုန်မြို့)　၁၉၈၉ခု ဖေဖော်ဝါရီလ ၁၇ရက်　၁-၇၊၊

———［1989e］※　「1989年2月13日、シャン州タウンヂー町、シャン州諸民族民主連盟事務所での同町に事務所を置く12政党の代表者との懇談会での演説抜粋」国民民主連盟情報局記録委員会『国民民主連盟記録　国民民主連盟総書記ドー・アウンサンスーチー及び一行のシャン州及びカヤー州組織化遊説行記録(4)』ヤンゴン、1989年2月18日、1-3（アウンサンスーチー［1996a］142-145).

မှတ်တမ်းလွှာအဖွဲ့၊ ပြန်ကြားရေးဌာန၊ အမျိုးသားဒီမိုကရေစီအဖွဲ့ချုပ်၊ အမျိုးသားဒီမိုကရေစီအဖွဲ့ချုပ်မှတ်တမ်းလွှာ အမျိုးသားဒီမိုကရေစီအဖွဲ့ချုပ်အထွေထွေအတွင်းရေးမှူး ဒေါ်အောင်ဆန်းစုကြည်နှင့်အဖွဲ့၏ ရှမ်းပြည်နယ်နှင့်ကယားပြည်နယ်စည်းရုံးရေးခရီးစဉ်မှတ်တမ်း သတင်းမှတ်တမ်း–(၄)　(ရန်ကုန်မြို့) ၁၉၈၉ခု ဖေဖော်ဝါရီလ ၁၈ရက်　၁-၃၊၊

―――― [1989f] ※ 「1989年2月16日、シャン州モービェー町、ムェートーダッシ・パゴダでの演説」『国民民主連盟シャン州及びカヤー州組織化遊説行記録1989年』ヤンゴン、1989年、26-39（アウンサンスーチー[1996a] 153-159）．

အမျိုးသားဒီမိုကရေစီအဖွဲ့ချုပ် ရှမ်းပြည်နယ်နှင့်ကယားပြည်နယ် စည်းရုံးရေးခရီးစဉ်မှတ်တမ်း ၁၉၈၉၊ (ရန်ကုန်မြို့)၊ ၁၉၈၉၊ ၂၆-၃၉။

―――― [1989g] ※ 「1989年2月19日、国民民主連盟タッコウン町支部における演説」国民民主連盟情報局記録委員会『国民民主連盟記録　国民民主連盟総書記ドー・アウンサンスーチー及び一行のシャン州及びカヤー州組織化遊説行記録（6）』ヤンゴン、1989年2月、11-14（アウンサンスーチー[1996a] 159-165）．

မှတ်တမ်းလွှာ-အမျိုးသားဒီမိုကရေစီအဖွဲ့ချုပ်၊ သတင်းမှတ်တမ်း(၆)၊အမျိုးသားဒီမိုကရေစီအဖွဲ့ချုပ်အထွေထွေအတွင်းရေးမှူး ဒေါ်အောင်ဆန်းစုကြည်နှင့်အဖွဲ့ ၏ ရှမ်းပြည်နယ်နှင့် ကယားပြည်နယ်စည်းရုံးရေးခရီးစဉ်၊ (ရန်ကုန်မြို့)၊ ၁၉၈၉ ဖေဖော်ဝါရီလ၊ ၁၁-၁၄။

―――― [1989h] ※ 『国民民主連盟総書記ドー・アウンサンスーチーのカチン州組織化遊説行ミッチーナー町アウントーシン・パゴダにおける演説、1989年4月27日』ヤンゴン（アウンサンスーチー[1996a] 166-176）．

အမျိုးသားဒီမိုကရေစီအဖွဲ့ချုပ်အထွေထွေအတွင်းရေးမှူးဒေါ်အောင်ဆန်းစုကြည်၏ ကချင်ပြည်နယ်ခရီးစဉ်တွင်မြစ်ကြီးနားမြို့အံ့တော်ရှင်ဘုရားတွင် ပြောကြားသောမိန့်ခွန်း၊ ၂၇-၄-၁၉၈၉၊ (ရန်ကုန်မြို့)၊ ၁၉၈၉။

―――― [1989i] ※ 『国民民主連盟総書記ドー・アウンサンスーチーのカチン州ミッチーナー町支部における演説、1989年4月28日』ヤンゴン（アウンサンスーチー[1996a] 176-179）．

အမျိုးသားဒီမိုကရေစီအဖွဲ့ချုပ်အထွေထွေအတွင်းရေးမှူး ဒေါ်အောင်ဆန်းစုကြည် ကချင်ပြည်နယ်မြစ်ကြီးနားမြို့အမျိုးသားဒီမိုကရေစီအဖွဲ့ချုပ်ရုံး၌ပြောကြားသောမိန့်ခွန်း၊ ၂၈.၄.၁၉၈၉၊ (ရန်ကုန်မြို့)၊ ၁၉၈၉။

―――― [1989j] ※ 『国民民主連盟総書記ドー・アウンサンスーチーのカチン州組織化遊説行モーフニィン町における演説、1989年5月2日』ヤンゴン（アウンサンスーチー[1996a] 180-187）．

အမျိုးသားဒီမိုကရေစီအဖွဲ့ချုပ်အထွေထွေအတွင်းရေးမှူး ဒေါ်အောင်ဆန်းစုကြည် ကချင်ပြည်နယ်ခရီးစဉ်မိုးညှင်းမြို့တွင်ပြောကြားသောမိန့်ခွန်း၊ ၂.၅.၈၉၊ (ရန်ကုန်မြို့)၊ ၁၉၈၉။

―――― [1989k] ※ 『国民民主連盟総書記ドー・アウンサンスーチーのバモー町テインドーヂー僧院における演説、1989年5月7日』19 ヤンゴン（アウンサンスーチー[1996a] 188-195）．

အမျိုးသားဒီမိုကရေစီအဖွဲ့ချုပ် (အထွေထွေအတွင်းရေးမှူး) ဒေါ်အောင်ဆန်းစုကြည်ဗန်းမော်မြို့၊သိမ်တော်ကြီးကျောင်း၌ပြောကြားသောမိန့်ခွန်း၊ ၇.၅.၈၉၊ (ရန်ကုန်မြို့)၊ ၁၉၈၉။

——— [1989l] ※『国民民主連盟総書記ドー・アウンサンスーチーの2郡区青年会見における演説、ミンガラータウンニュン郡、1989年6月30日』ヤンゴン（アウンサンスーチー [1996a] 198-213).

အမျိုးသားဒီမိုကရေစီအဖွဲ့ချုပ်အထွေထွေအတွင်းရေးမှူးဒေါ်အောင်ဆန်းစုကြည်၏မြို့နယ်စု၂၊လူငယ်တွေဆုံပွဲ၌-ဟောပြောချက်များ မင်္ဂလာတောင်ညွန့်မြို့နယ် ၃၀.၆.၈၉ (ရန်ကုန်မြို့)၊ ၁၉၈၉။

——— [1989m] ※『国民民主連盟総書記ドー・アウンサンスーチーのバズンダウン郡区における演説（1989年7月6日）』ヤンゴン（アウンサンスーチー [1996a] 214-233).

အမျိုးသားဒီမိုကရေစီအဖွဲ့ချုပ်အထွေထွေအတွင်းရေးမှူးဒေါ်အောင်ဆန်းစုကြည်၏ပုဇွန်တောင်မြို့နယ်တွင်ဟောကြားခဲ့သောမိန့်ခွန်းများ၊ ၆.၇.၁၉၈၉၊ (ရန်ကုန်မြို့)၊ ၁၉၈၉။

——— [1989n] ※『1989年7月7日、国民民主連盟青年部に対する演説』ヤンゴン（アウンサンスーチー [1996a] 233-246).

(၇)ဇူလိုင်-၈၉၊ (ရန်ကုန်မြို့)၊ ၁၉၈၉။

——— [1989o] ※『1989年7月10日、新社会民主党[本部]における、ドー・アウンサンスーチー演説』ヤンゴン（アウンサンスーチー [1996a] 247-258).

(၁၀.၇.၈၉) လူဘောင်သစ်ဒီမိုကရက်တစ်ပါတီဌာနချုပ်တွင်ပြောကြားခဲ့သော ဒေါ်အောင်ဆန်းစုကြည်၏ /မိန့်ခွန်း/ (ရန်ကုန်မြို့)၊ ၁၉၈၉။

——— [1989p] ※『ドー・アウンサンスーチー声明、1989年7月19日付け』ヤンゴン、1989年7月19日（アウンサンスーチー [1996a] 259-260).

ဒေါ်အောင်ဆန်းစုကြည် ၏ ကြေညာချက် နေ့စွဲ။၁၉၈၉ဇူလိုင်(၁၉)ရက်၊ (ရန်ကုန်မြို့)၊ ၁၉၈၉။

——— [1993] （アウンキン編）『恐れからの解放、その他』La Haule Book (Aung San Suu Kyi [1991b] のビルマ語訳).

အောင်ဆန်းစုကြည်၊ ဒေါက်တာ အောင်ခင် တည်းဖြတ်သည်၊ ကြောက်ရွံ့ခြင်းမှ လွတ်ကင်းရေး နှင့် အခြားစာတမ်းများ၊ La Haule Book, 1993။

——— [1995a]『ドー・アウンサンスーチー声明、1995年7月11日』ヤンゴン、1995年7月11日.

ဒေါ်အောင်ဆန်းစုကြည်ကြေညာချက်၊ ဇူလိုင်လ ၁၁ ရက်၊ ၁၉၉၅၊ နေလည်မွန်းတည့်

၁ နာရီ ၊ အမှတ်၅၄ ၊ တက္ကသိုလ်ရိပ်သာလမ်း ၊ ရန်ကုန်။

――――[1995b]　（ティダー、エーチャンナイン編）『アウンサンスーチー演説選』La Haule Books、Channel Islands.

အောင်ဆန်းစုကြည် ၊သီတာနှင့်အေးချမ်းနိုင်တည်းဖြတ် ၊ အောင်ဆန်းစုကြည် လက်ရွေးစင် မိန့်ခွန်းများ ၊ La Haule Books, Channel Islands။

――――[2000]　『国民民主連盟総書記ドー・アウンサンスーチー演説抜粋』ヤンゴン.

အမျိုးသားဒီမိုကရေစီအဖွဲ့ချုပ်အထွေအထွေအတွင်းရေးမှူးဒေါ်အောင်ဆန်းစုကြည်၏ မိန့်ခွန်း ကောက်နတ်ချက်များ ၊ (ရန်ကုန်မြို့) ၊ (၂၀၀၀)။

――――[2016]　『アウンサンスーチーのことば百選』ヤンゴン.

ဒေါ်အောင်ဆန်းစုကြည် ၊ ဒီစကား ၁၀၀ ၊ ရန်ကုန်မြို့ ၊ ၂၀၁၆။

アウンサンスーチー対話集会［1995〜1996］　「付録：アウンサンスーチー対話集会」伊野憲治『アウンサンスーチーの思想と行動』(財) アジア女性交流・研究フォーラム、2001 年、121-266.

アウンヂー［1988］　『将軍閣下へ、1988 年 6 月 8 日』ヤンゴン.

အောင်ကြီး ၊ ဗိုလ်ချုပ်ခင်ဗျာ ၈.၆.၈၈ Rangoon ၊ ၁၉၈၈။

――――［1989］　『アウンヂー退役准将の民主化・人権闘争書簡集』ヤンゴン.

အောင်ကြီး ၊ ဗိုလ်ချုပ်အောင်ကြီး၏ ဒီမိုကရေစီနှင့်လူသာသိအခွင့်အရေးတိုက်ပွဲဝင်ပေးစာ များ ၊ (ရန်ကုန်မြို့) ၊ (၁၉၈၉)။

アウンヂー、アウンサンスーチー、ティンウー［1988a］　『Dr. マウンマウン大統領へ』ヤンゴン、1988 年 9 月 12 日.

အောင်ကြီး၊ အောင်ဆန်းစုကြည် ၊ တင်ဦး ၊ ဒေါက်တာမောင်မောင် နိုင်ငံတော်သမတကြီး သမတကြီးခင်ဗျာ ၊ ၁၂-၉-၈၈ ၊ (ရန်ကုန်မြို့) ၊ ၁၉၈၈။

――――［1988b］　『全ミャンマー学生連盟執行委員会へ』ヤンゴン、1988 年 9 月 14 日（アウンサンスーチー［1996a］56-58）.

ဦးအောင်ကြီး၊ ဒေါ်အောင်ဆန်းစုကြည် ၊ သူရဦးတင်ဦး ၊ သို့ အမှုဆောင်အဖွဲ့ မြန်မာနိုင်ငံ လုံးဆိုင်ရာကျောင်းသားသမဂ ၊ ရန်ကုန်မြို့ ၊ ၁၉၈၈ခုနှစ် ၊ စက်တင်ဘာလ (၁၄) ရက်။

ある軍人研究者［1990］　『1948 年から 1988 年のミャンマー略史と国軍の役割』第 1 巻、情報省、ヤンゴン.

တပ်မတော်သုတေသီတဦး ၊ ၁၉၄၈ခုနှစ်မှ၁၉၈၈ခုနှစ်အတွင်းပတ်သက်သောမြန်မာသမိုင်း အချင်းနှင့်တပ်မတော်ကဏ္ဍ ၊ ပဌမတွဲ ၊ ပြန်ကြားရေးဝန်ကြီးဌာန၊ ရန်ကုန်မြို့၊ ၁၉၉၀။

キンニュン［2015］　　　『私の人生経験』ヤンゴン.

မော်ဝန်းသားဦးခင်ညွှန့်၊ ကြုံတွေ့ခဲ့ရကျွန်တော်ဘဝအတွေ့အတွေ့၊ ရန်ကုန်မြို့၊ ၂၀၁၅။

国民民主連盟［1988］　『基本綱領［暫定］及び基本理念［草案］』ヤンゴン、1988 年 10 月.

အမျိုးသားဒီမိုကရေစီအဖွဲ့ချုပ်၊ အမျိုးသားဒီမိုကရေစီအဖွဲ့ချုပ် ဖွဲ့စည်းပုံအခြေခံစည်းမျဉ်း (ယာယီ)နှင့်မူဝါဒသဘောထားများ(မူကြမ်း)၊ ရန်ကုန်၊ ၁၉၈၈ ခုချစ်၊ အောက်တိုဘာလ။

─────［1989a］　『複数政党制民主主義総選挙選挙管理委員会の人民議会選挙法（草案）の説明に関し、政党としての検討点、特別提案点、諸提案点、改正点、説明不足点、抗議点』ヤンゴン、1989 年 3 月.

ပါတီစုံဒီမိုကရေစီ အထွေထွေရွေးကောက်ပွဲ ကျင်းပရေးကော်မရှင် ပြည်သူ့လွှတ်တော် ရွေးကောက်ပွဲဥပဒေ(မူကြမ်း)နှင့်ရှင်းလင်းတင်ပြချက်အပေါ်၊ နိုင်ငံရေးပါတီအဖွဲ့အစည်း အသီးသီးတို့၏လေ့လာတွေ့ရှိချက်၊ အထူးအဆိုပြုချက်၊ သီးခြားအဆိုပြုချက်၊ အကြံပေး ပြင်ဆင်ချက်၊ ရှင်းလင်းရန်တောင်းဆိုချက်နှင့်ကန့်ကွက်ချက်များ (ရန်ကုန်မြို့)၊ ၁၉၈၉ခု မတ်လ။

─────［1989b］　『国民民主連盟第 7 回記者会見』ヤンゴン.

အမျိုးသားဒီမိုကရေစီအဖွဲ့ချုပ်သတင်းစာရှင်းလင်းပွဲ အမှတ် ၇၊ 15・7・89 ၊ (ရန်ကုန် မြို့)၊ ၁၉၈၉။

─────［1990a］　『国民民主連盟記録 90 年 7 号』ヤンゴン、1990 年 5 月（?）.

အမျိုးသားဒီမိုကရေစီအဖွဲ့ချုပ် မှတ်တမ်းလွှာ ၇/၉၀ ၊ (ရန်ကုန်မြို့)၊ (၁၉၉၀)။

─────［1990b］　『ガンディー・ホール宣言』ヤンゴン、1990 年 7 月.

အမျိုးသားဒီမိုကရေစီအဖွဲ့ချုပ်၊ ဂန္ဓီခန်းမ ကြေညာစာတမ် ၊ရန်ကုန်မြို့၊ ၁၉၉၀ပြည့်နှစ်၊ ဇူလိုင်လ (၂၈၊၂၉)ရက်။

─────［1990c］　『ミャンマー連邦共和国の変革期暫定憲法』ヤンゴン（入手日より、1990 年 9 月 25 日以前に発行）.

အမျိုးသားဒီမိုကရေစီအဖွဲ့ချုပ်၊ ပြည်ထောင်စုသမ္မတမြန်မာနိုင်ငံတော်၏အသွင်ကူး ပြောင်းရေးကာလ ၊ ဖွဲ့စည်းအုပ်ချုပ်ပုံအခြေခံဥပဒေ ၊ ရန်ကုန်မြို့ ၊ (၁၉၉၀)။

─────［1995］　『国民会議開催委員会議長ウー・アウントー殿、内容：国民会議について、1995 年 11 月 27 日』ヤンゴン、1995 年 11 月 27 日.

အမျိုးသားဒီမိုကရေစီအဖွဲ့ချုပ် သို့ ဦး အောင်တိုး ဉက္ကဋ္ဌ အမျိုးသားညီလာခံကျင်းပရေး

လုပ်ငန်းကော်မတီ ၊ အကြောင်းအရာ ။ အမျိုးသားညီလာခံ ၊ ရန်ကုန်မြို့၊ ၁၉၉၅ခုနှစ် နိုဝင်ဘာလ ၂၇ရက်။

国民民主連盟記録委員会［1988］『国民民主連盟からウー・アウンヂーが脱党した事件に関する記録』ヤンゴン 1988 年 12 月 8 日.

အမျိုးသားဒီမိုကရေစီအဖွဲ့ချုပ်မှဦးအောင်ကြီးနှတ်ထွက်ခြင်းကိစ္စမှတ်တမ်း ၊ (ရန်ကုန်မြို့) ၊ ၈ ဒီဇင်ဘာ ၁၉၈၈။

国民民主連盟サンヂャン郡支部［1990］『国民民主連盟サンヂャウン郡記録』ヤンゴン、1990 年 5 月（?）.

အမျိုးသားဒီမိုကရေစီအဖွဲ့ချုပ်စမ်းချောင်းမြို့နယ်မှတ်တမ်း ၊ (ရန်ကုန်မြို့) ၊ (၁၉၉၀)။

国民民主連盟情報局［1990a］『国民民主連盟記録第 13/90 号』ヤンゴン、1990 年 7 月.

ပြန်ကြားရေးဌာန၊အမျိုးသားဒီမိုကရေစီအဖွဲ့ချုပ် ၊ အမျိုးသားဒီမိုကရေစီအဖွဲ့ချုပ် မှတ်တမ်း လွှာ ၁၃/၉၀ ၊ (ရန်ကုန်မြို့) ၊ (၁၉၉၀)။

――――［1990b］『ミャンマー連邦の政治的現状に関する連邦民族民主連盟と国民民主連盟の見解表明』ヤンゴン、1990 年 8 月 29 日.

ပြန်ကြားရေးဌာန၊အမျိုးသားဒီမိုကရေစီအဖွဲ့ချုပ် ၊ ပြည်ထောင်စုမြန်မာနိုင်ငံ၏ လက်ငင်း နိုင်ငံရေးအခြေအနေများနှင့်စပ်လျဉ်း၍ ပြည်ထောင်စုတိုင်းရင်းသားလူမျိုးများဒီမိုကရေစီ အဖွဲ့ချုပ်နှင့်အမျိုးသားဒီမိုကရေစီအဖွဲ့ချုပ်တို့၏ သဘောထားကြေညာချက်(ဗိုအောင်ကျော် လမ်းပူးတွဲကြေညာချက်အမှတ်-၁-) ၊ (ရန်ကုန်မြို့) ၊ ၁၉၉၀ပြည့်နှစ်၊သြဂုတ်လ(၂၉)ရက်။

国民民主連盟情報局記録委員会［1989］『国民民主連盟総書記ドー・アウンサンスーチー記者会見［4］(1989 年 4 月 18 日)』ヤンゴン.

အမျိုးသားဒီမိုကရေစီအဖွဲ့ချုပ်အထွေထွေအတွင်းရေးမှူးဒေါ်အောင်ဆန်းစုကြည်၏သတင်း စာရှင်းလင်းပွဲ [၄] (၁၈-၄-၁၉၈၉) ၊ ရန်ကုန်မြို့ ၊ ၁၉၈၉။

国民民主連盟青年部［1990］『国民民主連盟総書記ドー・アウンサンスーチー演説抜粋』ヤンゴン．なお、この抜粋集の日本語訳として、在日ビルマ人協会『アウンサン・スーチー女史スピーチ集』同協会、1993 年がある．

အမျိုးသားဒီမိုကရေစီအဖွဲ့ချုပ် (လူငယ်) ၊ အမျိုးသားဒီမိုကရေစီအဖွဲ့ချုပ် အထွေထွေ အတွင်းရေးမှူး ဒေါ်အောင်ဆန်းစုကြည်၏ မိန့်ခွန်းကောက်နှတ်ချက်များ ၊ ရန်ကုန်မြို့ ၊ ၁၉၉၀ ၊ ဇူလိုင်လ။

国民民主連盟中央委員会［1990］『国民民主連盟中央委員会（2/90）会合に関する声明』ヤンゴン、1990 年 6 月 29 日.

ဗဟိုဦးစီးအဖွဲ့ ၊ အမျိုးသားဒီမိုကရေစီအဖွဲ့ချုပ်၊အမျိုးသားဒီမိုကရေစီအဖွဲ့ချုပ်ဗဟိုဦးစီးအဖွဲ့

အစည်းအဝေး(၂/၉၀)မှဆုံးဖြတ်ချက်များ၊ (ရန်ကုန်မြို့)၊ ၁၉၉၀ပြည့်နှစ်ဖွန်လ(၂၉)ရက်။

――― [1990b] 『国民民主連盟中央委員会（第 5/90 回）における決定事項に関する説明』ヤンゴン、1990 年 9 月 17 日.

ဗဟိုဦးစီးအဖွဲ့၊ အမျိုးသားဒီမိုကရေစီအဖွဲ့ချုပ်၊ အမျိုးသားဒီမိုကရေစီအဖွဲ့ချုပ် ဗဟိုဦးစီးအဖွဲ့အစည်းအဝေး(၅/၉၀)ဆုံးဖြတ်ချက်များကိုစ္စရှင်းလင်းတင်ပြခြင်း၊ (ရန်ကုန်မြို့)၊ ၁၉၉၀ပြည့်နှစ်စက်တင်ဘါ(၁၇)ရက်။

国民民主連盟中央執行委員会 [1989] 『国民民主連盟声明 24』ヤンゴン、1989 年 7 月 14 日.

ဗဟာအလုပ်အမှုဆောင်အဖွဲ့၊ အမျိုးသားဒီမိုကရေစီအဖွဲ့ချုပ်၊ အမျိုးသားဒီမိုကရေစီအဖွဲ့ချုပ် ကြေညာချက်အမှတ်(၂၄)၊ မတရားသည့်အမိန့်အာဏာများဖိဆန်ခြင်းသည် အောင်ဆန်းလမ်းစဉ်ဖြစ်သည်၊ ရန်ကုန်မြို့၊ ၁၉၈၉ခုနှစ်ဇူလိုင်လ(၁၄)ရက်။

――― [1990a] 『国民民主連盟中央委員会と国民民主連盟国会議員との第 1 回調整大会にて決定された、決定・決議・確認事項、5 項目』ヤンゴン、1990 年 7 月 29 日.

ဗဟိုအလုပ်အမှုဆောင်အဖွဲ့၊ အမျိုးသားဒီမိုကရေစီအဖွဲ့ချုပ်၊ အမျိုးသားဒီမိုကရေစီအဖွဲ့ချုပ် ဗဟိုဦးစီးအဖွဲ့နှင့်အမျိုးသားဒီမိုကရေစီအဖွဲ့ချုပ်ပြည်သူ့လွှတ်တော်ကိုယ်စားလှယ်များပထမအကြိမ်ပညာညှိနှိုင်းအစည်းအဝေးတွင်တင်သွင်းဆုံးဖြတ်သည့်အဆိုများ၊ အတည်ပြုချက်နှင့် မှတ်တမ်းတင်ရန်အချက်များတင်သွင်းဆုံးဖြတ်ချက်(၅)ရပ်၊ (ရန်ကုန်မြို့)၊ ၁၉၉၀ပြည့်နှစ်၊ ဇူလိုင်လ(၂၉)ရက်။

――― [1990b] 『指示第 24 号』ヤンゴン、1990 年 8 月 2 日.

ဗဟိုအလုပ်အမှုဆောင်အဖွဲ့၊ အမျိုးသားဒီမိုကရေစီအဖွဲ့ချုပ်၊ ညွှန်ကြားချက် အမှတ်(၂၄)၊ ရန်ကုန်မြို့၊ ၁၉၉၀ခုသြဂုတ်လ(၂)ရက်။

――― [1990c] 『声明第 34/90 号』ヤンゴン、1990 年 12 月 26 日.

ဗဟိုအလုပ်အမှုဆောင်အဖွဲ့၊ အမျိုးသားဒီမိုကရေစီအဖွဲ့ချုပ်၊ ကြေညာချက် (၃၄/၉၀)၊ ရန်ကုန်မြို့၊ ၂၆-၁၂-၉၀။

国民民主連盟マンダレー管区支部 [1990] 『国民民主連盟マンダレー管区 勝利のためのニュース 90 年 1 号』マンダレー、1990 年 5 月（?）.

အမျိုးသားဒီမိုကရေစီအဖွဲ့ချုပ် မန္တလေးတိုင်း၊ အမျိုးသားဒီမိုကရေစီအဖွဲ့ချုပ် မန္တလေးတိုင်း အောင်နိုင်ရေးသတင်းလွှာ ၁/၉၀၊ မန္တလေး၊ n.d.။

国会議員代表委員会 ［2000］　『国会総選挙実施 10 周年記念誌』第 1 巻、ヤンゴン.

ပြည်သူ့လွှတ်တော်ကိုယ်စားပြုကော်မတီ ၊ ပြည်သူ့လွှတ်တော်ရွေးကောက်ပွဲ(၁၀)နှစ်မြောက် အထိမ်းအမှတ် ၊ အတွဲ(က) ၊ (ရန်ကုန်မြို့) ၊ (၂၀၀၀)။

国家革命評議会 ［1962］　『ビルマ式社会主義への道―国家革命評議会の理念―』ビルマ社会主義計画党 ［1973a］ 79-96.

နိုင်ငံတော်တော်လှန်ရေးကောင်စီ ၊ မြန်မာ့ဆိုရှယ်လစ်လမ်းစဉ် ၊ နိုင်ငံတော်တော်လှန်ရေး ကောင်စီ၏ ဝါဒသဘောထားကြေညာချက် ၊ ရန်ကုန်မြို့ ၊ ၁၉၆၂။

国家法秩序回復評議会の歴史的業績史 1988 年～1991 年出版小委員会［1991］　『ミャンマー国国家への貢献：国家法秩序回復評議会の歴史的業績史　1988 年～1991 年』ヤンゴン.

နိုင်ငံတော်ငြိမ်ဝပ်ပိပြားမှုတည်ဆောက်ရေးအဖွဲ့၏ ဆောင်ရွက်ချက်သမိုင်းဝင်မှတ်တမ်း ၁၉၈၈ခုနှစ်မှ ၁၉၉၁ ခုချစ် ၊ စာအုပ်ပုံနှိပ်ထုတ်ဝေရေးဆပ်ကော်မတီ ၊ မြန်မာနိုင်ငံတိုင်းကျိုးပြည်ပြု နိုင်ငံတော်ငြိမ်ဝပ်ပိပြားမှုတည်ဆောက်ရေးအဖွဲ့၏ ဆောင်ရွက်သမိုင်းဝင်မှတ်တမ်း ၁၉၈၈-ခုနှစ်မှ ၁၉၉၁-ခုနှစ် ၊ (ရန်ကုန်မြို့) ၊ ၁၉၉၁။

国家法秩序回復評議会の歴史的業績史 1991 年～1995 年出版小委員会［1995］　『ミャンマー国国家への貢献：第 2 巻：国家法秩序回復評議会の歴史的業績史　1991 年～1995 年』ヤンゴン.

နိုင်ငံတော်ငြိမ်ဝပ်ပိပြားမှုတည်ဆောက်ရေးအဖွဲ့၏ ဆောင်ရွက်ချက်သမိုင်းဝင်မှတ်တမ်း ၁၉၉၁ ခုနှစ်မှ ၁၉၉၅ ခုချစ် ၊ စာအုပ်ပုံနှိပ်ထုတ်ဝေရေးဆပ်ကော်မတီ ၊ မြန်မာနိုင်ငံတိုင်းကျိုးပြည်ပြု ဒုတိယတွဲ နိုင်ငံတော်ငြိမ်ဝပ်ပိပြားမှုတည်ဆောက်ရေးအဖွဲ့၏ ဆောင်ရွက်သမိုင်းဝင်မှတ်တမ်း ၁၉၉၁ခုနှစ်မှ ၁၉၉၅နှစ် ၊ (ရန်ကုန်မြို့) ၊ ၁၉၉၅။

コー・ワ（イェーナインアウン）［2013］　『連合―88～89 年時における新社会民主党青年たちの活動に関する見解―』ヤンゴン.

ကိုဝ(ရဲနိုင်အောင်) ၊ တပ်ပေါင်းစု ၈၈-၈၉ကာလလူဘောင်သစ်လူငယ်တို့၏ လုပ်ငန်းရှင်း ကန့်မှုအပေါ်အမြင်သုံးသပ်ချက် ၊ ရန်ကုန်မြို့ ၊ ၂၀၁၃။

サンドーチェイン日報編集部［2015］　『歴史に残る 2015 年複数政党制総選挙とその結果』ヤンゴン.

စံတော်ချိန်နေ့စဉ် အယ်ဒီတာအဖွဲ့ ၊ သမိုင်းဝင်၂၀၁၅ပါတီစုံအထွေထွေရွေးကောက်ပွဲနှင့် ဆက်စပ်သမျှဖြစ်ရပ်များ ၊ ရန်ကုန်မြို့ ၊ ၂၀၁၅။

情報省 ［1989］　『悪意に満ちた BBC、VOA 放送内容とそれに対する反論 1988 年 8 月』ヤンゴ

ン.

ပြန်ကြားရေးဝန်ကြီးဌာန၊ မိုးလုံပြည့်မှသာ၁၀၁၃များဘီဘီစီဗွီအိုအေအသံလွှင့်ချက်များနှင့်ငှင်းတို့အပေါ်ချေပချက်များ၊ ၁၉၈၈ခုနှစ် ဩဂုတ်လ (ရန်ကုန်မြို့)၊ ၁၉၈၉။

――― [1990a] 『国家法秩序回復評議会議長・国軍最高司令官ソーマウン大将演説集』ヤンゴン.

ပြန်ကြားရေးဝန်ကြီးဌာန၊ နိုင်ငံတော်ငြိမ်ဝပ်ပိပြားမှုတည်ဆောက်ရေးအဖွဲ့ဥက္ကဋ္ဌ တပ်မတော် ကာကွယ်ရေးဦးစီးချုပ် ဗိုလ်ချုပ်ကြီးစောမောင် ၏ မိန့်ခွန်းများ၊ (ရန်ကုန်မြို့)၊ ၁၉၉၀။

――― [1990b] 『国家法秩序回復評議会議長・国軍最高司令官ソーマウン大将演説集』第2巻、ヤンゴン.

ပြန်ကြားရေးဝန်ကြီးဌာန၊ နိုင်ငံတော်ငြိမ်ဝပ်ပိပြားမှုတည်ဆောက်ရေးအဖွဲ့ ဥက္ကဋ္ဌ တပ်မတော် ကာကွယ်ရေးဦးစီးချုပ် ဗိုလ်ချုပ်ကြီးစောမောင် ၏ မိန့်ခွန်းများ၊ ဒုတိယတွဲ၊ (ရန်ကုန်မြို့)၊ ၁၉၉၀။

――― [2009] 『ミャンマー連邦共和国憲法（2008年）』ヤンゴン.

ပြန်ကြားရေးဝန်ကြီးဌာန ၊ ပြည်ထောင်စုသမ္မတမြန်မာနိုင်ငံတော် ဖွဲ့စည်းပုံအခြေခံ ဥပဒေ (၂၀၀၈ခုနှစ်) ၊ ရန်ကုန်မြို့ ၊ ၂၀၀၉။

情報宣伝委員会［1989］『新社会民主党［本部］の政治声明及び選挙に関する見解』ヤンゴン、1989年10月.

သတင်းနှင့်ပြန်ကြားရေးကော်မတီ ၊ လူဘောင်သစ်ဒီမိုကရက်တစ်ပါတီ၊ဌာနချုပ် နိုင်ငံရေး သဘောထားထုတ်ပြန်ကြေငြာချက်နှင့်ရွေးကောက်ပွဲအပေါ်သဘောထား ၊ (ရန်ကုန်မြို့) ၊ (၁၀.၁၉၈၉)။

植民地政庁［1934］『(1930−32年) ビルマの農民反乱は何故発生したのか』ラングーン.

မြန်မာနိုင်ငံတော်အစိုးရမင်း ၊ (၁၉၃၀-၃၂ခုနှစ်များအတွင်း၊) မြန်မာပြည်တွင်သူပုန်ထကြမှု ဖြစ်ပွါးရင်း အကြောင်း နှင့် မည်သည့်အတွက်ထိုသို့ဖြစ်ပွါးရသည့် အကြောင်းအရာများ ၊ Rangoon ၊ 1934။

新社会民主党［1989a］『籾を脅しつけて強制的に買い付けている問題及び農民を不当にも虐待していることに関して断固抗議する』ヤンゴン、1989年2月.

လူဘောင်သစ်ဒီမိုကရက်တစ်ပါတီ၊ဆန်စပါးများကိုအတင်းအဓမ္မချိန်းခြောက်၍ဝယ်ယူနေခြင်း

နှင့် လယ်သမားတို့အားမတရားဖိနှိပ်သွင်းပမ်းရက်စက်မှုများပြုလုပ်နေခြင်းတို့အတွက် ပြင်းထန်စွာရှုံ့ချလိုက်ခြင်း၊ ရန်ကုန်မြို့၊ ၁၉၈၉ ဖေဖော်ဝါရီလ။

——— [1989b] 『新社会民主党[第1回]党全国大会の記録、1989 年 4 月 22 日〜1989 年 4 月 24 日』ヤンゴン、1989 年 4 月.

လူဘောင်သစ်ဒီမိုကရက်တစ်ပါတီ၊ လူဘောင်သစ်ဒီမိုကရက်တစ်ပါတီ(ပထမကြိမ်)၊ ဗမာနိုင်ငံလုံးဆိုင်ရာပါတီညီလာခံ မှတ်တမ်းအကျဉ်းချုပ် <၂၂.၄.၁၉၈၉>မှ<၂၄.၄.၁၉၈၉>၊ (ရန်ကုန်မြို့)၊ (၄.၁၉၈၉)။

——— [1990] 『政治要求声明第7号』ヤンゴン、1990 年 6 月 7 日.

လူဘောင်သစ်ဒီမိုကရက်တစ်ပါတီ(ဌာနချုပ်)၊ နိုင်ငံရေးသဘောထားထုတ်ပြန်ကြေငြာချက် အမှတ်(၇)၊ (ရန်ကုန်မြို့)၊ ၇-၆-၉၀။

新社会民主党バゴー管区組織委員会委員フラモー [1989] 『農民に対する虐待に関して』バゴー、1989 年 1 月 24 日.

လှမိုး၊ တိုင်းစည်းရုံးရေးကောမတီဝင်လူဘောင်သစ်ဒီမိုကရက်တစ်ပါတီ ပဲခူးတိုင်း၊ လယ်သမားများကိုညှင်းပမ်းနှိပ်စက်ခြင်းကိစ္စ၊ ပဲခူးမြို့နယ်၊ ၂၄-၁-၈၉။

新社会民主党バゴー管区組織委員会副議長代理・書記アウンテッナイン [1989] 『バゴー郡における農民の現状』バゴー、1989 年 1 月 16 日.

အောင်သက်နိုင်၊အတွင်းရေးမှူး၊ဒု-ဥတ္တဋ္ဌ <ကိုယ်စား>၊လူဘောင်သစ်ဒီမိုကရက်တစ်ပါတီ စည်းရုံးရေးကော်မတီ၊ ပဲခူးမြို့နယ်၊ ပဲခူးမြို့နယ်အတွင်းရှိလယ်သမားများ၏ လက်ရှိအခြေအနေအရပ်ရပ်ကိုတင်ပြခြင်း၊ ပဲခူးမြို့ ၁၆.၁.၈၉။

新社会民主党[本部]議長モーティーズン [1989] 『フモービー郡における住民が被っている強制移住、農地接収問題に関する現状』ヤンゴン、1989 年 2 月.

မိုးသီးဇွန် ဥတ္တဋ္ဌ လူဘောင်သစ်ဒီမိုကရက်တစ်ပါတီ(ဌာနချုပ်)၊ မှော်ဘီမြို့နယ်အတွင်းရှိ ပြည်သူလူထုအပေါ်ကျရောက်လျက်ရှိသောအိုးမဲ့အိမ်မဲ့ဖြစ်ရမှု၊ လယ်ယာမြေအသိမ်းခံရမှု၊ ဘေးဒကအန္တရာယ်များနှင့်ပတ်သက်၍တင်ပြခြင်း၊ ရန်ကုန်မြို့၊ ၁၉၈၉ခုနှစ်၊ဖေဖော်ဝါရီလ။

新社会民主党[本部]中央執行委員会 [1989] 『新社会民主党の選挙に関する見解と立場』ヤンゴン、1989 年 12 月 15 日.

ဗဟိုအလုပ်အမှုဆောင်အဖွဲ့ လူဘောင်သစ်ဒီမိုကရက်တစ်ပါတီ(ဌာနချုပ်)၊ လူဘောင်သစ်ဒီမိုကရက်တစ်ပါတီ၏ရွေးကောက်ပွဲလုပ်ရှားမှုနှင့်ပတ်သက်သောသဘောထားနှင့်ရပ်တည်

全ビルマ学生連盟連合［1999〜？］　『王たちを打ち倒す者（別名）ミンコーナイン　経歴及び政治活動紹介』（ヤンゴン）、(1999〜？).

ဗမာနိုင်ငံလုံးဆိုင်ရာကျောင်းသားများသမဂ္ဂများအဖွဲ့ချုပ်၊ မင်းများကိုအောင်နိုင်သူ (သို့မဟုတ်) မင်းကိုနိုင် အတ္ထုပတ္တိနှင့်နိုင်ငံရေးလုပ်ရှားမှုအကျဉ်းချုပ် (ရန်ကုန်မြို့)၊

n.d.။

全ビルマ学生連盟連合（合法）結成中央委員会、ヤンゴン大学学生連盟［1988］　「全ビルマ学生連盟連合（合法）結成中央委員会、ヤンゴン大学学生連盟の合法的政治要求」『連盟新聞』第1号、1988年9月2日.

ဗမာနိုင်ငံလုံးဆိုင်ရာကျောင်းသားများသမဂ္ဂများအဖွဲ့ချုပ်(တရားဝင်)ဖြစ်မြောက်ရေး ဗဟိုကော်မတီ၊ ရန်ကုန်တက္ကသိုလ်များကျောင်းသားများသမဂ္ဂ၏ တရားဝင်နိုင်ငံရေးတောင်းဆိုချက်များ၊ သမဂ္ဂသတင်းစာ၊ အမှတ်(၁)၊ ၁၉၈၈-ခုနှစ်၊ စက်တင်ဘာလ(၂)။

中央裁判所法律家評議会及び法律家［1988］　『中央裁判所法律家評議会議長、人民裁判所評議会議長を通じてミャンマー連邦社会主義共和国国家評議会へ』ヤンゴン、1988年8月15日.

ဗဟိုတရားရုံးရှေ့နေများကောင်စီနှင့်ရှေ့နေများ၊ ၁၉၈၄၊ ဗဟိုတရားရုံးရှေ့နေများကောင်စီ၊ ၁၉၈၄၊ ပြည်သူ့တရားသူကြီးအဖွဲ့တို့မှတဆင့်နိုင်ငံတော်ကောင်စီ ပြည်ထောင်စုဆိုရှယ်လစ် သမ္မတမြန်မာနိုင်ငံတော်၊ ရန်ကုန်၊ ၁၅-၈-၈၈။

テットゥン［1989］　『国民の団結はどこへ：団結の暁を求めて』ヤンゴン、1989年2月.

သက်ထွန်း၊ အမျိုးသားညီညွတ်ရေးဘယ်မှာလဲ၊ သို့မဟုတ်၊ ညီညွတ်ရေးအာရုဏ်ဦး၊ ရန်ကုန်မြို့၊ (၂.၁၉၈၉)။

トゥエーミン、アウンサンスーチー、ソーアウン［1988］　『ミャンマー国政府国家評議会書記トゥーラ・ウー・チョーティンへ』ヤンゴン、1988年8月15日.

ထွေးမြင့်၊အောင်ဆန်းစုကြည်၊စောအောင်၊ သို့ သူရဦးကျော်ထင်၊ အတွင်းရေးမှူး၊နိုင်ငံတော်ကောင်စီ၊ မြန်မာနိုင်ငံတော်အစိုးရ၊ ရန်ကုန်မြို့၊ နေ့စွဲ၊ ၁၉၈၈-ခု၊ ဩဂုတ်လ(၁၅)ရက်။

ビルマ国制憲議会［1947］　『ビルマ連邦憲法』ヤンゴン.

မြန်မာနိုင်ငံတိုင်းပြည်လွတ်တော်၊ ပြည်ထောင်စုမြန်မာနိုင်ငံ ၏ ဖွဲ့စည်းအုပ်ချုပ်ပုံအခြေခံ ဥပဒေ၊ မြန်မာနိုင်ငံတော်အစိုးရစာပုံနှိပ်တိုက်၊ ရန်ကုန်မြို့၊ ၁၉၄၇။

ビルマ社会主義計画党［1963］『人間と環境の相互関係システム』ビルマ社会主義計画党［1973a］1-75.

မြန်မာ့ဆိုရှယ်လစ်လမ်းစဉ်ပါတီ ၊ လူနှင့်ပတ်ဝန်းကျင်တို့၏ အညမညသဘောတရား ၊ ရန်ကုန်မြို့ ၊ ၁၉၆၃။

ビルマ社会主義計画党［1973a］『人間と環境の相互関係システム』ヤンゴン．

မြန်မာ့ဆိုရှယ်လစ်လမ်းစဉ်ပါတီ ၊ လူနှင့်ပတ်ဝန်းကျင်တို့၏ အညမညသဘောတရား ၊ ရန်ကုန်မြို့ ၊ ၁၉၇၃။

ビルマ社会主義計画党［1973b］『ミャンマー連邦社会主義共和国憲法に関する注釈』(ヤンゴン).

မြန်မာ့ဆိုရှယ်လစ်လမ်းစဉ်ပါတီ၊ ပြည်ထောင်စုဆိုရှယ်လစ်သမတမြန်မာနိုင်ငံတော်ဖွဲ့စည်းပုံအခြေခံဥပဒေ နှင့် ပတ်သက်သောအဓိပ္ပာယ်ရှင်းလင်းချက်များ၊ (ရန်ကုန်မြို့)၊ ၁၉၇၃။

ビルマ連邦革命評議会［1974］『革命評議会業績史』ヤンゴン．

ပြည်ထောင်စုမြန်မာနိုင်ငံတော်လှန်ရေးကောင်စီ၊ တော်လှန်ရေးကောင်စီ၏လုပ်ဆောင်ချက် သမိုင်းအကျဉ်းချုပ်၊ ရန်ကုန်မြို့၊ ၁၉၇၄။

ビルマ連邦社会主義共和国教育省ビルマ語委員会編［1979］『簡略ビルマ辞典』第3巻、サーペー・ベイマン、ヤンゴン．

ပြည်ထောင်စုဆိုရှယ်လစ်သမတမြန်မာနိုင်ငံတော် ပညာရေးဝန်ကြီးဌာန မြန်မာစာအဖွဲ့ ၊ မြန်မာအဘိဓာန်အကျဉ်းချုပ် ၊ အတွဲ-၃ ၊ စာပေဗိမာန် ၊ ရန်ကုန်မြို့ ၊ ၁၉၇၉။

ビルマ連邦政府［1960？］『国事：信頼回復への歴史的記録』ヤンゴン．

ပြည်ထောင်စုမြန်မာနိုင်ငံတော်အစိုးရ၊ ပြည်ရေးရာမှ ယုံကြည်အပ်မှုအားသွန်ကြိုးပမ်းမှု ထမြောက်အောင်မြင်မှုတရပ်၏သမိုင်းဝင်မှတ်တမ်း ၊ (ရန်ကုန်မြို့) ၊ (၁၉၆၀)။

ペーカンカウン［1997］『アウンサンスーチーとは何者か、アウンサンスーチーはどこへ向かっているのか』ヤンゴン．

ဖေကံကောင်း၊ အောင်ဆန်းစုကြည်ဘာလ အောင်ဆန်းစုကြည်ဘယ်လဲ ၊ သတင်းနှင့်စာ နယ်ဇင်းလုပ်ငန်း ၊ ရန်ကုန်မြို့ ၊ ၁၉၉၇။

マウンフマッチャウ［1990］「政治的陰謀家は報いを受けるという戒め」『労働者人民日報』1990年8月22日．

မောင်မှတ်ကျောက်၊ နိုင်ငံရေးဒေဝဒတ်တို့နေမည့်ခင်မြေမျိုးခံရမည့်ကိန်း ၊ လုပ်သားပြည်သူ့ နေ့စဉ် ၊ ၁၉၉၀ပြည့်နှစ် သြဂုတ် ၂၂ရက်။

ミャンマー連邦情報省［1991］『ミャンマー連邦社会主義共和国憲法』ミャンマー連邦情報省、(ヤンゴン).

ပြည်ထောင်စုမြန်မာနိုင်ငံတော် ပြန်ကြားရေးဝန်ကြီးဌာန ၊ ပြည်ထောင်စုဆိုရှယ်လစ် သမတမြန်မာနိုင်ငံတော်ဖွဲ့စည်းအုပ်ချုပ်ပုံအခြေခံဥပဒေ(၁၉၇၄ ခုနှစ်) ၊ (ရန်ကုန်မြို့) ၊ ၁၉၉၃။

ミンコーナイン［1988a］ 『学生連盟声明』ヤンゴン、1988年7月7日.

မင်းကိုနိုင်(အထွေထွေအတွင်းရေးမှူး) ရန်ကုန်တက္ကသိုလ်ကျောင်းသားများသမဂ ၊ ညီ အစ်ကိုမောင်နှမ ကျောင်းသား/သူများ မိဘ လုပ်သား ပြည်သူ အပေါင်း တို့ ၊ (ရန်ကုန် မြို့) ၊ ၁၉၈၈ဇူလိုင်(၇)ရက်။

ミンコーナイン［1988b］ 『全ビルマ学生連盟声明』ヤンゴン、1988年7月10日.

မင်းကိုနိုင်(အထွေထွေအတွင်းရေးမှူး)နှင့်ဗမာနိုင်ငံလုံးကျောင်းသားများသမဂ ၊ ဗမာနိုင်ငံ လုံးကျောင်းသားများသမဂမှ ကြေညာချက် ၁၉၈၈ဇူလိုင်(၇)ရက်ထုတ်သတင်းများ နှင့် ပါတ်သက်၍ဗမာနိုင်ငံလုံးကျောင်းသားများသမဂမှပြန်ကြားချက် ၊ ရန်ကုန်မြို့ ၊ ၁၀.၇.၈၈။

ミンコーナイン［1988c］ 『全ビルマ学生連盟声明[第3声明]』ヤンゴン、1988年7月14日.

မင်းကိုနိုင် ၊ အထွေထွေအတွင်းရေးမှူး ၊ ရန်ကုန်တက္ကသိုလ်ကျောင်းသားများသမဂ နှင့် ဗမာနိုင်ငံလုံးဆိုင်ရာကျောင်းသားများသမဂ၊ ဗမာနိုင်ငံလုံးဆိုင်ရာကျောင်းသားများသမဂ ၏ ကြေညာစာတမ်း စာအမှတ်(၃) ၊ ရန်ကုန် ၊ ၁၄-၇-၁၉၈၈။

民主連盟［1988］ 『民主連盟声明 第1号』ヤンゴン、1988年9月27日.

ဒီမိုကရေစီအဖွဲ့ချုပ် ၊ ဒီမိုကရေစီအဖွဲ့ချုပ်၏ကြေငြာချက် အမှတ် [၁] (၂၇-၉-၁၉၈၈ ၊ (ရန်ကုန်မြို့) ၊ ၂၇-၉-၁၉၈၈။

ミンゼーヤ［1989］ 『民主化革命の歴史的真実』全ミャンマー学生連盟再建委員会[中央]情報小委員会、ヤンゴン、1989年6月.

မင်းဇေယျ ၊ ဒီမိုကရေစီခေတ်ခေတပြောင်းတော်သန်ရေး၏သမိုင်းဖြစ်ရပ်မှန်တချို့ ၊ ပြန် ကြားရေးဆပ်ကော်မတီ မြန်မာနိုင်ငံလုံးဆိုင်ရာကျောင်းသားသမဂပြန်လည်ဖွဲ့စည်းရေးကော် မတီ(ဗဟို) ၊ ရန်ကုန်မြို့ ၊ (၆.၁၉၈၉)။

民族人権民主党［1990］ 『ヤカイン州とロヒンジャー民族小史』ヤンゴン。

အမျိုးသားလူ့အခွင့်အရေး ဒီမိုကရက်တစ်ပါတီ ၊ ရခိုင်ပြည် နှင့် ရိုဟင်ဂျာလူမျိုး သမိုင်း အကျဉ်းချုပ် ၊ ရန်ကုန်မြို့ ၊ ၁၉၉၀ပြည်နှစ်၊သြဂုတ်လ၊၃၁ရက်။

モーティーズン［1989a］　『国民政治運動とアウンサンスーチー女史に関する考察』　ヤンゴン、1989年2月10日.

မိုးသီးဇွန် ၊ အမျိုးသားနိုင်ငံရေးလှုပ်ရှားမှုနှင့်ဒေါ်အောင်ဆန်းစုကြည်အပေါ်သုံးသပ်ချက် ၊ ရန်ကုန်မြို့ ၊ ၁၉၈၉ခု ၊ ဖေဖော်ဝါရီလ(၁၀)ရက်။

——— ［1989b］　『俺は戻ってくる』ヤンゴン.

မိုးသီးဇွန် ၊ ငါပြန်လာခဲ့မယ် ၊ ရန်ကုန်မြို့ ၊ n.d.။

モーヘイン、イェーナインアウン［1989］　『モーティーズン：糸の切れた凧』ヤンゴン、1989年4月8日.

မိုးဟိန်၊ရဲနိုင်အောင်၊ မိုးသီးဇွန် သူမဟုတ် ကြိုးမဲ့လေတံခွန၊ ရန်ကုန်မြို့၊ (၁၉၈၉)ခုနှစ် ဧပြီလ (၈)ရက်နေ။

ヤカイン民族連盟（暫定）ヤンゴン町［1988］　『ヤカイン民族連盟（暫定）、ヤンゴン町の声明文第号』ヤンゴン、1988年9月5日.

ရခိုင်အမျိုးသားသမဂ္ဂ(ယာယီ)ရန်ကုန်မြို့၊ ရခိုင်အမျိုးသားသမဂ္ဂ(ယာယီ)ရန်ကုန်မြို့၏ကြေငြာစာတမ်းအမှတ်(၁) ၊ ရန်ကုန်မြို့ ၊ ၁၉၈၈ ၊ စက်တင်ဘာလ ၅ ရက်။

ヤターブータ、マウン［1988］　「尊重されるべき国家の大義」『労働者人民日報』1988年10月11日.

မောင်ယထာဘူတ ၊ ဦးထိပ်ပန်ဆင်အပ်သော နိုင်ငံတော်အရေး ၊ လုပ်သားပြည်သူနေ့စဉ်၊ ၁၁-၁၀-၈၈။

ヤンゴン大学学生連盟、マンダレー大学学生連盟［1988］　『抑圧された国民、労働者、国軍兵士、学生へ』ヤンゴン、1988年6月.

ရန်ကုန်တက္ကသိုလ်ကျောင်းသားသမဂ္ဂ၊ မန္တလေးတက္ကသိုလ်ကျောင်းသားသမဂ္ဂ၊ အဖိနှိပ်ခံပြည်သူများ၊ တပ်မတော်သားများ နှင့် ကျောင်းသားကျောင်းသူအပေါင်းတို့ (ရန်ကုန်မြို့)၊ (၆-၁၉၈၈)။

連邦国民民主党中央執行委員会［1989］　『現在の情勢に関する連邦国民民主党の見解』ヤンゴン、1989年4月25日.

ဗဟိုအလုပ်အမှုဆောင်ကော်မတီ၊ ပြည်ထောင်စုအမျိုးသားဒီမိုကရေစီပါတီ၊ ပြည်ထောင်စုအမျိုးသားဒီမိုကရေစီပါတီ၏လက်ရှိနိုင်ငံရေးအခြေအနေအပေါ်သဘောထားကြေညာချက်၊ ၂၅.၄.၁၉၈၉ ၊ (ရန်ကုန်မြို့) ၊ ၁၉၈၉။

連邦諸民族民主連盟［1989］　『連邦諸民族民主連盟と国民民主連盟総書記アウンサンスーチー女史との協議会記録、1989年7月15日』ヤンゴン.

ပြည်ထောင်စုတိုင်းရင်းသားလူမျိုးများဒီမိုကရေစီအဖွဲ့ချုပ် ၊ ပြည်ထောင်စုတိုင်းရင်းသားလူမျိုးများဒီမိုကရေစီအဖွဲ့ချုပ် နှင့် အမျိုးသားဒီမိုကရေစီအဖွဲ့ချုပ်အထွေထွေအတွင်းရေးမှူး ဒေါ်အောင်ဆန်းစုကြည် တို့ ညှိနိုင်းဆွေးနွေးပွဲမှတ်တမ်း ၁၉၈၉ခု၊ဇူလိုင်၊၁၅၊ရက်(ရန်ကုန်မြို့) ၊ ၁၉၈၉။

連邦諸民族民主連盟［1990a］　『第2回ミャンマー少数民族政党会合と第2回連邦民族民主連盟議長団会合報告』ヤンゴン、1990年7月．

ပြည်ထောင်စုတိုင်းရင်းသားလူမျိုးများဒီမိုကရေစီအဖွဲ့ချုပ် ဒုတိယအကြိမ်မြန်မာနိုင်ငံတိုင်းရင်းသားလူမျိုးများနိုင်ငံရေးပါတီပေါင်းစုံအစည်းအဝေး နှင့် ဒုတိယအကြိမ်ပြည်ထောင်စုတိုင်းရင်းသားလူမျိုးများ ဒီမိုကရေစီအဖွဲ့ချုပ်သဘာပတိစုံညီအစည်းအဝေးတို့၏ သတင်းထုတ်ပြန်ချက် ၊ (ရန်ကုန်မြို့) ၊ (၇-၁၉၉၀)။

連邦諸民族民主連盟［1990b］　『連邦諸民族民主連盟第3回大会に上奏された憲法［第1草案］』（ヤンゴン）、1990年11月21日．

ပြည်ထောင်စုတိုင်းရင်းသားလူမျိုးများဒီမိုကရေစီအဖွဲ့ချုပ် ၊ ပြည်ထောင်စုတိုင်းရင်းသားလူမျိုးများဒီမိုကရေစီအဖွဲ့ချုပ် တတိယအကြိမ်ညီလာခံ တွင် တင်သွင်းသော နိုင်ငံတော်ဖွဲ့စည်းအုပ်ချုပ်ပုံအခြေခံဥပဒေ (ပထမ မူကြမ်း) ၊ (ရန်ကုန်မြို့) ၊ ၁၉၉၀ပြည့်၊နိုဝင်ဘာလ၊ ၂၁၊ရက်။

我らのビルマ協会史編纂委員会［1976］　『我らのビルマ協会史　第1巻』ヤンゴン．

တို့ဗမာအစည်းအရုံးသမိုင်းပြုစုရေးအဖွဲ့၊ တို့ဗမာအစည်းအရုံးသမိုင်း(အကျဉ်းချုပ်)၊ပထမတွဲ၊ ရန်ကုန်မြို့ ၊ ၁၉၇၆။

【ビルマ語インタビュー、録音・録画等】

コーラッ［1988］　1988年8月28日コーラッ演説、ヤンゴン大学構内にて録音したカセットテープ．

ザーガナ［1988］　『芸人ザーガナ』(လူရွှင်တော် ဇာဂနာ)と題されヤンゴン市中に流布したカセット・テープ。1988年9月に、当時、留学中の原田正美氏より入手．

ティンウー［1988］　1988年8月27日ティンウー演説、ヤンゴン総合病院内にて録音したカセット・テープ。

ミンコーナイン［1988d］　1988年8月28日ミンコーナイン演説、ヤンゴン大学構内にて録音したカセット・テープ．

モーティーズン［1988a］　1988年8月13日モーティーズン・インタビュー、南オカラッパに

て録音したカセット・テープ。
モーティーズン［1988b］　1988年8月28日モーティーズン演説、ヤンゴン大学構内にて録音したカセット・テープ。

【ビルマ語ビデオ記録】

国民民主連盟ビデオ記録［1988a］　『国民民主連盟総書記ドー・アウンサンスーチー組織化遊説行、バゴー、マグェー、マンダレー、ザガイン管区及びシャン州　1988年10月30日～1988年11月10日』ヤンゴン.

အမျိုးသားဒီမိုကရေစီအဖွဲ့ချုပ် ၊ အထွေထွေအတွင်းရေးမှူး ဒေါ်အောင်ဆန်းစုကြည် ၏ စည်းရုံးရေးခရီးစဉ် ပဲခူးတိုင်း၊ မကွေးတိုင်း၊ မန္တလေးတိုင်း၊ စစ်ကိုင်းတိုင်း၊ ရှမ်းပြည်နယ်၊ ၃၁.၁၀.၈၈ မှ ၁၀.၁၁.၈၈ ထိ ၊ (ရန်ကုန်မြို့) ၊ ၁၉၈၈။

─────［1988b］　無題（『国民民主連盟総書記ドー・アウンサンスーチー組織化遊説行、モン州　1988年12月14日～1988年12月18日』）ヤンゴン.

─────［1989a］　『国民民主連盟総書記のエーヤワディー管区組織化遊説行記録［1］［2］　1989年1月14日～1989年1月27日』ヤンゴン．但し3巻.

အမျိုးသားဒီမိုကရေစီအဖွဲ့ချုပ် ၊ အထွေထွေအတွင်းရေးမှူး ၏ ဧရာဝတီတိုင်း စည်းရုံးရေး ခရီးစဉ် မှတ်တမ်း ၊ ၁ ၊ ၂ ၊ ၁၄.၁.၈၉ မှ ၂၇.၁.၈၉ ၊ (ရန်ကုန်မြို့) ၊ ၁၉၈၉။

─────［1998b］　『国民民主連盟総書記のシャン州組織化遊説行記録　1989年2月11日～1989年2月18日』ヤンゴン.

အမျိုးသားဒီမိုကရေစီအဖွဲ့ချုပ် ၊ အထွေထွေအတွင်းရေးမှူး ၏ ရှမ်းပြည်နယ် စည်းရုံးရေး ခရီးစဉ် မှတ်တမ်း ၊ ၁၁-၂-၈၉ မှ ၁၈-၂-၈၉ ၊ (ရန်ကုန်မြို့) ၊ ၁၉၈၉။

─────［1989c］　『国民民主連盟総書記のカヤー州組織化遊説行記録　1989年2月16日～1989年2月17日』ヤンゴン．

အမျိုးသားဒီမိုကရေစီအဖွဲ့ချုပ် ၊ အထွေထွေအတွင်းရေးမှူး၏ ကယားပြည်နယ်၊ စည်းရုံးရေး ခရီးစဉ် မှတ်တမ်း ၊ ၁၆.၂.၈၉ မှ ၁၇.၂.၈၉ ၊ (ရန်ကုန်မြို့) ၊ ၁၉၈၉။

─────［1989d］　『国民民主連盟総書記ドー・アウンサンスーチーの組織化遊説行記録、エーヤワディー管区組織化遊説行記録［3］　1989年4月4日～1989年4月6日』ヤンゴン．国民民主連盟党員用（限定）。

အမျိုးသားဒီမိုကရေစီအဖွဲ့ချုပ် ၊ အထွေထွေအတွင်းရေးမှူး ဒေါ်အောင်ဆန်းစုကြည် ၏ စည်းရုံးရေးခရီးစဉ်၊ ဧရာဝတီတိုင်း စည်းရုံးရေးခရီးစဉ် မှတ်တမ်း၊၃ ၊ ၄.၄.၈၉ မှ ၆.၄.၈၉ ၊ (ရန်ကုန်မြို့) ၊ ၁၉၈၉။

─────［1989e］　『国民民主連盟総書記ドー・アウンサンスーチーの組織化遊説行記録、カチン州組織化遊説行記録　1989年4月25日～』ヤンゴン．国民民主連盟党員用（限定）。

အမျိုးသားဒီမိုကရေစီအဖွဲ့ချုပ်၊ အထွေထွေအတွင်းရေးမှူး ဒေါ်အောင်ဆန်းစုကြည် ၏ စည်းရုံးရေးခရီးစဉ်၊ ကချင်ပြည်နယ် စည်းရုံးရေးခရီးစဉ်၊ (ရန်ကုန်မြို့)၊ (၁၉၈၉.၄.၂-)။

――――[1989f] 『国民民主連盟総書記ドー・アウンサンスーチーの組織化遊説行記録、カチン州組織化遊説行記録[2]』ヤンゴン. 国民民主連盟党員用（限定）.

အမျိုးသားဒီမိုကရေစီအဖွဲ့ချုပ်၊ အထွေထွေအတွင်းရေးမှူး ဒေါ်အောင်ဆန်းစုကြည် ၏ စည်းရုံးရေးခရီးစဉ်၊ ကချင်ပြည်နယ် စည်းရုံးရေးခရီးစဉ်(၂)၊ (ရန်ကုန်မြို့)၊ (၁၉၈၉)။

――――[1989g] 『国民民主連盟総書記ドー・アウンサンスーチーの組織化遊説行記録、ルビーの地（モウゴゥ、チャッピン）組織化遊説行 1989年5月11日～1989年5月13日』ヤンゴン. 国民民主連盟党員用（限定）.

အမျိုးသားဒီမိုကရေစီအဖွဲ့ချုပ်၊ အထွေထွေအတွင်းရေးမှူး ဒေါ်အောင်ဆန်းစုကြည် ၏ စည်းရုံးရေးခရီးစဉ်၊ ပတ္တမြားမြေ၊ မိုးကုတ်၊ ကြပ်ပြင်၊ စည်းရုံးရေးခရီးစဉ် (ရန်ကုန်မြို့)၊ (၁၉၈၉.၅.၁၁-၅.၁၃) ။

――――[1989h] 『ミィニゴンの歴史的民主化闘争1周年 1989年6月21日』ヤンゴン.

အမျိုးသားဒီမိုကရေစီအဖွဲ့ချုပ်၊ မြေနီကုန်း သမိုင်းဝင်ဒဲ့မိုကရေစီတိုက်ပွဲ၊၁၊နှစ်ပြည့် <၂၁.၆.၈၉>၊ (ရန်ကုန်မြို့)၊ (၁၉၈၉)။

――――[1989i] 『インセイン郡 1989年7月3日、タームエー郡 1989年6月29日、パベーダン郡 1989年7月3日集会』ヤンゴン. ビデオの冒頭に「大多数の国民が同意しない命令・権力すべてに対して、義務として反抗せよ」というスローガンが掲げられている.

အမျိုးသားဒီမိုကရေစီအဖွဲ့ချုပ်၊ အင်းစိန်မြို့နယ်၊ တာမွေမြို့နယ်၊ ပန်းပဲတန်းမြို့နယ်၊ အများပြည်သူ သဘောမတူတဲ့ အမိန့်အာဏာဟူသမျှ တာဝန်အရ ဖီဆန်ကြ၊ (ရန်ကုန်မြို့)၊ ၂၇.၆.၈၉, ၂၉.၆.၈၉, ၃.၇.၈၉။

【ビルマ語新聞】

『新たな勝利の宴ニュース』 အောင်ပွဲသစ်သတင် ၊ ရန်ကုန်မြို့။

『今日』 ယနေ့ ၊ ရန်ကုန်မြို့။

『金曜の星』 သောကြာနေကြယ် ၊ ရန်ကုန်မြို့။

『金剛』 ဝရဇိန် ၊ ရန်ကုန်မြို့။

『サーチライト』 မီးမောင်း ၊ ရန်ကုန်မြို့။

『自由』　လွတ်လပ်ရေး ၊ ရန်ကုန်မြို့။

『新前衛』　တဦး သစ် ၊ ရန်ကုန်မြို့။

『人民革命』　ပြည်သူအရေးတော်ပုံ ၊ ရန်ကုန်မြို့။

『人民法廷』　ပြည်သူတရားခွင် ၊ ရန်ကုန်မြို့။

『デモクラシー』　ဒီမိုကရေစီ ၊ ရန်ကုန်မြို့။

『連盟新聞』　သမဂသတင်းစာ ၊ ရန်ကုန်မြို့။

『労働者人民日報』　လုပ်သားပြည်သူနေ့စဥ် ၊ ရန်ကုန်မြို့။

『我らが時代』　ခို့ခေတ် ၊ ရန်ကုန်မြို့။

ビルマ語語句・人名対照表

あ行
アウンサン
 အောင်ဆန်း
アウンサンスーチー
 အောင်ဆန်းစုကြည်
アウンヂー
 အောင်ကြီး
アテッ・ラン・サヤー
 အထက်လမ်းဆရာ
アーナー
 အာဏာ
アピェッ・ダマー（破壊分子）
 အဖျက်သမာ
アミョーダー・アプェアスィー
 အမျိုးသားအဖွဲ့အစည်
アミョーダーイェー（国民の大義、民族の大義）
 အမျိုးသားရေး
アミョーダー・タッマドー
 အမျိုးသားတပ်မတော်
アミョーダー・ナインガンイェー（国民政治）
 အမျိုးသားနိုင်ငံရေး
アミョーダー・ナインガンイェー・ロウガン
 အမျိုးသားနိုင်ငံရေး လုပ်ငန်း
アミョーダー・パンダイン
 အမျိုးသား ပန်းတိုင်
アネィサー・タヤー
 အနိစ္စတရာ
アフマン・タヤー（真理）
 အမှန်တရား
イェーナインアウン
 ရဲနိုင်အောင်
ウペカ
 ဥပေက္ခာ

エー・エー・セー・ゼー・ネー・チン・デー
 အေးအေးဆေးဆေးနေချင်တယ်
オーザー
 သဇာ

か行
カン
 ကံ
ガユナー
 ဂရုဏာ
キンニュン
 ခင်ညွန့်
権力への反抗
 အာဏာဖီဆန်မှု ၊ အာဏာဖီဆန်ရေး
ゴウン
 ဂုဏ်
ゴウン・ティカー
 ဂုဏ်သိကာ
国軍は我らが軍
 ပြည်သူ့တပ်မတော် ဒို့တပ်မတော်
国民統一党
 တိုင်းရင်းသားစည်းလုံးညီညွတ်ရေး ပါတီ
国民民主連盟
 အမျိုးသားဒီမိုကရေစီအဖွဲ့ချုပ်
コーコーヂー
 ကိုကိုကြီး
国会議員代表委員会
 ပြည်သူ့လွှတ်တော်ကိုယ်စာပြု ကော်မတီ
国家指南役（国家顧問）
 နိုင်ငံတော်၏အတိုင်ပင်ခံပုဂ္ဂိုလ်
国家平和発展評議会
 နိုင်ငံတော်အေးချမ်းသာယာရေးနှင့် ဖွံ့ဖြိုးရေးကောင်စီ

国家法秩序回復評議会
　　နိုင်ငံတော်ငြိမ်ဝပ်ပိပြားမှု
　　တည်ဆောက်ရေးအဖွဲ့

さ行
サヤー
　　ဆရာ
暫定政権の樹立
　　ကြားဖြတ်အစိုးရ ဖွဲ့စည်းရေး
新社会民主党
　　လူဘောင်သစ်ဒီမိုကရက်တစ်ပါတီ
進歩大学生連盟
　　တိုးတက်သို့တက္ကသိုလ်ကျောင်းသား
　　များအဖွဲ့
スィンヂントゥン・タヤー
　　ဆင်ခြင်သုံးတရာ
スーが勝ってこそ、幸せになれる
　　စုနိုင်မှချမ်းသာမည်
制憲国民会議
　　အမျိုးသားညီလာခံ
セイダッ・タッティ
　　စိတ်ဓါတ်သတ္တိ
セインルインをくびにしろ
　　စိန်လွင်ပြုတ်ချရေး
セーダナー
　　စေတနာ
セッチャー・ミン
　　စကြာမင်း
全ビルマ学生連盟
　　ဗမာနိုင်ငံလုံဆိုင်ရာကျောင်းသားများ
　　သမဂ
全ビルマ学生連盟連合
　　ဗမာနိုင်ငံလုံဆိုင်ရာကျောင်းသားများ
　　သမဂများအဖွဲ့ချုပ်
全ミャンマー学生民主協会
　　မြန်မာနိုင်ငံလုံဆိုင်ရာကျောင်းသားများ

ဒီမိုကရေစီအစည်းအရုံး
全ミャンマー学生連盟再建委員会［中央］
　　မြန်မာနိုင်ငံလုံဆိုင်ရာကျောင်းသားများ
　　သမဂပြန်လည်ဖွဲ့စည်းရေးကော်မတီ(ဗ
　　ဟိုလ်)
全ミャンマー学生連盟連合［暫定］
　　မြန်မာနိုင်ငံလုံဆိုင်ရာကျောင်းသားများ
　　သမဂအဖွဲ့ချုပ်(ယာယီ)
ソウン
　　စုန်း
ソーマウン
　　စောမောင်

た行
タイェー
　　သရဲ
大多数の国民が同意しない命令・権力すべて
に対して、義務として反抗せよ
　　အများပြည်သူသဘောမတူတဲ့အမိန့်
　　အာဏာဟူသမျှ တာဝန်အရဖီဆန်ကြ
タコー・ゼー
　　သူခိုးဈေး
ダゴー
　　တန်ခိုး
ダゴーエイディパ
　　တန်ခိုးဣဏ္ဍမပါဒ်
ダゴー・タッティ
　　တန်ခိုးသတ္တိ
ダゴー・チー・デー
　　တန်ခိုးကြီးတယ်
ダッ・ロウン
　　ဓါတ်လုံး
ダベー
　　တပည်
タンシュエー
　　သန်းရွှေ

ダンマ・ヤーザー
　　ဓမ္မရာဇာ
ティッサ・タマーディ
　　သစ္စသမာဓိ
テイディ
　　သိဒ္ဓိ
ティーラ
　　သီလ
ティンウー
　　တင်ဉီး
ティンガンザー・タヤー・レー・バー
　　သင်္ကာစာတရားလေးပါး
テインセイン
　　သိန်းစိန်
デーヴァー
　　ဒေဝ
テットゥン
　　သက်ထွန်း
デモクラシー
　　ဒီမိုကရေစီ
デモクラシーの獲得
　　ဒီမိုကရေစီ ရရှိရေး
ドー・タウン・アイェー・トゥンバー（我が責務3箇条）
　　ဒို့ တာဝန် အရေး သုံးပါး

な行
ナインガン・イ・アイェー
　　နိုင်ငံ ၏ အရေး
ナインガンドー・アイェー
　　နိုင်ငံတော်အရေး
ナインガンドー・イ・アミョーダー・ナインガンイェー・ウーサウンフム
　　နိုင်ငံတော် ၏ အမျိုးသားနိုင်ငံရေး ဦးဆောင်မှု
ナインガンドー・イ・ワーダ・イーニュンチェッ・ムーミャー
　　နိုင်ငံတော်၏ ဝါဒ ရည်ညွှန်ချက်မှုများ
ナインガンドー・イェ・アイェー
　　နိုင်ငံတော် ရဲ့ အရေး
ナインガンドゥー・ナインガンダー・イ・アイェー
　　နိုင်ငံသူနိုင်ငံသားများ ၏ အရေး
ナインガンドー・ワーダ
　　နိုင်ငံတော်ဝါဒ
ナインガンドーワーダ・フニン・タッマドー・ロゥガンズィン
　　နိုင်ငံတော်ဝါဒ နှင့် တပ်မတော် လုပ်ငန်းစဉ်
ナッ
　　နတ်
ナーヤカ・ゴウン・チャウ・パー
　　နာယကဂုဏ်ခြောက်ပါး
ネーウィン
　　နေဝင်း

は行
パーティー・ナインガンイェー（政党政治、党派政治）
　　ပါတီနိုင်ငံရေး
バマー
　　ဗမာ
バマーピィー・イェ・アイェー
　　ဗမာပြည် ရဲ့ အရေး
バルー
　　ဘီလူး
ピィーダウンズ・ソーシャリッ・タンマダ・ミャンマー・ナインガンドー（ミャンマー社会主義連邦共和国）
　　ပြည်ထောင်စုဆိုရှယ်လစ်သမတ မြန်မာနိုင်ငံတော်
ピィーダウンズ・ミャンマー・ナインガン（ミ

ャンマー連邦）
　　　ပြည်ထောင်စုမြန်မာနိုင်ငံ
ビルマ社会主義計画党
　　　မြန်မာ့ဆိုရှယ်လစ်လမ်းစဉ်ပါတီ
複数政党制デモクラシーの獲得
　　　ပါတီစုံဒီမိုကရေစီ ရရှိရေး
平和的にデモを行なっている人を銃で撃つな
　　　ငြိမ်းချမ်းစွာဆန္ဒပြတဲ့လူကိုသေနတ်နဲ့
　　　မပစ်ပါနဲ့
ボゥダ・ヤーザー
　　　ဗုဒ္ဓရာဇာ
ポゥン
　　　ဖုန်း

ま行
マウンマウン
　　　မောင်မောင်
マ・タヤー
　　　မတရာ
マンダレー大学学生連盟
　　　မန္တလေးတက္ကသိုလ်ကျောင်းသားသမဂ္ဂ
認めるならばそれで良、認めぬなら倒すまで
　　　ရရင်ရ မရရင်ချ
ミッター
　　　မေတ္တာ
ミャンマー
　　　မြန်မာ
ミャンマー式民主主義への道
　　　မြန်မာ့ဒီမိုကရေစီလမ်းစဉ်
ミンコーナイン
　　　မင်းကိုနိုင်
ミンゼーヤ
　　　မင်းဇေယျ
ミン・チン・タヤー・セー・バー
　　　မင်းကျင့်တရားဆယ်ပါး

ムディタ
　　　မုဒိတာ
モーティーズン
　　　မိုးသီးဇွန်
モーヘイン
　　　မိုးဟိန်

や行
ヤハンビョー
　　　ရဟန်းပျို
ヤンゴン大学学生連盟
　　　ရန်ကုန်တက္ကသိုလ်ကျောင်းသားများ
　　　သမဂ္ဂ

ら行
ルーゲー
　　　လူငယ်
ルーヂー
　　　လူကြီး
連邦団結発展協会
　　　ပြည်ထောင်စုကြံ့ခိုင်ရေးနှင့်ဖွံ့ဖြိုးရေး
　　　အသင်း
連邦団結発展党
　　　ပြည်ထောင်စုကြံ့ခိုင်ရေးနှင့်ဖွံ့ဖြိုးရေး
　　　ပါတီ
レインマー・デー
　　　လိမ္မာတယ်
ローバ
　　　လောဘ

索引

【人名索引】

あ
アウンサン ····· 19, 40, 59-61, 63, 84, 108, 124, 131, 149, 214-215, 233-234, 239-246, 249-252, 263-264, 336, 343, 351-353, 356, 374-375

アウンサンウー ·················· 336

アウンサンスーチー ····· 特に 1, 50-52, 58-64, 68-71, 76-85, 89-92, 99-100, 110-114, 121-126, 129-134, 137-139, 154, 166-179, 181-183, 199-207, 219-266, 284, 294, 331, 333, 335-339, 364-365, 374-377

アウンシュエー ····· 154, 160, 170, 173-174, 176-177

アウンゼーヤ ·············· 131-132, 199-200

アウンヂー ····· 22, 27-28, 38, 58, 64, 68-71, 76, 79-83, 88-91, 100-101, 107, 110-112, 117-120, 127, 139, 158, 197, 199, 212-213, 275-277, 281-284, 321, 331, 335

イェーナインアウン ················ 104

ウィンマウン ····················· 90

ウー・タン（ウー・タント） ···· 22-23, 29, 209

ウー・ヌ ····· 19-22, 35, 76, 80, 88-91, 116-117, 125, 139, 197, 212-213, 283, 288, 331, 335, 356, 374-375

エーコー ···················· 38, 95, 178

エールイン ······················· 198

か
ガンディー ····· 121, 130, 204, 206, 245-252, 263-264

キンニュン ····· 95, 125-126, 132, 149, 152-153, 159, 174, 177, 180, 343

コーコーヂー ················ 36, 62, 189

コーラッ ························ 194

さ
サライン・ヨーアウン ··············· 192

サンユ ······················ 23, 38, 278

セインウィン（Dr.） ··········· 153-154, 160

セインルイン ····· 28-29, 38-39, 43-50, 56, 86, 195, 208, 210, 278-281, 298, 322-326, 329-330

ソーマウン ····· 48, 95, 114, 122-123, 127, 130-131, 141, 146-149, 152-153, 155-159, 208, 272, 347-350, 359

た
タキン・コードーフマイン ·········· 23, 209

タキン・ソー ··················· 117, 125

タゴール ······················ 245-246

タンシュエー ·············· 167, 180, 348

タンティン ························ 95

タントウン ···················· 22, 125

チッカイン ···················· 151-153

チーマウン ············ 112, 151-153, 170, 172

チョーティン ······················ 95

ティンアウンヘイン ················ 281

ティンウー ····· 22-23, 58, 64, 70-71, 76-83, 88-91, 100-101, 107, 110-112, 119-120, 125, 129, 133-134, 137, 139, 145, 151, 153-154, 157, 170, 173, 176-178, 197-199, 212-213, 281-284, 331, 335

テインセイン ················ 181, 265-266

ティンヂョー ……………………………… 183
テットゥン ……………………… 104, 128, 212
トゥンティン ……………………………… 95

な

ニョートゥン ………………… 130, 193, 200
ネーウィン …… 7-8, 19-23, 25, 27-33, 37-40, 43, 50, 53, 68, 95, 99-100, 103-104, 122-125, 152, 156, 203, 207-215, 231-232, 240-241, 244, 276-278, 282, 284, 295, 318-338, 343, 354-363, 371, 374, 377-378

は

ボー・ヤンナイン … 76, 80, 89-91, 1 97, 212, 331, 335

ま

マウンマウン (Dr.) …… 23, 38, 50-57, 65, 69, 73, 76, 79, 89, 95-96, 131, 195-196, 280-282, 295, 326-331
マウンマウンヂョー …………………… 190-193
ミョーニュン …………… 159, 163, 346-347
ミンコーナイン … 31-33, 62, 97, 102, 104, 108, 189, 193-204, 209, 214-215, 282, 324
ミンゼーヤ ………… 108, 116, 192-195, 198
モーティーズン …… 46, 48-49, 62-64, 88-91, 97, 101-105, 108, 128-129, 189-216, 222-228, 232, 270
モーヘイン ………………… 104, 132, 189, 200

や

ヤンヂョー ……………………………… 97, 198
ユユモー ……………………………………… 192

ら

ルイン …………… 154

【事項索引】

あ

アウンサンスーチー集会 …… 56, 58-62, 69-71, 281-282
アウンサンスーチー第1次自宅軟禁 …… 2, 40, 121-125, 132-134, 149-150, 167, 169, 172, 200, 220-222, 228-240, 246, 265, 284, 333-335, 338, 349, 364-365, 374-377, 395
アウンサンスーチー第2次自宅軟禁 …… 179
アウンサンスーチー第3次自宅軟禁 …… 179, 181
アウンサンスーチー対話集会 … 169-172, 220-222, 234-239, 248, 255, 258, 261-263
アウンサンスーチー批判書簡（モーティーズンの）…… 103-105, 199-207, 209-213, 222-228
アウンヂー事件 …………… 111-112, 212-213
アウンヂー集会 ……… 17, 58, 68-71, 281-282
アウンヂー書簡 …… 25-28, 38, 44, 275-277, 321
ア・カ・タ→基礎教育学生連盟
アーナー ………………………………………… 314
アフマン・タヤー ……… 51-52, 61, 80, 84, 231, 239, 244, 248, 249-250, 254, 257-258, 263-264
RDL →ヤカイン民主連盟
イギリス放送協会（BBC）…… 43-44, 133, 194, 277-278, 321
威力 ……… 145, 307-315, 320-330, 332-334, 337-338
SPDC →国家平和発展評議会
SNLD →シャン民族民主連盟
NLD →国民民主連盟
NLD 政権成立 ………………………… 1, 180-183
NLD 青年部 …… 97, 104, 111, 159, 199, 222
NDPHR →民族人権民主党
NUP →国民統一党

索引

MC1 → 第1医科大学学生連盟
オーザー ………………………………… 314
恐れからの解放 ………………………… 246-263

か

学生連盟結成大会（全ビルマ学生連盟連合［暫定］結成大会）…… 62-64, 193-196, 281-282
革命評議会（国家革命評議会）…… 20, 22, 356-358
ガンディー・ホール宣言 ……………… 150-152
基礎教育学生連盟（ア・カ・タ）…… 97, 128-129, 132, 198, 201
規律　…… 51-52, 58-61, 79, 84, 111, 203, 226, 231, 264, 282, 327
クーデタ …… 6, 19-20, 29, 85, 89, 95-99, 214, 271-273, 283-302, 329-333, 344-345, 356-363
権力への反抗 …… 121, 200, 232-234, 250-251, 284, 337
ゴウン ………………………… 309-310, 313-314
国民政治 …… 163-165, 180, 201-215, 345-365
国民統一党（NUP、タ・サ・ニャ）…… 115, 117-118, 137-139, 141-146, 150, 164, 182-183, 293, 377-383
国民民主連盟（NLD）…… 特に 110-119, 121-126, 137-139, 144-146, 148-154, 163-164, 169-183, 197-200, 201-207, 219-228, 284, 293, 333, 337-339, 364, 374-395
国民の尊厳 ……………… 61, 229, 240-241
国防省事件 …………… 85, 91-92, 283, 332
国会議員代表委員会（CRPP、10人委員会）………………………………… 177-179
国家革命評議会 → 革命評議会
国家の尊厳 ……………………… 61, 231
国家平和発展評議会（SPDC）…… 174-180, 209, 211, 344, 364

国家法秩序回復評議会（SLORC）…… 6-9, 95-98, 103-104, 114, 121-126, 130, 137-138, 147-154, 163-167, 170-174, 197, 208-209, 211, 214, 230, 232-233, 240-241, 271-273, 284, 286, 329-334, 337-338, 343-364, 371-372, 383-385, 387, 395-396

さ

サ・カ・タ → ヤンゴン工科大学学生連盟
サヤー・ダベー関係 → パトロン・クライアント関係
サンガ大長老委員会 ……… 45, 152-153, 279
3月事件 …… 25-28, 31, 36, 38, 43-44, 190-193, 207, 209-210, 275-279, 319, 321-324, 360-361
慈愛 → ミッター
自己コントロール（自己支配）……… 248, 264
慈悲 → ミッター
CRPP → 国会議員代表委員会
シャン民族民主連盟（SNLD）…… 372-374, 378-383
十王法 …… 45, 237, 252, 279, 313, 325
10人委員会 → 国会議員代表委員会
シュエダゴン・パゴダ演説 → アウンサンスーチー集会
殉難者の日事件 ……………… 121-125, 132-134
上座部仏教 ………………… 253-263, 303-307
新社会民主党（DPNS、ルーバウンティッ）…… 97, 103-105, 129-132, 138, 158, 189, 192, 198-216, 222-228, 232
進歩大学生団体（タ・タ・パ）………… 192
真理 → アフマン・タヤー
ストライキ委員会 → ゼネ・スト委員会
SLORC → 国家法秩序回復評議会
制憲国民会議（国民会議）…… 163-167, 170-172, 180, 346, 348, 362
精神の革命 ……………………… 222-266, 270

政党政治（党派政治）……213-214, 345-365
ゼネ・スト委員会（ストライキ委員会）……73, 91
1990年総選挙……96-97, 99, 106-107, 129, 137-155, 164, 170-171, 173, 175-179, 181, 250-251, 265-266, 284-285, 333, 346, 359, 362, 369-370, 372-387, 395-397
1974年憲法……7, 9, 149, 388-394
1947年憲法……9, 148-149, 155, 353, 356, 377, 388-384
全ビルマ学生連盟……31-33, 46, 49-50, 62-63, 207
全ビルマ学生連盟連合（バ・カ・タ）……64, 130, 286-287
全ビルマ学生連盟連合［合法］結成大会（学生連盟結成大会）……62-64, 193-196, 281-282
全ミャンマー学生民主協会（マ・カ・ダ）……194
全ミャンマー学生連盟再建委員会［中央］（マ・カ・タ）……192-201
全ミャンマー学生連盟連合［暫定］（マ・カ・タ・カ）……76, 79-85, 197, 208

た

第1医科大学学生連盟（MC1）……132, 196, 198, 201
第1次NLD追放……121-126, 133-134
大学院生・卒業生民主協会……97, 128-129, 133, 198
対決路線……103, 125
第2次NLD追放……147-152, 163
第2の独立闘争……59, 241
ダゴー……157, 311-314
タ・サ・ニャ→国民統一党
タ・タ・パ→進歩大学生団体
ダヌービュー事件……114, 232

団結……30-33, 51-52, 58-63, 79, 84, 111, 203, 231-232, 277, 282, 320, 349, 352, 354, 372, 374
中央青年部実務委員会→NLD青年部
DPNS→新社会民主党
ディベーイン事件（ディベーインの虐殺）……179
ティンウー集会……58, 64, 70-71, 281-282
テインセイン・スーチー会談……181, 265-266
テイディ……311-312
党派政治（政党政治）→政党政治

な

ナッ（信仰）……303-307, 312-313, 323
ナ・ワ・タ→国家法秩序回復評議会
2015年総選挙……181-183
2010年総選挙……180-181, 265-266
2008年憲法……1-2, 145, 147-153, 155, 163-182, 284, 346, 362
ネーウィン議長辞任劇……38-39, 276-278
人間と環境の相互関係システム……357

は

破壊・略奪……45, 271-273, 279, 283, 285, 294-299, 328-331
バ・カ・タ→全ビルマ学生連盟連合
8888学生決起……43-49, 278-280, 324
パトロン・クライアント関係（サヤー・ダベー関係）……20-22, 315-317, 331, 335-339
バラモン教……303, 306
BSPP→ビルマ社会主義計画党
BBC→イギリス放送協会
119人委員会……197, 208
ビルマ教……306
ビルマ式社会主義……21-23, 288, 318, 357-359
ビルマ式社会主義への道……123, 349, 357
ビルマ社会主義計画党（マ・サ・ラ, BSPP）……20, 46, 71, 73, 79, 84, 86-88, 91,

95, 99-100, 106, 118, 122-123, 138-139, 143, 156, 182, 189, 203-208, 213, 275-276, 281, 288, 290, 292, 320, 322, 327-328, 349, 356-361, 377, 390, 394
貿易省事件 ……………… 85, 92, 283, 332
ポウン ……………… 309-3012, 314-315, 338

ま

マ・カ・タ→全ミャンマー学生連盟再建委員会［中央］
マ・カ・ダ→全ミャンマー民主化運動団体
マ・カ・タ・カ→全ミャンマー学生連盟連合［暫定］
マ・サ・ラ→ビルマ社会主義計画党
マンダレー大学学生連盟 …… 29-30, 196, 319-320
ミィニゴン交差点事件 ……… 30-31, 121-122
ミィニゴン交差点事件1周年記念式典 …… 121, 222
ミッター（慈愛・慈悲） …… 250-265, 309-310, 314-315, 320-321, 323-325, 329, 337
ミャンマー式民主主義への道 … 123, 163, 349
民主平和連盟（LDP） … 88, 90, 139, 145, 288
民族人権民主党（NDPHR） …… 383-384
目的と手段の一致 …… 246, 250-251, 263-265

や

ヤカイン民主連盟 ……… 139, 176, 178, 383
ヤ・カ・タ→ヤンゴン大学学生連盟
ヤンゴン工科大学学生連盟（サ・カ・タ，RIT） …… 129, 132, 196, 198, 201
ヤンゴン総合病院事件 …… 45, 47, 279, 285, 324
ヤンゴン大学学生連盟（ヤ・カ・タ） …… 28-32, 62, 97, 129, 132, 194-195, 198, 201, 207, 319
USDA→連邦団結発展協会
USDP→連邦団結発展党

UNLD→連邦諸民族民主連盟
UNDP→連邦国民民主党

ら

リンチ・処刑 ……… 45, 73, 271-273, 279, 283, 285, 294, 299-302, 328-331
ルーヂー ……… 80, 83, 106, 117, 202, 212, 216, 231, 313, 331
ルーバウンティッ→新社会民主党
連邦国民民主党（UNDP） ……… 112, 117, 139, 145, 199, 212
連邦諸民族民主連盟（UNLD） …… 148, 151, 370, 373-376, 383, 385-395
連邦団結発展協会（USDA） ………… 173
連邦団結発展党（USDP） …… 112, 181-183
6月事件 …… 28-33, 35-37, 43, 114, 193-195, 206, 209, 276-278, 281, 323-324, 361
ロヒンジャー（ロヒンギャ） …… 5, 383-385

伊野憲治（いの・けんじ）

1959年生まれ。1986年、東京外国語大学大学院地域研究研究科修了、国際学修士。1992年、一橋大学大学院社会学研究科博士課程単位取得退学。2001年、一橋大学より博士号取得、博士（社会学）。博士課程在学中の1988～91年、外務省在ミャンマー日本国大使館専門調査員。現在、北九州市立大学基盤教育センター教授。

【主要著書】
単著『ビルマ農民大反乱（1930～1932年）―反乱下の農民像―』信山社、1998年。
単著『アウンサンスーチーの思想と行動』（財）アジア助成交流・研究フォーラム、2001年。
編訳書『アウンサンスーチー演説集』みすず書房、1996年。

ミャンマー民主化運動
―学生たちの苦悩、アウンサンスーチーの理想、民のこころ

初版第1刷発行　2018年 3月25日

定価 5000円＋税

著者　伊野憲治 ©

装丁　臼井新太郎
発行者　桑原晨
発行　株式会社 めこん
　　　〒113-0033 東京都文京区本郷 3-7-1
　　　電話 03-3815-1688　FAX 03-3815-1810
　　　URL: http://www.mekong-publishing.com
組版　面川ユカ
印刷　株式会社太平印刷社
製本　株式会社新里製本所

ISBN978-4-8396-0311-3　C3031　¥5000E
3031-1804311-8347

JPCA 日本出版著作権協会
http://www.e-jpca.com/

本書は日本出版著作権協会（JPCA）が委託管理する著作物です。本書の無断複写などは著作権法上での例外を除き禁じられています。複写（コピー）・複製、その他著作物の利用については事前に日本出版著作権協会（http://www.jpca.jp.net　e-mail : data@jpca.jp.net）の許諾を得てください。

オリエンタリストの憂鬱
──植民地主義時代のフランス東洋学者とアンコール遺跡の考古学
藤原貞朗
定価4500円+税
★サントリー学芸賞受賞★渋沢・クローデル賞受賞。
19世紀後半にフランス人研究者がインドシナで成し遂げた学問的業績と植民地主義の政治的な負の遺産が織り成す研究史。

フィリピン歴史研究と植民地言説
レイナルド・C.イレート他著／永野善子訳
定価2800円+税
アメリカのオリエンタリズムと植民地主義に基づくフィリピン研究を批判。ホセ・リサールの再評価を中心にフィリピンの歴史をフィリピン人の手に取り戻そうという熱い試みです。

ラオス農山村地域研究
横山智・落合雪野編
定価3500円+税
社会、森林、水田、生業という切り口で15名の研究者がラオスの農山村の実態を探った初めての本格的研究書。焼畑、商品作物、水牛、中国の進出…今のラオスを理解する上で欠かせないテーマばかりです。

ディアスポラの民モン──時空を超える絆
吉川太惠子
定価3500円+税
ベトナム戦争でCIAに軍事訓練を受けて「特殊部隊」として組織された山岳民族モンは、戦争終結後、国を追われて四散。現在はラオスに残ったモン以外に、約30万人が海外に暮らしています。この「流浪の民」をアメリカ・フランス・オーストラリアに追って6年。徹底した面接調査をもとに彼らの特性をまとめあげた文化人類学の力作です。

現代ラオスの政治と経済　1995-2006
カム・ヴォーラペット／藤村和広・石川真唯子訳
定価4000円+税
2007年パリで出版されたあと、ラオス本国でも発売されて注目を浴びた、現代ラオスの政治・経済の概説書の完訳です。豊富な資料に基づき、1975年の解放後のラオスの政治・経済の流れをバランスよく解説し、さらにラオスの未来を予測します。

ムエタイの世界──ギャンブル化変容の体験的考察
菱田慶文
定価2500円+税
かつてはタイの国技と言われた最強の格闘技「ムエタイ」がなぜギャンブル・スポーツになったのか？現役プロ格闘家が国立カセサート大学に留学し、ムエタイ修行をしながらたどりついた結論は「ムエタイはタイ社会を映す鏡である」。